东盟国家技术性贸易措施研究

王继伟　主编

中国质检出版社
中国标准出版社
北　京

图书在版编目（CIP）数据

东盟国家技术性贸易措施研究 / 王继伟主编 . —北京：中国质检出版社，2018.3（2024.3 重印）

ISBN 978-7-5026-4560-1

Ⅰ. ①东…　Ⅱ. ①王…　Ⅲ. ①东南亚国家联盟—国际贸易—技术贸易—研究　Ⅳ. ① F753.306.7

中国版本图书馆 CIP 数据核字（2018）第 015304 号

中国质检出版社
中国标准出版社　出版发行

北京市朝阳区和平里西街甲 2 号（100029）

北京市西城区三里河北街 16 号（100045）

网址：www.spc.net.cn

总编室：（010）68533533　发行中心：（010）51780238

读者服务部：（010）68523946

中国标准出版社秦皇岛印刷厂印刷

各地新华书店经销

*

开本 787 × 1092　1/16　印张 22.25　字数 435 千字

2018 年 3 月第一版　　2024 年 3 月第二次印刷

*

定价：68.00 元

编 委 会

前言

随着“一带一路”建设的推进和中国－东盟自由贸易区的建成发展升级，广西作为连接中国西南、华南、中南以及东盟大市场的枢纽，在促进区域协调发展、深化与东盟开放合作、维护国家安全和西南边疆稳定中具有重要战略地位，区位优势非常独特和明显。2017 年 4 月，习近平总书记在视察广西时明确提出：“广西有条件在‘一带一路’建设中发挥更大作用。要立足独特区位，释放‘海’的潜力，激发‘江’的活力，做足‘边’的文章，全力实施开放带动战略，推进关键项目落地，夯实提升中国－东盟开放平台，构建全方位开放发展新格局”。这是习近平总书记继 2015 年 3 月全国两会期间参加广西代表团审议时明确要求广西“构建面向东盟的国际大通道、打造西南中南地区开放发展新的战略支点、形成‘一带一路’有机衔接的重要门户”之后，对广西开放发展提出新的更加富有指导性、针对性的要求，也是广西在新时代肩负的历史使命的具体化。

广西出入境检验检疫局作为国家质量监督检验检疫总局（以下简称国家质检总局）派驻垂直管理的涉外经济行政执法机构，依法承担广西行政区域内的出入境卫生检疫、动植物检疫和进出口商品检验、鉴定和监督管理。一段时期以来，广西出入境检验检疫局立足中央赋予广西的新定位、新使命以及广西的区情和区位优势，在国家质检总局和广西自治区党委政府的领导下，认真履职尽责，维护国门安全，在对接东盟、助推“一带一路”建设各项工作中取得了显著的成效并积累了丰富的经验。如，牵头探索建立了我国第一个中国－东盟边境贸易国检试验区——凭祥（卡凤）国检试验区并投入使用；自 2004 年起，连续优质服务 14 届中国－东盟博览会并保持“零投诉”；2006 年成功承办了“中国－东盟出入境检验检疫合作论坛”；2007 年、2011 年、2012 年、2016 年先后成功承办 4 届中国－东盟质检部长会议（1届进出口食品安全、1届TBT合作、2届SPS合作）；积极组织科研力量参与对接东盟的有关课题研究，牵头并联合国家质检总局通关司、国际司和国家认监委等部门完成的《适应“10+1”我国出入境检验检疫对策研究》，荣获国家质检总局“科技兴检”二等奖、商务部全国商务发展研究优秀奖，出版的著作获得了广西第十一次社会科学优秀成果奖二等奖。承担并完成了《中国与东盟国家出入境检验检疫管理比较研究》课题，据此编辑出版的著作获得广西第十三次社会科学优秀成果奖二等奖。此外还承担并完成了《中国－东盟检验检疫信息平台建设研究》《检验检疫服务中国－东盟博览会总体方案研究》《东盟各国动植物检疫法规研究》等课题。

技术性贸易措施的实施具有两面性：一方面，可以保护国家安全、保护人类和动植物生命和健康、保护环境及防止欺诈行为，可以促进产品质量安全水平提升，推动产业转型升级，推进可持续发展；另一方面，会对国际贸易产生一定的负面影响，甚至被用作变相限制进口、进行贸易保护的工具，阻碍着国际贸易的自由发展。随着中国经济社会全面进入新时代，社会的主要矛盾已转化为人民日益增长的美好生活需要和不平衡不充分的发展之间的矛盾。中国提出的“一带一路”倡议得到包括东盟在内的沿线国家积极响应。中国－东盟自由贸易区进入“钻石十年”的升级版，双边经贸合作已超越关税议题，向技术性贸易措施、原产地规则和贸易便利化等更深入议题拓展。因此，关注和研究东盟国家的技术性贸易措施及其对中国进出口贸易的影响，并提出应对之策，有助于推动和深化中国与东盟的经贸关系，加快推进“一带一路”建设。基于上述认识，广西出入境检验检疫局承担了国家质检总局的课题《“一带一路”沿线国家和地区技术性贸易措施与标准研究》的子课题——《“一带一路”沿线国家技术性贸易措施国别研究（东盟）》的研究任务。本子课题旨在通过对东盟各国技术性贸易措施研究，帮助我国出口企业合理规避东盟国家技术性贸易壁垒，以期延缓、降低乃至消除东盟国家技术性贸易壁垒对我国出口贸易的负面影响，实现中国与东盟的贸易畅通。广西出入境检验检疫局党组高度重视本子课题研究，在人财物等方面给予了大力支持。党组书记、局长孙世和十分关注本子课题研究的进展情况，多次给予悉心指导，并指示办公室、人事、计财等部门予以配合。党组成员、副局长王继伟作为本子课题项目负责人，自始至终、身体力行参与课题研究，多次主持召开专题会进行研讨，组织专家骨干力量认真收集资料、潜心研究，历时大半年的时间，整理形成了本子课题的研究报告。

本书由《“一带一路”沿线国家技术性贸易措施国别研究（东盟）》研究报告编撰整理而成，共分4章约50万字。第一章主要阐述技术性贸易措施与国际经贸合作的关系，包括技术性贸易措施的特点、发展趋势，以及东盟发展情况、中国与东盟的经贸关系、东盟在“一带一路”倡议战略中的地位和作用等。第二章主要介绍东盟各国的资源禀赋及其贸易情况，以及中国与东盟各国的贸易情况，对中国进出口东盟的贸易情况进行分析。第三章分析东盟技术性贸易措施管理机构和体系、相关法律法规、标准化情况、认证认可情况等技术性贸易措施管理体系。第四章通过分析东盟各国技术性贸易措施对我国出口影响，分别提出针对性对策，并对近年中国遭遇东盟技术性贸易措施典型案例进行分析。同时从政府、行业及企业等3个层面提出了应对东盟国家技术性贸易措施的策略。附录分别列出了近5年东盟各国的贸易情况及主要TBT/SPS措施通报，HS编码分类和本书涉及的257部东盟各国法律法规题录。

本书的撰写工作分工情况大致为：王继伟、黄韶恩负责框架设计、内容策划、编写组织和全部书稿的审核与总纂；前言和第一章由谢清达负责撰写；第二章由张驰组织撰写；第三章第一节由黄肖林负责撰写，第二节由庞霞组织撰写，第三节由唐梦奇负责撰写，第四节由莫晓之负责撰写，第五节由黄肖林负责撰写；第四章由黄韶恩、唐梦奇组织撰写。附录1由胡小菊负责整理，附录2由廖秀芬负责整理，附录3由黄肖林负责整理，附录4由庞霞负责整理。

在本书编写过程中，参考了众多专家学者的优秀成果，并得到国家质检总局发展研究中心的大力指导和支持，得到广西出入境检验检疫局领导及各部门同仁的关注和支持。在此一并表示衷心的感谢！

对接东盟是广西的特色和优势，广西出入境检验检疫局紧扣时代脉搏，发挥地缘优势，积极开展对接东盟的有关课题研究，培养了一支研究东盟的人才队伍。今后，广西出入境检验检疫局将立足已有的基础，持续开展与东盟相关的研究工作，助力中国－东盟贸易畅通，助力广西开放发展，助力提升广西“谈到东盟就想到广西，谈到广西就想到东盟”的影响力。鉴于技术性贸易措施涉及的专业多、领域广，且东盟十国资源禀赋、经济发展程度、科技水平、社会制度、管理体制等差异较大，实施技术性贸易措施的做法也各有侧重，研究分析东盟国家技术性贸易措施及其对中国进出口贸易的影响不但信息量大，而且角度、层面都需要兼顾。由于编者能力和水平有限，由此得出的结论未免有所偏颇，如存在不足和不妥之处，敬请读者批评指正。

编　者

2018 年 2 月

目 录

第一章 技术性贸易措施与国际经贸合作

第一节 技术性贸易措施的发展及趋势

一、技术性贸易措施的含义和内容

“技术性贸易措施”常被贸易出口方认为“技术性贸易壁垒”或“技术壁垒”，是一种非关税贸易措施，它通常运用于国际贸易当中，以国家或地区的技术法规、协议、标准和认证体系（合格评定程序）等形式出现，涉及内容广，涵盖科学技术、卫生、检疫、安全、环保、产品质量和认证等诸多技术性指标体系。在当今的世界经济秩序框架下，技术性贸易措施集中体现在世界贸易组织（WTO）1995年1月1日正式成立时就开始执行的两个文件，即《技术性贸易壁垒协定（TBT协定）》和《实施卫生与动植物卫生措施协定（SPS协定）》所管辖的各种形式的非关税壁垒措施。两个文件的宗旨、目标、适用范围、遵循的基本原则如表1-1所示。

表1-1 TBT协定和SPS协定比对

	TBT协定	SPS协定	备注
宗旨	使国际贸易自由化和便利化，在国际范围内协调技术法规、标准、合格评定程序以及标签、标志制度，最大限度地减少和消除国际贸易中的技术壁垒，防止利用技术法规、标准和合格评定程序作为贸易保护主义的工具	使国际贸易自由化和便利化，避免卫生与植物卫生措施给国际贸易带来不必要的障碍，卫生与植物卫生应以国际标准为基础，避免以卫生与植物卫生措施作为贸易保护的手段，为世界经济全球化服务	
目标	保障国家安全、保护人类健康或安全、保护动植物的生命或健康、防止欺诈行为、保护环境等	保护人类生命和健康、保护动物的生命和健康、保护植物的生命和健康	

续表

	TBT 协定	SPS 协定	备注
适用范围	覆盖的产品范围广泛，包括工业产品、农产品等，即除了《SPS 协定》覆盖的产品外的所有产品	保护人类或动物的生命或健康免受由食品中添加剂、污染物、毒素或致病有机体所产生的风险；保护人类的生命免受动植物携带的病疫的侵害；保护动物或植物的生命免受害虫、病疫或致病有机体传入的侵害；保护一个国家免受有害生物的传入、定居或传播所引起的危害。覆盖的产品主要为农产品，包括动植物产品与食品	
遵循的基本原则	（1）最少贸易限制原则——WTO成员所制定的技术法规、标准或合格评定程序要以科学为依据，不得超过为实现合理目标所必需的范围，将对贸易的负面影响降至最低。 （2）非歧视原则——包括最惠国待遇和国民待遇。各成员在技术法规、标准或合格评定程序的制定和实施方面，应对所有的成员一视同仁，没有任何的歧视与差别对待。对本国生产的产品与国外进口产品的待遇、技术要求是一致的，没有区别的。 （3）协调性原则——鼓励成员在制定技术法规、标准或合格评定程序时应与国际标准相协调，以国际标准为基础，如 ISO、IEC、ITU 等国际标准化组织制定的标准。 （4）等效和相互承认原则——要求成员对其他成员的技术法规采用等效的原则，只要目标是相同的，效果是相同的，不论其方法、手段有多大差别，都应当被认为是等效的。	（1）科学原则（风险评估原则）——即制定的 SPS 措施必须以科学为依据，并建立在风险评估的基础之上。 （2）协调原则（国际标准）——WTO 成员在制定 SPS 措施时应以三大国际标准化组织制定的标准为基础，与国际标准相协调。 （3）等效原则（法律法规）——出口成员对出口产品所采取的 SPS 措施与进口成员所采取的措施可以不同，但目的与效果必须一致。 （4）区域化原则——进口成员应对出口成员提出的非疫区进行认定，给予非疫区以区域化对待并允许非疫区内的产品进口。	

续表

	TBT 协定	SPS 协定	备注
遵循的基本原则	（5）透明度原则——各成员应成立国家 TBT 通报与国家 TBT 咨询点，履行公布、通报与咨询的义务。 （6）特殊与差别待遇原则——考虑到发展中成员在协定执行能力、技术、财政与贸易等方面的实际情况，协定特别安排给予发展中成员特殊和差别待遇。允许发展中成员采用与其生产、技术、经济、社会情况相符合的技术法规	（5）透明度原则——各成员应成立国家 SPS 通报与国家 SPS 咨询点，履行公布、通报与咨询的义务。 （6）特殊与差别待遇原则——各成员在制定和实施 SPS 措施时，应当考虑发展中成员的特殊需要，给予必要的技术援助和特殊待遇。应发展中成员的要求，考虑到发展中成员的保护水平、特殊困难与能力，为维护发展中成员已获得的市场份额，其他成员应当与发展中成员就 SPS 措施的实施进行磋商，向发展中成员提供技术援助，延长适应期等	

资料来源：《世界贸易组织与技术性贸易措施》，国家质量监督检验检疫总局编著，中国计量出版社出版（2005 年 8 月第 1 版）

TBT 协定与 SPS 协定是世贸组织正式执行的两个法律文件，其宗旨、目标以及遵循的基本原则相一致，适用范围互补，构成了当今全球贸易秩序框架下技术性贸易措施的核心内容，体现了 WTO 对提高生活水平，保证充分就业，国际贸易自由化和便利化，扩大货物、服务的生产和贸易，推进坚持走可持续发展之路，确保发展中国家的国际贸易份额和利益等原则诉求。

二、技术性贸易措施的特点

一个国家或经济体在国际经贸往来中实施的技术性贸易措施，与其经济发展水平、科技能力呈密切的正相关的关系。经济、科技发达的国家，技术法规完善、技术标准先进、合格评定程序复杂、卫生与植物卫生措施丰富，在国际经贸往来中更能掌握话语权、占据制高点，进而更易于实现本国的贸易利益。相应的，发展中国家特别是欠发达国家，受制于自身的经济、科技能力和水平，出台的技术法规、制定的技术标准、施行的合格评定程序、实施的卫生与植物卫生措施，相对于发达国家都处于弱势地位，在国际经贸往来中实现本国贸易利益的难度大。

从保障国家安全、保护人类健康和安全、保护环境等目的出发，对进口商品的品质、安全性能、使用性能、设计及标签说明、包装、产地等做出技术规定是无可非议的，这是合理有序完成国际贸易的有效措施。但常言道，“理想是丰满的，现实是骨感的”，世界各国出于本国经济、政治、外交等的需要，往往以限制货物的进口为目的，将技术性贸易措施复杂化，甚而采用内外有别的带有歧视性的双重标准，导致技术性贸易措施成为贸易自由化和便利化的障碍。这是贸易保护主义抬头盛行的根源，也是WTO框架下国际经贸往来的现实博弈。

纵观20多年来TBT、SPS两个协定的实践，技术性贸易措施具有以下的特点。

（1）名义上的合理性。各国的技术性贸易措施，名义上都是以保护国家安全、保护人类健康和安全、保护动植物的生命和健康、保护环境、保证产品质量、防止欺诈行为为目的，当采用非国际标准时也是以本国的环境、气候和地理条件等为借口提出例外，从而披上了合理外衣得以实施。

（2）形式上的复杂性。技术性贸易措施的复杂性主要体现在合格评定程序和执法监管程序的复杂。如发达国家对很多商品规定了严格的合格评定程序和执法监管措施，从入境前的注册、登记、批准、认证等，到入境后的检验、监管以及处罚，都有十分明确、严格、复杂的程序要求。

（3）内涵上的歧视性。发达国家凭借其经济、技术优势，制定严格苛刻的法规、标准和合格评定程序，这些技术性贸易措施的要求往往让发展中国家望尘莫及，体现了对发展中国家的歧视。例如，日本2006年对农产品和食品制定的“肯定列表制度”，欧盟2007年对化学品实施的“REACH法规”等。

（4）手段上的隐蔽性。相对于关税和配额、许可证等传统的对外贸易管制手段而言，关税的高低、配额数量的多少、许可证申领的条件和程序都明确地公布于众，没有任何的隐蔽性，而各国利用本国的相对技术优势，通过技术法规、标准、合格评定程序等技术性贸易措施实施贸易壁垒，都是打着保护人类和动植物的健康安全、保护环境、反欺诈等旗号，因而更加具有隐蔽性。

（5）领域上的广泛性。技术性贸易措施所涉及的产品领域极为广泛，数量众多。不但包含初级产品，而且涉及中间产品和工业制成品，涵盖了研究开发、生产、加工、包装、运输、销售和消费整个产品的生命同期，覆盖了工农业领域、金融电信等服务领域，以及投资、知识产权、环境保护等各个领域。

（6）存在上的坚固性。技术性贸易措施的制定和实施建立在一定的科学技术能力和工农业生产水平之上，这对科学技术水平相对不高的发展中国家来说，出口产品要达到发达国家的技术性要求是有难度的，甚至在相当长的一段时期内是一道难以逾越的障碍，因而会饱受发达国家的技术性贸易壁垒之苦。同时，由于各国可以根据本国特有的气候、地理特点等优势因素制定实施其技术性贸易措施，也使得其他国家难以效仿。因此，技术性贸易措施相对于其他贸易壁垒更为坚固，更为有效。

总体而言，技术性贸易措施的实施带有鲜明的两面性，一方面，它以保护国家安全、保护人类和动植物生命和健康、保护环境及防止欺诈行为等为目标，具有合理性，并在促进科技研究开发与应用、提升产品质量安全水平、推动产业转型升级、推动国际贸易自由化和便利化、推进可持续发展等方面发挥了积极的作用，得到世界各国的普遍关注和认可。另一方面，它也会对国际贸易产生一定的负面影响，甚至被用作变相限制进口、进行贸易保护的工具，阻碍着国际贸易的自由发展，不利于世界资源的自由流通和优化配置，与经济全球化、贸易自由化和便利化的社会发展潮流是相向而行的。

三、中国与东盟的技术性贸易措施

中国与东盟文化相通、民风相近，互为好邻居、好伙伴，中国的云南、广西 2 省（区）与东盟的越南、老挝、缅甸接壤。伴随着中国 40 年的改革开放发展、加入 WTO 近 20 年的国际经贸合作竞争实践，以及东盟一体化进程，中国与东盟国家实施的技术性贸易措施，可以说有一定的共同点但又各具特色。共同点在于，因经济社会发展水平和科技能力水平有限，话语权不足，都不同程度经受着美、欧、日等发达国家和地区日益苛刻的技术性贸易措施的不公平、不公正待遇。如美国种类繁多的技术法规，欧盟的 WEEE 指令、RoHS 指令、REACH 法规，以及日本的“肯定列表制度”等，给中国和东盟国家的产品设置了难以逾越的准入门槛。

（一）中国技术性贸易措施应对策略

幅员辽阔，资源禀赋多样，经济体量大，是全球第二大经济体和第一大进出口贸易国，有较为完善的工业体系，但发展不平衡、不充分，产品的总体竞争力与发达国家存在明显差距，在个别领域有竞争优势，国内企业受技术性贸易措施的负面影响较为普遍。如，国家质检总局抽样调查结果显示，2016 年中国有 34.1% 的出口企业遭受到国外技术性贸易措施的影响，直接损失总金额达 3265.6 亿美元。

中国是国际标准化组织（ISO）、国际电工委员会（IEC）常任理事国，以及国际电信联盟（ITU）理事国。中国加入 WTO 后，为确保 WTO 框架下《TBT 协定》《SPS 协定》在全国的统一实施，以及落实相关入世承诺、与 WTO 规则保持一致，进而实现各相关部门在技术性贸易措施工作方面的信息沟通、资源共享和行动协调，于 2003 年 7 月成立了全国技术性贸易措施部际联席会议制度，由国家质检总局牵头，成员包括国家发改委、科技部、公安部、工业和信息化部、农业部、商务部、卫生部、国务院法制办、海关总署、工商总局、环保部、民航局、国家食药总局、国家林业局、国家中医药局、国家认监委、国家标准委等 18 个单位。在原来 1995 年成立的国际检验检疫标准与技术法规研究中心的基础上，2004 年加挂设立了“中华人民共和国 WTO/TPT 国家通报咨询中心”“中华人民共和国 WTO/SPS 国家通报咨询中心”，代表国家履行我国政府加入世界贸易组织的承诺和世界贸易组织规定的成员方必须履行的通报、咨询和评议义务。实践中，中国通过：①认真开展评议并将意见反馈给相关 WTO 成员；②针对严重影响中国出口的国外技术性贸易措施，积极与当事国进行交涉、磋商和谈判；③开展风险预警，及时向出口企业提供警示；④开展研究咨询培训；⑤通过媒体向社会各界进行广泛宣传等环节，具体应对国外技术性贸易措施。

目前，中国出台实施的技术法规有:《中华人民共和国进出口商品检验法》及其实施条例、《中华人民共和国动植物检疫法》及其实施条例、《中华人民共和国国境卫生检疫法》及其实施细则、《中华人民共和国标准化法》及其实施条例、《中华人民共和国环境保护法》《中华人民共和国食品安全法》等。据国家标准委官方网站统计（截至 2017 年 12 月 8 日）：中国的国家标准总数为 36013 项，其中强制性标准 2194 项。中国还发布了《强制性产品认证管理规定》，认证标志为“CCC”，主要的产品认证标志有：电工产品长城标志认证（CCEE）、进口产品安全质量许可（CCIB）、电磁兼容（EMC）等强制性认证。

（二）东盟技术性贸易措施

东盟成员以发展中国家为主，资源丰富但综合国力和经济影响力有限。同时，东盟各国的政治社会体制、发展阶段等不尽相同，经济发展水平和科技能力参差不齐，各国实施的技术性贸易措施侧重不一，差别明显。如，新加坡是个城市国家，国土面积小，资源单一但经济发达，其国家标准一般直接采用 ISO、IEC 等国际组织制定的国际标准，或者根据当地特点等效使用，国际标准采标率达 8 成以上；再如泰国、马来西亚，侧重其优势资源大米实施技术性贸易措施；缅甸、老挝木材资源丰富，则侧重在木材进出口贸易方面做足技术性贸易措施文章。

（三）中国与东盟技术性贸易措施特征

中国与东盟多数成员国同为发展中国家，经济互补性强，有着共同的发展诉求和意愿。中国经济体量大，发展韧劲足，长期保持较高的增长速度，承受外部影响的空间广、能力强，对资源性产品需求长期旺盛。而东盟作为一个整体，自然资源丰富，产品种类多，恰恰迎合了弹性十足的中国庞大市场需求。如水果的品种及其季节性产销、纺织品加工，以及铜、镍、无烟煤等金属、矿产资源，中国与东盟开展双边经贸合作，空间和潜力十分巨大。在现行的 WTO 框架规则条件下，美国、欧盟、日本等发达国家和地区的技术性贸易措施具有明显的贸易保护主义特性，以维持其强势地位和主导权，与之不同的是，中国与东盟的技术性贸易措施，更多的是属于技术层面而非政治层面。就中国与东盟双边而言，缘于巨大的经贸相互需求、互补，实施的技术性贸易措施有着相互借鉴、相互提升的现实意义。

当前，中国经济发展全面进入新常态，进出口贸易进入了以稳增长、调结构、提升质量为特征的新时期。随着中国“一带一路”倡议、中国－东盟自由贸易区升级版、东盟一体化进程的加快推进，中国与东盟的双边经贸合作势必向技术性贸易措施领域拓展。中国愿意与东盟各国一道，本着享受权利与履行义务相结合的原则，不断健全和完善本国的技术性贸易措施体系，提高自身的产品质量和安全水平，保护环境，保护人类和动植物的生命健康，保护国内外消费者权益，为创造和维护公平、公正、透明的国际贸易环境做出贡献。

四、技术性贸易措施的发展走向

技术性贸易措施是国际经贸合作的重要杠杆，它的运用和实施直接左右着各经济体在国际经贸中对贸易自由与贸易保护这一矛盾的取舍把握。事实上，技术性贸易措施的出现和广泛应用，源于社会经济不断发展、科技水平不断进步、人们生活水平不断提高，使得质量、安全、卫生、环保、反欺诈等成为国际贸易中的主要关切点，是关税措施以及易带有歧视性并违背自由贸易公平竞争原则的非关税措施逐渐退出国际贸易历史舞台的过程，也是世界各国在双边、多边经贸合作体制下，出于本国的经济、政治、外交的需要，依托本国经济技术实力，维护和实现本国贸易政策目标的有效工具。时至今日，技术性贸易措施已构成了国际贸易中非关税壁垒的主要部分。

随着科技日新月异和经济全球化、社会信息化的深入发展，国际经贸合作中涉及的技术问题将会变得复杂，与之相对应的技术性贸易措施在数量上将会日益增多，在要求上将会日益苛刻，在形式上将会日益隐蔽，在国际经贸合作、竞争中的地位和作用将会日益重要，并呈现出向政治化、国际化、极端化方向发展的趋势，进而成为世界各国在开展国际经贸合作中需要着重考究的问题。

鉴于发达国家的经济发展水平高、科学技术能力先进，主导着现行的国际经贸秩序和治理体系，占据着技术性贸易措施的主动权。未来的一段时期，发达国家势必会倚仗其经济、技术优势，利用技术性贸易措施设置贸易壁垒、推行贸易保护主义甚至发起技术贸易战，竭力维护他们既有的国际经贸利益及其在国际经贸中的主导地位。发展中国家也将为摆脱技术性贸易措施被动接受者的角色、实现弯道超车，而想方设法发挥后发优势，加快科技创新，推动科技进步，加强协调合作，努力推动构建一个更加公平、公正、合理的国际经济秩序和治理体系。

第二节　中国与东盟的经贸合作

一、东盟概述

（一）东盟的成立

东南亚国家联盟（Association of Southeast Asian Nations），简称东盟（ASEAN），其前身是马来亚（现马来西亚）、菲律宾和泰国于 1961 年 7 月 31 日在曼谷成立的东南亚联盟。1967 年 8 月 7 日至 8 日，印度尼西亚（以下简称印尼）、新加坡、泰国、菲律宾四国外长和马来西亚副总理在泰国首都曼谷举行会议，发表了《东南亚国家联盟成立宣言》，即《曼谷宣言》，正式宣告东盟成立。印度尼西亚、马来西亚、菲律宾、新加坡和泰国 5 国为东盟创始成员国。20 世纪 80 年代后，文莱（1984 年）、越南（1995 年）、老挝（1997 年）、缅甸（1997 年）和柬埔寨（1999 年）5 国陆续加入，使东盟涵盖了整个东南亚地区并形成一个人口超过 5 亿、面积达 450 万平方千米的区域性国际合作组织。东盟的总部设在印度尼西亚首都雅加达。

东盟成立之初只是一个保卫自己安全利益及与西方保持战略关系的联盟，其活动仅限于探讨经济、文化等方面的合作。1976 年 2 月，第一次东盟首脑会议在印尼巴厘岛举行，会议签署了《东南亚友好合作条约》以及强调东盟各国协调一致的《巴厘宣言》。此后，东盟各国加强了政治、经济和军事领域的合作，积极推进一体化建设。2002 年 1 月 1 日正式启动了东盟自由贸易区（原东盟 6 国）。2007 年 11 月 20 日签署了《东盟宪章》并于 2008 年 12 月 15 日正式生效。2015 年 11 月 18 日，第 27 届东盟峰会通过了愿景文件《东盟 2025：携手前行》，明确要建成以政治安全共同体、经济共同体和社会文化共同体三大支柱为基础的东盟共同体。2015 年 12 月 31 日，东盟轮值主席国马来西亚外长阿尼法发布声明说，东盟共同体当天正式成立。东盟国家将在共同利益和地区认同的基础上作为一个整体出现在国际交流和国际事务处理中，以维护盟国的权利和利益。

（二）东盟的组织机构

东盟主要机构有首脑会议（东盟峰会）、外长会议、常务委员会、经济部长会议、其他部长会议、秘书处、专门委员会以及民间和半官方机构。

首脑会议是东盟最高决策机构，自 1995 年召开首次会议以来每年举行 1 次，已成为东盟国家商讨区域合作大计的最主要机制，主席由成员国轮流担任。2017 年主席国为菲律宾。东盟秘书长任期 5 年。外长会议是制定东盟基本政策的机构，每年轮流在成员国举行。常务委员会每2个月举行1次会议，主要讨论东盟外交政策，并落实具体合作项目。经济部长会议是东盟经济合作的决策机构，在区域经济合作方面发挥主导作用，每年不定期地召开1~2次会议。其他部长会议包括财政、农林、劳工、能源、旅游等部长会议，不定期地在东盟各国轮流举行，讨论相关领域的问题。

（三）东盟的对外交流与合作

东盟积极与周边及域外国家开展对话协商，推动区域经济合作发展，逐步形成了以东盟为中心的一系列区域合作机制。从1978年起，东盟先后与美国、日本、澳大利亚、新西兰、加拿大、欧盟、韩国、中国、俄罗斯和印度等10个国家和地区建立了对话伙伴关系，并每年举行对话会议，就重大国际政治和经济问题交换意见。1994年7月，东盟倡导成立了东盟地区论坛，主要就亚太地区政治和安全问题交换意见。1994年10月，东盟倡议召开亚欧会议，促进东亚和欧盟的政治对话与经济合作。1997年，东盟与中日韩等共同启动了东亚合作。1999年9月，东盟倡议成立了东亚-拉美合作论坛。东盟于2002年、2010年、2012年分别与中国、韩国、澳大利亚及新西兰启动了自由贸易区。2011年11月，东盟提出“区域全面经济伙伴关系（RCEP）”倡议，旨在构建以东盟为核心的地区自由贸易体系，得到周边国家的积极响应。此外，2002年，东盟与中国签署《南海各方行为宣言（DOC）》，共同致力于维护南海地区的和平与稳定。2003年，东盟与中国的关系发展到战略协作伙伴关系，中国成为第一个加入《东南亚友好合作条约》的非东盟国家。从2012年开始，东盟与中国就“南海行为准则（COC）”进行了多次磋商，2017年5月，中国与东盟落实DOC第14次高官会，审议通过了COC的框架文本。

经过50年的耕耘，东盟已发展成为世界第七大经济体，其影响力在世界范围特别是亚太地区内已是举足轻重。当前，各大国都在积极发展、拉近与东盟的关系，并建立了相应的定期会晤机制，如“10+1”（东盟 + 中国）、“10+3”（东盟 + 中日韩）、“10+8”（东盟 + “中日韩印澳新美俄” ）等。

二、中国与东盟的经贸合作

（一）中国与东盟的经贸关系

中国与东盟毗邻而居，山水相连，相互之间有着悠久的传统友谊和经贸往来历史，秦汉时期的海上丝绸之路、明代时的郑和七次下西洋、近代中国民间的“下南洋”谋生扎根，极大地促进了中国与东盟地区的经贸往来和友好关系的发展。新中国成立后至20世纪70年代中期，受冷战思维、意识形态等因素的影响，中国与东盟地区的经贸往来十分有限。冷战结束之后，中国与东盟各国相续实现邦交正常化，双边的经贸合作得到了一定程度的发展。1991 年，中国与东盟开启了全面战略对话。1994 年，中国成为东盟的磋商伙伴国。1996 年，中国成为东盟的全面对话伙伴国，并出席了当年的东盟与对话伙伴国会议。1997 年，中国与东盟建立起了“10+1”对话机制，每年都召开中国 – 东盟领导人会议，就双边政治、经贸合作等问题深入交换意见，迄今双边已举行了 20 次会议，为不断增强双边政治互信，推动双边经贸合作发挥了积极的作用。

2002 年 11 月，中国和东盟签署《中国与东盟全面经济合作框架协议》，正式启动中国 – 东盟自由贸易区建设进程，2004 年 11 月，双方签署《中国与东盟全面经济合作框架协议货物贸易协议》和《中国与东盟全面经济合作框架协议争端解决机制协议》，中国 – 东盟自由贸易区进入实质性建设阶段，2010 年 1 月 1 日，中国 – 东盟自由贸易区如期全面建成，涵盖 11 个国家、19 亿人口、GDP 达 6 万亿美元、贸易额达 4.5 万亿美元，是中国对外商谈的第一个自由贸易区，也是发展中国家间最大的自由贸易区。2003—2013 年间，中国与东盟双边贸易额扩大了 5 倍，相互投资额扩大了 3 倍，建成了迄今为止世界上人口最多的、发展中国家间最大的自由贸易区，因而开创了合作的“黄金十年”。2014 年 8 月，中国与东盟启动中国 – 东盟自由贸易区升级谈判，经过 4 轮谈判，2015 年 11 月，双方签署了《中国与东盟关于修订〈中国 – 东盟全面经济合作框架协议〉及项下部分协议的议定书》，对原有协定进行了丰富、完善、补充和提升，将双边贸易从货物贸易向服务贸易、投资、经济技术合作等领域拓展。中国 – 东盟自由贸易区从“黄金十年”走向“钻石十年”。

中国 – 东盟自由贸易区建设，在中国与东盟经贸关系的发展历程中意义重大。经过 14 年的建设和发展，中国和东盟双方克服困难、排除干扰、精诚合作、互通有无，双边经贸合作取得了长足进展和丰硕成果。据历年《中国 – 东盟年鉴》数据统计：双边贸易额从 2002 年的 548 亿美元增加到 2016 年的 4522 亿美元，14 年间增加了 7 倍多，年均增长 16.3%。中国已连续 8 年成为东盟的第一大贸易伙伴。东盟已连续 6 年是中国的第三大贸易伙伴。2016 年，中国 – 东盟自由贸易区的 GDP 达到 14.1 万亿美元。中新苏州工业园区、天津生态城、中马（钦州、关丹）产业园区等项目成为中国和东盟国家经贸合作的典范。连续 14 年在中国广西南宁举办的中国 – 东盟博览会和中国 – 东盟商务与投资峰会，带动了双方在质检、农业、信息通信技术、交通、能源、公共卫生和环境等领域的务实合作。双方贸易、投资和产业合作日益密切，形成了我中有你、你中有我、相互依存的发展格局。中国与东盟互利互惠、合作共赢的良好经贸关系，为双方的政治互信累积了厚实的基础，进而为双方化解分歧争端、排除域外势力鼓噪干扰、维护南海地区和平稳定创造了良好的条件。可以说，良好的中国与东盟经贸合作关系成为了双边关系的压舱石、稳定器。

（二）东盟在“一带一路”建设中的地位和作用

习近平总书记2013年访问哈萨克斯坦和印度尼西亚时，分别提出建设“新丝绸之路经济带”和“21世纪海上丝绸之路”的倡议（统称“一带一路”），其基本思路是要以基础设施投资建设为依托，突出“政策沟通、设施联通、贸易畅通、资金融通、民心相通”，带动与沿线国家在贸易、投资、金融、文化交流等方面的合作，构建利益共同体，命运共同体和责任共同体。“五通三同”构成一个相互促进、相互影响的不可分割的整体，实现共赢。中国实施“一带一路”倡议实践4年多以来，相关合作稳步推进，受到包括东盟国家在内的世界各国普遍欢迎和认可。全球100多个国家和国际组织共同参与，40多个国家和国际组织与中国签署合作协议，形成了广泛的国际合作共识，建设成为当前乃至今后相当长一段时期中国与世界经济、政治、文化等领域合作交流的战略性抉择。2017年5月在北京举行“一带一路”国际合作高峰论坛，有29个国家元首和政府首脑以及130多个国家代表出席了会议，对推动国际和地区合作具有重要意义。

“一带一路”经济区域大致包括东亚蒙古，东盟十国，西亚十八国，南亚八国，中亚五国，独联体七国，中东欧十六国。其中，东盟十国经济发展最快，与中国文化趋同性强，发展模式、市场结构和金融体系比较相似，且融合度较高，是中国“一带一路”倡议实践的关键环节。

1. 东盟是中国“一带一路”倡议战略的重要组成部分

东南亚是海上交通要道，在地缘政治上具有独特性和重要性。东盟国家作为与中国经贸往来最为频繁、华侨华人数量最多、改善基础设施需求巨大的区域合作伙伴，在“21世纪海上丝绸之路”建设上发挥着互联互通的重要作用，是中国落实“一带一路”的重点和优先方向。同时，落实“一带一路”倡议也为东盟共同体建设提供强有力的支撑。2016年9月，在老挝并期举行的第28届和第29届东盟峰会通过了《东盟互联互通总体规划2025》，旨在对可持续基础设施建设、数字创新、物流、进出口管理和人员流动等5方面加大投入，提升东盟地区的竞争力。根据总体规划，未来东盟每年需要至少1100亿美元的基础设施投入，以支持经济发展。而随着“一带一路”倡议实施和推进，由中国发起成立的亚洲基础设施投资银行、设立的“丝路基金”、推动国际产能合作和企业“走出去”等，正迎合了东盟互联互通的需要。据有关资料显示，这几年，中国和东盟的基础设施建设和互联互通合作不断发展，中国企业在东盟国家签订的基础设施建设工程合同额累计达到2962.7亿美元。目前，还有一大批公路、铁路、港口、航空、电力、桥梁等项目在实施。因此，在落实“一带一路”倡议的过程中，中国与东盟在基础设施互联互通、产能及金融合作等方面有很大空间、很多途径实现相互对接、相互补充，进一步提升中国－东盟经贸合作水平。

2. 东盟国家积极响应和参与中国“一带一路”倡议

“21世纪海上丝绸之路”、中国－东盟自由贸易区升级版，以及东盟共同体建设的规划和实施，都是以提升基础设施的互联互通水平作为主要内容和目标之一，三者环环相扣、相互契合、相互促进。东盟国家地处中南半岛及南中国海周边，有着得天独厚的条件与“一带一路”建设进行对接，并最先感受“一带一路”带来实实在在好处。如，东盟所有国家都支持中国倡导发起成立的亚投行，并成为亚投行的成员；对泰国而言，在中国－中南半岛经济走廊战略与泰国提出的国家发展4.0战略和东部经济发展走廊项目高度契合；对老挝而言，“一带一路”倡议也与老挝方面提出的变“陆锁国”为“陆联国”的战略高度契合，兴建的中老铁路，正帮助老挝一步步实现自己的梦想；中国与马来西亚港口合作已经如火如荼。在“一带一路”倡议下，中国和马来西亚于2015年宣布成立中国－马来西亚港口联盟，包括12个中国港口和9个马来西亚港口。港口合作为东盟与中国之间的互联互通不断注入动力；越南、柬埔寨、印尼等其他东盟国家也纷纷将其“两廊一圈”“四角战略”“世界海洋轴心”等本国战略与“一带一路”进行有效对接。

同时，地理相近、文化相通，天然的纽带使中国和东盟的人文合作交流日益密切，并为“一带一路”倡议的实施提供了坚实的民意支持。东盟提出的民间互联互通与“一带一路”的民心相通内容要求具有高度的一致性，即广泛开展教育、科技、文化等合作与交流，扩大民间和民众交往，不断夯实和深化中国与东盟合作的民意基础。近年来，中国与东盟国家在留学生培养、语言学习、联合办学、科研等方面的人文交流和合作得到不断发展。双方互派留学生接近20万人次。仅广西就与东盟各国近200所院校建立合作关系。2016年，中国在东盟国家的留学生超过12万人，东盟在中国留学生超过8万人。目前，中国与新加坡、马来西亚、越南、文莱、缅甸、老挝、柬埔寨、菲律宾分别签署了教育交流协议，与泰国、马来西亚签订了学历学位互认协定。此外，中国－东盟青年交流常态化以及中国－东盟文化论坛的成功举办，使文化交流在中国－东盟全面合作关系中的独特作用得到了进一步发挥，极大地增进了双方彼此的了解和欣赏，加深和巩固传统友谊。

中国坚持与东盟发展友好合作关系，大力推进“一带一路”倡议建设与东盟区域战略和东盟国家发展规划对接，展现出的极大诚意和实际行动，完全符合东盟国家意愿，因此得到了东盟国家积极回应，同时也为中国“一带一路”倡议建设创造了良好的周边政治外交环境。

当前，中国经济社会全面进入新时代，社会的主要矛盾已转化为人民日益增长的美好生活需要和不平衡不充分的发展之间的矛盾。推进供给侧结构性改革，提高供给质量，扩大有效供给，提高供给结构对需求变化的适应性和灵活性，提高全要素生产率，更好满足人民需要，促进经济社会可持续发展，是经济工作的主要任务之一。中国与东盟的经贸合作也因此走到一个新的节点，双方关税已大幅削减，经贸合作将超越关税议题，向技术性贸易措施、卫生与植物卫生措施、原产地规则和贸易便利化等更深入议题拓展。因此，鉴于东盟的地缘在中国经济政治外交大局中的重要性，关注和研究东盟国家的技术性贸易措施及其对中国进出口贸易的影响，并提出应对之策，有助于推动深化中国与东盟的经贸关系，加快推进“一带一路”建设。

第二章 中国－东盟的贸易情况

第一节 东盟各国资源情况

一、文莱资源情况

文莱达鲁萨兰国简称文莱，又称文莱伊斯兰教君主国，简称汶莱或文莱，陆地面积5765平方千米，据文莱立法会第12届第1次会议2016年3月的数据，2016年文莱人口41.5万；据国际货币基金组织（IMF）网站提供的数据：2015年文莱GDP为117.86亿美元，人均GDP为28237美元。文莱位于婆罗洲北岸，南中国海南岸，整个国土被沙漠所分割、环绕。文莱是北婆三邦之一。主要语言是马来语，为国语，英语使用广泛，宪法规定伊斯兰教为国教。

文莱是东南亚盛产石油国家，经济状况颇佳，自然资源特别是油气资源丰富。盛产石油和天然气，探明石油储量约14亿桶，天然气储量约4000亿立方米，是东南亚第三大产油国和世界第四大液化气生产国，产油量在东南亚仅次于印度尼西亚和马来西亚。2009年文莱与马来西亚签署海陆边界换文，文莱新增原油储量10亿桶。探明储量较大、具有经济价值的矿产资源还有金、煤、汞、锑、铅、矾土和硅。耕地面积占国土面积的5%，土壤贫瘠。主要农产品有稻谷、咖啡、橡胶、椰子等，经济结构单一，油气产业是经济支柱，约占GDP的2/3，占财政收入的90%和外贸出口的95%，农业收入占GDP比重不到1%，肉类、大米和新鲜牛奶的自给力非常低，95%以上的稻米依赖进口。

二、柬埔寨资源情况

柬埔寨王国，通称柬埔寨，旧称高棉，位于中南半岛，西部及西北部与泰国接壤，东北部与老挝交界，东部及东南部与越南毗邻，南部则面向暹罗湾，陆地面积约18.10万平方千米，2015年人口约1560万，高棉语和法语是柬埔寨的官方语言，2015年GDP为185.02亿美元，人均GDP为1228美元。

柬埔寨自然资源丰富。可耕地面积630万公顷，主产水稻、橡胶、胡椒、糖、腰果、烟草、木薯及热带水果；盛产贵重的柚木、铁木、紫檀、黑檀、白卯等高级木材；

热带林木储量约 11 亿多立方米，森林覆盖率达 61.4%。矿藏主要有金、磷酸盐、宝石和石油等。淡水鱼产量居世界第四，系著名“笋壳鱼”主产地。近年来由于生态环境失衡和过度捕捞，水产资源减少。最主要的工业产业、服务业产业分别是制衣业和旅游业。全国有 630 家制衣制鞋厂，创造约 75 万个就业岗位，制衣制鞋业产品出口达 71.7 亿美元，占全年出口总额的 79.8%。旅游业是带动服务业发展的原动力，每年旅游收入达 30.1 亿美元，占 GDP 的 16.3%。典型传统农业国，农业人口占 85%，经济总量小，收入水平低，人均 GDP 1228 美元，居世界第 162 位，是世界最不发达国家之一。

三、印度尼西亚资源情况

印度尼西亚，全称为印度尼西亚共和国，简称印尼，位于亚洲东南部，地跨赤道，属典型的热带雨林气候，其 70% 以上的领土位于南半球，是亚洲唯一一个南半球国家，是东盟领土最大的国家，陆地国土面积 190.44 万平方千米。印尼约由 17508 个岛屿组成，是全世界最大的群岛国家，疆域横跨亚洲及大洋洲，别称“千岛之国”。2015 年印尼人口超过 2.55 亿，为世界上人口第四多的国家。2015 年印尼 GDP 为 8617.70 亿美元，人均 GDP 为 3377 美元。依国际汇率计算，印尼为世界第 16 大经济体，为世界贸易组织（WTO）的正式成员。官方语言为印尼语，通用英语。

印尼自然资源丰富，素有“热带宝岛”之称。盛产棕榈油、橡胶、椰子等农林产品，世界第三大热带森林国家，森林面积 1.45 亿公顷，森林覆盖率为 54.25%，动植物种类繁多、盛产各种香料、热带林木及热带经济作物，椰子、胡椒、木棉、金鸡纳霜产量居世界首位，天然橡胶、棕榈油产量居世界第二位，丁香、椰子、咖啡等产量居世界前列。2015 年棕榈油产量达到 3200 万吨。2014 年丁香种植面积达到 331 万公顷，为全球之最。胶合板、纸浆、纸张在出口产品中占很大份额，其中藤条出口占世界 80%~90%。海岸线 8.1 万千米，渔业资源十分丰富。

印尼的石油和锡在世界上占有重要地位，是东南亚石油储量和产量最大的国家。石油储量 97 亿桶，已探明天然气储量为 4.8 万亿立方米 ~5.1 万亿立方米。非油气资源锡、铝、煤、镍、金、银等矿产产量居世界各国前列，储量非常丰富，商机巨大。

印尼国土面积占东盟总面积的 42%。2015 年 GDP 占东盟经济总量的近 4 成。是世界第四大、东盟第一大人口国，占东盟总人口的 40%。人口结构年轻，19 岁以下人口占总人口的 1/3，经济持续增长的动力强劲。87% 的人口信奉伊斯兰教。

四、老挝资源情况

老挝民主人民共和国，简称老挝，是中南半岛北部唯一的内陆国家，国土面积 23.68 万平方千米，据 2015 年 12 月 10 日公布的老挝第四次人口普查结果，全国总人口 647.2400 万，2015 年 GDP 为 128 亿美元，人均 GDP 为 1875 美元，居世界第 143 位。官方语言使用老挝语。

老挝是世界最不发达国家之一，经济以农业为主，农业人口约占 80%，工业基础薄弱，日用品主要靠进口。开放水平低，城市化水平低，收入水平低，湄公河 60% 以上的水能资源蕴藏在老挝，被誉为“东南亚的蓄电池”。水力、矿产、农林等自然资源丰富。水电资源充沛，全国 200 千米以上河流 20 余条，有 60 多个水能丰富的水电站建站点，可开发装机容量 1300 万千瓦。有金、铜、锡、铅、钾、铜、铁、金、石膏、煤、盐等矿藏，且多未开发。土地资源丰富、人口密度为 28 人 / 平方千米。有 49 片国家森林，森林面积约 900 万公顷，森林覆盖率约 42%，盛产柚木、酸枝、花梨木等名贵木材，主要农产品有稻谷、玉米、木薯、红薯、豆类、咖啡、烟叶、花生、水果、棉花等，咖啡出口量较大。

五、马来西亚资源情况

马来西亚联邦，简称马来西亚，俗称大马，位于东南亚，由前马来亚联合邦、北婆罗洲及砂拉越所组成的联邦制国家。国土面积 33.04 万平方千米，2015 年马来西亚人口 3065.12 万，GDP 约 3549.7 亿美元，人均 GDP 为 11581 美元；马来语是国语，通用英语。马来西亚是东盟创始国之一。

马来西亚自然资源丰富，沿海蕴藏着丰富的石油天然气，石油储量 5.45 亿吨，已探明天然气储量达 2.8 万亿立方米，原油和天然气储量大，是全球第二大液化天然气出口国、亚太第三大原油储量国、东南亚第二大石油生产国。锡矿品位高，储量居世界第二位。铁矿品位较高，含铁量超过 50%，储量 1 亿万吨，此外还有铜、金、钨、煤、铝、土、锰等矿产。森林覆盖率 75% 以上，盛产热带硬木，动植物种类繁多，被列为世界 12 个最大生物多样化国家之一，主要农产品有棕榈油、橡胶、可可、木材和胡椒等，棕榈种植面积 470 万公顷，是世界上第二大棕榈油生产国和出口国、第三大天然橡胶生产国。马来西亚属出口导向型经济，出口额占 GDP 的 8 成左右。服务业是最大的产业，占全国 GDP 一半以上。其中，旅游业是服务业的主要产业，规划计划特别多，有东马、西马区域发展规划，东盟东部经济增长区规划，每 5 年的发展计划、各领域的大蓝图，经济转型计划、园区发展规划和“2020 宏愿”等，合作务求先融入其规划。是英联邦成员国、东盟核心成员国、亚太经合组织成员国、印度洋区域合作联盟成员国、“77 国集团”和不结盟组织创始成员国，经济体系相对开放。是东盟国家中第一个与中国建交、第一个邀请中国加入“10+1”、第一个邀请中国参加东亚峰会的国家。

六、缅甸资源情况

缅甸联邦共和国，简称缅甸，位于中南半岛西部，陆地国土面积67.66万平方千米，2015年人口为5150万，GDP 650亿美元左右，人均GDP为1203.5美元。缅甸语为国语，英语在城市通用。

缅甸是新开放市场国家，开放潜能大，2016年新政府执政以来大力推进经济改革和对外开放，有很大的投资吸引力。国土面积居东盟第二。是全球45个最不发达国家之一，属传统农业国，曾长期受西方经济制裁，经济发展缓慢。政治不稳定、执政党与反对派斗争激烈、社会治安状况尚可，缅北地区时常发生武装冲突。缅甸的软硬件设施落后，投资吸引力小，法律法规不完善，政策稳定性不强，国内外居民和投资者区别对待，金融市场不发达、无证券市场等。

缅甸自然资源富集，是著名的“稻米之国”和“森林之国”，全国森林覆盖率41%，生物物种资源十分丰富，还盛产檀木、灌木、鸡翅、铁力、酸枝木、花梨木等各种名贵硬木，世界60%柚木储量和国际市场上75%的柚木均产自缅甸。拥有丰富的竹类和藤木资源，2014年4月起禁止原木出口。矿产资源主要有石油（储量32亿桶）、天然气（储量2832万亿立方米）、宝石、玉石、锡、铜、镍、铁、铅、锌等储量较大，缅甸玉石和宝石在世界上享有盛誉；水力发电潜力很大，蕴藏水利装机容量1800万千瓦。缅甸海岸线漫长，渔业资源丰富，水产是仅次于农业、工业的第三大主要经济产业，对外合作开发潜力大。

七、菲律宾资源情况

菲律宾共和国，简称菲律宾，位于东南亚的一个群岛国家。菲律宾群岛由7101个岛屿组成，分为吕宋岛、米沙鄢群岛和棉兰老岛三大岛群。陆地国土面积29.97万平方千米，国内人口约9300万，加上约1100万海外菲律宾人，总计人口逾亿，位居世界第12位。2015年GDP为2919.7亿美元，人均GDP为2875美元，官方语言为英语，西班牙语也通用。

菲律宾地处亚太中心位置，距亚太主要经济体首都飞行时间均不超4小时，海运条件发达。人口数量位居东盟第二，80%的国民熟练使用英语，识字率达到94.6%，劳动力素质较高。农业在经济社会中地位十分重要，是蕉麻原产地，蕉麻产量为全球之最，椰子生产量和出口量占全世界60%以上，居世界前列、出口量世界第一，被誉为“椰子之国”，出口农产品包括椰子油、香蕉、鱼和虾、糖及糖制品、椰丝、菠萝和菠萝汁、未加工烟草、天然橡胶、椰子粉粕和海藻等，但粮食无法自给。服务外包业蓬勃发展，是仅次于印度的世界第二大外包目的地，7个城市被列为“世界前100外包投资地”。海外劳务对经济贡献较大，是全球主要劳务输出国之一。服务业高度发达，产值占 GDP 的近 6 成，马尼拉国际集装箱码头是亚洲效率最高的 5 大码头之一。但国内市场较弱，内部需求、开放程度和改革力度均不足。

菲律宾自然资源丰富，探明储量的金属矿产有 13 种，非金属矿产 29 种，多种资源能源储藏量在亚洲乃至世界名列前茅。矿藏主要有铜、金、银、铁、铬、镍等 20 余种。铜蕴藏量约 37.16 亿吨、镍 1.27 亿吨、金 1.36 亿吨，非金属矿主要有石灰石、大理石等。地热资源丰富，预计有 20.9 亿桶原油标准的地热能源。生态环境良好，适宜农作物生长，主要粮食作物是水稻、玉米，经济作物有椰子、甘蔗、蕉麻、烟草、香蕉、菠萝等。森林面积 1585 万公顷，覆盖率达 53%，有乌木、紫檀等名贵木材。水产资源丰富，鱼类品种达 2400 多种，金枪鱼资源居世界前列。海岸线较长，海运条件得天独厚，能高速有效处理货运。

八、新加坡资源情况

新加坡共和国，简称新加坡。新加坡是全球经济最具活力、前景持续看好的新兴经济体之一，新加坡面积小、人口少、资源匮乏，吸引外资是其经济增长的重要保障。新加坡为中国在全球的第 11 大、在东盟的第三大货物贸易伙伴。马来语是国语，英语是行政语言。

新加坡是东南亚面积最小、人口第二少的国家。世界最富裕国之一，陆地面积 714.3 平方千米，2015 年人口为 553.5 万，GDP 为 3143.25 亿美元，人均 GDP 高达 4.9 万美元，排名全球第七。著名的国际化大都市，东南亚国际性贸易、金融、航运、电子中心，亚洲最重要的金融、服务和航运中心之一。新加坡以稳定的政局、廉洁高效的政府著称，政治稳定、社会和谐、司法公正严明、政府廉洁高效、社会治安状况总体良好，是世界上犯罪率最低的国家之一。进出口贸易和现代服务业高度发达，2015 年进出口总额 6631.1 亿美元，是 GDP 的 2.27 倍，吸收外资存量居东盟第一。资源匮乏，吸引外资是经济增长的重要保障，典型的外向驱动型经济体。

新加坡自然资源匮乏，除几个岛屿有花岗岩外，至今没发现什么矿藏，虽然四面环海，但渔业并不发达，海产品年产量仅 1 万余吨。淡水资源不足，森林和自然保护区占 23%，植物资源比较丰富，品种有 2000 多种，岛上保留有部分原生植物群，普遍种植热带观赏花卉胡姬花（即兰花），所产的胡姬花大量出口欧洲及美国、日本等国家和地区，但都市化缩小了雨林面积，主要工业原料、生活必需品需进口。

九、泰国资源情况

泰王国，简称泰国，位于中南半岛中南部，陆地国土面积 51.31 万平方千米，属热带季风气候区，2015 年人口 6800 万，GDP 为 3952.82 亿美元，人均 GDP 为 5816 美元。泰国是 WTO 的正式成员，与澳大利亚、新西兰、日本、印度、秘鲁等国家有双边优惠贸易安排，并通过东盟与中国、韩国、日本、印度、澳大利亚和新西兰等国签订了自贸区协议。泰语为国语。

泰国是东盟最大特色旅游基地、全球大米和食糖出口基地、全球最大天然橡胶生产和出口基地、中国天然橡胶和木薯进口最大来源基地、东南亚汽车制造中心。全球第十大旅游国，2015 年旅游人数 2988 万人次，为东盟之最，“人妖”等旅游项目独具特色。

泰国矿产自然资源丰富。主要矿产资源有钾盐、锡、钨、锑、铅、铁、锌，铜、钼、镍、铬、铀等，还有重晶石、宝石、石油、天然气等。其中钾盐储量 4367 万吨，居世界首位；锡的总储量约 150 万吨，占世界总储量的 12%，居世界首位；石油总储量 2559 万吨；褐煤蕴藏量约 20 亿吨；天然气蕴藏量约 3659.5 亿立方米；森林覆盖率 20%；主要农产品有稻米、玉米、木薯、橡胶、甘蔗等，是世界大米主产国和第一出口国、为全球第二大食糖出口国；橡胶产量约占全球产量的三分之一，出口量占全球出口量的 40%~50%，中国天然橡胶、木薯进口的最大来源地；东盟最大汽车生产国和出口国，东盟唯一的整车贸易顺差国，全球第 12 大汽车生产国。

十、越南资源情况

越南社会主义共和国，简称越南，越南地理位置优越，位于中南半岛东部，北与中国广西、云南接壤，陆地面积 32.9 万平方千米，海岸线长达 3260 千米，港口众多，运输便利，2015 年人口 9170 万，GDP 约为 2008 亿美元，人均 GDP 为 2190 美元。是以京族为主体的多民族国家。通用语言是越南语，英语、华语广泛使用。

越南经济活跃，20 多年持续保持年均 7% 以上高增长，为东盟之最，主要依靠投资拉动，国有经济占 40%。越南借鉴中国改革开放经验，发展社会主义定向的市场经济。有类似中国的春节、清明、端午、中秋、重阳等传统节日，12 生肖中的 11 个与中国相同，供奉祖先，大都信奉佛教。历史上受中国文化影响最深，崇尚儒家思想，从东汉开始，汉字传入越南，吃饭用筷子，饮食文化、茶文化与中国相似。越南与中国的广西、云南山水相连，民族风情相似，广西东兴京族与越南京族实为同根民族，边境地区少数民族居民互通婚。

越南自然资源丰富、种类多样。矿产资源有能源类、金属类和非金属类等 90 多种矿产资源，其中探明储量 40 多种。探明石油、天然气、煤炭储量大，分别可供开采 20 年、35 年和 95 年。探明铁矿、铝土矿、铜矿、稀土、铬矿、钛矿、锆矿、镍矿、高岭土储量较大；越南是传统农业国，农业人口约占总人口的 75%。耕地及林地占总面积的 60%。物产丰富，盛产大米、玉米、橡胶、椰子、胡椒、腰果、咖啡以及热带水果等作物；森林面积约1000万公顷，盛产药材、名贵木材。动植物种类繁多，有爬行动物约300种、禽类1000多种、沿海有1200种鱼、70种虾，仅北部湾就有900种鱼，盛产红鱼、鲐鱼、鳘鱼等多种鱼类，每年海鱼产量都可达到数十万吨。

第二节　中国与东盟各国贸易概况

一、文莱贸易概况

文莱主要出口原油、石油产品和液化天然气，进口机器、运输设备食物、药品等。主要贸易对象是日本、英国、新加坡、马来西亚和美国。据中国海关数据统计，2016年中国文莱双边贸易额为6.9亿美元，同比下降49.8%。其中，中国自文莱进口2亿美元，同比增长116.4%，中国对文莱出口4.9亿美元，同比下降61.8%，顺差额近3亿美元，比2015年减少了10.1亿美元，同比下降76.3%。双边直接投资（据中国商务部提供的数据）方面，2016年中国对文莱投资流量为9090万美元，同比增长850.8%。

从产品结构来看，2016年中国自文莱进口的主要大类商品为：矿物燃料、有机化学品、木浆及其他纤维、石料及制品、仪器设备，累计进口总额达1.75亿美元，占中国自文莱进口产品总额的88%。其中，以进口矿物燃料最多，进口额达1.2亿美元，同比增长23%；其次是有机化学品，进口额达0.4亿美元，同比下降1%；再者是木浆及其他纤维，进口0.1亿美元，同比激增300%；石料及制品位居第四，进口0.03亿美元，同比增长95%；对仪器设备进口最少，进口额为0.02亿美元，同比增长120%。

中国对文莱出口的前5位产品是家具、针织服装、陶瓷产品、钢铁制品、机械产品，2016年累计出口总额达4.1亿美元，占中国对文莱出口产品总额的83%。其中，家具是第一大出口产品，出口额达1.74亿美元，同比下降43.6%；其次是针织服装，出口0.87亿美元，同比下降32%；再者是陶瓷产品，出口0.56亿美元，同比下降5.6%；钢铁制品位居第四，出口0.54亿美元，同比下降4.2%；对机械出口最少，出口额为0.37亿美元，同比下降7.3%。

二、柬埔寨贸易概况

柬埔寨主要出口产品为服装、鞋类、大米、橡胶和木薯等，主要的进口产品为服装原料、建材、汽车、燃油、机械、食品、药品等，主要贸易伙伴为美国、欧盟、中国、日本、韩国、泰国、越南和马来西亚等。据中国海关数据统计，2016年柬埔寨和中国双边贸易额达46.3亿美元。中国自柬埔寨进口为8.1亿美元，同比增长32.5%；

中国对柬埔寨出口38.2亿美元，同比增长11%，成为柬埔寨最大的货物供应国。2016年中国对柬埔寨贸易呈顺差，顺差额为30.1亿美元，同比增长27.5%。

从产品结构来看，2016年中国自柬埔寨进口的前5位产品有毛皮及制品、光学仪器及器具、变压器、谷物、改性淀粉，累计进口额达6.8亿美元，占中国自柬埔寨进口产品总额的84.5%。其中，以进口毛皮及制品最多，进口额达1.6亿美元，同比增长15.3%；其次是光学仪器及器具，进口额达1.1亿美元，同比增长8.5%；再者是谷物，进口0.7亿美元，同比下降12.1%；变压器位居第四，进口0.52亿美元，同比增长25.3%；对改性淀粉进口最少，进口额为0.51亿美元，同比增长32.1%。

同期，中国对柬埔寨出口的前5位产品是针织物及钩编织物、棉机织物、电话机通信设备、陶瓷产品、钢铁产品，累计出口额达25.3亿美元，占中国对柬埔寨出口产品总额的66%。其中，针织物及钩编织物是第一大出口产品，出口额达9.8亿美元，同比增长5.6%；其次是棉机织物，出口3.5亿美元，同比下降4.6%；再者是电话机通信设备出口1亿美元，同比增长23.3%；陶瓷产品位居第四，出口0.94亿美元，同比增长12.3%；对钢铁产品出口最少，出口额为0.58亿美元，同比增长2%。

三、印度尼西亚贸易概况

印尼的主要贸易伙伴为中国、日本、新加坡、美国、泰国等。中国在印尼对外经贸关系中占有比较重要的地位，近年来双边投资贸易合作呈快速上升的趋势。据印度尼西亚统计局公布的数据显示，2016年，印尼与中国双边货物贸易额为519.9亿美元，同比增长5%。其中，印尼对中国出口208.4亿美元，同比增长14.6%，占印尼出口总额的11.6%；印尼自中国进口311.6亿美元，同比减少0.6%，占印尼进口总额的22.7%。中国对印尼的贸易顺差为103.2亿美元，下降2.4%。

2016年印尼对中国出口最多的大类商品为矿物燃料、动植物油、木浆等纤维状纤维素浆、钢铁及制品，木材及木制品；上述5大主要商品的出口额依次为矿物燃料54.0亿美元，同比增长11.6%；动植物油27.4亿美元，同比减少6.8%；木浆等纤维状纤维素浆9.7亿美元，同比减少10.9%；钢铁及制品9.3亿美元，同比增长208.6%；木材及木制品8.3亿美元，同比减少3.8%，合占印尼对中国出口总额的64.7%。其他对华出口商品还有矿砂、橡胶及其制品、机电产品、塑料制品、杂项化学产品、铜及制品、有机化学品、可可及制品、棉花、水产品等。

印尼自中国进口的商品种类繁多，2016年中国对印尼出口最多的大类商品是机电产品、动植物产品、轻工品，主要商品有机械器具、机电产品、钢材、塑料制品、有机化学品。2016年，印尼进口的上述5类主要商品合计180.5亿美元，占印尼自中国进口总额的58.6%。上述5大主要商品的出口额依次为锅炉及机械器具72.9亿美元，同比增长 1.5%；机电产品 64 亿美元，同比增长 1.3%；钢材 21 亿美元，同比增长 5.8%；塑料制品 11.6 亿美元，同比增长 16.6%；有机化学品 10.9 亿美元，同比增长 6.7%。除上述产品外，印尼自中国进口的主要商品还有金属及制品、肥料、干鲜水果、无机化学品、化学纤维长丝、鞋类制品、肥料、铝制品、音响器材制品等。2016 年，印尼对中国的商品出口额超过美国和日本，使中国不仅成为印尼第一大出口市场，也是其第一大商品进口来源地。在印尼的 10 大类进口商品中，中国出口的机电产品、金属制品、纺织品、家具和瓷器处于较明显的优势地位；但中国出口的化工品、塑料制品、光学仪器和运输设备等仍面临着来自欧洲、美国、日本等发达国家的竞争。

四、老挝贸易概况

老挝与全球 50 多个国家有贸易往来，与 15 个国家签有双边贸易协定。据中国海关数据统计，2016 年中国老挝双边贸易总额为 22.8 亿美元，同比下降 10.3%。其中中国对老挝出口额为 9.6 亿美元，同比下降 14.5%；中国自老挝进口额为 13.2 亿美元，同比下降 6.9%，中国已成为老挝第二大贸易伙伴。中国对老挝贸易逆差为 3.6 亿美元，同比上升 12.5%。2016 年中国在老挝新签工程承包总额为 67 亿美元，同比增长 30.1%，在东盟国家中排名第三。

中国对老挝出口增量主要以投资或援助项目下的物资设备（如钢材、工程机械）带动，一般贸易商品仍然局限于家电、农机、服装、建材和日用百货等，总量约占老挝全国市场份额的 20%。老挝对中国出口主要以矿产品为主，一般贸易商品仍以木制品和木薯、玉米、大豆等农产品为主。

从产品结构来看，2016 年中国自老挝进口的前 5 位产品有铜矿砂、原木、精炼铜及合金、天然橡胶、玉米，累计进口总额达 9.6 亿美元，占中国自老挝进口产品总额的 72.9%。其中，以进口铜矿砂最多，进口额达 4.1 亿美元，同比下降 2.3%；其次是原木，进口额达 3 亿美元，同比增长 5.5%；再者是精炼铜及合金，进口 1.1 亿美元，同比下降 6.1%；天然橡胶位居第四，进口 1 亿美元，同比增长 8.3%；对玉米进口最少，进口额为 0.4 亿美元，同比增长 15.1%。

同期，中国对老挝出口的前 5 位产品是电话机及通信设备、货运机动车辆、钢铁结构件、铝制线缆、搅拌及成型机械，累计出口总额达 3.51 亿美元，占中国对柬埔寨出口产品总额的 37%。其中，通信设备是第一大出口产品，出口额达 0.88 亿美元，同比增长 2.6%；其次是货运机动车辆，出口 0.76 亿美元，同比增长 4.6%；再者是钢铁结构件出口 0.74 亿美元，同比下降 15.6%；铝制线缆位居第四，出口 0.47 亿美元，同比下降 3.8%；对搅拌及成型机械出口最少，出口额为 0.39 亿美元，同比下降 5.9%。

五、马来西亚贸易概况

马来西亚主要出口产品有：电子电器产品、棕榈油、石油、橡胶及制品、液化天然气等，进口产品有机电产品、矿物燃料、机械设备、运输设备、塑料及制品等，主要贸易对象是中国、新加坡、日本、美国、泰国等。据马来西亚统计局公布的数据显示，2016 年，马来西亚与中国双边货物贸易额为 581.1 亿美元，同比下降 1.8%。其中，马来西亚对中国出口 237.6 亿美元，同比下降 8.6%，占马来西亚出口总额的 12.5%；马来西亚自中国进口 343.5 亿美元，同比增长 3.1%，占马来西亚进口总额的 20.4%。马来西亚对中国贸易逆差 105.9 亿美元，同比增长 47.7%。

2016 年，马来西亚对中国出口量最大的商品有：电机和电气零件产品机和电气零件产品、矿物燃料、机械器具及零件、动植物油、金属矿砂等，合计 164.4 亿美元，占中国自马来西亚进口产品总额的 34%。上述 5 大类商品的出口额依次为电机和电气零件产品机和电气零件产品 87.4 亿美元，同比下降 7.4%；矿物燃料 26.6 亿美元，同比减少 28.9%；机械器具及零件 23.4 亿美元，同比下降 1.4%；动植物油 14.6 亿美元，同比减少 9.5%；金属矿砂 11.7 亿美元，同比减少 10.4%，其他对华出口商品还有塑料及制品、有机化学品、橡胶及制品、光学仪器制品、锡及制品、铜及制品、木材及制品等。

马来西亚自中国进口的商品种类繁多，主要有电机和电气零件产品机和电气零件产品、机械器具及零件、钢铁、塑料制品、矿物燃料。2016 年，马来西亚进口的上述 5 类商品合计 201.8 亿美元，占马来西亚自中国进口总额 58.8%。其中电机和电气零件产品 104.8 亿美元，同比减少 2%；机械器具及零件 56.7 亿美元，同比增长 3.1%；钢铁 15 亿美元，同比下降 8.8%；塑料制品 12.8 亿美元，同比增长 16.5%；矿物燃料 12.5 亿美元，同比增长 608%。除上述产品外，马来西亚自中国进口的主要商品还有铜类制品、钢材、运输工具、无机化学品、铝及制品、新鲜蔬菜、纸张、家具和船舶等。中国仅次于新加坡为马来西亚第二大出口贸易伙伴，也是马来西亚第一大进口来源地。在马来西亚的 10 大类进口商品中，中国出口的机电产品、金属制品、运输设备、纺织品和家具处于较明显的优势地位；但中国出口的化工品、塑料制品、光学仪器和食品等仍面临着来自日本、美国、法国、新加坡和马来西亚周边一些国家的竞争。

六、缅甸贸易概况

缅甸主要出口商品有天然气、服装、水产品、橡胶、皮革、虾、原木、矿产、粮食、宝石等，主要进口商品有燃油、工业原料、化工产品机械及运输设备、精炼矿物油、纺织品等，主要贸易伙伴为中国、泰国、新加坡、印度、日本、马来西亚等。据中国海关数据统计，2016 年，中国与缅甸双边贸易总额达 119.6 亿美元，同比下降

13.6%。其中，中国自缅甸进口 40 亿美元，同比下降 20%；对缅甸出口 79.6 亿美元，同比下降 9.9%。2016 年，中国对缅甸贸易呈现顺差，顺差额为 39.6 亿美元。中国是缅甸最大的贸易伙伴，近年中国与缅甸双边贸易总额呈下降态势。

从产品结构来看，2016 年，中国自缅甸进口的前 5 位产品有矿物燃料、金属矿砂、木材及制品、橡胶及制品、珍珠宝石，累计进口总额达 27.8 亿美元，占中国自缅甸进口产品总额的 70%。其中，以进口矿物燃料最多，进口额达 13.7 亿美元，同比增长 10.3%；其次是金属矿砂，进口额达 9.3 亿美元，同比增长 2.3%；再者是木材及制品，进口 2.1 亿美元，同比下降 25.2%；橡胶及制品位居第四，进口 1.5 亿美元，同比下降 12.3%；对珍珠宝石进口最少，进口额为 1.2 亿美元，同比大幅下降 15.5%。随着 2014 年 4 月缅甸开始实施禁止原木出口的政策，木材原料大大减少，2016 年中国自缅甸进口的木制品将向高附加值产品领域发展。众所周知，缅甸是全球主要的翡翠原石产地，而中国则是翡翠的主要消费国之一。珍珠宝石、矿物燃料等仍然是未来中国自缅甸进口贸易的主要产品。

同期，中国对缅甸出口的前 5 位产品是电机电气设备及零件、机械器具及零件、车辆及其零件、钢铁及制品、化学纤维，累计出口总额达 47 亿美元，占中国对缅甸出口产品总额的 59%。其中，电机电气设备及零件是第一大出口产品，出口额达 15.1 亿美元，同比下降 2.1%；其次是钢铁及制品，出口 10.7 亿美元，同比增长 0.8%；再者是机械器具及零件，出口 9.4 亿美元，同比增长 20.5%；车辆及其零件居第四，出口 9.1 亿美元，同比增长 2.4%；对化学纤维出口最少，出口额为 2.9 亿美元，同比下降 14.0%。缅甸积极的贸易政策拉动中国出口缅甸贸易增长，机电产品和工业制成品成为中国出口缅甸的主要产品。同时，缅甸对通信、汽车、摩托车的管制进一步放宽，一定程度上刺激了中国对缅甸的出口贸易。

七、菲律宾贸易概况

菲律宾与 150 个国家有贸易往来，主要出口商品有半导体、电子产品、运输设备、服装、椰子油、铜制品、金属配件、石油产品、水果，主要进口商品有电子产品、矿物燃料、运输设备、机械设备、化工产品、塑料制品、谷物、钢铁、纺织品等。据中国海关数据统计，2016 年，中国与菲律宾双边贸易总额达 458.3 亿美元，同比增长 9.8%。其中，中国自菲律宾进口 169 亿美元，同比增长 2.5%；对菲律宾出口 289.3 亿美元，同比增长 18.5%。当年中国对菲律宾贸易呈顺差，顺差额为 120.3 亿美元。尽管菲律宾国土面积不算太大，但拥有十分丰富的矿产资源，其矿产主要出口的对象国是中国。是仅次于机电产品的第二大出口产品。另外，机电产品也是中国对菲律宾主要出口的商品，双方的机电产品具有较强的互补性。从两国主要出口的产品来看，目前两国相互出口的不仅是对方的优势产品、互补性产品，还有食用水果、游戏品、运动用品及其零件、附件等新兴产品，中国和菲律宾的经贸合作领域逐渐多元化。

从产品机构上看，2016 年，中国自菲律宾进口的前 5 位产品有集成电路、镍矿砂、香蕉、变压器、褐煤，累计进口总额达 131.9 亿美元，占中国自菲律宾进口产品总额的 78%。其中，集成电路是第一大进口产品，进口额达 106.5 亿美元，同比增长 10.5%；其次是镍矿砂，进口额为 10.9 亿美元，同比增长 3.2%；再者是变压器，进口 7.2 亿美元，同比增长 5.2%；香蕉位居第四，进口 4.1 亿美元，同比激增 30.5%；褐煤进口最少，进口额为 3.2 亿美元，同比下降 5.1%。

同期，中国对菲律宾出口的前 5 位产品是棉机织物、沥青提取的油类、合金钢条和型材、玩具、电话机及通信设备，累计出口总额达 55 亿美元，占中国对菲律宾出口产品总额的 19%。其中，棉机织物出口第一，出口额为 13.5 亿美元，同比增长 17.6%；其次是石油及从沥青提取的油类，出口 12.5 亿美元，同比增长 2.7%；再者是合金钢条和型材，出口 10.2 亿美元，同比下降 15.5%；玩具位居第四，出口 9.6 亿美元，同比增长 28.4%；对电话机及通信设备最少，出口额为 9.1 亿美元，同比增长 43.9%。

八、新加坡贸易概况

新加坡主要出口产品是电子真空管、加工石油产品、办公及数据处理机零件、数据处理机和电讯设备等，主要进口产品是电子真空管、原油、加工石油产品等，主要贸易伙伴是中国、马来西亚、欧盟、美国和印度尼西亚等。据中国海关数据统计，2016 年中国与新加坡双边货物进出口额为 684.3 亿美元，同比下降 5.9%。其中，新加坡对中国出口 252.5 亿美元，增长 0.2%，占其出口总额的 13.0%；新加坡自中国进口 431.8 亿美元，下降 9.1%，占其进口总额的 14.3%。当年新加坡对中国贸易顺差 179.3 亿美元，同比下降 56.2%。

机电产品一直是新加坡对中国出口的主力产品，2016 年出口额为 189.4 亿美元，同比下降 13.9%，占新加坡对中国出口总额的 75%。塑料及制品、航空器及零件、铜及制品、香料制品是新加坡对中国出口的第二至第五大类商品，2016 年出口额分别为 41.3 亿美元、8.8 亿美元和 6 亿美元，同比分别下降 2.8%、增长 0.1%、增长 157.3%、增长 9.4%，分别占新加坡对中国出口总额的 16.3%、3.5%、2.3%、2.2%。

机电产品是新加坡自中国进口的首位商品，2016 年进口额为 157.6 亿美元，同比下降 5.5%，占新加坡自中国进口总额的 36%。机电产品中，电机和电气产品进口 157.7 亿美元，同比下降 3.1%；机械设备进口 86.5 亿美元，同比下降 9.5%。机械器具及零件和成品油是新加坡自中国进口的第二和第三大类商品，2016 年进口额分别为 86.5 亿美元和 37.1 亿美元，同比分别下降 9.5%、增长 5.9%，分别占新加坡自中国进口总额的21.4%和9.2%。除上述产品外，光学钟表医疗设备、化工产品和纺织品及原料等也是新加坡自中国进口的主要大类商品，2016年合计占新加坡自中国进口总额的9.7%。中国是新加坡机电产品、贱金属及制品、纺织品及原料和家具玩具的首位进口来源地，中国产品竞争者主要来自中国台湾、马来西亚和日本等。

九、泰国贸易概况

中国、日本和美国是泰国前三大贸易伙伴，中国香港是泰国最大的贸易顺差来源地，贸易逆差主要来自中国和日本。据中国海关数据统计，2016年泰国与中国双边货物进出口额为737.1亿美元，同比增长6.8%。其中，泰国对中国出口376.8亿美元，同比增长10.9%，占泰国出口总额的11%；自中国进口360.2亿美元，同比增长2.9%，占泰国进口总额的21.6%。当年泰国对中国贸易顺差16.6亿美元，同比增长6.1%。

从产品机构上看，2016年，中国自泰国进口的前5位产品有：集成电路、宝石及半成品、天然橡胶、液晶装置及光学器具、电话机及通信设备等，累计进口总额达156.8亿美元，占中国自泰国进口产品总额的42%。其中，集成电路是第一大进口产品，进口额达78.1亿美元，同比增长10.5%；其次是宝石及半成品，进口额为22.9亿美元，同比增长3.2%；再者是天然橡胶器，进口20.4亿美元，同比增长5.2%；液晶装置及光学器具位居第四，进口18.9亿美元，同比激增30.5%；电话机及通信设备进口最少，进口额为16.5亿美元，同比下降5.1%。

同期，中国对泰国出口的前5位产品是：电话机及通信设备、合金钢条和型材、自动数据处理设及部件、机动车零件、空气泵或真空泵，累计出口总额达78亿美元，占中国对泰国出口产品总额的22%。其中，电话机及通信设备出口第一，出口额为39.2亿美元，同比增长17.6%；其次是合金钢条和型材，出口14.3亿美元，同比增长2.7%；再者是自动数据处理设及部件，出口9.7亿美元，同比下降15.5%；机动车零件位居第四，出口8亿美元，同比增长28.4%；对空气泵或真空泵最少，出口额为6.4亿美元，同比增长43.9%。

十、越南贸易概况

越南最大宗的出口商品为各种电话及零件，其次为纺织服装、计算机、电子产品及零件，主要出口市场为中国、欧盟、美国、日本。主要进口商品有：摩托车、机械设备及零件、纺织原料、成品油、钢材、皮革。主要进口市场为中国、中国台湾、新加坡、日本、韩国，中国是越南最大的贸易伙伴国，也是越南最大的商品进口来源国。据中国海关数据统计，2016年，中国与越南双边贸易总额达956.3亿美元，同比增长8.9%，占中国与东盟十国双边贸易总额的20.3%，越南成为中国在东盟的第

2 大贸易伙伴。其中，中国自越南进口 362.2 亿美元，同比增长 32.1%；对越南出口 594.1 亿美元，同比减少 1.7%。2016 年，中国对越南贸易呈顺差，顺差额为 231.9 亿美元。

从产品结构上看，2016 年，中国自越南进口的前 5 位产品是：集成电路、电话机及通信设备、棉纱线、矿物燃料、大米等，累计进口总额达 153.3 亿美元，占中国自越南进口产品总额的 42%。其中，集成电路是第一大进口产品，进口额达 88.8 亿美元，同比增长 38.7%；其次是电话机及通信设备，进口 26.6 亿美元，同比增长 13.6%；再者是棉纱线，进口 15.5 亿美元，同比增长 0.1%；矿物燃料位居第四，进口 15.1 亿美元，同比下降 20.7%；大米进口最少，进口额为 7.3 亿美元，同比增长 28.3%。

同期，中国对越南出口的前 5 位产品是：合金钢条和型材、电话机及通信设备、针织物及服装、集成电路、蔬菜制品等，累计出口总额达 131 亿美元，占中国对越南出口产品总额的 22%。其中，合金钢条和型材是第一大出口产品，出口额达 47.2 亿美元，同比增长 7.0%；其次是电话机及通信设备，出口 44.3 亿美元，同比下降 12.3%；再者是针织物及服装，出口 39.5 亿美元，同比增长 9.6%；集成电路位居第四，出口 37.6 亿美元，同比增长 22.9%；蔬菜制品出口最少，出口额为 7.8 亿美元，同比增长 5.5%。

第三节　中国进出口东盟的贸易情况

一、五年中国进出口东盟贸易分析[①]

随着中国－东盟自由贸易区升级版的推进，对中国与东盟而言，双边贸易的地位日趋重要。2012—2016 年，中国与东盟贸易额占同年中国贸易总额的比例均在 10% 以上，且保持逐年上升趋势（见表 2-1）。2016 年是中国与东盟建立伙伴关系 25 周年，双边贸易额较 1991 年增长了近 60 倍，占中国总贸易额的 12.3%，东盟连续 6 年为中国第三大贸易伙伴的地位，中国连续 8 年是东盟的第一大贸易伙伴。

（一）中国出口东盟贸易分析

2012—2016 年，中国出口东盟贸易额占出口贸易额的比例从 10.0% 增长到 12.2%，保持平稳上升趋势（见表 2-1、图 2-1），除 2016 年外，中国出口东盟贸易额的增长率均高出同期出口增长率，尤其在 2015 年，中国出口贸易总额呈负增长，但是出口东盟贸易额呈正增长（见表 2-1、图 2-2）。

2012—2016 年期间，中国出口东盟国家贸易额累计居前 5 位的国家依次是越南、

① 数据来自联合国 UN comtrade 数据库（http：//comtrade.un.org/data）。

新加坡、马来西亚、印尼、泰国，占了期间出口东盟贸易额总计的85.1%。其中，出口越南2736.4亿美元，占比21.8%；出口新加坡2319.3亿美元，占比18.5%；出口马来西亚2104.5亿美元，占比16.8%；出口印尼1767.4亿美元，占比14.1%；出口泰国1736.8亿美元，占比13.9%（见表2-2、图2-3）。2013—2016年，连续4年越南保持中国出口东盟第一大贸易额国家。2014—2016年，连续3年新加坡和马来西亚分别保持中国出口东盟第二大和第三大贸易额国家（见表2-2、图2-4）。

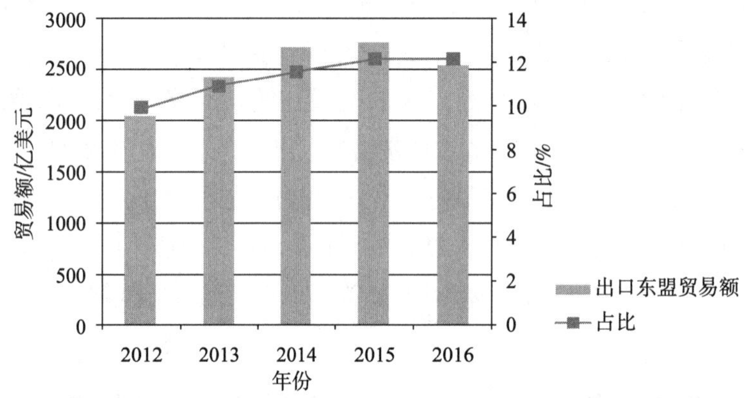

图2-1　2012—2016年中国出口东盟贸易额比例折线图

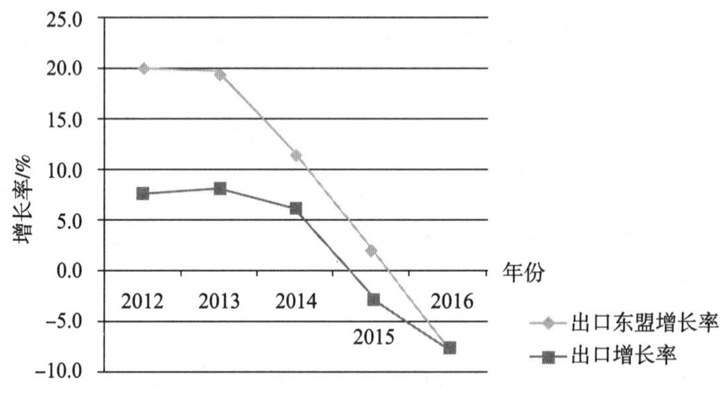

图2-2　2012—2016年中国出口及出口东盟增长率折线图

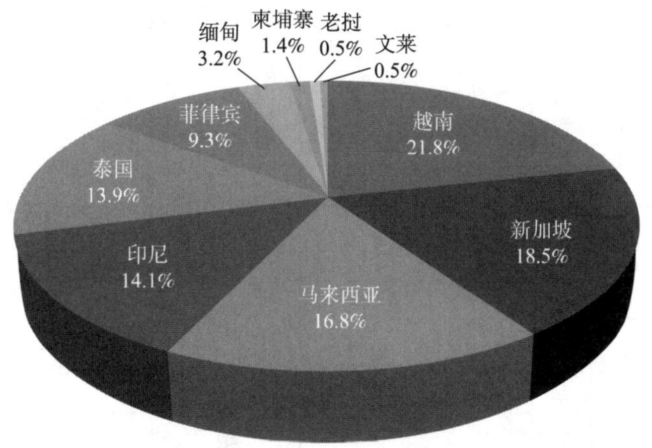

图 2-3 2012—2016 年中国出口东盟十国贸易额比例图

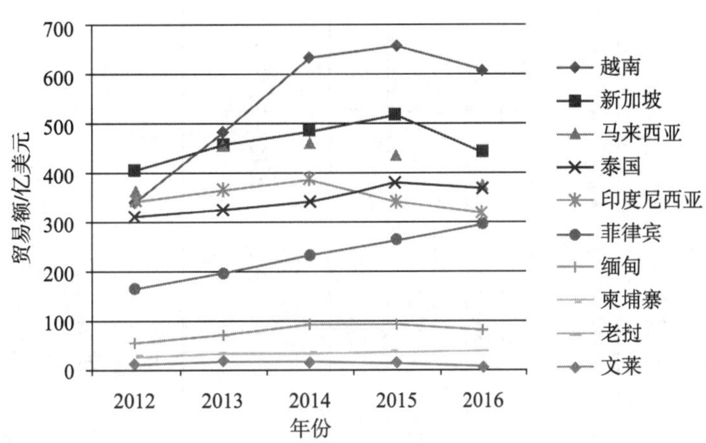

图 2-4 2012—2016 年出口东盟十国贸易额折线图

表 2-1 2012—2016 年中国及中国东盟贸易总额

单位：亿美元

年份	中国贸易总额	中国东盟贸易总额	占比 / %	中国出口		中国出口东盟		占比 / %	中国进口		中国进口东盟		占比 / %
				贸易总额	增长率 /%	贸易总额	增长率 /%		贸易总额	增长率 /%	贸易总额	增长率 /%	
2012	38609	4001.5	10.4	20427	7.6	2042.8	20.1	10.0	18182	4.3	1958.7	1.5	10.8
2013	41589.9	4435.8	10.7	22090	8.1	2440.4	19.5	11.0	19499.9	7.2	1995.4	1.9	10.2
2014	43019.8	4802.9	11.2	23427.5	6.1	2720.5	11.5	11.6	19592.3	0.5	2082.4	4.4	10.6
2015	39530.3	4717.8	11.9	22734.7	−3.0	2772.9	1.9	12.2	16795.6	−14.3	1944.9	−6.6	11.6
2016	36855.6	4523.1	12.3	20976.4	−7.7	2560.1	−7.7	12.2	15879.2	−5.5	1963	0.9	12.4

表 2-2 2012—2016 年中国与东盟十国贸易总额

单位：亿美元

国别	2012 年			2013 年			2014 年			2015 年			2016 年			五年总计			
	出口额	进口额	小计	出口额	进口额	小计	出口额	进口额	小计	出口额	进口额	小计	出口额	进口额	小计	出口额	占比 /%	进口额	占比 /%
文莱	12.5	3.7	16.2	17	0.9	17.9	17.5	1.9	19.4	14.1	1	15.1	5.1	2.2	7.3	66.2	0.5	9.7	0.1
柬埔寨	27.1	2.2	29.3	34.1	3.6	37.7	32.7	4.8	37.5	37.6	6.7	44.3	39.3	8.3	47.6	170.8	1.4	25.6	0.3

续表

国别	2012年			2013年			2014年			2015年			2016年			五年总计			
	出口额	进口额	小计	出口额	进口额	小计	出口额	进口额	小计	出口额	进口额	小计	出口额	进口额	小计	出口额	占比/%	进口额	占比/%
印尼	342.9	319.4	662.3	369.3	314.2	683.5	390.6	244.9	635.5	343.4	198.9	542.3	321.2	214.1	535.3	1767.4	14.1	1291.5	13
老挝	9.4	7.9	17.3	17.2	10.1	27.3	18.4	17.8	36.2	12.3	15.5	27.8	9.9	13.6	23.5	67.2	0.5	64.9	0.7
马来西亚	365.3	583	948.3	459.3	601.5	1060.8	463.5	556.5	1020	439.8	532.8	972.6	376.6	492.7	869.3	2104.5	16.8	2766.5	27.8
缅甸	56.7	13	69.7	73.4	28.6	102	93.7	156	249.7	96.5	54.5	151	81.9	41	122.9	402.2	3.2	293.1	2.9
菲律宾	167.3	196.4	363.7	198.7	181.8	380.5	234.8	209.8	444.6	266.7	189.7	456.4	298.4	174	472.4	1165.9	9.3	951.7	9.6
新加坡	407.5	285.3	692.8	458.3	300.6	758.9	489.1	308.3	797.4	519.4	275.8	795.2	445	260.1	705.1	2319.3	18.5	1430.1	14.4
泰国	312	385.5	697.5	327.2	385.2	712.4	342.9	383.3	726.2	382.9	371.7	754.6	371.8	385.3	757.1	1736.8	13.9	1911	19.2
越南	342.1	162.3	504.4	485.9	168.9	654.8	637.3	199.1	836.4	660.2	298.3	958.5	610.9	371.7	982.6	2736.4	21.8	1200.3	12.1

（二）中国进口东盟贸易分析

2012—2016 年，中国进口东盟贸易额占进口贸易额的比例从 10.8% 增长到 12.4%(见表 2—1、图 2—5)，除 2011 年和 2012 年外，中国进口东盟贸易额的增长率均高出同期进口增长率，尤其在 2016 年，中国进口贸易总额呈负增长，但是进口东盟贸易额呈正增长（见表 2—1、图 2—6）。

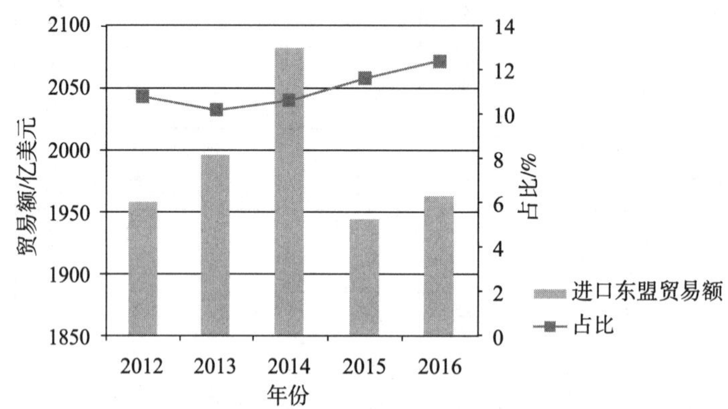

图 2–5　2012—2016 年中国进口东盟贸易额比例折线图

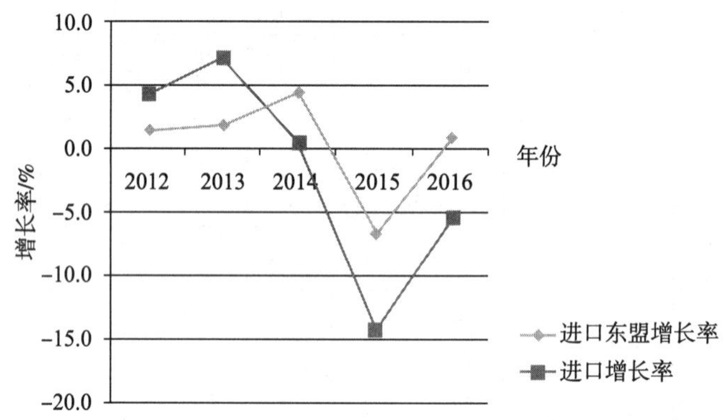

图 2–6　2012—2016 年中国进口及进口东盟增长率折线图

2012—2016 年，中国进口东盟国家贸易额累计居前 5 位的国家依次是马来西亚、泰国、新加坡、印尼、越南，占了进口东盟贸易额的 86.5%。其中，进口马来西亚 2766.5 亿美元，占比 27.8%；进口泰国 1911 亿美元，占比 19.2%；进口新加坡 1430.1 亿美元，占比 14.4%；进口印尼 1291.5 亿美元，占比 13.0%；进口越南 1200.3 亿美元，占比 12.1%。具体见表 2—2 和图 2—7。2012—2016 年，连续 5 年马来西亚和泰国分别保持中国进口东盟第一大和第二大贸易额国家（见表 2—2 和图 2—8）。

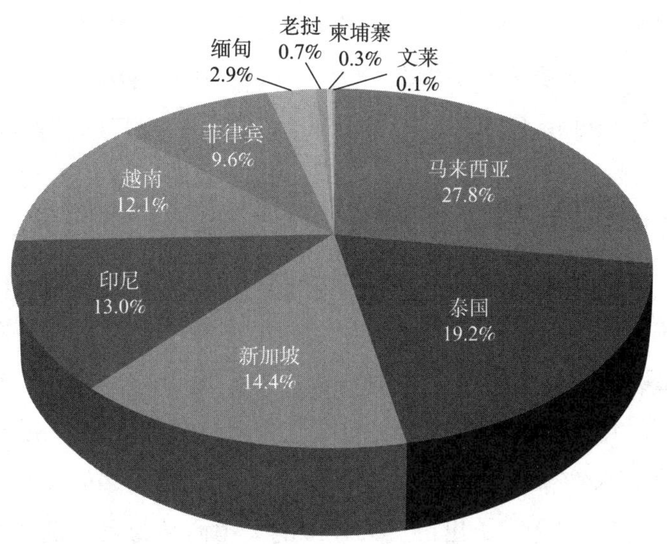

图 2-7 2012—2016 年中国进口东盟十国贸易额比例图

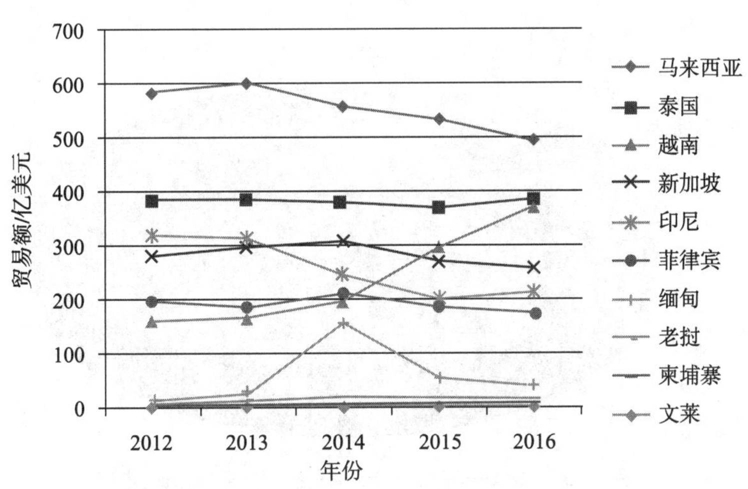

图 2-8 2012—2016 年进口东盟十国贸易额折线图

二、5 年中国进出口东盟大类商品分析[①]

（一）中国出口东盟大类商品分析

2012—2016 年，中国出口东盟贸易额前 5 位的大类商品为机电仪器、化矿金属、

① 数据来自联合国 UN comtrade 数据库（http：//comtrade.un.org/data）。

纺织鞋帽、家具玩具、农食产品，占总贸易额的90.5%，占比分别为42.9%、21.9%、15.1%、5.5%、5.1%（见表2-3、图2-9）。5年间，出口越南较多的大类商品为机电仪器（36.8%）、纺织鞋帽（25%）、化矿金属（22.3%）；出口新加坡较多的大类商品为机电仪器（56.1%）、化矿金属（19.7%）；出口马来西亚较多的大类商品为机电仪器（41.2%）、化矿金属（19.4%）、纺织鞋帽（13.5%）；出口印尼较多的大类商品为机电仪器（41.4%）、化矿金属（26.2%）、纺织鞋帽（13.9%）；出口泰国较多的大类商品为机电仪器（47%）、化矿金属（22.7%）；出口菲律宾较多的大类商品为机电仪器（31.7%）、化矿金属（24.4%）、纺织鞋帽（19.6%）；出口缅甸较多的大类商品为机电仪器（44.9%）、化矿金属（22.6%）、纺织鞋帽（13.3%）；出口柬埔寨较多的大类商品为纺织鞋帽（56.4%）、机电仪器（23.9%）；出口老挝较多的大类商品为机电仪器（71.7%）、化矿金属（16.9%）；出口文莱较多的大类商品为家具玩具（29.9%）、机电仪器（20%）、纺织鞋帽（17.4%）、化矿金属（14.1%）（见表2-3）。

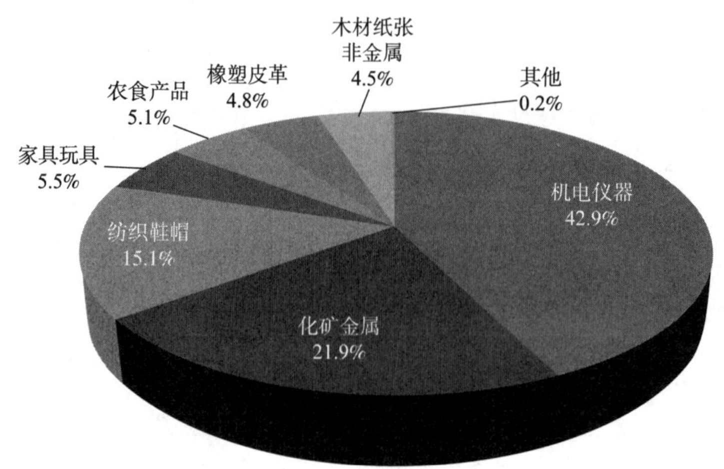

图2-9 2012—2016年出口东盟大类商品比例图

2012—2016年，中国出口东盟十国贸易额排名前15的各类商品分布情况见表2-4。5年间出口东盟贸易额排名前5位的商品类别分别为：电机、电气、音像设备及其零附件（HS编码85）；核反应堆、锅炉、机械器具及零件（HS编码84）；矿物燃料、矿物油及其产品、沥（HS编码27）；钢铁（HS编码72）；家具、寝具等、灯具、活动房（HS编码94）。

表 2-3　2012—2016 年中国出口东盟大类商品贸易额（万美元）

国家	年份	农食产品（HS01－24）	化矿金属（HS25－38、72－83）	橡塑皮革（HS39－43）	木材纸张非金属（HS44－49、68－70）	纺织鞋帽（HS50－67）	机电仪器（HS84－93）	家具玩具（HS71、94－97）	其他（HS99）	总计
文莱	2012	1233	15435	8068	10773	18978	14648	56108	0	125243
	2013	1155	21729	19878	12248	41292	28955	47662	0	172919
	2014	1177	18994	16563	12541	36987	33813	54607	0	174682
	2015	1148	25863	6286	19638	13841	41491	32475	0	140742
	2016	1189	11796	4430	6617	4731	13946	8152	9	50870
	小计	5902	93817	55225	61817	115829	132853	199004	9	664456
	占比/%	0.9	14.1	8.3	9.3	17.4	20.0	29.9	0.001	100
柬埔寨	2012	3455	25281	7146	10851	140486	75007	8405	0	270631
	2013	5678	20320	8829	13759	182452	102307	7806	0	341151
	2014	5577	22636	9943	16322	200568	68327	4100	0	327473
	2015	4995	28883	12381	25036	215112	84924	5008	0	376339
	2016	3860	35237	13539	28136	224748	78242	8954	152	392868
	小计	23565	132357	51838	94104	963366	408807	34273	152	1708462
	占比/%	1.4	7.7	3.0	5.5	56.4	23.9	2.0	0.01	100

续表

国家	年份	农食产品（HS01—24）	化矿金属（HS25—38、72—83）	橡塑皮革（HS39—43）	木材纸张非金属（HS44—49、68—70）	纺织鞋帽（HS50—67）	机电仪器（HS84—93）	家具玩具（HS71、94—97）	其他（HS99）	总计
印尼	2012	182193	883292	172189	113490	484554	1463107	129694	5	3428524
	2013	163546	972753	188867	133667	501166	1554261	178780	8	3693048
	2014	180779	1065174	209506	160111	550882	1531422	208071	16	3905961
	2015	165012	895513	184808	132711	465416	1427323	163386	28	3434197
	2016	195813	809462	170170	115658	449665	1333091	137069	822	3211750
	小计	887343	4626194	925540	655637	2451683	7309204	817000	879	17673480
	占比/%	5.0	26.2	5.2	3.7	13.9	41.4	4.6	0.005	100
老挝	2012	1958	18554	2559	2576	4278	57140	6644	0	93709
	2013	2386	20233	2894	1756	2649	140005	2335	0	172258
	2014	1979	25042	3415	2468	2926	146753	1363	0	183946
	2015	2978	26388	3069	3635	1983	78269	1001	5253	122576
	2016	2501	22999	2053	3263	2372	59085	824	5601	98698
	小计	11802	113216	13990	13698	14208	481252	12167	10854	671187
	占比/%	1.8	16.9	2.1	2.0	2.1	71.7	1.8	1.6	100

续表

国家	年份	农食产品（HS01—24）	化矿金属（HS25—38、72—83）	橡塑皮革（HS39—43）	木材纸张非金属（HS44—49、68—70）	纺织鞋帽（HS50—67）	机电仪器（HS84—93）	家具玩具（HS71、94—97）	其他（HS99）	总计
马来西亚	2012	213678	628553	232999	171855	521033	1597719	286710	23	3652570
	2013	259200	859099	277114	261884	674749	1848141	412855	16	4593058
	2014	269299	974064	271681	250251	597354	1866757	405915	18	4635339
	2015	248879	832320	290967	258282	612515	1809739	345338	0	4398040
	2016	257482	794998	241463	220076	437033	1546528	260701	7735	3766016
	小计	1248538	4089034	1314224	1162348	2842684	8668884	1711519	7792	21045023
	占比/%	5.9	19.4	6.2	5.5	13.5	41.2	8.1	0.04	100
缅甸	2012	13982	148141	21946	12539	75727	280683	14359	0	567377
	2013	22725	153702	26121	18983	112489	331784	68066	0	733870
	2014	40998	214990	35285	23949	110437	375749	135356	0	936764
	2015	31827	214274	36414	29054	108848	470277	47312	27086	965092
	2016	37457	178942	38461	32754	127862	349255	23063	30972	818766
	小计	146989	910049	158227	117279	535363	1807748	288156	58058	4021869
	占比/%	3.7	22.6	3.9	2.9	13.3	44.9	7.2	1.4	100

续表

国家	年份	农食产品（HS01—24）	化矿金属（HS25—38、72—83）	橡塑皮革（HS39—43）	木材纸张非金属（HS44—49、68—70）	纺织鞋帽（HS50—67）	机电仪器（HS84—93）	家具玩具（HS71、94—97）	其他（HS99）	总计
菲律宾	2012	117688	384021	100608	80379	344358	550878	95287	3	1673222
	2013	140369	483164	113526	106925	411126	615328	116181	192	1986811
	2014	142922	676507	127346	125175	362504	765102	147584	219	2347359
	2015	163729	612142	154197	151178	515970	863860	205921	82	2667079
	2016	191782	689202	171147	164651	647957	900414	216804	1700	2983657
	小计	756490	2845036	666824	628308	2281915	3695582	781777	2196	11658128
	占比/%	6.5	24.4	5.7	5.4	19.6	31.7	6.7	0.02	100
新加坡	2012	64520	714046	150043	131971	244521	2490205	224831	54884	4075021
	2013	82341	915971	196093	199663	311368	2528324	322398	27028	4583186
	2014	95003	1038461	189675	220749	300260	2621819	411252	13897	4891116
	2015	92239	933339	180422	286308	276371	2961653	463911	3	5194246
	2016	88572	956815	153161	228217	230134	2410206	378078	4411	4449594
	小计	422675	4558632	869394	1066908	1362654	13012207	1800470	100223	23193163
	占比/%	1.8	19.7	3.7	4.6	5.9	56.1	7.8	0.4	100

续表

国家	年份	农食产品（HS01—24）	化矿金属（HS25—38、72—83）	橡塑皮革（HS39—43）	木材纸张非金属（HS44—49、68—70）	纺织鞋帽（HS50—67）	机电仪器（HS84—93）	家具玩具（HS71、94—97）	其他（HS99）	总计
泰国	2012	201948	704435	155231	115668	241767	1596394	104223	9	3119677
	2013	252717	715478	183239	148621	283611	1542769	145062	294	3271790
	2014	276571	821335	192429	155078	305030	1524297	154081	102	3428923
	2015	370488	838322	205496	159027	321705	1766009	168018	13	3829080
	2016	347174	857421	203771	141060	303551	1727568	136697	1030	3718273
	小计	1448898	3936991	940167	719455	1455665	8157037	708082	1449	17367744
	占比/%	8.3	22.7	5.4	4.1	8.4	47.0	4.1	0.01	100
越南	2012	189500	818020	131014	105873	940435	1161277	75141	0	3421260
	2013	226585	1054868	175403	142217	1366686	1800987	91872	12	4858630
	2014	292151	1408108	220896	242045	1656661	2416162	136914	64	6373001
	2015	335089	1473167	247884	360570	1590015	2423456	164263	7258	6601702
	2016	381800	1343487	274325	304349	1298672	2259463	133453	113858	6109407
	小计	1425125	6097650	1049522	1155054	6852469	10061345	601643	121192	27364000
	占比/%	5.2	22.3	3.8	4.2	25.0	36.8	2.2	0.4	100

续表

国家 年份	农食产品（HS01−24）	化矿金属（HS25−38、72−83）	橡塑皮革（HS39−43）	木材纸张非金属（HS44−49、68−70）	纺织鞋帽（HS50−67）	机电仪器（HS84−93）	家具玩具（HS71、94−97）	其他（HS99）	总计
合计	6377327	27402976	6044951	5674608	18875836	53734919	6954091	302804	125367512
占比 /%	5.1	21.9	4.8	4.5	15.1	42.9	5.5	0.2	100

注 1：表内数据为 H.S. 编码的章数，所代表的产品详见附录 2。

注 2：农食产品类，包括 HS 编码 01~24 的产品，主要涉及农产品、动植物产品（包括油脂）、食品、饮料、酒、烟草等；

机电仪器类，包括 HS 编码 84~93 的产品，主要涉及机械设备、车辆、航空器、船舶、光学仪器、钟表、乐器、武器类产品；

化矿金属类，包括 HS 编码 25~38、72~83 的产品，主要涉及矿物产品、化学产品、贱金属及其制品等；

纺织鞋帽类，包括 HS 编码 50~67 的产品，主要涉及天然纤维、化学纤维、纺织品、服装、鞋、帽类产品等；

塑料皮革类，包括 HS 编码 39~43 的产品，主要涉及塑料、橡胶、皮革、毛皮及其制品等；

玩具家具类，包括 HS 编码 71、94~97 的产品，主要涉及珠宝、贵金属及其制品、家具、灯具、玩具、游戏及运动用品、艺术品、收藏品、古物、杂项制品等；

木材纸张非金属类，包括 HS 编码 44~49、68~70 的产品，主要涉及木及木制品、纸浆及纸制品、印刷品、矿物材料制品、陶瓷产品、玻璃及其制品等。

表 2–4　5 年中国出口东盟前 15 位商品

排名	1	2	3	4	5	6	7	8	9	10	11	12	13	14	15
菲律宾	85	84	72	27	87	61	39	52	95	73	64	94	62	69	3
老挝	85	84	87	73	88	76	72	94	99	31	24	27	39	48	90
马来西亚	85	84	94	90	61	39	73	72	87	62	64	76	69	27	42

续表

排名	1	2	3	4	5	6	7	8	9	10	11	12	13	14	15
缅甸	85	84	87	72	73	71	89	55	27	39	52	60	54	99	63
泰国	85	84	72	39	90	87	73	94	29	8	3	28	38	76	7
文莱	94	64	85	61	73	84	88	69	39	72	42	89	83	48	87
柬埔寨	60	52	84	85	55	61	69	87	54	73	58	39	51	88	48
新加坡	85	84	89	27	94	73	72	39	69	61	90	95	29	64	42
印尼	84	85	27	72	73	39	94	87	29	90	54	52	60	61	7
越南	85	84	72	61	52	60	27	55	76	87	90	39	62	73	54
东盟	85	84	27	72	94	39	73	61	87	90	89	52	29	76	60

注：表内数据为 H.S. 编码的章数，所代表的产品详见附录 2。

（二）中国进口东盟大类商品分析

2012—2016 年，中国进口东盟较多的大类商品为机电仪器、化矿金属、橡塑皮革，占总贸易额的 81.6%，占比分别为：48.8%、23.1%、9.7%（见表 2−5 和图 2−10）。5 年间，进口马来西亚较多的大类商品为机电仪器（68.8%）、化矿金属（17.7%）；进口泰国较多的大类商品为机电仪器（44.4%）、橡塑皮革（22.8%）、化矿金属（12.3%）、农食产品（11.4%）；进口新加坡较多的大类商品为机电仪器（51.8%）、化矿金属（29.3%）、橡塑皮革（12.8%）；进口印尼较多的大类商品为化矿金属（58.1%）、农食产品（15.2%）；进口越南较多的大类商品机电仪器（44.8%）、纺织鞋帽（11.7%）、其他商品（13.3%）；进口菲律宾较多的大类商品为机电仪器（75.4%）、化矿金属（18.4%）；进口缅甸较多的大类商品为家具玩具（53.9%）、化矿金属（28.3%）；进口老挝较多的大类商品为化矿金属（41.2%）、木材纸张非金属（37.5%）；进口柬埔寨较多的大类商品为纺织鞋帽（36.8%）、橡塑皮革（17.7%）、机电仪器（17.2%）、农食产品（13.4%）、木材纸张非金属（11.5%）；进口文莱较多的大类商品为化矿金属（98.2%）（见表 2−4）。

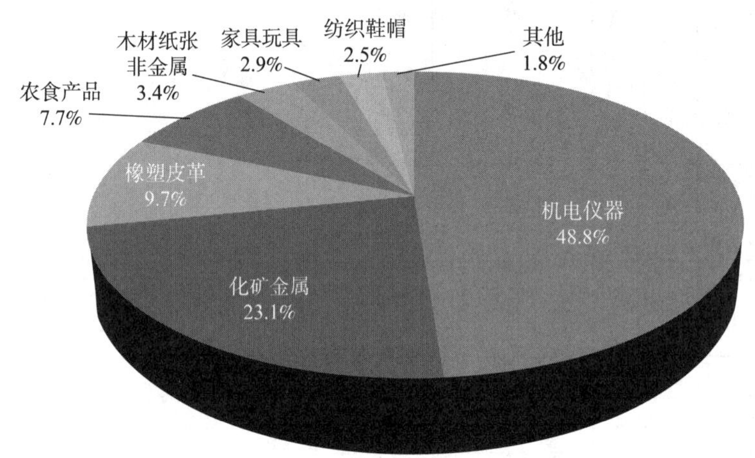

图 2−10　2012—2016 年出口东盟大类商品比例图

2012—2016 年，中国进口东盟十国贸易额排名前 15 的各类商品分布情况见表 2−6。5 年间，进口东盟贸易额排名前 5 位的商品类别分别为：电机、电气、音像设备及其零附件（HS 编码 85）；矿物燃料、矿物油及其产品、沥（HS 编码 27）；核反应堆、锅炉、机械器具及零件（HS 编码 84）；橡胶及其制品（HS 编码 40）；塑料及其制品（HS 编码 39）。

表 2-5　2012—2016 年中国进口东盟大类商品贸易额

单位：万美元

国家	年份	农食产品（HS01－24）	化矿金属（HS25－38、72－83）	橡塑皮革（HS39－43）	木材纸张非金属（HS44－49、68－70）	纺织鞋帽（HS50－67）	机电仪器（HS84－93）	家具玩具（HS71、94－97）	其他（HS99）	总计
文莱	2012	20	36988	0	292	0	5	3	0	37308
	2013	19	8647	0	313	0	0	0	0	8979
	2014	23	18521	1	426	0	1	0	0	18972
	2015	23	9729	3	248	1	111	0	0	10115
	2016	77	21859	0	197	16	4	0	1	22154
	小计	162	95744	4	1476	17	121	3	1	97528
	占比/%	0.2	98.2	0.004	1.5	0.02	0.1	0.003	0.001	100
柬埔寨	2012	1863	975	4121	2858	11140	506	68	0	21531
	2013	3563	404	5837	8758	15231	2458	113	0	36364
	2014	7006	78	3904	14079	17414	5659	150	0	48290
	2015	10973	528	14102	2089	23193	15457	318	0	66660
	2016	10997	5801	17327	1746	27070	19938	122	51	83052
	小计	34402	7786	45291	29530	94048	44018	771	51	255897
	占比/%	13.4	3.0	17.7	11.5	36.8	17.2	0.3	0.02	100

续表

国家	年份	农食产品（HS01—24）	化矿金属（HS25—38、72—83）	橡塑皮革（HS39—43）	木材纸张非金属（HS44—49、68—70）	纺织鞋帽（HS50—67）	机电仪器（HS84—93）	家具玩具（HS71、94—97）	其他（HS99）	总计
印尼	2012	461303	2005480	220332	188192	72271	233356	12664	0	3193598
	2013	342846	2080033	206467	218249	89043	195997	9787	5	3142427
	2014	388755	1366198	142365	246142	101603	192542	10893	27	2448525
	2015	403150	914431	90609	254382	120298	195403	10346	0	1988619
	2016	370545	1134971	85856	232761	119528	187896	9650	197	2141404
	小计	1966599	7501113	745629	1139726	502743	1005194	53340	229	12914573
	占比/%	15.2	58.1	5.8	8.8	3.9	7.8	0.4	0.002	100
老挝	2012	3730	45803	5367	23506	127	40	202	0	78775
	2013	5528	43313	8040	43490	114	179	343	0	101007
	2014	7624	56574	7970	104805	91	132	591	0	177787
	2015	10636	62492	7126	48027	107	59	564	25722	154733
	2016	11775	59024	10824	23577	127	429	353	29852	135961
	小计	39293	267206	39327	243405	566	839	2053	55574	648263
	占比/%	6.1	41.2	6.1	37.5	0.1	0.1	0.3	8.6	100

续表

国家	年份	农食产品（HS01—24）	化矿金属（HS25—38、72—83）	橡塑皮革（HS39—43）	木材纸张非金属（HS44—49、68—70）	纺织鞋帽（HS50—67）	机电仪器（HS84—93）	家具玩具（HS71、94—97）	其他（HS99）	总计
马来西亚	2012	427858	971825	455883	42885	18232	3903377	9857	624	5830541
	2013	379739	1117079	420420	46044	22922	4016267	11429	1418	6015318
	2014	333590	1042307	363443	52250	18886	3741335	13356	57	5565224
	2015	249419	1011199	274181	41283	18477	3718306	14867	0	5327732
	2016	215695	758391	231457	37948	16689	3650926	15088	769	4926963
	小计	1606301	4900801	1745384	220410	95206	19030211	64597	2868	27665778
	占比/%	5.8	17.7	6.3	0.8	0.3	68.8	0.2	0.01	100
缅甸	2012	19042	31829	12225	31002	2392	3922	29412	0	129824
	2013	17996	69797	12454	62181	4341	3355	115562	0	285686
	2014	17784	229679	8939	67970	3877	3582	1228242	55	1560128
	2015	17283	239655	7805	22985	4552	4442	194851	53356	544929
	2016	17087	258858	15870	21475	5071	5586	12168	73656	409771
	小计	89192	829818	57293	205613	20233	20887	1580235	127067	2930338
	占比/%	3.0	28.3	2.0	7.0	0.7	0.7	53.9	4.3	100

续表

国家	年份	农食产品（HS01—24）	化矿金属（HS25—38、72—83）	橡塑皮革（HS39—43）	木材纸张非金属（HS44—49、68—70）	纺织鞋帽（HS50—67）	机电仪器（HS84—93）	家具玩具（HS71、94—97）	其他（HS99）	总计
菲律宾	2012	47810	334261	26020	22853	7587	1523105	2685	0	1964321
	2013	50610	327662	38267	17390	8643	1373243	2366	2	1818183
	2014	75771	472461	34134	14855	9033	1484876	7085	197	2098412
	2015	69496	370691	23212	8319	8463	1406932	9453	0	1896566
	2016	61775	244905	26151	6658	9664	1384019	6189	228	1739589
	小计	305462	1749980	147784	70075	43390	7172175	27778	427	9517071
	占比/%	3.2	18.4	1.6	0.7	0.5	75.4	0.3	0.004	100
新加坡	2012	38746	942084	291756	21352	3017	1543944	3247	8811	2852957
	2013	43515	973178	354650	52402	3777	1564843	3462	10625	3006452
	2014	42345	996077	448923	55091	4191	1504852	3565	27829	3082873
	2015	45041	679693	391334	33916	4451	1442291	161350	0	2758076
	2016	41920	595940	337627	37160	5030	1352842	230206	701	2601426
	小计	211567	4186972	1824290	199921	20466	7408772	401830	47966	14301784
	占比/%	1.5	29.3	12.8	1.4	0.1	51.8	2.8	0.3	100

续表

国家	年份	农食产品（HS01—24）	化矿金属（HS25—38、72—83）	橡塑皮革（HS39—43）	木材纸张非金属（HS44—49、68—70）	纺织鞋帽（HS50—67）	机电仪器（HS84—93）	家具玩具（HS71、94—97）	其他（HS99）	总计
泰国	2012	374403	552460	945457	135100	50410	1764736	32491	64	3855121
	2013	413712	640132	1010298	147775	64623	1500110	75617	0	3852268
	2014	484949	494705	919804	160413	65385	1581257	126677	2	3833193
	2015	484795	346130	779093	161579	64604	1732807	147866	0	3716875
	2016	413915	318706	699941	185619	62564	1904883	267021	584	3853234
	小计	2171775	2352134	4354594	790486	307586	8483794	649672	650	19110690
	占比/%	11.4	12.3	22.8	4.1	1.6	44.4	3.4	0.003	100
越南	2012	217544	281788	117280	82697	153906	757427	12271	0	1622913
	2013	200140	226750	105227	110526	205087	821201	20258	0	1689189
	2014	222481	245696	117784	119144	282452	977740	25342	0	1990639
	2015	268211	160850	157400	101269	352999	1312434	25081	604930	2983174
	2016	278847	212086	175079	108613	415699	1504284	28912	993641	3717161
	小计	1187223	1127170	672770	522248	1410143	5373086	111864	1598571	12003075
	占比/%	9.9	9.4	5.6	4.4	11.7	44.8	0.9	13.3	100

续表

国家	年份	农食产品（HS01—24）	化矿金属（HS25—38、72—83）	橡塑皮革（HS39—43）	木材纸张非金属（HS44—49、68—70）	纺织鞋帽（HS50—67）	机电仪器（HS84—93）	家具玩具（HS71、94—97）	其他（HS99）	总计
合计		7611976	23018725	9632365	3422890	2494397	48539097	2892143	1833404	99444997
占比 /%		7.7	23.1	9.7	3.4	2.5	48.8	2.9	1.8	100

注 1：表内数据为 H.S. 编码的章数，所代表的产品详见附录 2。

注 2：农食产品类，包括 HS 编码 01~24 的产品，主要涉及农产品、动植物产品（包括油脂）、食品、饮料、酒、烟草等；

机电仪器类，包括 HS 编码 84~93 的产品，主要涉及机械设备、车辆、航空器、船舶、光学仪器、钟表、乐器、武器类产品；

化矿金属类，包括 HS 编码 25~38、72~83 的产品，主要涉及矿物产品、化学产品、贱金属及其制品等；

纺织鞋帽类，包括 HS 编码 50~67 的产品，主要涉及天然纤维、化学纤维、纺织品、服装、鞋、帽类产品等；

塑料皮革类，包括 HS 编码 39~43 的产品，主要涉及塑料、橡胶、皮革、毛皮及其制品等；

玩具家具类，包括 HS 编码 71、94~97 的产品，主要涉及珠宝、贵金属及其制品、家具、灯具、玩具、游戏及运动用品、艺术品、收藏品、古物、杂项制品等；

木材纸张非金属类，包括 HS 编码 44~49、68~70 的产品，主要涉及木及木制品、纸浆及纸制品、印刷品、矿物材料制品、陶瓷产品、玻璃及其制品等。

表 2-6　2012—2016 年中国进口东盟前 15 位商品

排名	1	2	3	4	5	6	7	8	9	10	11	12	13	14	15
菲律宾	85	84	26	74	27	8	90	39	29	44	87	95	54	38	70
老挝	74	26	44	99	10	40	12	31	94	11	27	85	13	1	9
马来西亚	85	27	84	15	40	39	29	90	26	74	38	76	44	87	19

续表

排名	1	2	3	4	5	6	7	8	9	10	11	12	13	14	15
缅甸	71	27	26	44	99	72	40	12	74	3	62	8	10	7	90
泰国	84	85	40	39	29	27	7	90	8	71	11	10	87	17	41
文莱	27	29	47	68	3	90	44	61	85	14	73	87	39	94	76
柬埔寨	61	44	43	90	10	62	85	40	64	7	63	35	84	39	11
新加坡	85	27	84	39	29	90	38	71	49	91	73	19	40	32	34
印尼	27	26	15	47	85	40	38	44	29	84	39	74	64	52	72
越南	85	27	52	84	44	64	40	8	10	7	26	90	62	39	61
东盟	85	27	84	40	39	26	29	15	71	90	44	38	8	74	7

注：表内数据为 H.S. 编码的章数，所代表的产品详见附录 2。

三、2016年中国进出口东盟主要商品分析

（一）中国出口东盟检验检疫商品情况

从《检验检疫决策支持系统》查询，2016年中国出口东盟检验检疫大类商品主要是化工品、植物产品、机电产品、轻工品、食品及原料，分别占出口东盟贸易额的25.8%、18.3%、17%、14.1%、12.7%（见图2—11、表2—7）；出口东盟检验检疫货物主要是汽油、玩具、柴油、木制家具、航空煤油、冻鱿鱼、香菇、大蒜、葡萄、柑橘等，占出口东盟贸易额的42%（见图2—12、表2—7）。

从中国海关信息网（www.haiguan.info）查询，2016年中国出口东盟的前5位大类商品以机电、纺织品、钢材、服装、成品油为主，占出口东盟贸易额的71.2%，分别占比为：48.6%、9.5%、6.5%、3.5%、3.1%（见表2—8）。

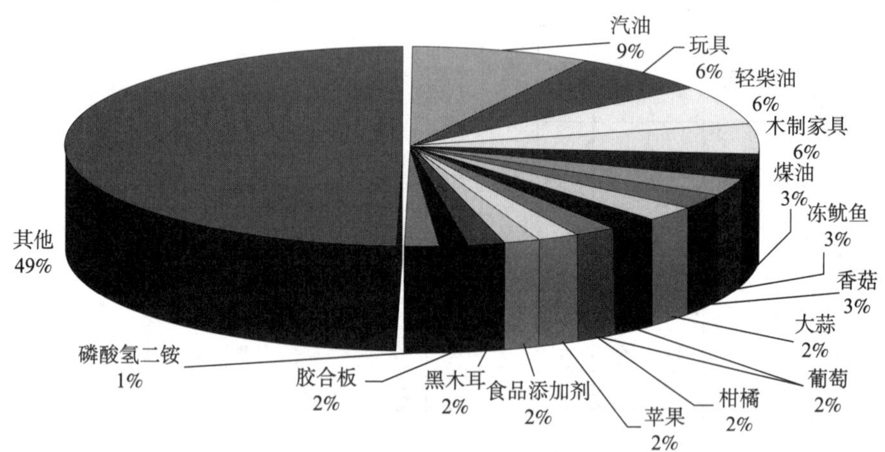

图2–11　2016年中国出口东盟检验检疫大类商品结构图

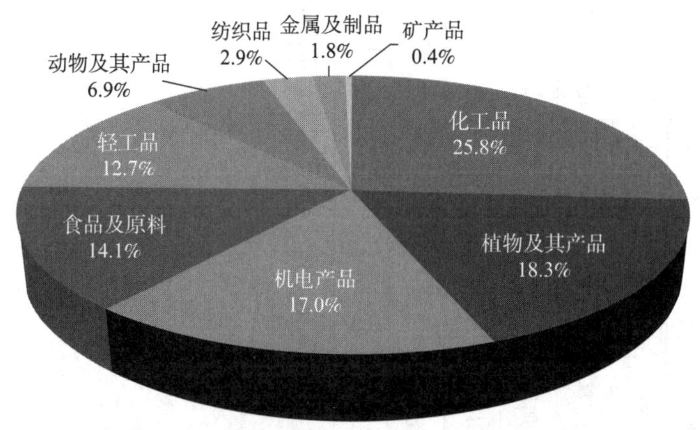

图2–12　2016年中国出口东盟检验检疫货物结构图

表 2-7　2016 年中国出口东盟检验检疫货物情况表

商品大类	货值 / 亿美元	占比 /%	主要货物品种	主要货物占比 /%
动物及其产品	151.13	6.9	冻鱿鱼、冻对虾、冻金枪鱼、冻鲭鱼、冻沙丁鱼、冻海水蟹、猪肠衣	67.0
植物及其产品	399.46	18.3	大蒜、苹果、柑橘、胶合板、葡萄、木制品、洋葱、梨、烤烟	54.1
食品及原料	308.20	14.1	干香菇、食品添加剂、干黑木耳、蔬菜制品、脱水蔬菜、糖浆、熟制花生、食糖	47.8
纺织品	63.54	2.9	混纺布、裤子、针织内裤、牛仔布、生丝、上衣、毯子、针织内衣、针织外衣、衬衫	85.1
轻工品	276.93	12.7	木制家具、塑料玩具、鞋靴、塑料鞋、电动玩具、布鞋、自行车、烟花	83.9
矿产品	8.34	0.4	高岭土、硅酸盐水泥、石油原油、稀土、滑石粉、烧结镁氧矿镁、氧化镁、石材、石料	91.8
金属及制品	39.30	1.8	钢管、钢丝绳、钢轨、铝及制品、冷轧不锈钢板、角钢、热轧不锈钢板、硅铁、异型钢	93.8
化工品	562.14	25.8	车用汽油、轻柴油、航空煤油、磷酸氢二铵、酯类、硫酸铵、客车（货车）轮胎、染料、颜料	78.7
机电产品	370.26	17.0	移动通信设备、集装箱、摩托车、货车、电缆、交流电动机、自卸车、阀门、显示器、电线电缆、彩色电视机	40.1

表 2-8　2016 年中国出口东盟大类商品贸易额

单位：亿美元

国家	贸易额	前五位大类商品														
		商品	贸易额	占比/%	商品	贸易额	占比/%	商品	贸易额	占比/%	商品	贸易额	占比/%	商品	贸易额	占比/%
东盟	2446.50	机电产品	1188.09	48.6	纺织品	231.47	9.5	钢材	158.75	6.5	服装及衣着附件	85.70	3.5	成品油	76.26	3.1
文莱	4.91	家具	1.75	35.6	针织服装	0.87	17.7	陶瓷产品	0.56	11.5	钢铁制品	0.55	11.1	机械产品	0.372	7.6
柬埔寨	38.21	针织物及钩编织物	11.63	30.4	棉花	4.58	12.0	电子产品	4.13	10.8	机械器具及零件	3.35	8.8	陶瓷产品	1.62	4.2
印尼	311.71	电机和电气零件产品	137.00	44.0	贱金属及制品	39.20	12.6	化工产品	34.40	11.0	纺织品及原料	28.70	9.2	塑料、橡胶	14.00	4.5
老挝	9.61	电话机及通信设备	0.88	9.2	货运机动车辆	0.76	7.9	钢铁结构件	0.74	7.7	铝制线缆	0.74	7.7	搅拌及成型机械	0.39	4.1
马来西亚	365.02	电机和电气零件产品	104.80	28.7	机械器具及零件	56.70	15.5	钢铁	15.00	4.1	塑料制品	12.80	3.5	矿物燃料	12.50	3.4

续表

国家	贸易额	前五位大类商品														
		商品	贸易额	占比/%	商品	贸易额	占比/%	商品	贸易额	占比/%	商品	贸易额	占比/%	商品	贸易额	占比/%
缅甸	79.61	电机电气设备及零件	15.10	19.0	钢铁及制品	10.70	13.4	机械器具及零件	9.40	11.8	车辆及其零件	9.10	11.4	化学纤维	2.90	3.6
菲律宾	289.42	棉机织物	13.50	4.7	成品油	12.50	4.3	合金钢条和型材	10.20	3.5	玩具	9.60	3.3	电话机及通信设备	9.10	3.1
新加坡	431.99	电机和电气零件产品	157.60	36.5	机械器具及零件	86.50	20.0	成品油	37.10	8.6	钢铁及制品	17.10	4.0	光学、医疗设备	14.10	3.3
泰国	360.38	电话机及通信设备	39.20	10.9	合金钢条和型材	14.30	4.0	自动数据处理设及部件	9.70	2.7	机动车零件	8.00	2.2	空气泵或真空泵	6.40	1.8
越南	594.36	合金钢条和型材	47.20	7.9	电话机及通信设备	44.30	7.5	针织物及服装	39.50	6.6	集成电路	37.60	6.3	蔬菜制品	7.80	1.3

（二）中国进口东盟检验检疫商品情况

从《检验检疫决策支持系统》查询，2016 年中国进口东盟检验检疫大类商品主要是化工品、机电产品、矿产品、食品及原料，分别占进口东盟贸易额的 28.2%、25.3%、19.8%、15.7%（见图 2-13、表 2-8）；进口东盟检验检疫货物主要是天然气、棕榈油、集成电路、木薯干、褐煤、原油、环烃、铜矿、木片、食油植物油等，占进口东盟贸易额的 34%（见图 2-14、表 2-9）。

从中国海关信息网（www.haiguan.info）查询，中国进口东盟的前五位大类商品以机电、塑料、煤、原油、橡胶为主，占出口东盟贸易额的 59.4%，分别占比为：50.2%、3.3%、2.4%、1.8%、1.7%（见表 2-10）。

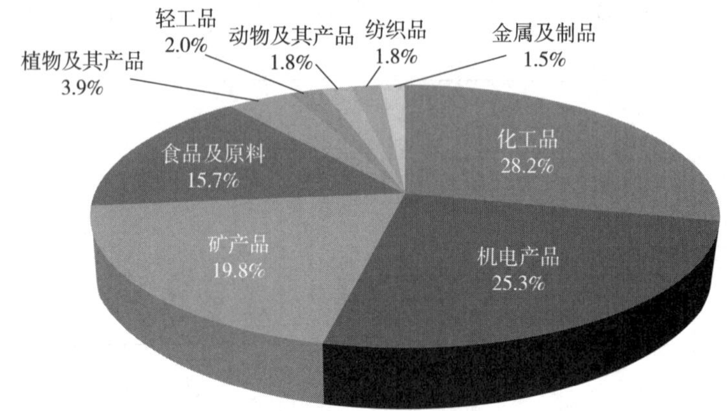

图 2-13　2016 年中国进口东盟检验检疫大类商品结构图

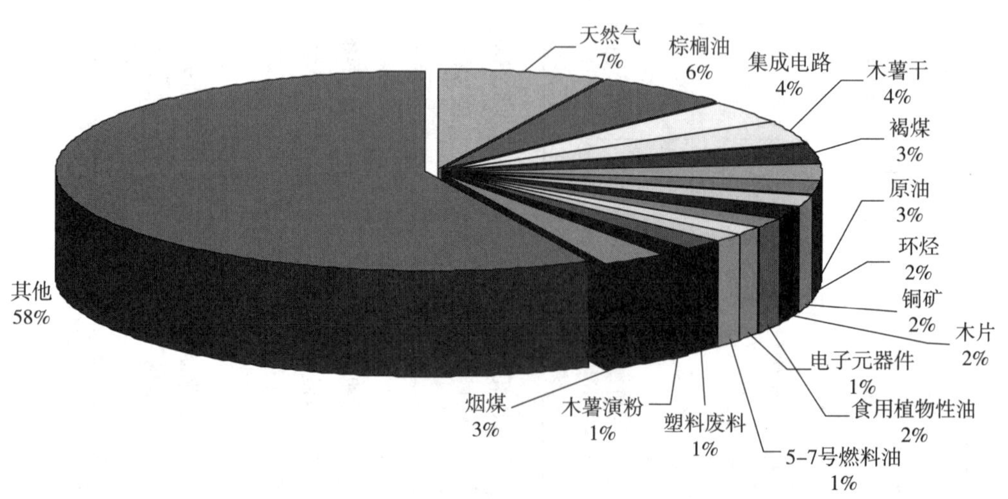

图 2-14　2016 年中国进口东盟检验检疫货物结构图

表 2-9　2016 年中国进口东盟检验检疫货物情况表

商品大类	货值 / 亿美元	占比 /%	主要商品品种	主要货物占比 /%
动物及其产品	50.10	1.8	红鱼粉、牛皮、对虾、青蟹、冻鱿鱼、冻海水鱼、牛皮革、黄鳝、龙虾	67.5
植物及其产品	109.80	3.9	木薯干、木片、白米、木材、原糖、龙眼、榴莲、棕榈油、香蕉、火龙果	69.0
食品及原料	437.04	15.7	食用棕榈油、木薯淀粉、加工油脂、乳制品、食品添加剂、变性淀粉、饼干、卷烟、可可粉、白砂糖、食用椰子油、可可脂	83.0
纺织品	51.00	1.8	棉纱线、针织外衣、衬衫、合成纤维、裤子、麻纤维、内衣、絮胎、羊毛毛条、上衣	76.1
轻工品	55.44	2.0	漂白木浆、玻璃制品、木制家具、皮鞋、布鞋、家具、仿真饰品、表芯、塑料玩具、皮包、印刷品、玩具	71.8
矿产品	550.18	19.8	原油、煤、铁矿砂、铜矿砂、镍矿、锰矿、铅矿、锌矿、铬矿	99.3
金属及制品	42.18	1.5	精炼铜、铁合金、铜丝、钢丝绳、铜制品、金属锡、钢板、铝制品、钢管、镍制品、铝板、型钢、	91.1
化工品	783.68	28.2	天然气、5—7 号燃料油、环烃、烟胶片、天然胶乳、合成橡胶、聚乙烯、聚乙烯、橡胶及制品、石脑油、柴油、煤焦油	75.9
机电产品	703.30	25.3	集成电路、光盘驱动器、计算机零件、打印机、锂电池、测量仪、电线电缆、空调压缩机	73.9

表 2-10　2016 中国进口东盟大类商品贸易额

单位：亿美元

国家	贸易额	前五位大类商品														
		商品	贸易额	占比/%	商品	贸易额	占比/%	商品	贸易额	占比/%	商品	贸易额	占比/%	商品	贸易额	占比/%
东盟	1950.5	机电产品	980.0	50.2	初级形状的塑料	64.6	3.3	煤及褐煤	46.0	2.4	原油	35.8	1.8	天然橡胶（包括乳胶）	32.3	1.7
文莱	2.0	矿物燃料	1.2	59.9	有机化学品	0.4	20.0	木浆及其他纤维	0.1	5.0	石料及制品	0.0	1.5	仪器设备	0.0	1.0
柬埔寨	8.1	针织服装	2.1	26.2	毛皮及制品	1.7	20.5	仪器设备	1.1	13.9	电子产品	1.0	12.1	谷物	1.0	11.8
印尼	208.4	金属矿产品	60.2	28.9	动植物油脂	27.4	13.1	化工产品	14.8	7.1	贱金属及制品	12.4	5.9	纤维素浆；纸张	11.3	5.4
老挝	13.2	铜矿砂	4.1	31.1	原木	3.0	22.8	精炼铜及合金	1.1	8.4	天然橡胶	1.0	7.6	玉米	0.4	3.0
马来西亚	479.3	电机和电气零件产品	87.4	18.2	矿物燃料	26.6	5.5	机械器具及零件	23.4	4.9	动植物油	14.6	3.0	金属矿砂	11.7	2.4

续表

国家	贸易额	前五位大类商品														
		商品	贸易额	占比/%	商品	贸易额	占比/%	商品	贸易额	占比/%	商品	贸易额	占比/%	商品	贸易额	占比/%
缅甸	40	矿物燃料	13.7	34.2	金属矿砂	9.3	23.2	木材及制品	2.1	5.2	橡胶及制品	1.5	3.7	珍珠宝石	1.2	3.0
菲律宾	169.1	集成电路	106.5	63.0	镍矿砂	10.9	6.4	变压器	7.2	4.3	香蕉	4.1	2.4	褐煤	3.2	1.9
新加坡	252.6	电机和电气零件产品	189.4	75.0	塑料及制品	41.3	16.3	航空器及零件	8.8	3.5	铜及制品	6.0	2.4	香料制品	5.8	2.3
泰国	377	集成电路	78.1	20.7	宝石及半成品	22.9	6.1	天然橡胶	20.4	5.4	液晶装置及光学器具	18.9	5.0	电话机及通信设备	16.5	4.4
越南	362.3	集成电路	88.8	24.5	电话机及通信设备	26.6	7.3	棉纱线	15.5	4.3	矿物燃料	15.1	4.2	大米	7.3	2.0

第三章　东盟各国技术性贸易措施概况

第一节　东盟各国技术性贸易措施管理机构和体系

一、东盟技术性贸易措施管理机构和体系综述

东盟与欧盟等地区性组织的最大不同之处就在于东盟缺乏强制性约束性机制，其行政总部秘书处主要负责协调而不具备管理职能，对各成员国没有约束力。东盟最高决策机构为其首脑会议，主席由成员国轮流担任。东盟外长会议、常务会议、经济部长会议、农林部长会议等专题部长会议为东盟的就相关问题进行磋商的专门机构，负责推进和决定各成员国之间的合作与重要事项。东盟各国的技术性贸易措施管理机构设在不同的管理部门，因此其职责也有所不同。东盟及东盟各国技术性贸易措施管理机构（见表 3−1）。

（一）东盟 TBT 体系

1. 东盟 TBT 管理机构职能

东盟与 TBT 有关的决策机构为东盟经济部长会议，负责协调和推进东盟各国 TBT 领域的事务。具体主管和执行机构是东盟标准与质量协商委员会（ACCSQ）。作为东盟行政总部和 TBT 协助部门的东盟秘书处，以及作为 TBT 主管部门和执行部门的东盟标准与质量协商委员会，将实现统一的市场和产品标准作为推动东盟经济共同体建设的重要目标。

表 3-1　东盟及东盟各国技术性贸易措施管理机构

国家		主管机构（国家咨询点）	联系方式
东盟	TBT	东盟经济部长会议 ASEAN Economic Ministers（AEM） ASEAN Secretariat	地址：70A.Jalan Sisingamangaraja Jakarta 12110 电话：（+6221）7262991，7243372　传真：（+6221）7398234，7243504 网址：http：//asean.org
	SPS	东盟农林部长会议 ASEAN Ministerial Meeting on Agriculture and Forestry（AMAF） ASEAN Secretariat	地址：70A.Jalan Sisingamangaraja Jakarta 12110 电话：（+6221）7262991，7243372　传真：（+6221）7398234，7243504 网址：http：//asean.org
文莱	TBT	工业与初级资源部工业发展局 Bureau of Industrial Development，Ministry of Industry & Primary Resources	地址：Old Airport Bandar Seri Begawan BB3510 Brunei Darussalam 电话：+（673）2388000　传真：+（673）238226/2381639
	SPS	（1）工业与初级资源部农业司 Department of Agriculture and Agrifood，Ministry of Industry and Primary Resources （2）外交事务与贸易部贸易发展司 Department for Trade Development，Ministry of Foreign Affairs and Trade	（1）地址：Old Airport Bandar Seri Begawan BB3510 Brunei Darussalam 电话：+（673）8985131　邮箱：agriculture.agrifood@gmail.com 网址：http：//www.agriculture.gov.bn （2）电话：+（673）2383374　传真：+（673）2384099 邮箱：dtd@mfa.gov.bn 网址：www.mfa.gov.bn
柬埔寨	TBT	柬埔寨工业矿产能源部工业标准局 Department of Industrial Standards of Cambodia（ISC），Ministry of Industry，Mines and Energy（MIME）	地址：45，Preah Norodom Blvd Phnom Penh 电话：+（855）12856948　传真：+（855）23216086 网址：http：//www.isc.gov.kh

续表

国家	主管机构（国家咨询点）		联系方式
柬埔寨	SPS	柬埔寨进出口检验与反欺诈局（Camcontrol）	地址：#18，Kdey Takoy Village，Sangkat Veal Sbov，Khan Chbar Ampov，Phnom Penh 电话：（855）236332339 网址：http：//www.camcontrol.gov.kh
印尼	TBT	印尼国家标准化院（BSN） National Standardization Agency of Indonesia	地址：Gedung I BPPT Lt.12 Jln.M.H.Thamrin No.8，Jakarta Pusat，DKI Jakarta 电话：+62213927422ext127　传真：+6223927527 邮箱：tbt.indonesia@bsn.go.id 网址：http：//tbt.bsn.go.id
	SPS	农业部农产品检疫局 Indonesian Agricultural Quarantine Agency（IAQA），Ministry of Agriculture — Indonesia	地址：Jl.Harsono Rm No.3，Building E 1st，3rd，5th & 7th Floors Ragunan Jakarta Selatan 12550 电话：+（6221）7821367/7816480　传真：+（6221）7821367 网址：http：//karantina.pertanian.go.id/index2.php
老挝	TBT	老挝科技部标准及计量司标准处 Standards Division Department of Standardization and Metrology Ministry of Science and Technology	地址：P.O.Box 2279 Vientiane 邮箱：tbtenquiries@laotradeportal.gov.la
	SPS	农林部规划司农林处 Department of Planning Division of Agriculture and Forestry，Ministry of Agriculture and Forestry	地址：P.O.Box 2279Vientiane 电话：+（856）21415363　传真：+（856）21412343 邮箱：spsenquiries@laotradeportal.gov.la

续表

国家	主管机构（国家咨询点）		联系方式
马来西亚	TBT	科技与创新部标准司 Department of Standards Malaysia，Ministry of Science，Technology and Innovation Malaysia（MOSTI）	地址：Century Square，Level 1&2 Block 2300 Jalan Usahawa，63000 Cyberjaya，Selangor，Malaysia 电话：+603 83180002　传真：+60383193131 网址：http：//www.standardsmalaysia.gov.my
	SPS	农业与农基产业部政策与国际处 Ministry of Agriculture and Agro-Based Industry Strategic Planning and International Division	地址：Wisma Tani Lot 4G1，Presint 4 Federal Government Administration Centre 62624 Putrajaya 电话：+（603）88701000　传真：+（603）88886909/8870241 网址：http：//agrolink.moa.my/
缅甸	TBT	科技部科技研究司 Myanma Scientific and Technological Research Department，Ministry of Science and Technology	电话：+（951）664930/663024 邮箱：tbtenquiry@myanmarstandards.org.mm
	SPS	农业与灌溉部农业司 Department of Agriculture Ministry of Agriculture，Livestock and Irrigation	地址：Building No.43 Nay Pyi Taw 电话：+（9567）410591，+（951）644214　传真：+（9567）410490 网址：http：//www.ppdmyanmar.org
菲律宾	TBT	菲律宾贸工部菲律宾产品标准局 Bureau of Philippine Standards Department of Trade and Industry	地址：3F Trade and Industry Building 361 Sen.Gil Puyat Avenue，Makati City Makati City 电话：（632）7514700，（632）7514706/7514735 邮箱：bps@dti.gov.ph 网址：www.bps.dti.gov.ph
	SPS	农业部政策研究室 Policy Research Service，Department of Agriculture	地址：Elliptical Road，Diliman Quezon City 电话：+（632）9267439　传真：+（632）9280590 邮箱：spspilipinas@da.gov.ph

续表

国家		主管机构（国家咨询点）	联系方式
新加坡	TBT	贸工部新加坡标准、生产力与创新局 Standards，Productivity and Innovation Board（SPRING Singapore）	地址：1 Fusionopolis Walk #01－02 South Tower，Solaris，Singapore 138628 电话：（65）62786666　传真：（65）62786667 网址：http：//www.standards.org.sg
	SPS	国家发展部农粮兽医局 Agri－Food and Veterinary Authority of Singapore	地址：52 Jurong Gateway Road #14－01 Postal code：608550 电话：+（65）63257685，+（65）63341831 邮箱：audrey_chen@ava.gov.sg　WTO_contact@ava.gov.sg 网址：http：//www.ava.gov.sg
泰国	TBT	泰国工业部国家工业标准院 Thai Industrial Standards Institute（TISI）	地址：Rama VI Street Bangkok 10400 电话：+（662）2023504　+（662）2023523　+（662）3543041 邮箱：thaitbt@tisi.go.th 网址：www.tisi.go.th
	SPS	泰国农业与合作部国家农产品与食品标准局 National Bureau of Agricultural Commodity and Food Standards（ACFS），Ministry of Agriculture and Cooperatives	地址：50 Phaholyothin Road，Ladyao Chatuchak，Bangkok 10900 电话：+（662）5612277ext1317　+（662）5614034 邮箱：sps@acfs.go.th　spsthailand@gmail.com 网址：http：//www.acfs.go.th
越南	TBT	越南科技部 TBT 办公室 TBT Viet Nam National Notification Authority and Enquiry Point（TBT Viet Nam Office）	地址：8 Hoang Quoc Viet Road Cau Giay District，Hanoi Vietnam 电话：+（844）37911599/37912145　传真：+（844）37913441 邮箱：tbtvn@tbtvn.org 网址：http：//www.tbtvn.org/
	SPS	越南农业与农村发展部 SPS 办公室 Viet Nam Sanitary and Phytosanitary Notification Authorities and Enquiry Point（SPS Viet Nam Office）	地址：No.2 Ngoc Ha Str.，Ba Dinh，Hanoi，Viet Nam 电话：+（844）37344764　传真：+（844）37349019 邮箱：spsvietnam@mard.gov.vn 网址：http：//www.spsvietnam.gov.vn

注：资料来源于历届中国 － 东盟质检部长会议资料。

2. 东盟 TBT 措施体系

目前东盟尚无统一、强制的质量管理、检验检疫体系，各成员国在标准、技术法规和合格评定领域的发展水平存在较大差异。东盟标准与质量协商委员会（ACCSQ）为东盟内部进行 TBT 领域沟通协调的平台，也是与中国和其他对话国进行 TBT 领域对话的平台。ACCSQ 直接向东盟经济部长下属的高官会报告，其主席由协调国担任，并由东盟秘书处协助负责相关协调和支撑工作。

ACCSQ 一般在每年的 3 月和 8 月各召开一次例会，由东盟各国与 TBT 有关部门的代表和东盟秘书处的代表参加。参加会议的代表一般为司及司以下级别官员。ACCSQ 利用例会之际，与中国、美国、欧盟、日本、德国等东盟对话国进行 TBT 领域的对话。

东盟各成员国在制定和实施 TBT 措施方面达成了一些共识，签署了一系列具有法律约束力的协议包括:《东盟货物贸易协定》《东盟互认安排框架协议》《东盟电子电气设备行业互认安排》《东盟电子电气设备协调法规协议》《东盟海关协调法规协议》《建立和实行东盟单一窗口协议》等。通过东盟秘书处和 ACCSQ 对各成员国执行这些协议的检查和监督，规范其区域内 TBT 措施的管理，并确保各成员国遵循 WTO/TBT 协定的各项条款，最大程度减少贸易障碍，推进东盟经济一体化进程。

3. 东盟 TBT 措施体系特点

东盟标准与质量协商委员会（ACCSQ）在 TBT 领域中的作用主要体现在协调各国的法规和标准，加强各成员之间的合作，通过以下几个方面促进贸易的发展：

一是促进货物自由流通。目前在东盟范围内消除关税壁垒已取得显著进展，但货物的自由流通仅有零关税是不够的。其促进货物自由流通的便利措施包括合并通关手续、开设“东盟专用窗口”、促进利用优惠原产地认证和简化其签证程序、统一标准和合格评定程序等。借鉴国际上成功的实践，协调东盟各国各自的标准、技术法规和合格评定程序；促进专业领域合格评定的多边互认；基于国际上认可的程序和指南，加强实验室在检测、校准、评审、出证和信用等方面的基础和能力建设；遵循东盟关于标准和合格的指南、世界贸易组织关于实施 TBT 协议的要求，提高研制和应用标准、技术法规和合格评定程序的透明度；加强对市场的监测，保证技术法规的成功实施。

二是建立非关税措施数据库。目前东盟在降低关税方面已取得很大的进展，从而把更多精力转向消除非关税贸易壁垒方面。东盟秘书处建立了非关税措施数据库，由下设的东盟货物贸易协议执行协调委员会（CCA）负责定期更新，尤其关注纺织品、汽车和电器产品等的贸易便利措施，并通过举行有关论坛进行交流和讨论。

三是推进自行声明系统（self-certification system）。该系统是东盟促进贸易便利化的一个新举措，允许取得认证资格的出口商自行在出口商业发票上作产地声明，取代优惠产地证书（FORM D）的签发。2010 年 11 月该项工作在文莱、马来西亚和新加坡三国首先开展，2011 年 10 月泰国加入。第一期试验工作在这 4 个国家进行，第二期试验工作从 2012 年下半年起在印度尼西亚、老挝和菲律宾三国进行。到 2015 年，整合这两期试验工作，在东盟范围内全面推行该系统。

四是建立东盟单一窗口（ASEAN single window）。建立东盟单一窗口是实现东盟经济共同体的关键因素。东盟单一窗口使出口商在一地提交相关贸易单证后，该成员国的多个相关部门可同时处理和审批。目前在 7 个东盟国家试验该措施。

五是敦促执行多边或双边有关 TBT 协议。东盟和世界各国及经济组织的贸易关系密切，签订了大量的双边或多边贸易协定，在签订和执行这些协定特别是涉及 TBT 条款协定中，需要做出大量的督促和协调工作。

（二）东盟 SPS 体系

1. 东盟 SPS 管理机构职能

东盟与 SPS 有关的决策机构是东盟农林部长会议（AMAF），该机构负责东盟食品、农业和林业领域中包括食品安全、农作物、畜牧、渔业的管理和规划、培训和拓展，以及东盟在这些领域内的合作和协调。其下设的农林部长高官会（SOM−AMAF）负责开展具体的执行事务，设有行业工作组、联合委员会和专家工作组，开展相应的食品、农业、林业合作以及农林产品的贸易促进工作。在此机制下，东盟秘书处作为东盟总协调部门，始终负责该领域内各项工作的实施和执行的监督和敦促、东盟内部门之间的协调，以及与外部相关组织和部门的联络和协调。

2. 东盟 SPS 措施体系

东盟各成员国均为 WTO 成员国以及国际植物保护公约（IPPC）、世界动物卫生组织（OIE）和世界食品法典（CODEX）等国际组织的签署方。东盟在强调各成员国遵行 WTO 的《SPS 协定》的权利与义务的同时，注重成员之间的协调与合作，通过合作增强各成员国农林产品在国际市场的竞争力。SPS 合作的重点放在质量与标准的协调一致、强化食品安全以及建立标准化的贸易认证体系、鼓励成员国采纳现行的国际标准等方面。东盟主要是通过各成员国的对应联络点，利用各国的国家专项资金开展 SPS 工作。

1993 年，AMAF 签署了《东盟在食品、农业、林业领域合作的部长协议》，为东盟在这些领域的合作提供指导文件。该协议列出了 7 项优先开展的工作，排在前 2 项的是加强区域内食品安全管理和推进贸易便利化进程，以促进东盟内部以及东盟与外部国家之间的农林产品贸易。

2008 年，东盟各国签署了《东盟货物贸易协定》，其中第 8 章为 SPS 条款，对各成员国制定和实施 SPS 措施作了详细的规定，并决定成立 SPS 委员会，落实该协定的执行。

2009年，东盟就食品安全制定了《东盟一体化食品安全纲要》(ASEAN Integrated Food Security Framework）以及《东盟食品安全战略实施计划2009—2013年》，并发布《东盟区域内食品安全宣言》，将食品安全定位为长期的、最优先考虑的事项列入AMAF的议事日程。

3. 东盟SPS措施体系特点

东盟10个成员国大部分是以农业为主要经济支柱的发展中国家，历来重视SPS领域的区域和国际合作。虽然不像欧盟那样建立有较为完善和规范的管理和运作体系，但在开展SPS领域的工作，表现出较好的前瞻性和计划性，其SPS措施体系特点体现在如下方面：

一是根据东盟作为发展中国家的地位，争取获得更多的国际技术援助。东盟国家是亚太地区接受国际援助的重点地区，东盟有8个受援国（除文莱、新加坡外)，其经济发展状况分别属于三类国家，所接受的援助数额与此密切相关，据经合组织数据库统计：2012年，发达国家对东盟国家的援助达到109亿美元，作为中高收入国家的马来西亚、泰国接受援助数量最少，分别是0.9亿美元与3.5亿美元；作为最不发达国家的缅甸、老挝、柬埔寨接受援助数量中等，在5~8亿美元之间；越南、菲律宾、印度尼西亚为中低收入国家，是本地区的主要受援国，其中对越南的援助几乎占整个地区接受援助总量的一半，菲律宾和印尼，受援数额也超过了10亿美元。发达国家在东盟地区各有重点援助国，如澳大利亚和美国主要援助印尼，日本和韩国主要援助菲律宾、越南。东盟接受国际援助的主要领域是社会基础设施和服务，国际社会对东盟国家的援助方式主要有：预算支持、核心捐助与联合规划和基金、项目援助、专家和其他技术援助、奖学金与在援助国的费用、管理费等。

二是根据东盟内部发展差异现状，加强次区域合作。如大湄公河次区域合作(GMS)。1992年，亚洲开发银行（以下简称“亚行”）在其总部所在地菲律宾马尼拉举行了大湄公河次区域六国首次部长级会议，标志着大湄公河次区域经济合作(GMS）机制的正式启动。目前，GMS合作范围包括中国（云南省和广西壮族自治区)、柬埔寨、老挝、缅甸、泰国、越南。这些国家长期以来，受多种因素影响，经济和社会发展相对落后。进入21世纪以来，GMS各国都在进行经济体制改革，调整产业结构，扩大对外开放，加快经济和社会发展已经成为各国的共同目标。经过20年合作，该区域各国在SPS领域取得重大成效，主要体现在粮食安全能力提升、跨境动植物疫病防控、农村可再生能源、农业信息应用和农业科技交流等方面的合作均取得实质性进展。

三是根据东盟农产品出口遇到的共性问题，确定SPS行动计划。东盟目前出口到发达国家的农林产品，存在两大共性问题：一是高门槛市场准入，由于受动植物疫病（口蹄疫、禽流感、实蝇等）因素影响没法进入发达国家市场；二是对于进入市场后的产品，面临诸多的农兽药及卫生问题。针对这些问题，东盟采取了相应的措施。统观东盟 2005—2016 年间采取的 SPS 措施，较为瞩目的有：协调农作物植物卫生措施；主要果蔬有害生物名录、农药数据库的建立；芒果、菠萝、榴莲等东盟主要大宗水果的协调农业产品标准；鱼及渔业产品的标准化质量和加工技术体系；推行渔业良好作业规范；在东盟成员国内建立口蹄疫非疫区等等。

二、东盟各国技术性贸易措施管理机构和体系

（一）文莱技术性贸易措施管理机构和体系

1. 文莱 TBT 管理机构及体系

文莱主管 TBT 工作的政府职能部门是工业与初级资源部，肩负推动和促进文莱工业发展的任务，强调在持久性发展的原则前提下，鼓励并协助本地与外国企业家、投资者及商家积极参与商品生产和商品与服务的对外贸易。工业与初级资源部下设的工业发展局和国家标准中心是 TBT 主要执行部门，负责工业产品质量体系及国家标准的建立和管理。

（1）技术法规

文莱是东盟最小的一个国家，为岛国，农林渔业产值仅占 GDP 的 3%，70% 食品依赖进口。文莱经济发展中存在的主要问题是国内市场狭小、基础设施薄弱以及技术和劳动力严重匮乏等。同时，文莱还是一个信奉伊斯兰教的国家，因此，在技术性贸易措施领域更注重食品安全管理体系以及清真食品认证体系的建立和完善，TBT 领域的法律法规及认证认可体系尚不健全。

涉及 TBT 的综合性法律法规：《市政管理委员会法》《有毒物质法》《综合许可法》《海关法》。

2007 年，文莱制定了《清真食品标准 PBD 24：2007 第一版》。本标准规定了配制和加工清真食品（包括营养增补剂）的食品行业行为指南，并且作为食品和在文莱进行食品贸易或交易的基本要求。

（2）标准

文莱工业与初级资源部下属的工业发展局负责国内标准化（包括标准的制修订，出版发行等）与合格评定程序工作。标准种类有国标（PBDS）、指导性文件（GDS）、指导技术规定（GS），一般由工业发展局任命的国家标准中心制定，最终发布必须由工业发展局核准。文莱比较重视在清真食品领域标准的制定，如 2007 年制定了文莱清真

食品标准 PBD24：2007。

（3）合格评定及认证

由于文莱国土较小，国内产业较单一，目前的认可认证体系发展很不完善，国家发展部建筑规划与研究所（CPRU）负责合格评定活动。为便于贸易的发展，文莱目前直接利用 PAC/APLAC 国际互认机构的认可结果，采取注册备案的方式，在国内推动质量管理体系和环境管理体系的认证活动。采用的合格评定标准包括 94 版的 ISO 9000 系列标准及 ISO/IEC17025。

清真食品认证体系是文莱打造全球清真食品品牌的保障措施，该品牌活动由文莱工业与初级资源部发起，联合文莱伊斯兰教委员会、国家宗教事务部和国家卫生部共同开展。各部门联合力量对清真食品进行严格的管理，建立了完善的质量认证体系。

2. 文莱 SPS 管理机构及体系

文莱卫生部是文莱政府公共卫生、医疗保健的主管部门，履行的职能分为三大块：公共卫生政策的制定和研究以及卫生信息管理；公共卫生服务；医疗保健服务。

工业与初级资源部是文莱涉及食品质量安全的另一政府职能部门，其下设的司级部门农业司、林业司和渔业司均为 SPS 执行部门，负责各自职责范围内的 SPS 事务，包括初级农产品、林业产品和渔业产品的生产、质量安全和管理。农业司负责国家农业政策研究、农业生产管理，对进出口植物及其产品、动物及其产品实施检验检疫及检疫审批、注册等，确保包括蔬菜、水果、肉类在内的食品安全和质量。文莱 SPS 国家咨询点就设在农业司。渔业司负责国家海洋渔业、水产品的监督管理，对进出口鱼类实施检验检疫及进出口许可证管理。依据《动物检疫及疾病防控规定》《渔业法》等主要法律法规制定动物及动物产品的相关实施规范和管理措施。文莱全境设置了 8 个官方的动植物及其产品的检疫点。

国内事务部负责移民、劳务、公众健康安全等事务。其市政管理委员会和地区办事处负责各种企业许可证、营业执照的审核颁发，参与国家食品安全质量管理工作。

宗教事务部负责清真食品的质量安全管理。

（1）食品安全

由于文莱 70% 以上食品依赖进口，食品安全是该国最为关注的领域，食品安全管理涉及卫生部、工业与初级资源部、国内事务部、宗教事务部多个政府部门。

《公共卫生（食品）法》与此基础上制定的《公共卫生管理条例（食品）》是文莱国家为确保公共健康而管理食品以及与食品关联行业的国家大法。国家对食品质量安全管理的内部协调方面，文莱政府赋予文莱卫生部按照《公共卫生法》履行食品质量安全监督管理的职责，同时，也赋予其协调的职能，在涉及食品质量安全管理的多个部门之间进行协调，组织相关部门协商、研究、解决食品安全问题。

文莱卫生部在食品管理中采取的主要措施包括：

一是对进口食品实行注册审批制度。将 25 种进口食品列入强制注册清单，要求食品进口商在进口这些食品前必须先履行注册审批手续。

二是食品的实验室检测。科技服务处负责对加工食品进行化学与生物学检测分析，确保在国内销售的所有供人类食用的产品符合安全卫生标准。

三是增强民众食品安全意识。通过开展公共教育活动，如出版发行文莱健康时事通报、强制性的食品从业者培训班、食品卫生奖励等促进食品卫生质量。

四是推行清真食品认证制度。为确保文莱清真食品的安全，文莱政府极力推行清真食品认证制度，开展“一村一品”，即 One Village One Product（OVOP）品牌活动。至 2012 年，已有 114 家餐厅获得清真认证、565 个产品取得国家宗教事务委员会的注册许可使用清真食品标志。但随着近年来屡次出现的在清真食品里检出猪肉 DNA 事件的披露，文莱政府表示清真食品管理尚待加强，特别是要加快清真食品认证制度的进度，全面实施清真食品的强制性认证制度。

五是建立食品安全管理协调制度。文莱政府赋予文莱卫生部按照《公共卫生法》履行食品质量安全监督管理的职责，同时，也赋予其协调的职能，在涉及食品质量安全管理的多个部门之间进行协调，组织相关部门协商、研究、解决食品安全问题。

（2）动物及动物产品

文莱《动物检疫及疾病防控规定》规定动物的进出境的主管部门是文莱工业与初级资源部农业司。《渔业法》规定由文莱工业与初级资源部渔业司负责管理本国的渔产品生产、进出口以及相关的检验检疫工作。

文莱工业与初级资源部农业司、渔业司依据法律法规制定相关实施规范和管理措施。如：2004 年，文莱工业与初级资源部农业司制定了关于禁止进口受禽流感影响的家禽产品的法规。规定由于一些国家报道出现禽流感病毒，文莱政府禁止进口来自所有受禽流感影响和怀疑有禽流感的国家的所有种类的家禽产品，包括活的和冷冻的产品以及所有种类的家禽蛋类；2011 年，文莱工业与初级资源部、卫生部联合发布了关于禁止进口日本食品的紧急措施。

进境活动物及其产品必须在入境口岸申报检疫，并提供以下单证：文莱农业司的进境许可证；出口国官方兽医在货物装运前 7 天内签发的兽医证书；其他相关证书。

所有到达文莱港口的船舶进行检疫。

除指定的地点外，禁止或管制从文莱内地或文莱以外的其他地方经陆路、海路、空路运来的动物登陆或进入文莱。

（3）植物及植物产品

文莱工业与初级资源部农业司依据《农业害虫与有害植物法》实施对植物及其产

品的检疫审批、注册、制定和实施植物检疫措施等工作。

对于进境植物及其产品，申请人或进口商必须在入境口岸申报检疫，并提供以下单证：①农业司签发的进境许可证；②出口国的植物检疫证书；③必须进行适当的包装，加贴标签，标签上必须标明进境许可证上所注的成分信息。

对于出口植物及其产品，出口商需提供以下单证；①农业司植物检疫机构所签发的植物检疫证书；②进口国主管部门签发的进境许可证。

（二）柬埔寨技术性贸易措施管理机构和体系

1. 柬埔寨 TBT 管理机构及体系

工业矿产能源部是柬埔寨工业、矿产和能源主管部门，其职能之一是制定和管理工业标准，参与食品供应链中“加工”环节的管理。

柬埔寨商务部负责指导和管理柬埔寨国内、国际贸易，包括：制定国内、国际贸易政策；组织、管理和监督国际贸易，并对限制类商品发放进出口许可证；检查出口货物的质量、数量、重量和种类，抑制市场上产品（药品、医疗器械和化妆品除外）质量的欺诈行为；管理柬埔寨与东盟及其他国际组织之间的经济合作等等。

（1）技术法规

在柬埔寨，最高层的法律是宪法（Constitution）；接下来是法 / 法案（Law），由亲王签发；然后是法令（Decree-Law），即重新生效的旧法律法规；次法令（Sub-Decree）或“Anoukret”，属非国会层级的立法，需要总理签发；部委或部际决定（Ministerial or Inter-Ministerial Decision）；最后是文件（Circulars），行政部门为执行和实施上述法律法规的行政管理文件。

涉及 TBT 的综合性法律法规：《货物和服务质量法》《标准法》《计量法》等。2010 年，柬埔寨标准局（ISC）制定了《关于工业产品注册的部颁法规 No.963》，规定那些尚无柬埔寨标准的工业产品须经工业矿产能源部强制注册，并制定了注册的程序。2010 年，柬埔寨标准局（ISC）制定了《柬埔寨工业标准 CS 0051：2005 辣椒酱 No.530》，规定了生产和销售辣椒酱使用的原材料、食品添加剂、有毒物质、包装和标签的强制要求。以技术法规的形式将 2005 年的自愿性产品标准转化为强制性标准。

（2）标准

柬埔寨工业标准局负责国家标准的制修订、发布及管理工作。柬埔寨国家标准数量非常少，共制定出 55 份柬埔寨 CS 国家标准（均为电器类标准）。

柬埔寨是东盟最不发达国家之一，与老挝和越南一道，得到了 WTO 及其他国际组织和国家的关注。在 TBT 领域，注重利用国际技术援助加强工业标准的建立以及与国际标准组织和东盟国家标准的协调一致，开展人员技术培训，加强能力建设等。

（3）合格评定及认证

目前柬埔寨尚未建立国家认可体系，但开展了产品认证、质量管理体系认证、检查和检测等合格评定活动。

2. 柬埔寨 SPS 管理机构及体系

柬埔寨商业部是主管国家贸易、投资、外援、旅游的政府部门，设有 11 个司级职能部门。进出口检验与反欺诈局（Camcontrol）——属于商业部 11 个职能部门之一，负责进出口货物的边境检查和市场监测，同时负责全国的产品质量安全管理，也是柬埔寨 SPS 国家咨询点和食品法典咨询点。

柬埔寨农林渔业部：负责植物和动物检疫，对食品从种养殖到初加工进行全程监管，确保动植物和人类的卫生健康。涉及 SPS 安全管理的 3 个司级部门：农艺与农地改进司负责植物卫生检疫和控制农业生产中使用的农业资料的质量，制定使用方法和指南；动物卫生与生产司负责管理牲畜的进出口，防止与动物和动物产品直接或间接接触引起的疾病跨境传染；农业立法司负责管理农业资料，对化肥、农药、种子、兽药、饲料和饲料添加剂等农业投入物进行强制性管理，同时下设农业检疫局，负责进出境动植物检验检疫组织管理工作，在全国共设有动植物检疫站 13 个（边境检疫站 9 个，空港检疫站 1 个，海港检疫站 3 个），其职能是：控制农业生产中使用的原料质量，制定使用方法和使用指南；开展植物卫生检验和 IPPC 规定的其他职责；保护公众健康，防止与动物和动物产品的直接或间接接触引起疾病跨境传染；控制牲畜的进出口；控制农业投入，即化肥、农产品、种子、兽药、饲料和饲料添加剂。

柬埔寨卫生部食品药品司，负责药品及餐饮业食品安全与管理。

柬埔寨工业矿产能源部，是柬埔寨工业、矿产和能源主管部门，其职能之一是负责食品生产、加工厂的质量管理，制定和管理工业标准，参与食品供应链中“加工”环节的管理。如瓶装水、米酒、鱼肠、醋等产品。

（1）食品安全

进出口检验与反欺诈局负责对加工食品的生产和销售进行安全卫生监管。目前柬埔寨已建立了 65 个边境检查站。为确保国家基于风险管理的“从农田到餐桌”管理纲要得以实施，1995 年成立了食品安全部际联席委员会（IMC），负责协调食品的生产、质量和安全管理。该委员会由商务部牵头，秘书处设在进出口检验与反欺诈局。《联合部长决议》明确了涉及食品安全和管理的各部门的职责和分工。

主要管理制度包括：

一是对本国生产的食品采用从农田到餐桌整个食品供应链（原料→生产→加工→

贸易）的全程监管，多个部门参与，分工合作。

二是加强市场监管，减少假冒伪劣产品。

三是对进口产品制定“高风险”产品清单，加强抽样检验力度。

（2）动物及其产品卫生

柬埔寨部颁第 16 号令（2003 年 3 月 13 日），授权农林渔业部负责对动物及动物源产品的卫生检疫和监管；第 108 号令（2007 年 8 月 24 日），负责对屠宰场的管理以及对肉及肉制品的卫生监管。

《渔业法》明确了农林渔业部作为主管部门的职责，明确了管辖范畴；《农用物资标准与管理令》（第 69 号）明确由农林渔业部负责按照此项法规管理农用物资（肥料、杀虫剂、种子、兽药、饲料、饲料添加剂）。

在进出境动植物检验检疫管理方面，对进口动物、动物源产品或动物食品，包括运输、饲养材料、动物贮存材料和动物源包装材料实施强制性检验检疫，按照动物传染病的名录进行检查，禁止进口动物和动物源产品携带名录中的病原。进口货物必须具有出口国发放的卫生证书；对出口的动物及其产品实施原产地或动物检疫站检疫检查制度，必须遵照贸易条款、协定、惯例或其他相关文件中关于进口国的要求执行。这些动物必须健康，来自无病区或未经过病区，且必须按照要求接种疫苗。动物源产品和食品必须按照技术要求包装且符合卫生标准。

（3）植物及其产品卫生

植物及其产品卫生由柬埔寨农林渔业部主管。《植物检疫次法令（2003）》第 15 号令（2003 年 3 月 13 日），是该国进出境植物卫生检疫最重要的法律。2002 年 8 月 31 日颁布的《森林法》，该法律明确了柬埔寨农林渔业部作为主管部门的职责，在涉及保护资源的领域，须与国家环境部（协调合作进行管理。国家环境部则按照《环境保护和自然资源管理法》行使其管理职能。

2010 年，为防止有害生物传入传出，保护动植物健康，保护中柬两国农林牧渔业生产安全、生态环境及人体健康，柬埔寨与中国加强了在 SPS 领域的合作，中国国家质检总局与柬埔寨农林渔业部签署了《关于动植物检验检疫领域 SPS 合作谅解备忘录》，达成《关于柬埔寨精米输华的植物卫生要求议定书》和《关于柬埔寨木薯干输华检疫准入工作合作安排》。

对进境的植物及其产品规定必须附有出口国植物检疫主管机构按照 1951 年国际植物保护公约规定的模式颁发的《植物检疫证书》；进境货物不含柬埔寨的检疫性或危险性有害生物。出口货物的检疫遵照贸易条款、协定、惯例或其他相关文件中关于进口国的检疫条例执行。

（三）印尼技术性贸易措施管理机构和体系

1. 印尼 TBT 管理机构及体系

印尼国家标准化院 / 国家认可委员会（简称：BSN/KAN）隶属印尼总统办公室，由主席、秘书、相关利益者代表、技术委员会、评审员 / 技术专家和秘书处组成，负责国家标准的制修订以及认证认可管理工作。

2011 年印尼贸易部改组，新增了标准化和保护消费者总署，以推进标准化工作。印尼贸易部主管印尼的国内、国际贸易事务，其职能包括制定外贸政策，参与外贸法规的制定，划分进出口产品管理类别，进口许可证的申请管理，指定进口商和分派配额等事务，负责进出口商品的检验、监督和管理等。

印尼工业部：负责一般工业产品及行业的行政管理。其中纺织、电子、木材加工、钢铁、机械、汽车是印尼出口创汇的重要门类。

能源与矿产资源部：是印尼能源与矿产的国家主管部门。负责本行业内技术法规、标准的制修订。

通信与信息技术部：拥有监管印尼通信与信息产业的最高权力。主要工作是制定和颁布国家通信与信息产业发展政策及产业治理法规。

（1）技术法规

印尼国家层面上最高的技术法规是以总统令和政府令的形式发布的法律法规，例如第 54 号总统令：为确保进出口货物贸易的通畅，印尼总统于 2002 年签发了第 54 号总统令，成立“国家贸易协调组”，组长是国家经济协调部部长，副组长（执行组长）是国家交通部部长，成员有：贸易部部长、财政部部长、工业部部长、国有企业大臣、国家军队司令官、国家警察局长、总检察长和内阁秘书长。其职责是协调国家各部门之间涉及进出口业务和管理的环节，确保国家进出口货物的畅通，保障国家基础经济的稳步发展；

印尼贸易政策的基本法律有《1934 年贸易法》《消费者保护法》等。

印尼国家层面上的一般技术法规由政府主管部委以部颁法规的形式自行或共同制定、签发。例如：2012 年 5 月，印尼工业部制定关于化妆品技术要求的法规，规定投放市场的化妆品应当符合安全、效益、质量、标签和声明的要求，以及违反规定的行为可能受到的行政处分；2013 年 7—10 月印尼通信与信息技术部制定了关于电信设备分类认证的法规，规定了新的 HS 编码及电信设备认证的程序；2014 年 4 月印尼贸易部制定了有关加贴印度尼西亚语商品强制性标签的措施。规定应在商品的包装上或在商品上加贴印度尼西亚语的标签，标签上应列出商品的生产商或进口商；2016 年 6 月印尼能源与矿产资源部制定了关于强制执行空调设备最低能源性能标准及节能标签

（SHE）国家标准的法规。

（2）标准

目前主要是以依据国际标准转化为国内标准方式开展国家标准的建立工作。印尼国家标准（简称 SNI）是唯一在印尼适用的标准，这些标准虽然有 90% 为推荐性标准，仅 10% 为强制性标准。但是重要领域的非强制性标准经过政府主管部门以部颁法规强制执行的形式转化为了强制性标准。

（3）合格评定及认证

目前印尼实施的认证制度包括，质量管理体系（QMS）、环境管理体系（EMS）、食品安全管理体系（HACCP）、产品认证和有机产品认证。产品认证主要领域为电子电气产品。2007 年 9 月起，印尼政府对 34 项产品实施管制，对这些产品实施国家标准认证（SNI 认证），所涉产品不管是国产的还是进口产品，均须通过此项认证，才能在印尼市场销售。

2. 印度尼西亚 SPS 管理机构及体系

印尼国家药品食品管理局管理国家制药、传统医药、食品、化装品和医疗器械行业，对食品行业的管理主要是对本国生产和进口的加工食品进行安全和质量监管。在该局下设的 8 个职能机构中，与食品安全管理相关的机构有：食品安全与有害物质控制部负责对食品在上市前和上市后的安全评估，包括对产品的生产者和销售者的良好行为规范进行监督检查，对产品标签、有害物质成分以及促销广告进行审查等；国家药品食品实验室（中央实验室，在 26 个地方分支机构设有分支实验室）是印尼最具权威的药品食品检测中心；药品食品调查中心负责对药品、食品业中的违规、违法行为进行调查；药品食品研究中心负责开展食品安全、毒理、治疗方面的科研；药品食品信息中心负责有关药品、食品的信息和交流。

印尼农业部负责农业生产、收获后的初级加工环节的管理，同时对进口的鲜活食品（农产品）实行许可证管理。

印尼海事与渔业部负责渔业产品的饲养、捕捞和初级加工监管，并对进口的鲜活渔产品实行许可证管理。

印尼卫生部负责对食源性疾病的监管，防止公共卫生事件的发生，确保国民健康。

（1）食品安全

国家药品食品管理局是印尼政府根据总统令（第 166 号）于 2000 年成立的一个特设的主管药品和食品的机构，直接对总统负责。农业部对涉及国计民生的农产品实施统一管理，如：2013 年 3 月印尼农业部产品营销和加工管理局制定了强制性实施白砂糖印尼国家标准的法规，规定所有国产和进口的白砂糖必须达到关于白砂糖的国家标准要求。生产或进口白砂糖的公司必须具有由产品认证机构颁发的用户产品证明；已经随附用户产品证明的进口白砂糖应附上有印尼国家认可机构（KAN）认可的实验室颁发的分析证明等。卫生部对贸易中的加工食品主要成分采取管制措施，如：2014 年 1 月印尼卫生部非传染性疾病控制局制定了关于加工食品和速食食品包含糖、食盐和脂肪含量信息及健康信息的措施，强制要求加工食品和速食食品必须显示糖、食盐和脂肪含量信息及健康信息，并要求显示的这些信息对于消费者应该是清晰易懂的。糖、食盐和脂肪含量信息及健康信息是基于认可实验室执行的检测报告。

印尼政府于 2004 年 5 月 13 日发布并实施了“一体化食品安全体系”，该体系包括快速预警信息系统、风险管理体系和多个部门实验室检测系统，涉及政府、行业、学术界和消费者，并强调省政府和地区政府的参与和支持，部门之间既有分工又有合作，关系比较密切。

主要管理制度包括：

①通过加强跨部门合作建立严谨的管理体系——在相关政府机构、私营领域和食品安全管理机构之间建立强有力的合作关系。

②加强防范管理和风险管理——推行从农田到餐桌食品供应链各环节的良好操作规范，根据企业达到的不同水平实行“星级管理”。

③依法处理违法者——对违反法律和政府规章的生产商将依法予以处理。

（2）动物及动物产品卫生

农业部下属的印尼农业检疫局，负责对植物及植物产品、动物及动物产品实施检验检疫，确保国家生物安全。

印尼农业部牲畜动物健康总局负责制定涉及动物健康及卫生管理的制度和法规，如进出口反刍动物相关检疫措施法规、传播狂犬病动物活动的动物检疫措施、进出口牲畜种 / 品种的措施等。2015 年世界多个国家和地区爆发 H5N8 及 H5N2 亚型高致病性禽流感，印尼农业部牲畜动物健康总局于 2015 年 1 月同时紧急发布了禁止美国和中国台北活家禽及家禽产品出口印尼的禁令。

《动物、鱼和植物检疫法》是印尼进出境动植物检验检疫的基本法律依据，根据该法印尼海洋事务与渔业部制定了关于进口渔业产品的质量控制和安全法规；印尼农业部制定了关于进口活鱼检疫要求的农业部法令 No.265（1986 年）和关于对从印尼境内出口活鱼采取的检疫措施的法令 No.245/Kpts/LB.730/4/90（1990 年）。有关兽药制造主要方法手册的农业部长令 No.466/Kpts/TN.206/V/99（CPOHB）(1999 年）确定了兽药生产的认证制度。农业部令第 299/KPTS/OT.140/7/2005 号规定了其下属机构农业检疫局的职能，即负责对植物及植物产品、动物及动物产品实施检疫，确保国家生物安全。该局在全国设有动物检疫站 39 个。动物检疫和生物安全中心是农业检疫局的职能部门之一，下设活动物检疫处、动物产品检疫处和动物生物安全处，负责动物及动物产品的检验检疫和动物生物安全。

（3）植物及植物产品卫生

印尼农业检疫局负责植物检疫，防止植物疫病疫情的传入和输出。《动物、鱼和植物检疫法》是印尼进出境动植物检验检疫的基本法律依据。涉及需要国家进出口许可的植物及其产品，由印尼贸易部负责制定和管理相关措施。如对于园艺品的进口管理，印尼农业部和贸易部分别制定了各自的管理规定。农业部制定了园艺品进口推荐相关法规，规定印尼园艺进口商需获得农业部签发的园艺品进口推荐服务，凭此向印尼贸易部申请进口许可证，方可进口园艺品。贸易部则发布了关于园艺品进口的法规，在进口程序和要求、包装、标签、园艺品进口技术科追溯性验证、报告、处罚方面作了具体规定。

印尼农业检疫局在各省及边境口岸设立相应的下属检验检疫机构。在全国设有植物检疫站 44 个。植物检疫和生物安全中心是农业检疫局职能部门之一，下设种子植物检疫处、非种子植物检疫处和植物生物安全处，负责植物检验检疫和植物生物安全。

对于出入境动物及其产品、植物及其产品，印尼规定任何输入印尼境内的动物、动物原材料和动物原产品及鱼、植物及其器官须附有输出国家或过境国家的动物、鱼和植物的健康证书。对于出境动物、动物原材料和动物原产品需印尼提供的健康证书。如果进境国要求，需有印尼提供出口的鱼、植物的寄生虫和疾病载体健康证书，若目的国家无要求可不提供。进境、出境和过境只能通过指定的进出口岸进行并且必须通知当地检疫机关实施现场检疫。

（四）老挝技术性贸易措施管理机构和体系

1. 老挝 TBT 管理机构及体系

老挝科技部是老挝 TBT 工作主管部门，下设标准及计量司，负责开展老挝国内涉及质量、标准、检测、管理（认证）体系等标准化领域的各项工作。老挝主管工业品贸易的政府部门是工业贸易部，负责进口许可证管理和工业产品生产质量。

（1）技术法规

老挝制定和颁发的技术法规最高形式是以总统令（Presidential Decree）发布的法律（Law），由国会审议通过，总统签发；接下来是依据这些法律制定颁发的法规或者条例（Regulation），由主管部委颁布和实施；再下一层就是指导或者管理这些法律和法规执行的指南（Indicators）或行政决议 / 决定（Decision），由主管部委的相关执行部门制定和颁发。

老挝于 1994 年以总统令的形式颁发了《海关法》（No.006NA），标志着老挝的进出口从此走上规范管理的轨道。老挝自 1986 年实行新的经济政策，大力鼓励进出口以促进本国经济的腾飞。同年还颁布了《商业法》，为了执行国家贸易政策，老挝商务部于1994年发布了第482号法规，对进出口货物作了一般性规定。其中明确不允许进口的商品包括武器、毒品、有害化学物质、危险工业产品和各种淫秽物品等；不允许出口的物品包括枪支弹药、炸弹、文物、毒品、有害化学物质、珍稀野生动物等。随后老挝政府以总统令的形式先后颁布了《食品法》《农业法》《卫生、疾病预防与健康法》《环境保护法》《水与水资源法》《工业加工法》等，构成了TBT管理的框架性法律文件。国家各部委依据这些法律赋予的权力履行各自管辖范围内的行政管理职责，制定相应的法规、规范、管理要求等。

政府依据《老挝出口和进口条例》对列入《政府管制商品目录》的进出口商品进行管制。

（2）标准

老挝科技部标准与计量司是老挝政府为加强标准化工作而于2011年新成立的司级部门，老挝TBT国家咨询点就设在该部门的标准处，推进标准化、认可及合格评定工作。目前该部门正在作规划配合政府建立国家质量基础体系。为了加强、维护国家标准化的各项职能，老挝政府于1993年10月颁布实施了关于计量管理的法令；1995年11月颁布实施了关于产品管理的质量与标准法令；此外，还制定了如产品注册、仪器测量、食品药品监督等方面的国家标准化法规。

（3）合格评定及认证

合格评定及认证与标准体系一样，由老挝科技部标准与计量司主管，目前尚未建立完整的体系。

老挝与柬埔寨和越南一样，是东盟中经济发展比较落后的成员国，在TBT领域利用国际援助加强产品质量体系建设，增强检测能力。

2. 老挝SPS管理机构及体系

老挝农林部主管国家农业、林业、畜牧业和渔业，其设在各省的农林服务机构负责农产品进出口管理，颁发各种农产品以及种植材料、化肥、杀虫剂等产品的进口许可证，并对进入本省市场农产品的销售和质量检验进行审批。渔业司是老挝动物卫生及健康管理部门，负责渔业、水产养殖业和家畜养殖业的生产及其产品的检验检疫。现有一个国家级动物病疫实验室和15个边境检查站。农业司是老挝植物卫生管理部门，负责农产品种植与生产的规范管理以及植物检疫和农产品检验，内设农业法规处、植物保护改革中心和9个边境植物检疫站。老挝SPS国家咨询点设在老挝农林部。

老挝卫生部是国家公共卫生主管部门，负责对食品、药品和医疗产品的质量安全以及对传染病进行监测、检查、监督和控制。按照老挝国家《食品法》管理国内生产以及进口加工食品的质量和安全，在全国范围内有14个出入境边境检查站。在卫生部的司级部门中，负责食品安全的部门是食品药品司和卫生预防司，依据《食品法》和《卫生法》行使行政管理职能。设在各出入境口岸的边境检查站负责口岸卫生检疫工作。

工业与商务部领导实施《工业加工法》，并与其他部委和机构协调，确保老挝国内加工生产的食品和饮料符合该法律的规定，达到质量安全标准。

（1）食品安全

老挝《食品法》明确了食品管理的范畴、要求和目标，指定由老挝卫生部主管该项工作，确保全国食品的安全、卫生和健康性。《工业加工法》（第10号总统令）赋予老挝工业与商务部负责实施该法的职责，管理加工食品和饮料的生产和加工。基于《食品法》，老挝卫生部制定了一系列法规和条例，如：《瓶装饮用水条例》《安全食品生产和进出口条例》《饮用水和家庭用水标准决议》等。为保护消费者健康，2012年，老挝卫生部对食品法作了重要修订，定义了食品和食品行业原则、法规和管理措施、监控和检验，以确保质量、有效性和安全性。

食品安全措施体系有如下特点：

一是实行注册制度：所有食品进入市场之前必须经过注册。

二是重点控制：列出重点控制食品清单，对之实行许可证管理。

三是全面监管：加强管理和组织协调，对所有食品进行质量监管，确保食品安全。

四是协调机制：老挝政府各部委在各自的管辖范围内各司其责，在职能交叉领域如食品加工中要求部委之间相互协调。

国家食品安全政策的规划和制定由卫生部组织本部所有司级、处级部门和来自不同部委和不同行业的食品安全相关代表召开全体大会或研讨会，通过讨论、研究得出一致意见形成草案，报国会审议。

（2）动物及其产品卫生

老挝《农业法》为农业活动和生产提供了全面的法律框架，强调了推广农业、保护土地和环境。其中涉及进出境动物监管的内容十分有限。

涉及动物及其产品卫生的法律法规有：第85/PMO号总理令，明确动物监管规定，加强动物注册管理和营运监管；农林部关于贯彻1993年的动物监管规定的实施细则（农林部第0004号法规）；《国家兽医法》：加强对动物疫病疫情的防控，以及动物及动物产品的卫生检疫和监管。

老挝的动物检验检疫工作相对滞后，目前尚无针对进出境动物及其产品检验检疫的专门法律、法规，其相关监管政策不明确。

（3）植物及其产品卫生

为防止乱砍伐森林造成资源流失，老挝政府1996年出台了《森林法》（Forestry

Law 1996)。该法将森林定义为五种类型，即受保护的、需保留的、可生产的、可再生的和被降级的森林，根据不同类型制定相应的管理规定和要求，指定主管部门并明确其工作职责。

1999 年老挝政府发布了严禁原木出口的禁令；2001 年做出了减少切割木材出口的规定；2004 年只允许半成品木材出口；2007 年老挝工贸部宣布只允许作为制成品的木产品出口。

《关于老挝人民民主共和国植物工作的命令》(1992 年总理第 66 号）和《植物检疫条例》(1993，农部字第 0639 号）是老挝进出境植物检验检疫的主要依据。其中《关于老挝人民民主共和国植物工作的命令》旨在确定植物检疫工作的目的和原则性规定。

相对动物及其产品的监管，老挝对植物及其产品的出入境监管制定有较为完善的程序。规定这些产品入境前必须向种植及农业推广局提出申请，得到审批后方能进口；入境时需向边境口岸植物检疫机关报检；产品应该经过抽样、检验、检疫、检测，合格后出具证书等程序要求。

（五）马来西亚技术性贸易措施管理机构和体系

1. 马来西亚 TBT 管理机构及体系

马来西亚 TBT 工作主管部门是科技与创新部，负责促进科技的普及，推进科技领域的研发工作，维护和监督国家科技环境，提供有效的技术和管理支持服务工作。下设马来西亚标准局（DSM)，负责全国标准化及认证认可工作，通过建立标准和认证认可体系确保产品质量安全，提高人民生活水平；保护环境以保持可持续发展；促进产品更多进入国际市场，增强国家经济实力。马来西亚标准局（DSM）由标准委员会、电工委员会、认可委员会和医学检测认可委员会组成。涉及 TBT 管理的部门还有：国际贸易与工业部，负责进出口商品许可和贸易管理，内设 10 个司局，其中贸易与合作司进出口管理处，负责国家商品进出口控制和管理，还下设对外贸易发展局负责推动对外贸易的发展；国内贸易、合作和消费者保护部；通信和多媒体委员会；能源委员会。

马来西亚是东盟经济较发达的成员之一，有比较雄厚的电子、车辆、机械、橡胶制品等制造基础。在 TBT 措施体系里，比较重视这些领域的技术法规和认证体系的建立，体现在以下两点：

一是将这些领域的自愿性标准通过行政管理手段转换为强制性标准和技术法规，如,《电气设备批准条例》规定，供货商（制造商、进口商、批发商等）的电气产品必须保证符合标准要求，而且必须获得认证批准（COA）后才能在马来西亚市场销售。

二是在重点领域直接出台法规。如，在制定车辆技术法规时，运输部和科技创新部首先提出法规的制修订政策，根据此政策，这两个部门与工业标准研究院一起起草有关车辆安全或环保方面的法规草案，与其他情况不同的是，在法规草案出台后，并不进行意见征求或举办听证会，而是由这两个部直接确定并通过官方公告、大众媒体、互联网等发布法规的最终文本。

（1）技术法规方面

1996 年，马来西亚颁布实施《标准法》，确定了马来西亚标准局作为国家标准管理主管部门，同时也是国家唯一认可机构，监督、协调标准的执行，但不具备强制执行标准的行政能力。马来西亚技术法规的制定遵循良好法规操作规范（GRP），一般是由行业协会或行业主管部门提出法规的提案，广泛征求行业意见，经国家部际协调部门商议，部长最后签发。马来西亚成立了一个“技术法规中央协调委员会”，负责对国家技术法规的审议和实施进行监督管理，制定了国家政府将自愿性标准纳入技术法规的指导文件，还成立一个“执行强制性标准协调委员会”，负责完善马来西亚的技术法规体系。

马来西亚工业重点发展电子、汽车装配、钢铁、石油化工、纺织品等，因此，在这些领域的技术法规建立较为完善和严格。如，涉及电气产品的法规有 2 个：《电力供应法》和《电气设备批准条例》，由能源委员会代表政府执行，对电力安装的许可和控制、配送电申办安全要求、人身安全保护等方面作了规定；涉及机动车产品：《道路运输法》（1987 年）和《环境质量法》（1974 年）规定，车辆安全性法规和环保法规分别由运输部和科技创新部制定和管理。马来西亚通信与多媒体委员会（MCMC）制定了《通信与多媒体法案 1998》以及《通信与多媒体（技术标准）法规 2000》；能源委员会制定了家用电器及类似产品实施强制性国家安全标准的法规。

除了上述提及的相关法律法规，与 TBT 相关的法律法规还有：《海关法》（1967），《海关（禁止进口）法令 2012》，《消费者保护法 1999》（法案 599），《商品说明法令》及其系列修订案等等。

（2）标准

马来西亚标准局（DSM）自 1996 年成立以来，建立的国家标准（MS 标准）多达 6300 项，覆盖 24 个主要领域的产品。

马来西亚也是 ISO 和 IEC 两大国际标准组织成员，国家标准的制定基本遵循基于现行国际标准的原则。产品生产者可以依据马来西亚标准或国际标准，也可利用产品认证体系接受的外国某个标准机构制定的国外标准来生产。

（3）合格评定及认证

马来西亚标准局开展的认可制度包括：在实验室认可方面 SAMM 开展检测、校准实验室认可和医学检测实验室；在认证机构认可方面，开展质量管理体系（QMS）、产品认证、职业健康安全管理体系（OSHMS）、信息安全管理体系（ISMS）及食品安全体系（HACCP）认证机构的认可等。马来西亚在认证方面，有强制性和自愿性认证两种。重要领域的认证多为强制性的，如电气产品认证和机动车产品认证。马来西亚SIRIM QAS国际有限公司是马来西亚工业标准研究院的独资子公司，是马来西亚主要的检验、认证和检测机构，提供的检测服务涵盖电工、电磁兼容、化学、机械、通信产品、建筑材料等领域。

2. 马来西亚SPS管理机构及体系

马来西亚卫生部是马来西亚公共卫生主管部门。供人类消费的食品质量安全管理是其重要职责之一，该职责设在公共卫生司，在全国38个入境口岸设有卫生检疫站。

食品质量安全管理的其他相关部门有：农业与农基产业部是国家农业、畜牧业和渔业的主管部门，负责制定农业政策、战略和发展规划，通过优化资源最大程度地提高农民、牧民和渔民的收入，领导农业转化，同时是马来西亚主管农业及农产品、动物健康和植物保护的主管部门。

马来西亚伊斯兰发展局是马来西亚唯一一个进行清真食品认证的部门，通过对清真食品生产者卫生操作和企业卫生环境的管理以确保清真食品的质量和安全。

科技与创新部是为各行业提供各种科技支持的部门，其隶属的化学司拥有10家国家食品安全指定实验室，开展食品成分分析、毒素检测等服务。

（1）食品安全

马来西亚卫生部的公共卫生职责设在公共卫生司食品安全和质量处，按照国家《食品法》对国内生产和进、出口食品实施安全和质量管理。对食品实行风险管理是该处的重要职责。

农业与农基产业部与食品管理相关的职能部门是：农业司依据国家《植物检疫法》和《农药法》履行其对植物、植物产品和农药的管理职能，具体执行处室是作物保护和植物检疫处；渔业司依据国家《渔业法》实施对渔业生产和产品的管理，由水产养殖开发处实施许可、检疫和鱼类卫生政策、对养殖场进行注册、对进出口渔业产品进行检疫、控制和消除鱼类疫病等工作；兽医司依据国家《动物法》管理动物的进出境以及在境内的移动，管理动物的屠宰，防止动物疫病的传入和在境内的传播。由检疫和进出口管理处为进出口的活动物和鸟类提供检疫服务、签发进出口许可证和卫生证书等。

由于食品管理涉及的部门广泛，为了与利益相关各方建立伙伴关系和合作来确保从农田到餐桌的食品安全，协商解决食品管理问题，经马来西亚政府内阁批准，2001年3月成立了国家食品安全与营养理事会，成员由卫生部、农业与农基产业部、伊斯兰发展局等17个部委和2个非政府组织（消费者协会和食品生产者协会）组成，由卫生部部长任主席，每年至少召开 1 次全体大会，解决食品纠纷等问题。

主要管理制度：

①建立了跨部门的管理体系，确保从农田到餐桌的食品供应链各环节管理严密，不留空隙。

②明确政府、产业界、消费者三方在食品管理中各自的职能和作用。政府是食品安全管理主体，负责入境点监控、国内监测、食品供应链的协调等；产业界严格遵守法规和标准，遵循良好操作规范；消费者接受各种教育了解相关食品知识，增强食品安全意识。

③对进口食品采用基于风险管理的分级查验法。根据食品风险程度将查验方式从低风险到高风险分为 1~6 级，1 级为自动通关放行，6 级为自动拒绝通关，既加快了通关速度又便于有效监管。

④对清真产品实施 MS1500：2004《伊斯兰教肉食品牲畜屠宰和储藏通则》认证；对传统农场实施良好农业规范生产认证（SALM）；对有机农场实施有机认证（SOM）。

（2）动物及其产品卫生

马来西亚农业与农基产业部下设的兽医局依据国家《动物法》管理动物的进出境以及在境内的移动，管理动物的屠宰，防止动物疫病的传入和在境内的传播。由检疫和进出口管理处为进出口的活动物和鸟类提供检疫服务、签发进出口许可证和卫生证书等。

另外还制定了《联邦动物检疫站（管理和维护）细则 1984》《沙巴动物条例 1962》等。加强对进出口动物及在本国流通动物的监管，规范动物饲养和宰杀行为。农业与农基产业部兽医服务局制定了《饲料法案 2009》和《饲料法规 2011》，对进口饲料和饲料添加剂实施许可证制度，规范管理饲料的进口、生产、销售和使用。

马来西亚进出境动植物检验检疫管理机构现为农业与农基产业部新设立的马来西亚检疫检验局（MAQIS），其管辖范围包括西马来西亚地区及拉布安岛联邦；目前设有 4 个区域机构（即吉达州的北区支局、雪兰莪州的中区支局、柔佛州的南区支局和吉兰丹州的东区支局），并在 11 个州设有 11 个检疫检验分局。同时，马来西亚在全国设有 6 个动物检疫站，在国内空港、海港、内陆（内河）12 个主要入境点设有办事处。

对动物、鸟类或其他特殊种类的动物及鸟类，不管是进口还是出口都必须实行许可审批制度并在指定地点实施检疫和检查。

（3）植物及其产品卫生

马来西亚农业与农基产业部下设的农业司依据国家《植物检疫法》和《农药法》等法律法规履行其对植物、植物产品和农药的管理职能。具体执行处室是作物保护和植物检疫处。

2009 年 10 月 13 日，农业与农基产业部公布：马来西亚拟采用国际植物卫生措施标准 No.15（2009 年修订版）：国际贸易中木质包装材料法规。本法规的引入将降低进口非植物卫生检验目标货物中由松木及非松木原木制成的木制包装材料（如托盘、垫脚料，板条箱，填塞块，筒、箱、托板、挡板、滑橇等）传入 / 扩散检疫性有害生物的风险。

为防治病虫害及保证国内消费者身体健康，马来西亚政府规定植物及其产品的进口必须依据有关法规，主要是马来西亚检疫检验法案（2011 年 728 号）及马来西亚的检疫检验（检疫审批、签证）条例 2013、马来西亚检疫检验（检疫程序）条例 2013，向马来西亚检疫检验局申请进口植物检疫许可证。马来西亚检疫检验局在各主要入境口岸均设有办事处，提供 24 小时服务。一般来说，进口检疫许可需逐票货物单独申请，每证有效期 3 个月；符合条件的申请需一星期时间获得批准，许可证会列明货物的入境检疫要求供货物出口国对货物进行检疫检验参考，货物入境时必须出示进口许可并满足上述检疫要求。

（六）缅甸技术性贸易措施管理机构和体系

1. 缅甸 TBT 管理机构及体系

缅甸 TBT 工作主管部门是科技部，负责科学与技术领域的发展工作。其下属的缅甸科技研究院下设标准研究所，负责本国标准法律法规、规则等的起草；制定国家标准；与国际标准化团体合作；为产业提供标准化技术信息；为实验室及相关机构校准测量仪器等工作。

（1）技术法规

缅甸技术法规最高层次的是法（Law），是国家层面上的法律框架，各政府主管部门依据相应的法律制定执行法规，即指令（Directive）。缅甸于 2007 年制定了《缅甸工业标准化法》，该法规是基于自愿采用的基础上实施。由于历史原因，缅甸国家经济处于发展起步阶段，中小企业居多。针对此现状和特点，缅甸标准研究所制定了如下标准化发展战略目标：通过参与区域性标准化组织的活动，逐步发展缅甸技术标准；通过技术标准，提高国内产业竞争力，解决缅甸经济发展中遇到的困难；通过争取更多的国际技术援助，加强自身的能力建设。由于大多数产业还处于发展的初级阶段，标准化及质量检测工作还不能有效实施，为了有组织有规划地对这些企业实施技术标准援助，缅甸政府决定在拥有大量中小型工业的地区创建 18 个标准工业区，为几万家企业提供了技术标准咨询服务。

（2）标准

缅甸积极参与东盟标准及质量协商委员会的标准化活动，目前，缅甸标准研究所还与其他国家标准化组织开展合作，其中有日本、韩国、泰国、新加坡的标准组织。为加强标准化工作，于 2006 年成立了标准化与质量促进委员会。

（3）合格评定及认证

缅甸的合格评定能力较低，实验室检测设备和检测人才匮乏；尚未建立完整的认证体系。

2. 缅甸 SPS 管理机构及体系

缅甸卫生部是缅甸国家公共卫生主管部门，负责依据《国家食品法》制定和实施所有与食品安全有关的必要措施。对食品的生产、进口、出口、储存、流通和销售实施必要的监督、控制和管理。卫生部下设食品药品管理局，负责食品（鲜活食品除外）和药品的注册、生产、进出口、分布、销售、标签、宣传和实验室检测。

农业与灌溉部负责国家农业生产和农业灌溉管理。主管综合病虫害防治、植物检疫和农药分析检测，以及农产品（蔬菜、水果等）的进、出口管理等工作。

畜牧水产部是缅甸畜牧业与渔业的主管部门。主管动物、动物产品和渔业产品的进出口管理和检验检疫工作。

（1）食品安全

缅甸卫生部依据《国家食品法》对食品的生产、进口、出口、储存、流通和销售实施质量监控和有效管理。但食品安全工作涉及多个部门，包括：缅甸科技研究部门、渔业、畜牧、农业、商务部、海关等，需要部门之间相互协调。另外，根据法律规定，设立了缅甸食品药品管理理事会和中央、省 / 邦、地区和乡镇各级食品药品监督委员会，这些组织在缅甸全国范围内对食品质量实施统一、协调、有效的管理起到很大的作用。

食品安全措施体系有如下特点：一是国内生产的食品必须经过食品药品管理局的评估，获得批准才能进入销售流通市场。评估包括依据食品卫生和危害分析关键控制点（HACCP）指南对工厂良好卫生规范和良好操作规范的首次检验及定期检查，标签评估，产品安全和质量评估等。二是对进出口食品实行许可证管理制度。

（2）动物及其产品卫生

由缅甸畜牧水产部依据《动物卫生和发展法》实施动物检疫和疫病疫情监控。《缅甸海洋渔业法》颁布于 1990 年，随后以指令形式发布了多项管理规定和要求。

畜牧水产部畜牧养殖与兽医司负责畜牧养殖管理和动物、动物产品的进出口和检验检疫，下设动物检疫站和动物实验室；渔业司负责渔业生产和渔产品的管理，下设鱼类检验和质量管理处负责海洋捕捞、淡水捕捞和养殖渔产品的质量和安全监管以及进出口管理。

畜牧水产部下设专门的司局负责口岸的出入境动物检疫工作。缅甸从 1995 年起逐步在边境和国际机场设立检疫站，目前已建立边境地区检疫站 8 个（其中一个在中国边境），国际机场检疫站 2 个。

（3）植物及其产品卫生

为加强植物保护，缅甸联邦政府颁布了《植物病虫害检疫法》，取代了早在 1914 年就制定的《昆虫和病虫害法案》。该法是缅甸进出境植物检验检疫的主要法律依据。

农业与灌溉部下属的农业服务局履行植物保护管理职能，负责综合病虫害、植物检疫、农业分析实验室工作。植保处是缅甸的国家植物保护组织，其农药分析实验室（PAL）分析食品安全和卫生相关的农药残留、毒素和重金属；植保处的植物检疫科负责检验检疫和签发植物卫生证书、植物和植物产品的进口证书。

根据《植物病虫害检疫法》规定，为开展生物检疫，农业与灌溉部在以下地方设立生物检疫站：仰光国际机场；仰光港口；缅甸邮电部、国际邮件处；中转站（其中，中转站是指准备把植物、植物产品、昆虫、有益生物、土壤等由缅甸边境转运至某一国家时在未从缅甸装车启运前临时设立的转运站）。

需要从国外进口植物、植物产品、昆虫、有益生物或土壤的公司或商人需向缅甸农业服务局申请进口审批，获得审批后方能向农业与灌溉部申请货物进口执照或进口许可证。

（七）菲律宾技术性贸易措施管理机构和体系

1. 菲律宾 TBT 管理机构及体系

菲律宾 TBT 主管部门是贸易与工业部（以下简称贸工部），负责国家标准的制定，管理工业产品的生产、安全和质量；管理国家进出口贸易以及国内贸易的开展。涉及 TBT 管理的国家部级部门的还有：农业部、卫生部、交通部、环境与自然资源部等，负责各自管辖范围内的产业及产品的法规、标准的制定和监督管理。

菲律宾产品标准局（BPS），隶属菲律宾贸工部，是菲律宾的标准化机构，主要负责菲律宾标准的制定、实施和协调国内所有的产品标准；实施产品测试和认证、校准和实验室能力认可及管理体系认证机构的认可等。下设标准发展部、信息服务部、菲律宾认可办公室和产品认可体系局，分别负责标准研发、推广，实验室、检查机构及认证机构的认可工作等。菲律宾贸工部、卫生部和农业部 3 个部门负责其管辖范围相关消费品标准的制定和实施。其中，卫生部负责药品、加工食品、化妆品、医疗器械和物质，农业部负责农业及其相关产品，贸工部负责没有被以上 2 个政府部门所涵盖的其他消费产品。菲律宾 TBT 国家咨询点设在菲律宾产品标准局。

涉及农产品及食品的 TBT 措施，还分别由菲律宾农业部和卫生部负责各自管辖范围内法律法规、管理规定和标准及执行规定和指南的制定。

（1）技术法规

菲律宾涉及 TBT 管理的技术法规类型按照其强度排序分为：国家法案 / 共和国法（Republic Act）→行政法典（Administrative Code）→行政法令（Executive Order）→部门管理法令（Department Administrative Order）→执行指南（Code of Practice）。

各行业具体技术法规和措施由其相应的政府主管部门制定。如，负责车辆安全性法规实施和监管的政府主管部门为运输与交通部陆路运输办公室，制定的法规有《陆路运输和交通法规》（共和国法案 4136 号）和《菲律宾安全带使用法案》（共和国法案 8750 号）；车辆环保法规的政府主管部门是环境与自然资源部环境管理局，制定有《菲律宾清洁空气法案（1999）》（共和国法案 8749 号）及其管理条例和实施细则。与认证认可和标准有关的法律是共和国 4109 号法案《菲律宾标准化法》《菲律宾消费者法》以及《菲律宾标准（PS）质量和安全认证标志实施条例》，该条例规定了向本地或国外公司发放使用菲律宾标准（PS）质量和安全认证标志许可证的具体要求。

在农产品方面，2005 年 12 月，菲律宾总统发布了第 481 号总统令《菲律宾有机农业促进和发展法》，由农业部实施，为强制性法规。2006 年 8 月，农业部发布了第 9 号部令《菲律宾促进和发展有机农业法实施细则及其法规》。

（2）标准

菲律宾共和国 4109 号法案《菲律宾标准化法》赋予菲律宾产品标准局（BPS）制定、指导和管理菲律宾产品标准的职责和权力。根据 1992 年颁布的菲律宾共和国 7394 号令，即《菲律宾消费者法》，菲律宾贸工部、卫生部和农业部 3 个部门负责其管辖范围相关消费品标准的制定和实施。

菲律宾产品标准局负责制定国家标准和采纳国际标准的工作，很大一部分采用 ISO 9000 质量管理体系以及 ISO 14000 环境管理体系的标准、ISO 17025 校准及实验室标准。通过推行标准化，提高产品质量。

（3）合格评定及认证

菲律宾贸工部产品标准局是认证认可活动的主管部门。有关合格评定认可政策和方针由菲律宾合格评定和认可理事会负责制定，其下设有咨询委员会、申诉委员会和认可委员会，以确保认可工作的公正性和保密性。

菲律宾产品认证依据的标准是菲律宾国家标准（PNS）或国际上普遍接受的外国标准。菲律宾产品认证制度实施强制性和自愿性认证两种制度。实施的强制性产品认证制度主要涉及家用电气产品、建筑材料、化学品、日用消费品和新鲜加工食品等 5 类共 85 项产品，必须经过产品标准局的测试和检验之后才能进入市场销售。

菲律宾产品的强制性认证有以下 2 种：一是菲律宾标准认证体系（PS 体系），适用于菲律宾国内生产的产品。二是进口许可证体系（ICC 体系），适用于进口商品。

总体而言，菲律宾的认可体系与中国相似。尽管菲律宾认可办公室和产品标准认可体系局为 2 个认可机构，但同属菲律宾产品标准局。由国家集中统一的机构从事实验室认可和认证机构认可，其运作也与中国的认可机构相似，其采用的标准体系与中国的几乎相同。

菲律宾是个农业大国。2005 年开始，菲律宾政府在农业方面逐渐出台执行强制性农业标准的法令。因此，目前在农产品管理以及有机农业认证方面取得较大进展。

2. 菲律宾 SPS 管理机构及体系

菲律宾卫生部是公共卫生主管部门，为改善菲律宾人民的生活质量提供高质量的健康产品及服务是其主要职责和宗旨。内设行政司、食品药品局、医疗设施及技术局、卫生检疫局等 18 个司级执行部门。主管部门的隶属执行机构是食品药品局，是卫生部行使食品药品安全管理职责的主要部门，负责对加工食品、药品、诊断剂、医疗器械、化妆品的管理，确保其安全性、疗效、纯度和质量。

卫生部食品安全委员会是根据卫生部 1489 号令于 2004 年成立的机构，负责食品安全问题的内部协调，由食品药品局牵头开展工作。该委员会根据职责范围设有以下专项管理机构：

检疫和国际健康监督局负责在机场、港口等口岸管理和监督国际航班的配餐和饮食服务。

国家疾病预防和控制中心负责监督检查食品生产、销售等行业的环境和食品卫生，确保食品安全。

国家传染病学中心负责监控食源及水源性传染病。

热带医学研究院负责利用实验室手段监控食源性疾病。

涉及食品质量安全管理的其他相关部门还有农业部、贸工部、科技部等，其中：

菲律宾农业部负责农产品、动物及其产品、植物及其产品卫生、安全、健康状况及其检验检疫工作，下设国家奶制品局、国家食品局（谷物）、国家肉品检验局、菲律宾椰子管理局、食糖管理局、畜牧业管理局、植物业局、渔业和水产资源局、农渔产品标准局、化肥与农药管理局等机构。菲律宾 SPS 国家咨询点设在农业部。

贸工部负责监督食品在贸易、运输和交接过程中滋生的不安全隐患。下设产品标准局，负责制定非农产品（加工食品）的标准，并按标准开展检验和实施质量管理。

科技部负责通过科研手段协助改善食品加工技术。其下属机构食品和营养研究院负责开展具体科研活动。

（1）食品安全

食品卫生基本法：《共和国法 123（1957）》《共和国法 9271（2004）》《菲律宾卫生法》《食品安全法（2013）》。

《食品、药品、医疗器械及化妆品法》切实保证加工食品、药品、诊断试剂、医疗器械、化妆品的安全、疗效、纯度和质量。

2013 年 8 月，菲律宾国会颁布了该国首部《食品安全法》(10611 号共和国法案）对菲律宾的食品生产、销售和进出口作了严格规定。

菲律宾食品安全措施体系的特点：在食品管理方面，菲律宾主要采用质量管理认证手段促进产品质量的提高，通过对进口商品粘贴合格标志管理进口商品，使用的标准是 ISO 9000 和 ISO 14000。另外，食品健康和安全规定，如食品成分、添加剂、非酒精饮料及混合物、糖果类、乳制品、蔬菜、水果、肉类等都必须符合食品法典委员会和世界动物卫生组织制定的标准；新鲜、冷冻鱼类产品必须取得菲律宾农业部《195 号行政法规》中的国际健康证和卫生植物检疫证要求；生产化妆品、医药必须取得生产许可证，并提供国际认证机构的临床试验报告。随着新的《食品安全法》的出台，菲律宾农业部、卫生部等相关部门将依据该法制定相应的政策和规范，以更多的行政手段加强食品的质量与安全。

食品管理制度重点：一是实行产品评估和注册：根据现行标准对产品的安全性、疗效、纯度和质量进行评估和注册。二是加强市场监控：针对假冒伪劣和未经注册、标签不符、过期等产品进行市场定期检查和抽查。三是推行良好生产规范（GMP）和危害分析与关键控制点（HACCP）制度，通过科学合理的管理制度确保产品的安全和质量。四是国家对食品质量安全管理的内部协调。

（2）动物及其产品卫生

菲律宾农业部涉及动物管理的下属机构是畜牧业局、国家奶制品局、渔业和水产资源局、国家肉品检验局等。各省及边境口岸设立相应的下属检验检疫机构。菲律宾有检疫站 15 个（海港 8 个，海港 / 空港 6 个，空港 1 个），检疫分站 14 个。

菲律宾主要动物检疫法规有：《菲律宾进口肉类及肉制品管理的修订法规、条例及标准规程》(2005 年，第 26 号行政令）、《向菲律宾出口肉及肉类产品的进境前措施》(2006 年，第 26 号行政令）、《农业及渔业现代化法案》《菲律宾渔业法典》。

进境动物及其产品只有经农业部授权的外国肉类屠宰厂才能向菲律宾出口肉类和家禽。这些屠宰厂必须遵守菲卫生部食品和医药局颁布的相关规定，如对使用食品包装材料、标签等要求；所有进口的肉类产品要求出具由出口国的动物检疫部门颁发的国际动物检疫证书；只有在菲农业部注册并取得合格资质的进口商才允许进口肉类和家禽产品；所有肉类产品在装运发往菲律宾前，必须事先得到畜牧业局颁发的动物检疫许可证。该证有效期一般为 60~90 天；货物通关时，进口商须向菲律宾农业部动物检疫局提交国际检疫证书和动物检疫许可证及其他必需的运输文件。在畜牧业局进行动物检疫并颁发了动物检疫检验证书后，海关才同意放行。

（3）植物及其产品卫生

菲律宾农业部涉及植物管理的下属机构是国家食品局（谷物）、菲律宾椰子管理局、食糖管理局、植物业局、化肥与农药管理局等。

菲律宾主要植物检疫法规有：《植物检疫法》（1978年总统令1433），1965年6月16日共和国1296条例，1981年菲律宾农业部植物产业局行政条例第1号。行政条例第1号是对《植物检疫法》的细化，是指导菲律宾植物检疫工作的主要法规之一。对植物、植物产品和有可能隐匿植物有害生物的其他材料的进口实施许可证管理制度；货物入境时需提交由原产国的植物检疫部门或相应的技术部门签发的《植物检疫证书》或《植物健康证书》；进口商进口的植物、植物产品无论是天然状态还是加工状态，只要可能隐匿植物有害生物，就应向进境口岸植物检疫官员及时提交《检验申请》，除有其他规定外，进境物按照10%~15%的比例随机接受检验。

（八）新加坡技术性贸易措施管理机构和体系

1. 新加坡 TBT 管理机构及体系

新加坡 TBT 主管部门是新加坡贸工部（MTI），是新加坡商务与工业主管部门，主要职责是从宏观角度促进经济发展，创造更多就业，指导国家经济发展方向。其下属的新加坡标准、生产力与创新局（SPRING Singapore）（简称标新局）统一负责新加坡的标准和合格评定工作。

涉及 TBT 管理的部门还有国家发展部和环境保护及水资源部等，负责各自管辖范围内的产业和产品标准、法规和管理规定的制定和执行。

（1）技术法规

在新加坡，与 TBT 相关的法律法规从强到弱依次排序为：法 / 法案（Act）→令（Oder）→法规（Regulation）→规定。

与贸易有关的框架法律包括：《新加坡国际仲裁法》《新加坡海关法》《新加坡商标法》《进出口商品管理法》《新加坡战略物资控制法》《新加坡商业注册法》等。

为保护消费者安全，新加坡政府颁布了《消费者保护（安全要求）法规 2002》代替1991年的《消费者安全保护规定》的要求，以实施新的《消费者保护（安全要求）注册计划》。其目的是通过确保被指定为管制产品的家用产品符合相应的安全标准，以保护消费者的利益。依据这些基本法律，国家各相关部委制定和不断更新各自领域内的 TBT 措施。如：依据新加坡《环境污染控制法》，2007年新加坡国家环境局进行了重要修订，规定：所有该法附录 A 列出的电器必须注册并且其标签必须提供能效等级信息，才能进入新加坡市场销售。为了注册，电器必须按指定的测定能效的检验标准进行检验。在之后的10年内，进行了多次修订和完善，还制定了《能源节约法案》、能源节约（注册商品）令和能源节约（能源标签和最低性能标准）法规，不断提高耗能产品的最低能效标准，以确保符合相关国际标准。

（2）标准

新加坡国家标准现在由标新局负责组织制定、批准和发布。新加坡的国家标准，一般直接采用 ISO、IEC 等国际组织制定的国际标准，或者根据当地特点等效使用。

新加坡在采用世界先进标准、推进标准化进程方面成效显著，国际标准采标率达 80% 以上。新加坡制定的国家标准多为推荐性标准，企业自愿采用。但涉及人身、动植物健康、反欺诈、环境保护等方面的标准，则制定相应法律法规，转变为技术法规，强制执行。

（3）合格评定及认证

新加坡的认证认可体系与中国的相似，由国家统一的主管部门负责认证认可制度的建立和实施。在国际互认方面，新加坡与中国均为 2 大国际认可组织 IAF 和 ILAC，以及 2 大区域组织 PAC 和 APLAC 的正式成员，并在质量管理体系认证、实验室、检查机构认可领域签署了多边互认协议（MRL 和 MRA）。

新加坡贸工部指定 SPRING Singapore 作为安全授权机构实施《消费者保护（安全要求）的注册体系》，对 45 大类受控产品实行注册登记制度，这些产品必须经过认证、登记并加贴标志后才能进入新加坡市场销售。

2. 新加坡 SPS 管理机构及体系

国家发展部负责国家的经济发展和规划，主要职责分为 5 大块：国土开发策划、安居工程、基础设施、政策研究、行政及公共事务。总部设 9 个司级管理部门，另设有 5 个执行局和 3 个服务机构。

主管部门的隶属执行机构：

农粮兽医是国家发展部 5 个执行局之一，负责新加坡食品零售前的安全，其职责包括：动植物和食品来源的检验和认可 / 审批；动植物和食品的进出口审批和检验；动物和植物的检疫；风险评估和食品安全、动物卫生和植物卫生标准的制定；食物携带的危害物质以及动植物病疫和病虫害的监测。下设 2 个中心以提供试验室检测服务：动植物卫生中心、兽医公共卫生中心。食品零售之前的质量安全管理由新加坡农粮兽医局负责。新加坡 SPS 国家咨询点设在农粮兽医局。

食品质量安全管理的其他相关部门：

新加坡环境和水资源部（原名为环境部），2004 年水资源管理职责加入后更名而来，其职责之一便是保障公共卫生，其中包括食品卫生，负责食品零售领域的管理。主要管理食品经营店（公司、销售摊点等）的环境卫生、食品卫生和个人卫生等，确保销售的食品安全可靠。

贸工部是新加坡贸易和工业的主管部门，其下属机构标准、生产力与创新局负责加工食品的加工标准制定和食品加工技术研究等工作。

（1）食品安全

新加坡食品安全的基本法是《食品销售法》，该法旨在加强对进口加工食品的监督和管理，确保国家食品的安全和公平交易。根据此法制定的一系列法规有：《食品法规》《食品销售规定》（禁止销售口香糖的规定）、《食品销售（处罚）规定》《食品销售（企业）管理规定》《农业食品和兽医管理法案》（2000 年第 16 号法案）等。新加坡农粮兽医局为确保食品安全，不断修订和完善《食品法规》，主要涉及食品标签、营养成分、食品添加剂和农药残留的限量等。

《鱼及肉制品健康法》根据该法制定的规定包括：《鱼及肉制品健康（收费）规定》《鱼及肉制品健康（进、出口及转口）管理规定》《鱼及肉制品健康（加工企业及冷库）管理规定》《鱼及肉制品健康（屠宰场）管理规定》《鱼及肉制品健康（肉制品运输）管理规定》《鱼及肉制品健康（批发销售）管理规定》等。

新加坡国小人少，资源匮乏，基本上没有农业，所需食品的 90% 均需从国外进口。但由于新加坡重视食品安全，强调执法机构、食品工业和消费者三方的密切配合，使食品安全有了较为可靠的保证。其食品安全管理体系的特点可归纳如下几点：

一是对进口食品实行风险管理，对所有食品进口商和生产厂实施注册制度；对高风险食品加强上市前评估和实验室检测；对国内生产的食品，通过推动良好农业和制造规范以及食品工业的食品安全保障体系的建立来保障食品安全，推行 4 种体系认证：ISO、HACCP、Food Safety Partner、GAP。

二是利用精良的试验室为动植物疫病、食品病毒和污染物等项目提供诊断、检测和分析服务。新加坡早在 2008 年就已修建了一座面积达 9227 平方米的兽医公共卫生中心。这个综合设施被誉为全球最先进的食品检验中心。它拥有 8 个先进的实验室，其中包括一个第三级生物安全实验室，有能力处理禽流感病毒和炭疽菌等危险病原体。中心采用更为先进的技术，每年可对约 6 万个食品样本进行近百万次的检验，测定果蔬中残留的农药含量，检查肉类中的病菌和抗生素，找出可能导致食物受感染的新病菌和毒素等。它的启用将大力增强新加坡的食品检验能力，并可为邻近国家提供食品检验服务，从而使新加坡有可能发展成为一个地区食品检验中心。

三是通过签发卫生证书和对各种出口质量保障体系的管理促进和便利贸易。

（2）动物及其产品卫生

国家发展部农粮兽医局是负责农产品进出口检验检疫的管理部门，其使命是“确保充足的安全食品供应，保护动植物的卫生，促进新加坡的农业贸易”，下设有动植物卫生中心、兽医公共卫生中心等专门的技术单位，为国家检测计划提供实验室诊断，以预防重要的动植物疫病传入新加坡。

涉及动物及其产品的法律有《动物及鸟类法令》《肉类和鱼类法》《饲料法》等。

新加坡动植物检验检疫的法律法规完整，可操作性强。按照新加坡法律规定，指定哪些国家或哪些地区的动物及鸟类、其他特定的动物或鸟类可以进口、转运、受限或不受限；完全禁止或有条件禁止进口某些特定国家或地区的动物尸体、精液、饲料、幼崽、粪便或其他动物产品，因为这些有可能引起或传播疾病；只有获得 AVA 执照的进口商才可以在新加坡从事商业用途的动物进口；每次进口动物须向 AVA 申请许可。没有许可证任何人不得进口或转运动物、鸟类或兽医生物制品。

（3）植物及其产品卫生

国家发展部农粮兽医局依据《植物控制法》履行其监督管理的职能。新加坡的植物及其产品卫生重点在于对新鲜水果蔬菜进口和转运的监控；植物和植物产品的进出口管理；农业病虫害的控制、农药的注册管理方面。在植物检疫机构中根据本国情况分为进口水果蔬菜检疫和一般植物检疫两个组，分别负责进口水果蔬菜检疫和除此以外的其他植物检疫。新加坡的海港、空港不单独设植物检疫机构，检疫任务由局长委任的农业官员承担，对港口、机场、果菜市场、种植场所等进行流动巡回检疫。新加坡的植物检疫部门既负责农业病虫等有害生物的检疫，又负责食品卫生的检验，两者一体化。但现场检疫、室内化验和科研却是分开的。检疫机构，化验机构和研究机构同是原产局辖属的平行单位，这些机构的农业官员都是国家公务员。他们各负其责、相互配合又相互制约，避免滥用职权。

对于进境植物及其产品检验检疫：局长可以签发禁止、有条件或无条件从某一国家和地区进口植物或植物产品的许可证；进口商在进口植物和植物产品前都要申请许可证，无局长签发的许可证，任何人不准进口。在进境水果蔬菜方面，对农药残留有明确规定，要求十分严格。

对于出境植物及其产品检验检疫：出境植物或植物产品也必须申请由局长签发的许可证，无许可证不准出口任何植物或植物产品。农业官员依据局长签发的禁止、有条件或无条件向一些国家出口植物或植物产品的命令进行检疫工作。

检疫作业程序计算机化：新加坡的植物检疫工作，全部利用计算机处理，既提高工作效率，又可防止漏报漏检。

（九）泰国技术贸易措施管理机构和体系

1. 泰国 TBT 管理机构及体系

泰国 TBT 工作主管部门是泰国工业部国家工业标准院（TISI），负责国家工业标准化活动，以促进国家工业发展和提高消费者生活水平。泰国 TBT 国家咨询点就设在国家工业标准院。

泰国商业部负责制定并实施外贸管理、出口促进政策、解决国内外贸易问题。

涉及标准制定和管理工作的还有农业部下属的国家农产品与食品标准局，负责制定农产品、农业转换产品和食品的标准；监督和控制食品安全；对农产品、农业转换产品和食品质量认证机构的资格进行审核、颁发许可证。

国家电信委员会、公共事务及乡镇规划部负责各自领域内的标准制定和管理工作。

国家消费者委员会负责产品质量、法制、计量等综合执法职能，直属国务院领导，具有独立执法权利。

（1）技术法规

泰国与市场准入有关的法律主要是《工业产品标准法》该法详细规定了泰国产品认证的标准、标志、检测及认证要求。《进出口商品法》由商务部依法实施对进出口商品的管理，主要是以审批和许可证管理制度的形式。《消费者保护法 B.E.2522》赋予消费者保护委员会、工业部、卫生部等国家行政管理部门对各种消费品的监督管理职能。

泰国的技术法规由国家各部委根据国家相关法律以部颁规定和法令的形式制定。

（2）标准

国家标准分为强制性和推荐性两种，大多数为推荐性标准。对于涉及人身安全和国家安全的产品，各主管部委即发布关于执行强制性标准的指令，以技术法规形式将推荐性标准转换为强制性标准。泰国涉及标准制定和实施的部门繁多。

（3）合格评定及认证

泰国实行强制认证和自愿认证相结合的 TISI 认证制度。对于符合标准的产品，允许使用 TISI 标志（有强制性认证标志和自愿性认证标志两种）。

农产品的强制性认证由泰国农业与合作部负责，非强制性认证可由其他非政府组织负责。如有机农业产品认证由泰国有机农业认证组织（ACT）负责推行。

泰国在认证认可管理方面较为复杂，处于分散管理局面。如公共卫生部医学局、科技部等政府部门分别负责管理不同的认可制度。而认可机构也有 5 家之多，没有形成统一的国家认可体系。

2. 泰国 SPS 管理机构及体系

泰国农业与合作部是国家农业、林业、渔业和畜牧业主管部门，也是泰国农产品和食品质量安全最主要的管理和协调部门。其下属的国家农产品与食品标准局作为国家农业产品和食品标准管理部门，负责制定农产品、农业转换产品和食品的标准；监督和控制食品安全；对农产品、农业转换产品和食品质量认证机构的资格进行审核、颁发许可证。泰国 SPS 国家咨询点设在国家农产品与食品标准局。

农业与合作部渔业司负责管理泰国的渔业、水生动物的养殖和生产；制定水产品标准和卫生要求；按标准和卫生要求对水生动物及其产品进行分析、检测、出具证书等。畜牧司负责泰国畜牧业的研究、开发和管理，按照国家相关法律、标准和卫生要求对动物及其产品进行检验检疫，确保肉类食品的质量和安全；开展动物病疫监测和防控，防止人畜传染病的发生。农业司负责开发农业（植物和蚕丝）的技术研究并负责其成果转换；对土壤、水源、化肥、植物、农资、植物产品、农业产出物等进行分析、检测、检验和出具证书，确保农产品的质量。

公共卫生部是泰国公共医疗和卫生健康的主管部门。其下属的食品药品管理局是履行其食品安全卫生管理职责的执行机构，负责加工食品在国内加工、零售、餐饮环节的监督、检验和管理，确保向消费者提供的食品安全、卫生和优质。涉及食品安全管理的政府部门还有：

工业部负责实施《工业产品标准法》，主管加工食品产品标准的制修订和产品符合性检验鉴定等工作。

商务部负责按照《进出口商品法》实施对进出口商品的管理，主要是以审批和许可证管理制度的形式。目前约有 50 类进口商品和 50 种出口商品被列入商务部的管制清单，需取得许可方可进、出口，其中包括关系国计民生的主要农食产品如大米和糖。

（1）食品安全

《食品法》赋予泰国公共卫生部主管国家食品安全的职责。在泰国，农产品和食品原来被认为是一种工业产品，其标准由工业部制定。随着泰国食品出口的大幅度增长（目前是世界 10 大食品出口国之一），食品管理需要更多的协调和统一性，于是在 2001 年成立了国家农产品食品标准委员会，成员由农业与合作部各相关司级部门、公共卫生部、工业部、海关等部委的相关机构以及一些私营部门组成，该委员会及其秘书处设在农业与合作部农产品食品办公室（ACFS），负责农产品和食品管理的内部协调工作。

《食品法》把食品分为 3 大类：一是监管食品，此类食品必须经过注册，产品的质量、规格、包装、标签以及生产过程均符合强制标准要求；二是标准食品，此类食品不需要注册，但其质量、标签等必须符合《卫生部公告》上公布的标准要求；三是其他食品，凡不在《食品法》附件 1 和附件 2 列表内的食品，不管是原料还是熟食品，保藏还是非保藏食品，加工还是非加工食品，均视为一般食品，不需要注册，但其卫生和安全、标签和广告必须受到监管。

泰国食品管理制度的特点：一是建立完善的、可追溯的“从农田到餐桌”食品安全管理链，多个部门参与，环环相扣是泰国食品管理的关键；二是在最初环节加强对农业投入物（包括化肥、农药、兽药、饲料等）等的管理和检验；三是对农场实行注册 / 标准认证，1999 年开始推行 ThaiGAP（泰国良好农业规范认证）；四是对加工厂开展ISO、GMO、HACCP体系认证；五是对产品实施实验室检测；六是在流通市场（国内、国外市场）建立风险预警体系。

泰国是一个农业比较发达的国家，政府对农产品予以高度重视，其很多农产品标准都处于世界一流水平，对农产品采取强制性产品认证制度。在有机农业认证方面比中国开展得要早，虽然对有机农业产品并未实施强制性认证，但近年来为了促进农产品的出口，泰国加强了有机农业认证的管理力度，目前已经形成了较好的运作体系。

（2）动物及其产品卫生

泰国负责进出境动植物检疫工作的主要官方管理机构是农业与合作部。农业与合作部下设畜牧发展司、渔业司、农业司、皇家林业司，专门负责进出口动物、水产品、植物的检疫工作。并在边境口岸设立相应的下属动植物检疫机构。其中，畜牧发展司主要负责动物及其产品的检验检疫工作。

《动物传染病法》是一部预防和控制动物（牲畜及家畜）疫病疫情的国家大法。为加强对动物饲料的管理，出台了《动物饲料质量管理法》《输入和运经泰国动物及畜体的部颁法规》等。

泰国《渔业法》将渔区分为4类进行管理：保护渔区、可租用渔区、保留渔区、公共渔区。所有的渔业活动均要符合渔业管理部门管理规定。

泰国对进境动物实行检疫许可制度，由泰国农业与合作部畜牧发展局局长签发进口许可证。进境时需提交由出口国官方检疫兽医官出具的动物健康证书（证明符合进口国要求并有官方印章）。所有进境动物在到达进境口岸时，在船上或着陆时必须接受卫生检查，检疫合格后方可进境。

（3）植物及其产品卫生

泰国农业与合作部农业司负责植物及其产品的检验检疫工作。主要法律依据是《植物检疫法》。该法将进口植物及植物产品分为禁止输入的植物及植物产品、限制输入的植物及植物产品及无输入限制的植物及植物产品三类。

对于禁止输入的植物及植物产品，规定不得进口，唯经泰国农业与合作部农业司事先核准且用于研究及实验目的司项目除外。此类产品包括农业与合作部公告自特定地区输入的指定植物及植物产品、植物病虫害寄主、土壤及肥料。

对于限制输入的植物及植物产品，实行进口许可证管理制度，进境时必须提供出口国政府相关主管部门签发的植物检疫证书；需根据植物检疫人员的指示进行必要的处理；进口此类产品需经全面检验，尤其是用于繁殖的植物。

凡不属于上述两类的产品皆属于无输入限制的植物及植物产品。此类产品进口时无须提供植物检疫证明及进口许可，但须向进口港口通知检验。所有进口皆需经过检验，一旦发现植物检疫病虫害则需经检疫处理或消毒。

（十）越南技术贸易措施管理机构和体系

1. 越南 TBT 管理机构及体系

越南标准与质量局（STMEQ）隶属越南科技部，负责全国标准、计量、认证认可、质量管理的政府机构，也是越南 WTO－TBT 国家咨询点。其主要职责包括：建立标准化、计量和质量组织体系；批准标准化、计量和质量方面的法规；监督发布的标准化、计量和质量法规的实施；实施国家的质量检验和认可活动；参加国际、区域在标准化、计量和质量领域的论坛和合作。

越南涉及食品安全管理的部门有 3 个：越南卫生部负责国家食品安全方针政策及重大规划的制定、发布和实施，发布涉及食品、制作工具、食品包装材料安全标准和限量要求的法律法规。越南农业与农村发展部负责其主管领域内涉及食品安全的政策、重大规划、技术法规等的制定、发布和实施，同时主管全国的动植物防疫和出入境动植物检疫和监管；越南工业与贸易部负责其主管领域内涉及加工食品安全的政策、重大规划、技术法规等的制定、发布和实施。

与 TBT 管理相关的部门还有建设部、自然资源与环境部、交通部、信息与通信部等。

（1）技术法规

越南国家层面上的技术性法律法规从强到弱的排序是：主席令→总理令 / 政府令（Government Decree）→法（Law）→法令（Ordinance）→条例（Decree）→国家技术法规（National Technical Regulation）→执行指南（Guiding）。

1999 年，为推动标准、计量、质量管理工作有效开展，越南国家主席签发了《计量条例》《商品质量条例》《消费者权益保护条例》。2006 年，越南总理签署了《关于签署质量控制产品目录的总理令》，该令明确，各相关部门应按照本令公布的“质量控制产品名单”负责对国产和进口的产品进行管理；并规定由国家质量控制部门及其授权的质量控制部门负责按本令要求对生产、销售、进口上述清单中产品的组织和个人进行监督。

越南于 2008 年 7 月 1 日实施了《产品和商品质量法》和《计量法》，分别取代了《商品质量条例》和《计量条例》。该法授权科技部作为主管部门对商品（包括食品）的质量进行监督管理，涉及食品卫生和安全的，由卫生部负责。

《标准与技术法规法》该法授权越南科技部负责对全国标准和技术法规的全面管理，对提交的标准和法规草案组织审定和发布，并负责符合标准和法规的合格评定。

（2）标准

越南标准化管理机构是越南科技部下属的越南标准与质量局（STMEQ），主管越南国内标准化与质量管理工作。越南 TCVN 标准大多等同等效采用国际标准，其中电气产品标准基本等同等效采用 IEC 标准。由于越南国内经济主要依靠农产品，其出口产品也基本依靠农产品，因此农产品和食品标准在其国家标准中占很大部分。而且大部分标准为推荐性标准。

（3）合格评定及认证

越南认证中心由越南科技部设立，隶属越南标准与质量局，负责产品认证、体系认证、培训等业务。越南标准与质量局下有 3 个质量保证和测试中心，负责产品认证检测，包括对进出口产品的检验、产品检测和审查、产品和质量体系评定及培训、咨询等。越南认证中心和 3 个质量保证和测试中心都是认可合格评定机构，可以根据强制性技术法规开展认证工作。

越南开展的认证有质量管理体系认证和产品认证 2 种。自愿认证适用于《产品和商品质量法》定义的低风险产品，对于高风险产品，则实行强制性认证。越南总理令发布的《质量控制产品目录》对 8 大领域 114 种产品实施国家质量检验，并作为国产和进口产品市场准入管理的范围。

越南的产品认证体系，目前实施两种：对 4 类电器和电子产品，实施“安全认证”；对 60 类产品实施“供货方自我符合性声明”。

越南从事认证活动主要依据国际标准，如管理体系（QMS 认证）依据 ISO 9001：2000；环境管理体系（EMS 认证）依据 ISO 14001：2004；食品安全管理体系依据 ISO 22000：2005；有机农业按 GAP 认证标准等。

2. 越南 SPS 管理机构及体系

越南农业与农村发展部主管全国的动植物防疫和出入境动植物检疫和监管。该部动物卫生司负责动物卫生管理、进出口陆栖动物的检验检疫等。并由设在各省的兽医站执行地方动物防疫和口岸出入境动物检疫工作。在农业与农村发展部发出规定进出境动物及其产品检疫要求和程序的通知前，兽医局负责临时指导地方兽医部门对进出境、进口加工后再出口、出口加工后再进口、保税区、边民互市贸易区以及转运过境的动物及其产品实施检疫，指导农作物种子、种苗、动物种苗、肥料和动物饲料的进出口。该部植物保护司负责全国植物及其产品包括进出口植物（包括农作物、水果、蔬菜）及其产品的质量安全管理和检验检疫工作。

国家渔业质量保证和兽医局负责国内渔业生产管理以及进出口水生植物和水生动物及其产品的食品安全检验检疫、签证。

按照越南最新的国家食品安全法律，涉及食品安全管理的部门有 3 个：越南卫生部、越南农业与农村发展部和越南工业与贸易部。

越南 SPS 国家咨询点设在越南农业与农村发展部 SPS 办公室。

（1）食品安全

越南卫生部2003年发布了《食品安全法令》对食品的安全和卫生进行规范管理。2011年正式实施了《食品安全法》，取代了原来的《食品安全法令》，明确规定了食品安全管理要求和几个部级主管部门的职责范围。2012年4月25日，越南总理签发了第38号令，就《食品安全法》的落实和实施作了进一步的规定，形成了比较完善的食品安全法规体系。

越南卫生部负责国家食品安全方针政策及重大规划的制定、发布和实施；发布涉及食品、制作工具、食品包装材料安全标准和限量要求的法律法规。具体负责食品添加剂、食品加工辅助材料、瓶装水、矿泉水、功能食品以及国家规定由其负责的其他食品在生产、初级加工、加工、储藏、运输、出口、进口及交易中的食品安全管理。卫生部越南食品管理局负责对供国内消费的进口食品（加工食品）、食品供应链中分销环节的食品、国内市场上销售的食品进行卫生、安全监督管理和检验签证。

越南农业与农村发展部负责其主管领域内涉及食品安全的政策、重大规划、技术法规等的制定、发布和实施。该部于2007年8月将越南渔业部并入，从而统一了包括食品质量安全管理、动植物保护（包括水生、陆生和两栖类动植物）、国内食品生产链安全管理、食品质量安全检验、深加工用途的初级食品的进出口检疫和签证在内的各项职能。负责农产品、林产品、水产品和食盐的食品卫生和安全检验，也负责动植物的进出口检验。具体负责粮食、肉及肉制品、渔业及水产品、蔬菜、球茎植物、水果、蛋及蛋制品、原料级鲜奶、蜂蜜、蜂蜜制品、转基因食品、食盐以及国家规定由其负责的农产品在生产、收购、宰杀、初级加工、加工、储藏、运输、出口、进口及交易中的食品安全管理。

越南工商部负责其主管领域内涉及食品安全的政策、重大规划、技术法规等的制定、发布和实施。具体负责酒、啤酒、饮料、加工级牛奶、蔬菜油、制作面粉和淀粉用的原料级产品以及国家规定由其负责的其他食品在生产、收购、宰杀、初级加工、加工、储藏、运输、出口、进口及交易中的食品安全管理。

新的食品安全法出台前，越南政府指定科技部作为协调部门负责统一管理国内流通领域的产品和进出口货物的质量和标识；负责召集和协调其他相关部门组织对口岸货物和市场的产品质量进行检验和检测。根据新的《食品安全法》，国家将食品安全管理部门整合为3个部门：卫生部、农业与农村发展部和工贸部，分工也按产品所辖范围进行了明确的分工。卫生部作为负责国家食品安全方针政策及重大规划的制定、发布和实施政府部门，在内部协调上担当了更多的责任。

主要管理制度：

①基本完成了食品安全管理和动植物卫生保护的立法，并以政府或部委令、标准

和技术法规的形式明确并指导法律、条例的实施。

②建立并完善了相关政府部门的执法能力，并明确规定了主管当局食品质量安全管理的权限，以保障消费者健康和动植物卫生。各部门各自管理管辖范围内产品的安全和质量，几乎所有的中央级技术性管理部门都设置了质量管理司。

③加强了对进口食品的检验和管理要求。根据该令第六章第一节第 39 款的规定：所有进口食品、食品添加剂、食品加工原料、工具、包装材料均须经过国家法定检验合格才能通关。食品的进口检验按严格程度分 3 类：一是严格检验；二是正常检验；三是宽松检验。具体检验规定和规程分别由产品主管部门即卫生部、农业与农村发展部和工贸部按 38 号令要求进行制定和发布。

（2）动物及其产品卫生

越南颁布的与动物及其产品检验检疫监管相关法律与主要有：《兽医法令》(1993)，2015 年上升为法律《兽医法》；《关于动植物及水生产品进出口的检疫监督联合发文》《动物饲料管理条例》及其相关的针对性的通告和决定。

《渔业法》废除了原来的《水生资源保护与开发法令》，由越南渔业部依法主管全国的渔业事务。

越南农业与农村发展部下属的兽医局是负责动物检疫的主要官方管理机构，由设在各省的兽医站执行地方动物防疫和口岸出入境动物检疫工作。在农业与农村发展部发出规定进出境动物及其产品检疫要求和程序的通知前，兽医局负责临时指导地方兽医部门对进出境、进口加工后再出口、出口加工后再进口、保税区、边民互市贸易区以及转运过境的动物及其产品实施检疫，指导农作物种子、种苗、动物种苗、肥料和动物饲料的进出口。

所有从事进出境、进口加工后再出口、出口加工后再进口、保税区、边民互市贸易区以及转运过境的动物及其产品贸易的经营者必须经兽医局注册登记。对食用或非食用的进境动物、水生动物及其产品实行许可制管理，由兽医局实施检疫并颁发检疫进口许可证。

（3）植物及其产品卫生

农业与农村发展部植物保护司负责全国植物及其产品包括进出口植物（包括农作物、水果、蔬菜）及其产品的质量安全管理和检验检疫工作。

《植物保护与植物检疫法令》主要针对植物疫病防控、植物检疫和杀虫除草剂的使用和管理，并进一步明确了对进出境植物及其产品的检验检疫要求。2013 年 1 月，越南农业与农村发展部制定了《植物保护检疫法》，构成植物保护及检疫活动（包括控制和预防植物有害生物）、国家植物保护、检疫和杀虫剂管理的法律框架。

对于进境植物及其产品，由农业与农村发展部部长按照各个时期的不同要求确定并公布《越南植物检疫对象名录》及植物检疫范围，货主及其代理人应当在货物到达入境口岸24小时内填写入境申报单，向最近的植物检疫机关申报。植物检疫机关在第一入境口岸办理检疫手续，在有特殊植物检疫手续的情况下，将在有隔离条件的地点办理检疫手续。

批准进口的种子类货物只允许运往已在口岸注册登记时指定的地点种植，到达指定地点后，应当向当地的国家植物保护机关和植物检疫机关申报，以便继续跟踪检疫，及时发现有害生物的情况；第一次引种进口的种子，只能在植物检疫机关规定的地点播种，以便植物检疫机关跟踪有害生物发生情况，在植物检疫机关得出不带有越南检疫对象的结论后，方可推广生产。

对于出口植物及其产品，出境货物到达最后口岸或将由该地直接出境时，货主应当在24小时内填写出境申报单，向最近的植物检疫机关申报。植物检疫机关按货主请求，采取检查基层生产单位、内地保管地等有关材料和在最后口岸进行复查的方式，24小时内办理检疫手续并开具植物检疫单。检疫货物范围包括：贸易合同中列明检疫要求的、越南对外签署的协议或缔结的国际条约中有检疫规定的、货主有检疫要求的。

第二节　东盟各国相关法律法规

一、东盟各国与TPT/SPS相关的法律法规综述

由于东盟各国的社会、政治和经济发展程度不同，东盟各国的出入境贸易管理不尽相同，各有特点，与TPT/SPS相关的法律法规的制定、完善程度存在着差异。老挝、缅甸、柬埔寨和越南以农业为主，但经济发展水平较为滞后。目前除老挝外，柬埔寨、越南、缅甸建立了比较完善的进出口贸易法律体系，老挝目前尚无专门的动物检疫法，只是在农业法中涉及进出口动物检验检疫的条款。马来西亚、新加坡、印尼、菲律宾等国的经济相对发达，其中泰国、印尼、马来西亚和菲律宾农业资源十分丰富。而新加坡和文莱工业较为发达，相关的法律法规立法比较早，也比较健全。但文莱较为特别，该国卫生检疫、动物检疫和植物检疫的法律法规并不独立，只是在其国家宪法的相关章节中进行了规定。

在WTO框架下，中国和东盟各国都需遵循WTO协议，但是由于中国和东盟各成员国之间经济发展水平、经济发展阶段、文化水平存在差异，即使是东盟各成员国之间经济发展程度也存在差异，而且国家之间合作的目标和承受能力也不尽相同，所以导致各国对各类产品的法规、技术法规和产品标准等管理模式及发展理念也不相同。如农产品法规方面，越南、印尼、菲律宾的农产品基本法都是由国会制定，在级别上

等同于中国的国务院，而马来西亚、泰国分别由卫生部和农业部制定，新加坡由农业食品兽医局制定和管理；这就使农产品法规内容、法律效力等造成不同。

随着中国－东盟自由贸易区的建设发展升级和“一带一路”沿线国家市场需求的变化，东盟各国加强了对外贸易及检验检疫法律法规的制定和修订，确保对外贸易涉及的产品质量、卫生安全、环境保护等符合本国的实际要求，如文莱新修订出台了《植物品种保护条例 2016》；马来西亚 2011 年最新修订了关于进出境动植物检验检疫的法律《检验检疫法》等。

二、东盟各国与 TPT/SPS 相关的法律法规

（一）文莱

文莱与 TPT/SPS 有关的法律法规，主要有《公共卫生（食品）法》《农药害虫与有害植物法》《动物检疫及疫病防控规定》《渔业法》《检疫与预防疾病法》《商品标签法》《清真肉类法》《植物品种保护条例 2016》《有毒物质法》《检疫与预防疾病法》《海关法》《综合许可法》等。

1.《公共卫生（食品）法》

《公共卫生（食品）法》2000 年修订版，于 2001 年 1 月 1 日实施，属文莱国家法律系列第 182 章内容，并在此基础上制定的《公共卫生管理条例（食品）》，这 2 部法律是文莱国家为确保公共健康而管理食品以及与食品关联行业的国家大法。由文莱卫生部依照该法行使其监督管理职能。

2.《文莱公共卫生管理（食品）条例》

《文莱公共卫生管理（食品）条例》规定所有的食品，不论是进口的还是本国产品，都必须安全可靠，有良好的品质，并且符合清真食品的要求。由于文莱属于穆斯林国家，对肉类的进口严格按照穆斯林食品要求进行检验；对酒类的进口也严加控制；进口可食用油不能有异味，不含任何矿物油；动物脂肪和食用油必须是单一形式，而不能将两种或多种脂肪或食用油混合；非食用的动物脂肪须出具消毒证明等。

3.《农业害虫与有害植物法》

《农业害虫与有害植物法》1971 年 8 月 1 日实施，于 1984 年进行了修订，属文莱国家法律系列第 43 章内容，其中对入境植物及植物产品，包括水果和蔬菜，制定了有关要求和规定。主要包括进口商的注册登记、进口许可、植物检疫证书、到达口岸的现场检疫、检疫费用等方面的规定。由文莱工业与首要资源部农业局依法实施。

4.《动物检疫及疾病防控规定》

《动物检疫及疾病防控规定》属文莱国家法律系列第 47 章内容。对动物的入境程

序和要求作了详尽的规定，包括动物进口许可、检疫隔离期限、检验检疫证书等，主管部门是文莱工业与首要资源部农业局。另外，对水牛、羊和其他牲口的进口饲养、宰杀、转运等进行了进一步的规定。

5.《渔业法》

《渔业法》属文莱国家法律系列第61章内容。本法规定由文莱工业与首要资源部渔业局负责管理本国的渔产品生产、进出口以及相关的检验检疫工作。

6.《检疫与预防疾病法》

《检疫与预防疾病法》属文莱国家法律系列第47章内容，第一部分为总则，第二部分为传染病报告，第三部分为预防传染病传播，第四部分为疫苗接种，第五部分为预防传染病的传入和传播，第六部分为牲畜的进口和出口，第七部分为制定条例，第八部分为其他事宜。在第二至第五部分，对需报告的传染病种类、预防传染病传入文莱和传播可采取的措施、人员、和交通工具应遵守的义务、港口和交通工具卫生等进行了非常详尽的规定。在第六部分对牲畜的出入境程序和要求作了详尽的规定，包括动物进口许可、检疫隔离期限、检验检疫证书以及饲养、宰杀、运转等。

7.《商品商标法》

《商品商标法》是有关商品商标造假欺诈，内容包括：基本词条解释、贸易资产及其他商标、商品说明、非故意触犯、没收货物、诉讼程序等具体条款。

（二）柬埔寨

柬埔寨与TPT/SPS有关的法律法规有《食品质量安全管理法》《森林法》《渔业法》《农用物资标准与管理令》(第69号)《植物检疫次法令（2003）》《标准法》《计量法》《货物和服务质量法》《环境保护与自然资源管理法》等。

1.《食品质量安全管理法》

《食品质量安全管理法》2000年6月21日实施，是柬埔寨实施食品管理的框架性法律文件。

2.《森林法》

《森林法》于2002年8月31日颁布，是柬埔寨为林业资源而制定的框架性法律，确保森林的可持续发展，发挥其社会、经济、环境效益，有助于保持生态多样化和文化遗产。该法赋予了柬埔寨农林渔业部的主管职责，明确在涉及保护资源的领域，须与国家环境部协调合作进行管理。国家环境部则按照《环境保护和自然资源管理法》行使其管理职能。

3.《渔业法》

《渔业法》于2006年5月21日颁布，是柬埔寨的渔业大法，是执行国家渔业政策，为管理、开发、利用、发展、保护本国渔业资源而制定的框架性法律，赋予了柬埔寨农林渔业部的主管职责，明确了管辖范畴。

4.《农用物资标准与管理令》

《农用物资标准与管理令》(农林渔业部第 69 号令)，1998 年 10 月 28 日颁布，明确由农林渔业部负责按照此项法规管理农用物资（肥料、杀虫剂、种子、兽药、饲料、饲料添加剂），由农林渔业部下属单位农用物资标准局负责具体执行。

5.《植物检疫次法令（2003）》

《植物检疫次法令（2003）》第 15 号令（2003 年 3 月 13 日），是该国进出境植物卫生检疫最重要的法律。

6. 相关部颁令

商务部第 91 号令（2007 年 8 月 1 日），明确了商务部的组织机构与职能，并由商务部授予柬埔寨进出口检验与反欺诈局如下职能：与海关和税务部门联合履行边境管理职责；市场监管（消费者保护）；出口检验和官方认证等。

商务部第 108 号令（2007 年 8 月 24 日），对屠宰场的管理以及对肉及肉制品的卫生监管。

商务部第 47 号令（2007 年 6 月 12 日），对人类食用食品的卫生管理。

商务部第 15 号令（2003 年 3 月 13 日），对植物卫生检疫的规定。

商务部第 16 号令（2003 年 3 月 13 日），对动物及动物源产品的卫生检疫和监管的规定。

卫生部第 193 号令《入境点卫生检疫官员的职责和责任的规定》，1999 年发布，明确了入境卫生检疫官员的职责和责任。

卫生部第 280 号令《入境点卫生检疫官员履行职责的规定》2008 年发布。

7. 相关次法令

次法令第 129 号《预防和应对入境点发生的国际关注的突发公共卫生事件的卫生措施》，2015 年发布。

次法令第 16 号《动物与动物源性产品的检验》，2003 年发布。

次法令第 15 号《植物检疫次法令》，2003 年发布。

《动物及动物制品卫生检疫次法令草案》2002 年发布。

次法令第 64 号《关于柬埔寨全境国际边境检验办公室、双边国境核查点、边境地区核查点和海港核查点的决定及其管理》2001 年发布。

第 NS/RKT/1198/72 号令《内阁管理和兽医法实施细则》1998 年发布。

（三）印尼

印尼与 TPT/SPS 有关的法律法规主要有《食品法》《动物、鱼类和植物检疫法》

《渔业法》《进出口新鲜植物食品安全控制条例》《移民法》《海港检疫法》《空港检疫法》《疫情法案》《卫生法》《印度尼西亚第 54 号总局令》等。2009 年以来，印尼政府开始在食品、饮料、渔业等诸多行业强制推行国家标准，要求包括进口产品在内的所有产品必须附有印尼文说明。印尼非常重视涉及公共及人身安全的强制性产品的进口质量、环境等因素。

1.《食品法》

《食品法》是印尼食品安全的主要法规，于 1996 年颁布实施，该法包括有关食品加工、储藏、包装、标签和运输的基本规定。该法规管理的范畴还包括食品添加剂和基因改造。此外，该法规定食品加工厂必须实施质量管理系统。主管加工食品的部门是国家药品食品管理局。鲜活产品分别由农业部和海事渔业部负责。印尼在此法基础上还制定了一系列国家条例，对食品进行管理。

2.《动物、鱼类和植物检疫法》

《动物、鱼类和植物检疫法》于 1992 年颁布实施，是印尼进出境动植物检验检疫的基本法律依据，该法适用于动物、鱼类和植物产品，为包括水生物种在内的动植物进出口和境内转移确定了检疫要求。由主管部门确定的易感染检疫性病害的种类必须遵守该法提出的要求：进口的动物、鱼类、植物及其产品必须有原产地国家主管部门和任何发货国主管部门签发的健康证明；动物、鱼类、植物及其产品的出口需要有印尼主管部门颁发的健康证明；应进口国的要求，这一程序同样适用于易感染非检疫性病害的种类；动物、鱼类、植物及其产品的过境，需要提交原产地主管部门签发的健康证明；进口、出口和过境，只能通过指定进出口口岸进行且必须通知当地检疫官员进行检疫。关于进口到印度尼西亚共和国境内活鱼检疫要求的农业部法令 No.265（1986 年）和关于对从印度尼西亚共和国境内出口活鱼采取的检疫措施的法令 No.245/Kpts/LB.730/4/90（1990 年）作出了有关活鱼的具体规定。有关兽药制造主要方法手册的农业部长令 No.466/Kpts/TN.206/V/99（CPOHB）(1999 年）确定了兽药生产的认证制度。农业部令第 299/KPTS/OT.140/7/2005 号规定了其下属机构农业检疫局的职能，即负责对植物及植物产品、动物及动物产品实施检疫，确保国家生物安全。

3.《渔业法》

《渔业法》是印尼的国家渔业政策大法，该法对渔业作了广泛的定义，它包括水产养殖和捕捞渔业，以及与鱼类生产相关的活动："渔业包括与鱼类资源相关的养殖和利用及由此而产生的与环境相关的所有活动，即从产前工作到生产、养殖、直至销售的渔业经营系统内开展的所有活动。"该法强调了在渔业发展中可持续利用水产养殖资源的重要性。该法主要由海事渔业部作为渔业管理部门负责执行。

4.《进出口新鲜植物食品安全控制条例》

《进出口新鲜植物食品安全控制条例》(农业部法规第88号),于2011年11月19日生效,要求所有向印尼出口的新鲜植物产品必须按照规定准备相关检验检疫材料,由印尼质检部门批准,并在印尼质检部门指定的实验室进行农药残留、重金属污染、细菌含量等的检测,全部合格后方可由指定港口进入印尼市场。2015年2月17日,印尼修订并发布了《关于新鲜植物源性食品进出口食品安全控制条例》(以下简称条例),2016年2月正式实施。条例共7章46条,就出口至印尼的植物源性食品的进出口要求、进出口监管、食品安全检测实验室注册和监管体系的认证,暂停与撤销等制定了相关规定,该条例对向印尼出口植物源性食品的国家设立了严格的准入门槛和复杂的准量标准,涉及产品包括水果、蔬菜、谷物等在内的6大类、103种植物源准入程序,建立了严苛的进口申报、检验、监控措施和食品安全限性食品。

5.《移民法》

《移民法》主要是介绍进入及离开印尼的一些条件,签证、入境、居留许可的发放条件,以及入境后的监管。在卫生方面规定了患有传染性疾病,精神障碍及其他可能危害公众健康的或公众秩序的事由,其签证申请是被拒和禁止进入印度尼西亚的。该法由印度尼西亚移民局依照该法行使其监督管理职能。

6.《海港检疫法》《空港检疫法》

《海港检疫法》《空港检疫法》这2部检疫法是由印尼卫生部下辖的港口卫生处行使职权的依据,主要明确了对港口机场等出入境关口鼠疫、霍乱、黄热病、天花、斑疹伤寒爆发、虱传回归热等传染病的检疫措施、处理方法,以及船舶飞机出入境的检疫查验,对其他有症状人员的排查处理方式等,是为保障其出入境国门安全设立的法律法规。

7.《疫情法案》

《疫情法案》此法案目的在于预防、控制、处理传染病的爆发。法案主要介绍面对此类传染病,各部门应采取的处理方式及违反相关法规应受到的处罚条例。其他相关法案包括:《防止传染病爆发的法律》《关于消除疟疾的法律》《传染病爆发法》。

8.《卫生法》

印尼的《卫生法》在广义上是一套法律规范,涵盖医疗、环境卫生、药物、精神卫生、公共医疗保健设施、保健人员的发展和分配、公共卫生政策、消费者保护,社会健康保险各个领域。由印尼卫生部依法行使监管职能。

9.《1934年贸易法》

《1934年贸易法》是规范印尼贸易政策的基本法律。印尼贸易部主管国家的贸易事务,其职能包括制定外贸政策,参与外贸法规的制定,划分进出口产品管理类别,进口许可证的申请管理，指定进口商和分派配额等事务。

10.《消费者保护法》

《消费者保护法》中，印尼政府对进出口商品进行分类管理，由贸易部进出口司将其划分为3大类：禁止进出口商品、许可证项下的进出口商品和自由进出口商品进行管理。

（四）老挝

老挝与TPT/SPS相关的法律法规，主要有《卫生防疫健康法》《国家兽医法》《食品法》《森林法》《畜牧生产法和兽医法》《海关法》《植物检疫法》《农业法》《检验法》《水产养殖和野生动物法》等。

1.《卫生防疫健康法》

《卫生防疫健康法》属老挝国家法律系列第13号内容，现沿用2011年修订版（2012年1月16日实施），是为促进卫生、疾病预防和健康，保证人民生活质量和健康长寿而制定的法律。主要由老挝卫生部依照相关法律法规进行监管。

2.《国家兽医法》

《国家兽医法》于2008年制定和颁布，加强对动物疫病疫情的防控，以及动物及动物产品的卫生检疫和监管。

3.《食品法》

《食品法》于2004年6月14日以第37/PO号总统令的形式颁布，它明确了食品管理的范畴、要求和目标，指定由老挝卫生部主管该项工作，确保全国食品的安全、卫生和健康性。

4.《森林法》

《森林法》于1996年颁布实施。为防止乱砍伐森林造成资源流失，该法将森林定义为五种类型，即受保护的、需保留的、可生产的、可再生的和被降级的森林，根据不同类型制定相应的管理规定和要求，指定主管部门并明确其工作职责。

1999年老挝政府发布了严禁原木出口的禁令；2001年做出了减少切割木材出口的规定；2004年只允许半成品木材出口；2007年老挝工贸部宣布只允许作为制成品的木产品出口。

5.《农业法》

《农业法》于1998年11月6日由国家元首105号令颁布实施。该法作为国家农业大法为农业活动和生产提供了全面的法律框架，包括耕地、饲养动物、水产养殖和用于国际或国内工业加工的原材料，主要强调推广农业、保护土地和环境。其中涉及进出境动物监管的内容十分有限。

6.《关于老挝人民民主共和国植物工作的命令》

《关于老挝人民民主共和国植物工作的命令》1992年8月发布，旨在确定植物检疫工作的目的和原则性规定。该规定指出植物检疫工作是管理和保护农林资源质量的手段，目的在于阻止或禁止进口过去未曾有过的、危害性极大的植物在老挝境内传播；检验向国外出口的各种植物和农林产品，确保无病虫害，特别是输入国禁止进口的病虫害；在国内调运或进口和出口植物及农林产品均应当执行有关的国际规则。1993年颁行的《植物检疫条例》是为了更好地进行植物检疫工作，而细化和补充“总理令”的相关内容。

7. 海关法

《海关法》于1994年8月13日以总统令的形式颁布，标志着老挝的进出口贸易从此走上了规范管理的轨道。

8.《工业加工法》

《工业加工法》(第10号总统令)，该法以总统令形式颁布，赋予老挝工业与商务部负责实施该法的职责，管理加工食品和饮料的生产和加工。

9. 其他涉及动植物检验检疫的法规

1993年5月发布的第85/PMO号总理令：动物监管规定，加强动物注册管理和营运监管；1997年1月农林部关于贯彻1993年的动物监管规定的实施细则（农林部第0004号法规）。

（五）马来西亚

马来西亚与TPT/SPS有关的法律法规，主要有《检验检疫法》《食品法》《动物法》《渔业法》《农药法》《传染病预防控制法》《保护植物新品种法》《海关法》《海关法令》《消费者保护法》等。

1.《检验检疫法》

《检验检疫法》是马来西亚关于进出境动植物检验检疫的主要法律，于2011年修订。这部法律是在原动物法、植物检疫法的基础上专门针对进出境动植物检验检疫和服务进出口企业的法律。此外，为配套《检验检疫法》还颁布了有关收费、进出口商注册、检验检疫、检疫许可、检疫程序等5个更具体的条例。

2.《植物检疫法》

《植物检疫法》制定于1976年，1994年进行了修订，旨在控制、预防和根除农业病虫害、植物疫病和杂草危害，并与相关部门合作防止虫害在国际贸易中的传播。为该法更好实施，于1981年制定了《植物检疫管理办法》，加强对入境植物及其产品、有益生物、促长媒介、化肥、土壤等的管理，控制病虫害。由国家农业与农基产业部农业司履行管理和检验检疫执法职能。

3.《食品法》

《食品法》制定于1983年，该法加强了对食品安全管理。2年后出台了《食品管理实施条例》(1985)。之后还颁布了一系列规定，如2009年出台《食品卫生条例》《食品进口条例》，2011年出台《食品辐照条例》《转基因食品条例》等。马来西亚卫生部公共卫生司食品安全和质量处按照《食品法》对进出口食品安全实施管理。

4.《动物法》

《动物法》制定于1953年，2006年进行了修订。该法仅适用于马来西亚半岛，旨在防止动物疫病传入和在该区域内传播，由国家农业与农基产业部半岛兽医局行使执法职责。为进一步加强动物的管理，马来西亚相继于1962年出台了《动物管理规定》，同年颁布了《动物进口指令》，1999年发布了《沙拉越兽医健康指令》，旨在加强对进出口动物及在本国流通动物的监管，规范动物饲养和宰杀行为。

5.《渔业法》

《渔业法》制定于1985年，作为渔业大法规范了渔业管理，包括马来西亚水域海洋和港湾渔业的保护和开发、水生哺乳动物和龟类水生动物等的保护，并设立海洋公园和海洋保护区等，确保渔业的可持续性发展。由国家农业与农基产业部渔业司履行管理和检验检疫执法职能。

6.《农药法》

《农药法》于1974年颁布，并于1976年制定了相关的《农药注册管理规定》，规范了对进口农药和本国生产农药的管理。规定农药未经注册禁止进口、生产和销售，以确保进口或本国生产销售的农药与注册者声称的一样有效，且不会对人和环境造成危害。

7.《传染病预防和控制法》

《传染病预防和控制法》于1988年颁布，并于2006年1月1日修订，共5章33条。该法共分5部分，第一部分为总则，第二部分为实施该法的行政机关，第三部分为传染病的预防，第四部分为控制传染病的蔓延，第五部分为罪行及罚则，附件公布24种传染病。该法详尽规定了疫区的宣布，明确了入境交通工具、人员的检查措施，尸体骸骨、病原微生物或生物制品等的入出境规定，以及传染病的报告及其预防和控制措施等。此外，与卫生检疫有关的法规还有《预防和控制传染病（人体，人体组织和致病生物和物质的进出口）条例》《2003年马来西亚入境（健康宣言）规例》。

8.《电力供应法》

《电力供应法》1990年颁布，由能源委员会执行。《电力供应法》针对电力供应规定了电力安装的许可和控制、配送电力设备的安全以及保护人身安全等方面的要求。

9.《电器设备批准条例》

《电器设备批准条例》1994 年颁布，由能源委员会执行，规定了任何制造商、进口商、展览商、销售商和广告商的电器产品必须保证符合标准要求，获得认可证书（COA），并加贴 SIRIM 标签 / 标志，否则就不能在马来西亚市场上销售。在 COA 期满前 14 天，电器产品的制造商、进口商、展览商和广告商必须提出对 COA 进行复审的申请。

10.《联邦动物检疫站法规》

《联邦动物检疫站法规》于 1984 年颁布，加强了对进出口动物及在本国流通动物的监管，规范动物饲养和宰杀行为。

11. 其他与检验检疫有关的法规条例

其他与检验检疫有关的法规条例有《马来西亚检疫和检验条例》（2013 年）、《动物条例》（1962 年）、《国际濒危物种贸易法案》（2008 年）、《害虫法》（1974 年）、《联邦农业营销机构条例》（1990 年）等。

（六）缅甸

缅甸与 TPT/SPS 相关的法律法规有：《传染病预防和控制法》《传染病防治法》《国家食品法》《植物病虫害检疫法》、《动物卫生和发展法》《海洋渔业法》《工业标准化法》《水产养殖法》《农药法》《联邦贸易部关于进出口商必须遵守和了解的有关规定》《植物细菌防疫法》《联邦对从事进出口贸易的最新规定》等。

1.《传染病预防和控制法》

《传染病预防和控制法》于 1995 年颁布，共 8 章 22 条。主要涉及定义、预防、卫生人员的作用和职责、环境卫生、传染病报告、重大疫情应对措施、检疫、罚则、其他事项。

2.《传染病防治法》

《传染病防治法》于 2011 年修订，第二章修订为预防与应对，规定开展的预防医学检查活动包括国家出入境、国际机场、海港、其他必要的机场、海港和公共汽车的可能会引起传染病传播等场所；以及补充说明当发现国际间的跨境传染病的时候，卫生部应当开展与《国际卫生条例》（IHR）相符合的措施，并添加了隔离传染病或疑似感染者的相关条例。

3.《国家食品法》

《国家食品法》于 1997 年颁布，旨在确保国民食用的是优质、无害的食品，保障公共健康。该法由缅甸卫生部负责执行，依据该法制定和实施所有与食品安全相关措施，对食品的生产、进口、出口、储存、流通和销售实施质量监控和有效管理。卫生部下属的食品药品管理局具体负责食品和药品的注册、生产、进出口、发送、销售、标签、宣传和实验室检测。

4.《植物病虫害检疫法》

《植物病虫害检疫法》是为了加强植物保护，缅甸联邦政府于1993年6月16日颁布。该法只针对进出境植物检验检疫，不涉及其他内容。它规定了缅甸进出境植物检验检疫的主要内容，包括：禁止有害生物通过各种方法进入缅甸；切实有效抵制有害生物；对准备运往国外的植物、植物产品，必要时给予消毒、灭菌处理，并发给植物检疫证书；无论是从国外进口的货物，还是旅客自己携带的物品入境时，都必须接受缅甸农业服务公司的检查、检疫。由缅甸农业与灌溉部下属的农业服务局履行管理职能，负责综合病虫害、植物检疫、农业分析实验室工作。

5.《动物卫生和发展法》

《动物卫生和发展法》最早以第17/93号通报于1993年11月25日发布，现沿用1999年5月的修订版。由缅甸畜牧与渔业部畜牧养殖与兽医司依法实施动物检疫和疫病疫情监控。

6.《缅甸海洋渔业法》

《缅甸海洋渔业法》颁布于1990年，随后以指令形式发布了多项管理规定和要求，如：关于从业人员卫生证明要求的第1/95号指令，关于渔业产品操作规范的第8/96号指令，关于产品标准的第9/96号指令，关于鱼及渔产品中食品添加剂规定的第4/98号指令等等。

（七）菲律宾

菲律宾与TPT/SPS相关的法律法规主要有：《检疫法》《检疫法及其实施细则》《食品、药品、医疗器械及化妆品法》《食品安全法》《农业及渔业现代化法案》《菲律宾渔业法则》《植物检疫法》《卫生法》《标准化法》《消费者法》《有机农业促进和发展法》等。

1.《检疫法》

《检疫法》于2004年颁布，规定检疫传染病为霍乱、鼠疫、黄热病，检疫证书/入境证书（无疫通行）是海关放行的先决条件。《检疫法》（2004）共13条，规定了检疫局作为菲律宾卫生检疫的主管部门，负责全国的检疫工作，履行国际卫生条例规定的国际义务，检疫局被授权在菲律宾出入境口岸检查入境和出境的船舶和航空器，对其卫生情况以及所载的货物、旅客、交通员工、个人所有物品进行必要的监督检查，签发检疫证书、卫生证书以及其他具有同等效力的文件。

2.《〈检疫法（2004）〉实施细则》

《〈检疫法（2004）〉实施细则》是对卫生检疫及其措施的细化，其中第三至第六章对船舶的卫生状况、人员健康情况、所需证书以及船舶在港期间都提出了明确的要求，第五、第六章对航空器提出了明确的要求。

3.《食品、药品、医疗器械及化妆品法》

《食品、药品、医疗器械及化妆品法》于1987年5月颁布（共和国第3720号法），第175号行政令进行最近一次修订。该法以保障公众健康为宗旨，指定根据该法成立的“食品药品管理局”履行管理职能，切实保证加工食品、药品、诊断试剂、医疗器械、化妆品的安全、疗效、纯度和质量。

4.《食品安全法》

2013年8月，菲律宾国会颁布了该国首部《食品安全法》(10611号共和国法案)。该法案分8章42条，对菲律宾的食品生产、销售和进出口作了严格规定，确保食物和食品安全的高标准，菲律宾农业部、卫生部等相关部门将依据该法制定相应的政策和规范。

5.《农业及渔业现代化法案》

《农业及渔业现代化法案》，即菲律宾共和国第8435号法，于1997年7月颁布，是一部规范农业管理，促进农渔业向现代化、产业化可持续发展的国家大法。其中涉及食品安全问题，即要求农渔业供人类食用的产品必须符合相关安全卫生规定，由菲律宾农业部负责依法履行管理职责。

6.《菲律宾渔业法则》

《菲律宾渔业法则》于1998年2月制定颁布（共和国第8550号法），该法授权农业部组建一下属部门即“渔业及水产资源局”负责对渔业的全面管理。该局的“渔产品检验检疫处”负责全国的渔产品、水产品进出口检验检疫以及疫病疫情监控。

7.《植物检疫法》

《植物检疫法》于1978年颁布（总统令1433），是指导菲律宾植物检疫工作的主要法规之一。1981年颁布的菲律宾农业部植物产业局行政条例第1号，是对《植物检疫法》的细化，也是指导菲律宾植物检疫工作的主要法规之一，分别对条例所收入的定义、有可能隐匿植物有害生物的植物及其产品和其他材料的进口、潜在的有害动物进口、商品运输、疫区、运输工具的入境与通关、植物检疫费用、植物检疫官员的权力和义务、协作单位、免责条款、罚款等进行了具体的规定。

8.相关动物检疫行政令

《菲律宾进口肉类及肉制品管理的修订法规、条例及标准规程》于2005年颁布（第26号行政令）；《向菲律宾出口肉及肉类产品的进境前措施》于2006年颁布（第26号行政令）等。

9.《有机农业促进和发展法》

2005 年 12 月，菲律宾总统发布了第 481 号总统令《有机农业促进和发展法》，由农业部实施，为强制性法规。2006 年 8 月，农业部发布了农业部 2006 年第 9 号令《菲律宾促进和发展有机农业法实施细则及其法规》，对该法的实施进行了细化。

（八）新加坡

新加坡与 TPT/SPS 相关的法律法规主要有《传染病防治法》《食品销售法》《农产品兽医局法》《动物及禽类法》《饲料法》《渔业法》《鱼及肉制品健康法》《植物管理法》《农产品兽医局法》《消费者保护（安全要求）法规 2002》《鱼及肉制品健康法》《渔业法》《植物管理法》《海关法》《进出口商品管理法》《商标法》《环境公众卫生（食品卫生）规例第 16 号》《消费者保护（安全要求）法规》《传染病防治法》等。

1.《传染病防治法》

《传染病防治法》，该法共 8 章 74 条，涉及国境卫生检疫的内容主要见第五章预防传染病传入，主要内容包括疫区的定义、检疫和传染病预防，检疫范围包括船舶、飞机、人、植物、动物和其他物品等，将管理的传染病分为"传染病"（含 25 种）、"危险性传染病"（含 3 种），严格管理船舶、飞机上的食品、饮用水以及垃圾污物的卫生情况。

2.《食品销售法》

《食品销售法》于 1973 年 5 月 1 日颁布，现用 2002 年修订版。该法旨在加强对进口加工食品的监督和管理，确保国家食品的安全和公平交易。根据此法相继制定了一系列法规：《食品法规》《食品销售规定》（禁止销售口香糖的规定）《食品销售（处罚）规定》《食品销售（企业）管理规定》等。食品零售之前的质量安全由新加坡农产品兽医局负责管理。食品的零售卫生安全由国家环境署负责管理。

3.《农产品兽医局法》

《农产品兽医局法》，于 2000 年 4 月 1 日颁布，同时成立了农产品兽医局，主管国家农业食品、动物食品的质量安全，加强对食源性疾病的防控。

4.《动物及禽类法》

《动物及禽类法》最早颁布于 1965 年，先后多次修订，最近一次于 2002 年修订。根据此法相继制定了一系列法规：《动物及禽类（兽医）规定》《动物及禽类（违规处罚）规定》《动物及禽类（鸽子）规定》《动物及禽类（观赏鱼）规定》《动物及禽类（进口）指令》《动物及禽类（兽医）规定》《动物及禽类（疫病）通告》《动物及禽类（非商用家禽禽流感防范）规定》等。农产品兽医局负责执行此法，对动物、禽类和鱼类的进出口和营运进行监督和管理，防止动物疫病的传入和传出以及在境内的扩散，确保动物健康和福利。

5.《植物管理法》

《植物管理法》于1993年颁布，先后多次修订，最近一次于2000年修订。此法是为了加强和完善植物及其产品的生产、出入境、运输管理，防范植物病虫害，确保植物业的健康发展而制定的国家法律。相关植物检疫的法规还包括:《植物（进口和转口水果蔬菜）管理规定》《植物（种植许可证）管理规定》《植物（农药注册）管理规定》《植物入境管理规定》《植物（植物卫生证书）管理规定》《植物管理（违规处罚）规定》等。

6.《饲料法》

《饲料法》于1965年颁布，现沿用2000年的修订版，这是一部管理动物和禽类家畜饲料的法律。相关法规包括:《饲料（许可、分析及收费）管理规定》《饲料违规处罚规定》等。

7.《渔业法》

《渔业法》于1969年颁布，修订于2002年，此法是新加坡为加强渔业管理，确保鱼肉安全而制定的。其辅助法规包括:《渔业（渔船管理）规定》《渔业（渔港）管理规定》《渔业（养殖场）管理规定》等。

8.《鱼及肉制品健康法》

《鱼及肉制品健康法》于1999年制定，2000年修订。该法旨在规范动物的屠宰、加工、包装、卫生检验、进出口、运输、销售等环节的管理，确保肉及鱼产品的安全和民众健康。根据该法制定的规定包括:《鱼及肉制品健康（收费）规定》《鱼及肉制品健康（进、出口及转口）管理规定》《鱼及肉制品健康（加工企业及冷库）管理规定》《鱼及肉制品健康（屠宰场）管理规定》《鱼及肉制品健康（肉制品运输）管理规定》《鱼及肉制品健康（批发销售）管理规定》等。

9.《消费者保护（安全要求）法规》

《消费者保护（安全要求）法规》是新加坡政府为保护消费者安全于2002年颁布，代替了1991年的《消费者安全保护规定》的要求，以实施新的《消费者保护（安全要求）注册计划》(简称CPS计划)。目的是通过确保被指定为管制产品的家用产品符合相应的安全标准，以保护消费者的利益。该计划规定管制产品的供应商必须到安全授权机构进行注册，45大类的管制产品应有国家认可的合格评定机构颁发的合格证书（COC）为依据，并申请注册、粘贴安全标志，方可在新加坡上市。

（九）泰国

泰国与TPT/SPS相关的法律法规主要有:《传染病法》《食品法》《进出口商品法》《工业产品标准法》《植物检疫法》《动物传染病法》《渔业法》等。

1.《传染病法》

《传染病法》规定了交通工具的业主或者管理者应通知国际传染病官员有关交通工具到达的地点、时间等情况，提交相应的卫生文件，交通工具的出入境需得到卫生官员的准许。

2.《食品法》

《食品法》于1979年颁布，此法赋予泰国公共卫生部主管国家食品安全的职责。公共卫生部成立了食品药品管理局，依法对全国的食品（主要是加工食品）实施卫生监管，确保食品的健康和安全。《食品法》把食品分为3大类：一是监管食品，此类食品必须经过注册，产品的质量、规格、包装、标签以及生产过程均符合强制标准要求。二是标准食品，此类食品不需要注册，但其质量、标签等必须符合《卫生部公告》上公布的标准要求。三是其他食品，凡不在《食品法》附件1和附件2列表内的食品，不管是原料还是熟食品，保藏还是非保藏食品，加工还是非加工食品，均视为一般食品，不需要注册，但其卫生和安全、标签和广告必须受到监管。根据泰国相关法律法规，进口商必须申请进口许可证后，才能进口食品，指定的食品必须经FDA检验后才能使用，进口许可证要每3年更新1次，对于特别控制的食品，进口商必须到FDA注册，获得批准才能进口。

3.《进出口商品法》

《进出口商品法》于1979年颁布，由商务部负责依法对进出口商品实施管理，主要是以审批和许可证管理制度的形式，对列入商务部的管制清单，需取得许可方可进出口。

4.《工业产品标准法》

《工业产品标准法》于1968年颁布，最近一次修订是在1992年，该法详细规定了泰国产品认证的标准、标志、检测及认证要求。负责执行此法的工业部成立了工业产品标准院负责标准的管理和产品符合性检验鉴定等相关工作。

5.《植物检疫法》

《植物检疫法》于1964年颁布实施，此法明令在农业与合作部下成立"植物检疫委员会"，并明确了委员会的职责，检疫官的职责和权限范围在该法也得到明确规定。1999年，为了保护植物物种，泰国政府又出台了《植物种类保护法》，并对植物检验检疫法进行了修改。农业与合作部根据该法先后推出了植物检验检疫法规、部令和措施等，形成一套完整的植物健康检验检疫法律体系。2008年4月泰国农业与合作部（DOA）宣布修改植物检疫法（B.E.2507），根据农业与合作部要求，植物检疫法（第2号）B.E.2542及植物检疫法（第3号）B.E.2551修改了植物检疫法B.E.2507。

6.《动物传染病法》

《动物传染病法》于1956年颁布，1999年修订。该法是一部预防和控制动物（牲畜及家畜）疫病疫情的国家大法，授权农业与合作部执行长官依法任命主管行政官、注册主任、检验官和兽医师，制定部长法规法令，规范管理动物的进出口和过境，防范动物疫病，确保民生健康。为加强对动物饲料的管理，于1982年制定了《动物饲料质量管理法》。于2001年制定颁布了《输入和运经泰国动物及畜体的部颁法规》。

7.《渔业法》

《渔业法》于1947年颁布，经过1953年和1985年2次修订，目前仍沿用该法。该法将渔区分为4类进行管理：一是保护渔区，在该区的渔业行为需获得农业部渔业司司长的许可；二是可租用渔区，按主管部门要求提出申请获得在该渔区捕鱼的专权；三是保留渔区，在该渔区的捕捞需获得渔业司的许可；四是公共渔区，任何人都有权在该区捕捞。所有的渔业活动均要符合农业部渔业司的管理规定。该法同时赋予该部门管理渔产品安全、卫生的职能，负责渔产品、水产品的检验检疫等管理职能。

8.《植物种类保护法》

《植物种类保护法》1999年颁布，旨在保护植物物种。

9.《消费者保护法》

《消费者保护法》赋予消费者保护委员会、工业部、卫生部等国家行政管理部门对各种消费品的监督管理职能。

（十）越南

越南与TPT/SPS相关的法律法规主要有：《传染病防治法》《国境卫生检疫条例》《越南边境管控法实施办法》《卫生检疫法规》《外国人在越南出、入境、居住法》《兽医法令》《植物保护和检疫法》《渔业法》《食品安全法》《商品质量法》《标准与技术法规法》等。

1.《传染病防治法》

《传染病防治法》2007年11月21日越南第二届第十二次会议通过，于2008年7月实施。适用于人类传染病的预防与控制。其中第3章第35~37条对边境检疫对象和地点、卫生防疫监测、相关部门责任做出了说明。

2.《国境卫生检疫条例》

《国境卫生检疫条例》1998年6月11日越南第41号政府令颁布，于1998年7月1日起实施。共8章57条，条例明确规定了卫生检疫工作的负责部门、执法要求，对出入境人员实施卫生检查和对各种交通工具、行李、货物、容器、邮件进行卫生监督的各项措施，卫生处理的相关规定，检疫传染病的管理，传染病的监测及收费和法律责任等相关条款，严格规范了越南卫生检疫工作。

3.《越南边境管控法实施办法》

《越南边境管控法实施办法》2012 年 8 月 31 日第 63 号政府令颁布，于 2014 年 7 月 1 日起实施。规定了边境检疫的医疗防疫原则，方式，形式，内容，程序和时间安排信息活动的报告，组织机构及运行程序等。

4.《卫生检疫法规》

《卫生检疫法规》2010 年越南第 103 号令颁布，于 2010 年 12 月 1 日生效。明确规定了人员就医、入境、出境交通工具、中转、货物进口、出口、尸体、骨骼、灰烬、微医药、生物制品、组织、器官转移的相关程序；对监测体检、医疗防疫和问责的实施也做出了规定。

5.《兽医法》

《兽医法》于 2015 年 6 月实施，取代 2004 年的旧法。该法为规范管理动物及动物产品，防范和防治动物疫病、动物和动物产品检疫、规范兽医行医和兽药的使用等提供了法律依据。在主管部门方面也做了明确规定：越南农业与农村发展部负责全国陆地动物的兽医管理，越南渔业部负责全国水生动物和两栖动物的兽医管理，其他部委协助开展相关工作。

6.《植物保护与植物检疫法》

《植物保护与植物检疫法》于 2013 年替代 2001 年法令修订并实施，该法主要针对植物疫病防控、植物检疫和杀虫除草剂的使用和管理。主管部门是越南农业与农村发展部，其他部委协助开展相关工作。

7.《渔业法》

《渔业法》2003 年制定，于 2004 年实施，废除了原来的《水生资源保护与开发法令》(1989 年国务院令)。由越南渔业部依法主管全国的渔业事务。

8.《食品安全法令》

《食品安全法令》于 2003 年颁布，旨在对食品的安全和卫生进行规范管理。2011 年 7 月 1 日，正式实施《食品安全法》，取代了原来的《食品安全法令》，明确规定了食品安全管理要求和几个部级主管部门的职责范围。2012 年 4 月 25 日，越南总理签发了第 38 号令，就《食品安全法》的落实和实施做了进一步规定，形成了比较完善的食品安全规范体系。第 38 号令于 2012 年 6 月 11 日起正式实施，其主要内容包括：食品符合性声明规定、转基因食品安全要求、注册生产企业食品安全证书的签发与注销规定、对进出口食品的质量安全实施国家检验的规定、食品的标签规定；食品安全管理职能部门的部级联席代表机制等。在《食品安全法》基础上，越南还相继出台了多部有关食品安全的法规：《转基因食品卫生与安全管理法规》《关于对进口动物食品进行食品卫生安全检查的第 25 号通知（25/2010/TT-BNNPNTNT）》《关于颁布进口和在越南国内市场生产流通的动物食品卫生安全指标和限额目录的第 29 号通知（29/2010/TT-BNNPTNT）》等。

9.《商品质量法》

《商品质量法》于 2008 年 7 月 1 日实施，取代了 2003 年颁布的《商品质量条例》。该法授权科技部作为主管部门对商品（包括食品）的质量进行监督管理，涉及食品卫生和安全的，由卫生部负责。

10.《标准与技术法规法》

《标准与技术法规法》于 2006 年颁布实施，是越南规范各种标准和技术法规的制定、发布和实施的国家法律。该法授权越南科技部负责对全国标准和技术法规的全面管理，对提交的标准和法规草案组织审定和发布，并负责符合标准和法规的合格评定。

第三节　东盟各国标准化情况

一、东盟标准化情况综述

（一）东盟标准化概况

东盟标准与质量协商委员会（ACCSQ）由东盟各国经济部长于 1992 年在菲律宾马尼拉成立，旨在消除包括标准、质量检测和技术法规等形式在内的非关税壁垒。ACCSQ 成员由东盟各个国家相关部门组成，各国与标准化相关部门分别为：文莱建筑规划研究院；柬埔寨工业标准局；印尼国家标准化院；老挝知识产权、标准化和计量局；马来西亚标准部；缅甸科学技术部与技术研究司；新加坡标准、生产力与创新局；菲律宾产品标准局；泰国工业标准院；越南质量计量标准总局等。各国标准管理部门不同因此其职责有所差异（见表 3-2）。

东盟国家标准题录及其文本使用的语言种类繁多。东盟 10 个国家涉及 7 种语言，翻译研究障碍较大（见表 3-3）。

表 3–2　东盟十国标准化机构职能情况一览表

国家	标准化部门（ACCSQ 代表）	机构简称	标准代码	机构职能	联系方式
文莱	文莱建筑规划研究院（Construction Planning and Research Unit）	CPRU	PBDS	CPRU 是文莱发展部（Ministry of Development）所属机构，统一负责文莱计量、标准制定和认证认可工作。CPRU 是 ISO 通信成员	地址：Lapangan Terbang Lama Berakas，BB3510 电话：+673−2383222 网址：www.mod.gov.bn
柬埔寨	柬埔寨工业标准局（Department of Industrial Standards of Cambodia）	ISC	CS	ISC 是柬埔寨工业、矿产和能源部所属机构，负责柬埔寨标准制定和认证认可工作。ISC 是 ISO 通讯成员、CISS 计划国家	地址：#538 National Road No2，Sangkat Chak−AngRe Leu，Khan Mean Chey，Phnom Penh，Cambodia 电话：+855−23428745 网址：www.isc.gov.kh
印尼	印度尼西亚国家标准化院（Badan Standardisasi Nasional）	BSN	SNI	BSN 是印尼非政府机构，主要负责印尼标准制定、发布和合格评定工作。标准协会（MASTAN）负责评估标准可行性及修订。BSN 是 ISO 成员体、IEC 全权成员	地址：Gedung I BPPT Jl.M.H.Thamrin No.8 Kebon Sirih，Jakarta Pusat 10340 电话：+62−21−3927422 网址：www.bsn.go.id
老挝	老挝知识产权、标准化和计量司（Department of Intellectual Property，Standardization and Metrology）	DISM	LS	DISM 是老挝科技与环境署所属机构，负责老挝质量、标准、计量和检测工作。DISM 是 ISO 注册成员	地址：14 km danxang village，saythany district，Vientiane，Laos 电话：+856−21 732 371 网址：www.laostandards.gov.la

续表

国家	标准化部门（ACCSQ 代表）	机构简称	标准代码	机构职能	联系方式
马来西亚	马来西亚标准部（Department of Standards Malaysia）	DSM	MS	DSM 是马来西亚科技与创新部（Ministry of Science，Technology and Innovation）所属机构，主要负责马来西亚标准和合格评定工作。DSM 是 ISO 成员体、IEC 全权成员	地址：Century Square，Level 1 & 2，Block 2300，Jalan Usahawan，63000 Cyberjaya，SelangorDarul Ehsan，MALAYSIA 电话：+603－83180002 网址：www.standardsmalaysia.gov.my
缅甸	缅甸科技研究院（Myanmar Scientific and Technological Research Department）	MSTRD	UBS	MSTRD 是缅甸科技部（MOST，Ministry of Science and Technology）所属机构，负责缅甸全国标准化工作。MSTRD 是 ISO 通信成员	地址：No.（6），KABA AYE PAGODA ROAD，YANKIN P.OYANGON，MYANMAR 网址：dri.moe－st.gov.mm
菲律宾	菲律宾产品标准局（Bureau of Product Standards）	BPS	PNS	BPS 是贸易与工业部所属机构，负责菲律宾标准和合格评定工作。BPS 是 ISO 成员体、IEC 全权成员、CISS 计划国家	地址：361 Sen.Gil J.Puyat AvenueMakati City，Metrc Manila，Philippines 电话：+632－751－4700 网址：www.dti.gov.ph
新加坡	新加坡标准、生产力与创新局（Standards，Productivity and Innovation Board）	SPRING SG	SS	SPRING SG 是新加坡贸工部所属机构，负责新加坡标准化、计量、合格评定和质量管理。SPRING SG 是 ISO 成员体、IEC 全权成员	地址：1 Fusionopolis Walk #01－02 South Tower，Solεris，Singapore 138628 电话：+65－6278 6666 网址：www.spring.gov.sg

续表

国家	标准化部门（ACCSQ 代表）	机构简称	标准代码	机构职能	联系方式
泰国	泰国工业标准院（Thai Industrial Standards Institute）	TISI	TIS	TISI 是泰国工业部所属机构，负责泰国标准制定和认证工作。 TISI 是 ISO 成员体、IEC 全权成员	地址：75/42 Rama 6 Road，Ratchathewi Bangkok 10400 电话：+66−2202−3300 网址：www.tisi.go.th
越南	越南标准质量计量总局（Directorate for Standards，Metrology and Quality）	STAMEQ	TCVN	STAMEQ 是越南科技与工业部所属机构，负责越南制定法规、标准、计量和协调质量管理工作。 STAMEQ 是 ISO 成员体、IEC 协作成员	地址：No.8 Hoang Quoc Viet，CauGiay，Ha Noi，Vietnam 电话：+844−37911633 网址：www.tcvn.vn

注：资料由广西标准技术研究院、广东出入境检验检疫局提供。

表 3–3　东盟国家标准题录和文本使用语言

<table>
<tr><th>国家</th><th>标准语言</th></tr>
<tr><td>越南</td><td>越南语</td></tr>
<tr><td>泰国</td><td>泰国语</td></tr>
<tr><td>印度尼西亚</td><td>印度尼西亚语</td></tr>
<tr><td>缅甸</td><td>缅甸语</td></tr>
<tr><td>老挝</td><td>老挝语</td></tr>
<tr><td>柬埔寨</td><td rowspan="5">英语</td></tr>
<tr><td>新加坡</td></tr>
<tr><td>马来西亚</td></tr>
<tr><td>菲律宾</td></tr>
<tr><td>文莱</td></tr>
</table>

在采标率方面：东盟各国标准化水平差异很大，对国际标准的采标率差异也大。

新加坡是东盟国家中市场化最成熟最彻底的国家，国家标准 SS 900 余项，约有 80% 与国际标准一致。SS 标准属于推荐性技术标准，企业自愿采用，但涉及人身、动植物安全、健康、防欺诈以及环境保护等问题则通过有关法律法规的规定，将标准确定为技术法规强制采用。此外，新加坡还制定了技术参考 TR，虽然没有标准的地位，但对企业生产具有指导意义。标准的发布或废除均由 PSB 以公告的形式刊登在政府公报上，技术法规由政府按英文字母的所需将所有条文公布在政府网站。

文莱除了清真食品的标准，基本使用国际标准，自主制定标准很少，但参与国际标准化活动非常活跃。

马来西亚采标率约为 55%，其出口产品主要是电子电器，为鼓励出口，电子电器产品全部采用国际电工委员会制定的标准。自主研制的水平较高的标准有农产品标准（如亚热带水果种植技术）、经济作物类标准（橡胶）、石油、天然气产品标准等。马来西亚国家标准的制定过程公开，且每 2 个月就公布即将制定的新标准并征求国内有关部门或企业的建议。

菲律宾采标率约 52%。菲律宾在 2006—2007 年对国家标准目录做了重大修订，并将国家标准代码修订为 PNS，并将标准发展和协调优先发展的重点产品确定为包含对健康生命安全有影响及对环境有负面影响的产品和需要进行强制认证的产品（如电气设备、家用电气、建筑材料、灭火器和石油等）。

越南标准的采标率约 36%，但食品行业远远高于平均水平。2008 年 2 月 29 日以前，越南食品标准总数 845 项，采标率为 58%，2008 年 3 月 1 日至 2009 年 3 月 31 日，越南颁布了食品标准 162 条，采标为 113 条，采标率达到了 87%。越南标准数量仅次于印度尼西亚，约 97% 的标准为推荐性标准。

印尼标准数量是东盟最多的国家，但采用国际标准水平较低。为了提高标准水平，从 2007 年起对现有的印尼国家 SNI 技术标准进行修订，促进 SNI 采用国际标准，2009 年制修订的标准采标率为 35%。SNI 的应用基于自愿原则，而将 SNI 采编入技术法规（TBT 定义的技术法规具有强制性）成为一种惯例。

泰国标准采标率约 25%，95% 以上的标准是推荐性标准。泰国农产品标准处于世界领先水平，非常有特色的农产品标准及标准化良好农业规范标准均为行业标准（TAS），根据泰国的实际情况而制定，从而既可以有本国特色也保持较高水平。2004 年泰国要求在国内生产消费或出口的食品一律达到国际标准，规定在泰国销售的畜肉、禽肉、禽蛋制品只有在经质量认证部门认证，并标有“Q”形安全标记之后才能上市销售。

柬埔寨、缅甸和老挝的产业目前仍处于发展的初级阶段，标准化及质量检测工作还未能有效开展实施，标准体系很不健全，被动接受国外标准，而本国产品则不能达到按标准生产。

（二）东盟国家技术标准的特点

东盟国家技术标准的特点主要有以下几方面：

（1）东盟国家协调一致的标准少。东盟十国成立了东盟标准与质量协商委员会，10 多年来在减免或取消关税方面成效显著，但并未建立起“欧盟”一样的技术法规体系。主要由于东盟成立历史不长，各国经济、技术水平发展不平衡，工业化程度差异较大，经济基础较差的国家没有能力按照统一的、高水平的技术标准组织生产。迄今为止，ACCSQ 选择成员国间贸易量较大的 20 类商品及蔬菜中杀虫剂最大残留量等建立统一标准约 260 份。此外，还签署了关于相互认证的框架协议，首先在药品、化妆品、电器、电子产品和通信设备上相互认证。

（2）东盟国家标准水平差距很大。从总数量来讲标准目录已经超过 35000 条。但由于东盟各个成员国经济发展水平差距巨大，人均国内生产总值的差距在 100 倍以上，导致国家对标准化工作的态度不同。技术基础较好的东盟国家越来越多地在其国家标准中采用国际标准，比如：新加坡、马来西亚、菲律宾接近一半以上的标准都采用了国际标准化组织（ISO）和国际电工委员会（IEC）制定的标准。新加坡鼓励企业和政府部门采用国际标准和国外先进标准，目前采标率约有 80%。马来西亚将国际标准认同为国内标准，把相关国际组织提出的标准、合格评定程序作为制定本国标准的起点，采用了 ISO、IEC、CAC、IAF 等国际标准，采标率约 55%。

（3）标准化的管理要机构不同造成同类标准涵盖范围、内容、法律效力等不同。东盟各国标准化管理机构、隶属部门的性质都不相同，标准化管理的侧重点也不尽相同。比如：泰国的标准化管理机构是工业标准协会，侧重工业标准化的管理；菲律宾有产品标准局，侧重产品标准的管理等；印尼的标准化机构属于非政府机构；缅甸的属于科研院所等。这就对相同产品标准的涵盖范围、内容、法律效力等造成不同。

（4）东盟国家大部分进出口贸易频繁，制定的标准大都与进出口贸易关系密切。同时，印尼、泰国、马来西亚、新加坡、文莱和菲律宾等东盟国家还针对进口贸易的重点产品制定相关法律法规和标准，规定不符合该国标准，则不准进口，技术性贸易措施比较到位。

（5）传统和宗教的影响也体现在东盟国家标准中。新加坡长期沿用英国标准，在制定技术标准时仍有使用英制计量单位的习惯。马来西亚作为伊斯兰会议组织成员国的穆斯林国家，伊斯兰教是国教，马来西亚标准局就制定了《清真食品生产、配制、加工和储存的一般准则》，还根据本国宗教的习惯，制定了诸如《MS 1500：2004 伊斯兰教肉食品牲畜屠宰和储藏通则（第一册）》等具有国家特色的技术标准，并向国际有关组织申报将这项标准作为国际认证标准。

二、东盟各国标准化情况

（一）文莱

文莱于 1989 年，加入国际标准化组织（ISO），其标准和合格评定工作正式启动；1989 年，加入亚 – 欧工业标准和质量保证计划；1993 年，加入东盟标准及质量咨询委员会；1993 年，建筑工程领域的标准制定、实验室认可、认可机构的登记注册、质量管理体系的咨询和培训人员、产品认可（注册程序）；从 1993 年开始积极参与国际和区域间合作（重点放在发展署，然而标准及认可工作则归属在不同的行署机构）。

文莱发展署负责文莱国内标准化（包括标准的制定、修订，出版发行等）与合格评定工作。建筑规划与研究机构（CPRU）（Construction Planning & Research Unit），隶属文莱发展部，其职责是：负责发展署实验室认可计划（MODLAS）；负责认可组织能力识别计划；标准制定；质量管理体系咨询和培训注册登记计划；负责产品认可计划；国际标准化活动；测量和计量。

文莱的标准体系由国标 PBDS、指导性文件 GDS、指导技术规定 GS 等组成。文莱主要在清真食品领域的标准制定。如 2007 年 10 月 CPRU 制定文莱清真食品标准

PBD 24：2007，并通报世贸组织各成员国，对该标准开展 TBT 评议。该标准规定了配制和加工清真食品（包括营养增补剂）的食品行业行为指南，并且作为食品和在文莱进行食品贸易或交易的基本要求。

文莱标准 PBD（Brunei Darussalam Standards）制定基于：自愿性原则；对行业的利益特别是生产商和消费者利益的认识；通过技术标准，提供合格的产品和服务，维护消费者的各种利益，提高生活质量，促进健康，保护环境；破除由技术标准的所产生的技术壁垒，促进贸易。国标（PBD）由发展部任命的技术委员会制定，发展部负责对文莱标准的发布进行最终核准。

（二）柬埔寨

柬埔寨于 1995 年成为国际标准化组织成员，1996 年工业矿能部建立工业标准办公室，收集相关标准化问题信息，建立标准法律和法规，1999 年成为东盟标准与质量咨询委员会成员，2001 年 5 月，柬埔寨工业标准 42 次法令通过内阁议会认可，2002 年 2 月，工业标准办公室升级更名为柬埔寨工业标准局［Department of Industrial Standards of Cambodia（ISC）］，成为柬埔寨标准化管理部门。

柬埔寨国家标准数量非常少，柬埔寨国家标准委员会通过采用国际 ISO 标准、国际电工委员会标准 IEC，共制定出 55 份柬埔寨 CS 国家标准（均为电器类标准）。柬埔寨加入世界贸易组织后，参议会对新标准法律修改进行讨论。国家标准化组织结构可能进行更改。

柬埔寨的标准化战略措施：改革柬埔寨工业标准机构；寻求与其他国家标准组织的合作（东盟成员国、东盟对话伙伴国等），共享经验以改进柬埔寨工业标准体系；寻求来自东盟成员国、东盟对话伙伴国及其他外国援助机构的财政支援和技术援助。

柬埔寨标准是一份共同协商的文件，由工业标准技术委员会制定，工业矿能部长依照柬埔寨工业标准 42 次法令批准通过。工业矿能部→国家标准委员会→柬埔寨技术标准协会→下设 4 个技术委员会。

（三）印尼

印尼国家标准化院（BSN）是个非政府机构，负责发展和促进国家标准化，负责国家标准（SNI）的制定、修订和管理工作，协助政府各部门的标准起草和发布工作；农业部下属的农业标准化和认可中心负责农产品的标准管理。

印尼水平较高的标准领域有：农产品标准（如亚热带水果种植技术）、经济作物类标准（如橡胶），还有石油、天然气产品标准等。

SNI 是唯一在印尼适用的标准，SNI 标准由技术委员会制定并由印尼标准化署定义。这些标准虽然有 90% 为推荐性标准，仅 10% 为强制性标准。但是重要领域的非强制性标准经过政府主管部门以部颁法规强制执行的形式转化为了强制性标准。如：2012 年 10 月印尼工业部制定关于强制执行印尼空调机、冰箱和洗衣机国家标准的法令，规定所有国内生产及进口在国内分销和销售的空调机、冰箱和洗衣机应满足 SNI 要求。该类产品的生产商应遵守使用 SNI 标志的产品认证要求并且将 SNI 标志粘贴于每个产品之上。2013 年 7 月印尼工业部制定了关于强制执行棕榈油 SNI 要求的法令，规定所有国内生产及进口、在国内分销和销售的棕榈油应满足 SNI 的要求。此类产品生产商应具备使用 SNI 标志的产品认证并且应符合 SNI 要求，将 SNI 标志粘贴于每个产品上。

印尼为了限制国外有关产品冲击国内市场，其国家标准总局于 2006 年 11 月发布了《有关汽车安全玻璃强制性印度尼西亚国家标准的工业部法令案》《有关水泥强制性印度尼西亚国家标准的工业部法令草案》，制定了 8 项强制性国家标准，所有进口印尼的汽车安全玻璃和水泥必须符合标准要求，生产商和进口商必须获得使用国家技术标准标志的认证证书；并且这些法令只认可印尼境内的合格评定机构的测试和审核，导致进口商不得不对产品进行重复测试，产生额外的负担。这一点有悖于 WTO / TBT 协议中所规定的互认原则。

印尼非常重视标准发展的市场化和国际化，政府强化标准协会（MASTAN）的建设，通过 MASTAN 来调查了解标准制定的可行性。并把有关标准的制定、修订任务交由 MASTAN 来承担，以促进采用国际标准和对现有的及发展中的新的 SNI 进行修订；促进对国际标准制定过程的参与。

（四）老挝

标准化管理部门是老挝科技和环境署知识产权、标准化和计量司［Department of Intellectual Property，Standardization and Metrology，Science，Technology and Environment Agency（STEA），Lao PDR］，成立于 1993 年，属于政府机构，负责开展老挝国内关于质量、标准、检测、管理（认证）体系（Quality，Standard，Test，Manage，简称 QSTM）等标准化工作领域中的各项工作。主要职能是改进老挝国家标准，开展各项质量工作，建立完善的标准体系，在政府支持下建立质量检测部门。

国家标准化部组建了国家标准协会，其战略目的主要在于：在全国范围内统一技术标准和质量的管理；加速经济、科学和技术的发展；保证和提高货物及产品的质量；提高生产力，为国内市场竞争创建良好环境；保护和保证消费者的权利，促进生产商在环境、安全、劳动和卫生预防方面保持产品的高质量；扩大国际合作。

为维护和加强国家标准化部的各项职能，老挝政府于 1993 年 10 月颁布实施了关于计量学管理的法令；于 1995 年 11 月颁布实施了关于产品管理的标准和质量的法令。此外，还起草制定如产品注册、仪器测量、食品药品监督等国家标准化法规。

老挝国家标准化部为响应东盟标准与质量协商委员会的工作，正面临其他东盟国家在标准化立法、标准机构的结构完善、检测机构能力等方面造成的差距而引起的挑战。但是老挝已经在努力克服存在的差距，特别是在标准和合格评定发展方面。

（五）马来西亚

马来西亚是世界贸易组织的成员国，也是国际标准组织理事会和国际标准组织技术管理局的成员、国际合格评定委员会、合格评定发展委员会和合格评定咨询委员会的参与成员。

1996 年 8 月 28 日，依据马来西亚 1996 标准法案 —549 法案成立了马来西亚标准化部（DSM），为政府部门负责标准和认证的工作，成为国家标准机构和国家认证机构。其主要职责为：负责与标准化相关的政策事务；负责马来西亚标准（MS）制定；贯彻与标准起草、审批、采纳和废除等相关的标准规范和程序；保持国家标准的指数；推动国家标准的采用；在地区性和国际性标准工作中代表马来西亚官方。

马来西亚标准与工业研究公司（SIRIM Berhad）的前身是马来西亚标准与工业研究院（SIRIM）。该研究院是 1975 年根据国会颁布的《SIRIM 成立法》，由马来西亚标准协会以及全国科学与工业研究院合并改组而来，此时 SIRIM 是国家标准机构也是政府代言机构。1996 年 9 月 SIRIM 成为一个法人机构，即现在的马来西亚标准与工业研究公司（SIRIM Berhad），该公司退出国家标准机构的角色，但仍是马来西亚标准化部指定的唯一的标准制定非政府机构。

SIRIM 设立了 23 个行业标准委员会（ISCS），目前在 ISCS 之下有 120 多个技术委员会和工作组，负责具体的标准制定工作。ISCS 指定下列标准起草组织（SWOS）承担专业领域的标准编制，以扩大国际基础标准体系，加速马来西亚标准的研制：马来西亚塑料制造者协会（MPMA），马来西亚工程师协会（IEM），马来西亚橄榄油董事会（MPOB），建筑工业发展董事会（CIDB），马来西亚水泥和混凝土协会（CCA），马来西亚橡胶董事会（MRB），马来西亚电缆与电线协会（MECWA），马来西亚 TIMBER 工业董事会（MTIB），马来西亚电子和电子产品协会（TEEAM），污水处理服务部，马来西亚技术标准年会董事局（MSTFB），消防工程师协会（IFEM），职业安全与健康部（DOSH），马来西亚工业 GASES 制造协会（MIGMA），马来西亚林木保护协会（MWPA）。

目前马来西亚共制定的 MS 国家标准有 5000 多项，大部分国家标准都采用了国际标准组织和国际电工委员会制定的标准，2005 年国际标准的采用数量为 2047 项，占国家标准数量的52.76%。所有公布的标准均是推荐性标准，可供政府和企业采用，有关管理职能部门可以提出采纳这些标准的强制性规定，管理部门既可以发布他们自定的标准，也可以完全采纳国标或采纳规定的部分标准。

在马来西亚，凡是制定的各项标准，只要可行，就会考虑采用国际标准。其主要目的是：通过采用国际标准提高本国产品质量，打造国际品牌，增强在国际上的竞争力，扩大本国产品向周边国家和地区出口。另一个目的是实践其在《技术性贸易壁垒（TBT）协定》和《实施卫生与植物卫生措施（SPS）协定》中的责任。马来西亚出口产品有50%是电器、电子产品和棕榈油，另外还出口石油和天然气，因此，这类产品的技术要求较高，电子、电器产品全部采用国际电工委员会（IEC）制定的标准。马来西亚还根据本国以及宗教的习惯，制定了马来西亚国家标准，如《MS 1500：2004 伊斯兰教肉食品牲畜屠宰和储藏通则（第一册）》，并准备向国际有关组织申报将这项标准作为国际认证标准。马来西亚制定了本国的瓷器类产品标准，规定国外陶瓷企业的有关产品必须经马来西亚检测部门鉴定其产品符合这些标准要求，才允许其进入马来西亚市场。

马来西亚将国际标准认同为国内标准，把相关国际组织提出的标准作为本国标准的起点。同样的，马来西亚合格评定程序也是采用了国际标准。马来西亚采用的标准制修订程序都参考了国际标准组织、国际电子技术委员会、国际药物食品法典委员会、国际认证论坛等国际性组织所制定的有关准则。

目前马来西亚国家标准的制定过程公开，且每2个月就公布即将制定的新标准，并征求国内有关部门或企业的建议，这使得马来西亚的标准化工作制度对参与者而言开放且透明。马来西亚大部分MS标准都采用国际标准化组织和国际电子技术委员会的国际标准，有关认证的国际准则已经被马来西亚认证系统采用以维持其国际水平。

（六）缅甸

缅甸科技部MOST（Ministry of Science and Technology）负责科学与科技领域的发展工作。科技部由5个单位组成，缅甸科技研究院MSTRD（Myanmar Scientific and Technological Research Department）是其中之一，缅甸标准研究所是MSTRD下属的单位。标准研究所的主要职责是：起草相关的标准法，规则及法规；制定国家标准；与国际标准化团体合作；提供标准化技术信息；在工业行业组织标准化活动的通报研讨会；为实验室及相关机构校准测量仪器。

缅甸于2006年成立了标准化与质量促进助理委员会，该委员会由10个协会组成，其中的标准化协会目前有20位技术及行政管理人员，2007年起草了《缅甸工业标准化法》，该法规是基于自愿采用的基础上实施。

缅甸非常积极参加东盟标准和质量协商委员会的各种标准化活动。目前，缅甸标准研究所还与其他国际性标准化组织合作，其中有日本的标准组织，韩国的标准组织，泰国的标准组织，及新加坡标准组织。

由于历史原因，缅甸国家经济处于发展起步阶段，中小企业非常多。因此缅甸标准研究所制定的标准化发展战略目标是：参与区域性标准化组织，逐步发展缅甸技术标准，通过技术标准提高国内产业竞争力，解决缅甸经济发展中遇到的困难，促进经济发展。在缅甸，大多数产业目前还处于发展的初级阶段，标准化及质量检测工作还不能有效开展和实施，为有组织地对这些国内的企业实施技术标准援助，缅甸政府在拥有大量中小型工业的地区创建 18 个标准工业区，目前已为 37649 家企业提供了技术标准咨询服务。

缅甸国家技术标准制定的工作目前还处于实践当中，有 4 个行业已制定出少量缅甸 UBS 国家标准，包括：11 个农业和食品标准，11 个土木工程标准，9 个电子标准，27 个纺织品标准和 7 个其他类别的标准，共 65 个 UBS 国家标准。

缅甸标准研究所接受社会团体或各企业提出制定标准的建议，然后起草标准文本，标准草案在正式出版前将进行公示，以征求各方意见。考虑到生产及有效性，缅甸标准研究所将组织 10~20 名标准化专家，在 6~9 个月的时间内对已经制定的标准进行重新审核、提出改进方案。

（七）菲律宾

菲律宾主管标准化的管理机构是菲律宾产品标准局（BPS），隶属菲律宾贸工部 DTI。BPS 中设有标准发展部、标准信息服务部（包括标准馆和 WTO/TBT 咨询点）、产品认证处、质量体系认证和合格评定机构认可部等单位。

BPS 的职能主要是负责开展、实施和协调菲律宾国内所有标准化工作。它主要负责制定和宣传国家标准 PNS、开展产品测试和认证，和对测试实验室能力的认可及进行管理体系认证机构的认证，以提高在同一时间的质量和菲律宾产品的全球竞争力，保护消费者和企业的利益。

1992 年，菲律宾消费者法（R.A.7394：1992）明确了 3 个负责消费产品标准的制定和执行的政府部门，其中卫生部（DOH）负责药品、化妆品、医疗器械和物质，农业部（DA）负责农业和农业相关的产品，贸工部负责没有被以上 2 个政府部门所涵盖的其他消费产品。

菲律宾水平较高的标准领域主要是电力行业、电子产品、家用电器、粮食、橡胶制品、机械。菲律宾优先发展、实施协调一致性的产品标准。菲律宾标准（PNS）被贸工部（DTI）、农业部（DOA）和卫生部（DOH）采用，其中有98%为推荐性标准，2%的标准覆盖的产品属于强制性产品认证范围，成为强制性标准。这些产品涉及对健康、生命安全有影响及使用过程中对环境产生负面影响的产品系列，包括：电气设备/产品、家用电器、建筑材料、安全火柴、灭火器、汽车、石油产品、气溶胶等。菲律宾接近一半以上的标准都采用了国际标准化组织（ISO）和国际电工委员会（IEC）制定的标准。

菲律宾规定化妆品、医疗器械、家用电器等75种商品原产地检验标准必须与菲律宾国内标准相一致；颁布关于音频、视频及类似电子产品的强制性国家标准，要求这些电子产品的所有制造商和进口商在其进入菲律宾市场和销售前，必须获得菲律宾标准许可证和进口商品入关清单。对于进口纺织品、衣料、亚麻制品和农物配件要求强制贴标签；使用动物检疫证书和进口检验来限制禽肉进口，动物检疫证书只发放给最低量进口配额证书的持有者。

菲律宾是世界主要大米进口国家之一，实现大米的自给是其一项基本国策。菲律宾非常重视稻米质量标准的研究，对稻米的分级指标和分级方法进行了长期有效的探索。菲律宾稻米分级系统参照了联合国粮农组织（FAO）推荐的大米分级模式，推行视觉识别标准化包装是菲律宾稻米质量标准的一个最要特征。

（八）新加坡

新加坡是世界贸易组织（WTO）成员，也是东盟国家中市场化最成熟最彻底的国家。新加坡标新局（SPRING）是新加坡在国家标准、认可和计量管理的权威机构，负责全国的标准计划的协调和组织实施。它与3个机构密切相关。一是标准理事会，主要负责标准化战略发展的方向指引，成员包括政府官员、学术界、企业等代表；二是标准咨询委员会，主要负责标准化的政策咨询和优先发展领域建议，其成员不仅包括上述人士，还有许多行业协会的代表；三是标准技术委员会，主要负责在建筑、化工、食品、电子、信息医疗、工程、管理和服务等9个不同产业领域具体标准起草及实施。目前，SPRING作为新加坡国家标准机构已经加入了34个ISO技术委员会和5个IEC技术委员会。

新加坡标新局的主要职责如下：引导在自由贸易协定和互相认可协议的贸易的标准和一致性；支持标准化创作；积极参与国际或者区域的标准讨论会，更加了解市场；在适当范围内通过全球标准的发展支持新加坡企业的形成和成长；主动地发起并促进自发标准的实现以增强企业的产品能力和竞争力；通过学习标准化，使本地企业在市场中享受益处。

新加坡国家标准的制修订工作通过其标准理事会和下设的9个标准委员会以及相

应的技术委员会进行。该 9 个标准委员会是：建筑标准委员会、化学标准委员会、电子电气委员会、食品标准委员会、一般工程机安全标准委员会、信息技术委员会、管理体系委员会、医疗技术委员会和服务标准委员会。标准委员会的技术委员会负责具体标准的编制和修订，技术委员会的成员一般是来自各有关工业界机构、大学研究院校、政府和工业协会的代表。SPRING 还指定了这些标准委员会相应的管理部门，即：新加坡资讯通信管理局、新加坡化学工业理事会和新加坡制造商联合会，负责开展和推进各自领域内的标准化工作。

新加坡制定的国家标准 SS 共 900 多项，其中有相当一部分标准采用了 ISO/IEC 国际标准，采标率达 80% 以上。其水平较高的标准领域包括石化、水处理、电子、食品质量安全和工程建筑领域等。在新加坡，SS 标准属于推荐性技术标准，企业自愿采用；但涉及人身和动植物安全与健康以及防欺诈、环境保护等产品问题，则通过有关法律法规的规定，将标准确定为技术法规，以法制的形式强制性采用。每一项新加坡标准的发布或废除，均由 PSB 以公告的形式刊登在政府公报上，其目的是通过这种形式提高标准的透明度，促进标准的采用，提高新加坡产品的质量，增强产品的竞争力，扩大产品的出口。新加坡非常注重本国标准与国际标准接轨，尽可能鼓励企业和政府使用国际标准和国外先进性标准。目前，约有 80% 的新加坡标准与国际标准是一致的，这在很大程度上提高了新加坡产品在世界市场上的竞争力，促进了新加坡产品的出口和国际贸易的便利性。

新加坡还制定了技术参考（TR）。技术参考是一种没有形成标准的技术文件，它虽然没有标准的地位，但对企业生产具有技术指导的作用。它是由于某一产品没有可供参考的标准或由于制定标准时很难达成统一意见，而临时制定的过渡性文件，文件使用期一般不超过 2 年，旨在通过试用，积累技术经验，当技术成熟便转化为新加坡国家标准。技术参考不用通过政府公报的形式来征求一致性意见。2 年期满后，技术参考被重新评估来决定是否适合上升为新加坡标准，或者继续作为技术参考，或者因不适用而被废除。技术参考作为国家技术文件形式，可为企业及时提供技术性指导，极大地提高了政府对产品质量管理的效能。此外新加坡还出台了操作规程（CP），企业或生产者在从事某些特定的操作时，需要遵守 CP 中的有关规定。

新加坡国内技术法规由政府按英文字母的顺序将所有法律条文公布在政府网站上。技术法规是由政府制定的强制要求，是必须遵守的技术规则，由政府有关职能部门管理，它包含诸如产品安全，操作者 / 使用者，环境影响，检疫要求，消费者保护，包装和标识以及产品特性等内容。符合新加坡政府的法规要求是产品进入新加坡市场的先决条件，也就是说销售不符合法规的产品将是违法的。对于进口受到控制的产品，均有相应的管制部门负责管理，这些部门会根据法律法规对每一项产品提出具体的要求，满足条件后才可以进口到新加坡。

标准的制定程序为：向新加坡标准委员会提出→标准委员会批准制定标准→技术委员会批准→征求公共意见→评议公共意见→公告→印刷、销售和推广。所有新加坡标准每 5 年必须进行 1 次复核，确定是否需要修改、修订或废除。新加坡标准的发布或废除，均由 SPRING 以公告的形式刊登在政府公报上。

（九）泰国

泰国的标准化管理分别由国家工业部、农业与合作部、卫生部、自然资源与环境部等部门负责。国家消费者委员会负责产品质量、法制、计量等综合执法职能，且直属国务院领导，具有独立执法权力。泰国标准化管理部门比较亲民、亲商，非常重视对中小企业和家庭作坊生产的扶持。

泰国国家工业标准主要由泰国工业标准院（TISI）来制定发布。农业与合作部负责制定农产品的标准。农业与合作部下属的国家农产品和食品标准局，负责制定农产品、农业转换产品和食品的标准；监督和控制食品安全；对农产品、农业转换产品和食品质量认证机构的资格进行审核、颁发许可证。卫生部负责制定加工食品的标准。有毒有害物质的标准和规定由卫生部食药局和工业部工业建设厅联合制定。

泰国涉及标准制定和实施的部门繁多。如涉及汽车及其相关行业的标准化及认证工作的除泰国工业标准院（TISI）外，还有泰国陆路运输部（DLT），主要负责车辆的安全性、道路适用性的标准化和认证；国家能源政策办公室、商业注册部、国家环境委员会和污染控制部也分别通过制定能源政策、燃油规范和法规、环境和排放政策、排放要求等，不同程度上参与到汽车产品的标准化工作中。由于 TISI 与 DLT 在具体工作职能上出现重叠的现象，经双方协商决定，今后 TISI 将主要负责车辆零部件和车辆排放方面的标准化和认证工作，DLT 将主要负责车辆和系统的标准化和认证工作。又如：泰国科学技术研究院、商务部出口促进局、农业部制定有机作物标准，农业与合作部下属的农产品与食品标准局负责标准的实施。

泰国农产品标准在世界上处于领先地位，水平较高的标准有香蕉、大米、水果等农业标准。国家标准分为强制性和推荐性两种，大多数为推荐性标准。对于涉及人身安全和国家安全的产品，各主管部委即发布关于执行强制性标准的指令，以技术法规形式将推荐性标准转换为强制性标准。

泰国标准化以打造品牌，扩大出口为指导思想，以发展“一区一品（OTOP）”为战略目标，选择 1~2 种产品进行全方位的帮扶，完善各项技术标准，打造国家级品牌，提高产品竞争力，走向国际市场，促进当地经济的发展。如为了培育“泰国香米”这个品牌，扩大出口，泰国制定了专门的“香米”标准，规定大米为法定检验商品，对出口大米质量进行严格控制，并且需要提供经授权、有资质的大米出口检验公司出具的检验证书。这种做法得到了国家政府的充分肯定，并在资金上给以大力支持。在泰国各地的机场、酒店、商场等大型公共场所，到处都可以看到关于 OTOP 的宣传和介绍。OTOP 如今已打造成为著名的品牌，成为高质量的泰国制造商品的代名。任何商品只要是带有 OTOP 标签，就证明它是泰国制造的高品质产品。

为加强贸易和工业的发展及在技术领域上的合作，TISI 参加了很多区域性和国际性水平的标准化活动。例如，国际标准化组织、国际电子技术委员会和联合国粮食与农业组织 / 世界卫生组织（FAO/WHO）联合食品标准计划，近年来加强了多个有关饮料、食品和农产品的新标准制定工作，不断加强对食品安全的管理。泰国政府于 2004 年提出了“让所有人享用安全健康食品”的食品安全政策，要求在国内生产消费或出口的食品质量一律达到国际标准。此外，根据泰国内阁的决议，TISI 还实行产品注册作为还没有制定标准的产品的一种临时认证。TISI 的情报中心还为厂商和感兴趣的组织或个人提供标准化方面的服务，内容包括泰国国内、国外和国际的标准、技术法规、一致性评估程序等方面的信息。

（十）越南

越南国家标准化管理机构是越南标准质量总局（STAMEQ），隶属于越南国家科技与工业部，其职能是承担国家标准化、计量、产品和货物质量等方面的管理工作。包括：①研究越南关于标准化及与标准化相关的事项的学科；②制定越南国家标准（TCVN）、国际性和区域性标准的发展和采用的纲要和计划；③组织 TCVN 标准的发展和参与国际标准的发展；④建立和监督越南的技术委员会和附设委员会；⑤发行和分发与标准化相关的 TCVN 标准及其它文献；⑥举办标准化领域的报道、宣传、培训和咨询活动，提供与地方标准、企业标准和标准采用及其他活动发展有关的咨询服务；⑦在 STAMEQ 的授权下与区域性和国际性的标准组织及其他国家在标准化领域进行合作。STAMEQ 目前已经取得 18 个国际性和区域性组织的成员资格，为越南国内企业开展 ISO 9000、ISO 14000、HACCP、SA 8000 等认证活动。

越南标准有国家标准、部门标准、公司标准，并分为强制性标准和推荐性标准。越南国家标准（TCVN）由越南标准质量总局制定、出版、发行；部门标准（TCN）由各行业政府部门制定、出版、发行；公司标准（TCCS）由各企业自行制定、出版、发行。目前，越南共制定了大约 7000 多个 TCVN 国家标准，其中 97% 是推荐性标准，强制性标准只占了 3%，大约 50% 的国家标准采用了国际标准和国外先进标准，其中电气产品标准基本等同等效采用IEC标准。农产品及食品是越南经济的主要支柱，也是主要的出口产品。因此，农产品及食品标准在国家标准里占较大比重，达23%，并且采标水平近年来大幅度提升，成为越南水平较高的标准领域。2008年2月以前，越南农产品和食品标准总数845项，采标率为58%，2008年2月至2009年3月，越南新颁布了农产品和食品标准162项，其中采标113项，采标率达到了87%。但越南的国内标准体系比较复杂，缺乏透明度，导致出口商不易了解相关信息，给产品出口越南造成了障碍。

第四节　东盟认证认可情况

一、东盟认证认可情况综述

1992年东盟组建了由其全体成员参加的东盟标准与质量咨询委员会（ACCSQ），其宗旨是通过协商一致的国际实践活动，协调标准和技术法规制定并实施合格评定互认，推广基于国际通行的程序、导则和标准，提升实验室检测、校准、认证、认可的技术基础设施和能力，加强在标准和技术法规方面的信息网络工作，以满足WTO/TBT和WTO/SPS协定的要求。ACCSQ的成员机构有文莱发展部建设计划与研究局（CPRU）、柬埔寨商务部进出口检验和反欺诈机构（CAMCONTROL）、印尼国家标准化院（BSN）、老挝科技和环境署知识产权标准化计量局（STEA）、马来西亚标准局（DSM）、缅甸科技部科技研究局、菲律宾产品标准局（BPS）、新加坡标新局（SPRING）、泰国工业标准院（TISI）、越南科技部标准和质量局（STAMEQ）。目前，ACCSQ有12个工作组，根据工作领域分为标准与认证、认可和合格评定、法制计量、电子电器产品、化妆品、药品、加工食品、传统医药和保健品、汽车、橡胶制品、木制品、医疗设备等工作组。东盟各国认证认可管理机构职能情况（见表3−4）。

在东盟成员国中，新加坡、马来西亚、印尼、泰国、菲律宾和越南等6国相继加入并参与了国际认可论坛（IAF）、国际实验室认可合作组（ILAC）、太平洋认可合作组织（PAC）、亚太实验室认可合作组织（APLAC）等国际、区域性组织及其相关活动，并在质量管理体系认证、环境管理体系认证、检测及校准实验室、检查机构认可等领域签署或加入了国际互认协议。

表 3-4　东盟十国认证认可管理机构职能情况一览表

国家	认证认可管理机构名称	机构简称	机构职能	联系方式
文莱	文莱建筑规划研究院（Construction Planning and Research Unit）	CPRU	CPRU 是文莱发展部（Ministry of Development）所属机构，为开展合格评定的政府主管部门，负责合格评定活动，并借助其推进国内建筑行业质量的发展，为 APLAC 正式成员，但是未签署互认协议	地址：Lapangan Terbang Lama Berakas，BB3510 电话：+673－2383222 网址：www.mod.gov.bn
柬埔寨	柬埔寨工业标准局（Department of Industrial Standards of Cambodia）	ISC	ISC 隶属工业矿能部，是旨在推动国家标准化和交易便利化的国家标准和合格评定机构，其主要工作有 4 项：发展国家标准；开展合格评定；提供以上工作的培训、咨询服务和必要信息；关注认证认可	地址：#538 National Road No2，Sangkat Chak－AngRe Leu，Khan Mean Chey，Phnom Penh，Cambodia 电话：+855－23428745 网址：www.isc.gov.kh
印尼	印度尼西亚国家标准化院（Badan Standardisasi Nasional）	BSN	BSN 是印尼非政府机构，其宗旨和任务是制定和推动印尼的标准化活动。负责统一实施各类认可制度	地址：Gedung I BPPT Jl.M.H.Thamrin No.8 Kebon Sirih，Jakarta Pusat 10340 电话：+62－21－3927422 网址：www.bsn.go.id
老挝	老挝知识产权、标准化和计量司（Department of Intellectual Property，Standardization and Metrology）	DISM	DISM 成立于 1993 年，属于政府机构，负责开展老挝国内关于质量、标准、检测、管理（认证）体系（Qualitv，Standard，Test，Manage 简称 QSTM）等标准化工作领域中的各项工作，主要职能是改进老挝国家标准，开展各项质量工作，建立完善的标准体系，在政府支持下建立质量检测部门	地址：14 km danxang village，saythany district，Vientiane，Laos 电话：+856－21732371 网址：www.laostandards.gov.la

续表

国家	认证认可管理机构名称	机构简称	机构职能	联系方式
马来西亚	马来西亚标准部（Department of Standards Malaysia）	DSM	DSM 是马来西亚科学技术及创新部下设机构，具体负责国家标准和合格评定认可活动。DSM 由标准委员会、电工委员会、认可委员会及医学检测认可委员会组成，也是马来西亚唯一一家承担实验室认可及认证机构认可相关工作的国家认可机构	地址：Century Square，Level 1 & 2，Block 2300，Jalan Usahawan，63000 Cyberjaya，Selangor Darul Ehsan，MALAYSIA 电话：+603−83180002 网址：www.standardsmalaysia.gov.my
缅甸				
菲律宾	菲律宾产品标准局（Bureau of Product Standards）	BPS	菲律宾产品标准局（BPS），隶属于菲律宾贸工部，是菲律宾的国家标准化机构。主要负责菲律宾标准的开发和宣贯、产品测试和认证、校准和检测实验室的能力的认可及管理体系认证机构的认可等。目的是支持工业的发展，保护消费者的安全。BPS 内下设菲律宾认可办公室（Philippine Accreditation Office，PAO）和产品标准认可体系局（Bureau of Product Standards Accreditation Scheme，BAS）分别负责实验室、检查机构及认证机构的认可工作	地址：361 Sen.Gil J.Puyat Avenue Makati City，Metro Manila，Philippines 电话：+632−751−4700 网址：www.dti.gov.ph

续表

国家	认证认可管理机构名称	机构简称	机构职能	联系方式
新加坡	新加坡认证委员会（Singapore Accreditation Council）	SAC	新加坡认证委员会（SAC）成立于1996年，是新加坡独立认证机构的国家权威机构，是新加坡贸易与工业部的法定理事会，它在新加坡政府的运作下，通过加强新加坡的技术基础设施和与我们的经济伙伴建立相互认可协议（MRAs），建立了对新加坡产品和服务的信任机制。SAC的主要职能是认证合格评定服务，如测试、校准、检验和认证	地址：2 Fusionopolis Way #15－01，Innovis Singapore 138634 电话：+（65）62791855/62791856 网址：www.spring.gov.sg
泰国	泰国工业标准院（Thai Industrial Standards Institute）	TISI	TISI是泰国工业部所属机构，负责泰国标准制定和认证工作。通过制定强制性和推荐性拱野标准以及适应泰国本国的工业、贸易和经济发展的需求，以及确保公平贸易和消除由标准测量引起的贸易部壁垒。主要体现为：指定国家标准，监督产品和服务质量，使之符合国际要求及国际惯例；指定共同产品标准和提供认证服务；促进和发展国家标准化活动；开展同国外标准化组织的双边和多边合作；提供标准化信息；建立国家单一标准化网络	地址：75/42 Rama 6 Road，Ratchathewi Bangkok 10400 电话：+66－2202－3300 网址：www.tisi.go.th
越南	越南标准质量计量总局（Directorate for Standards，Metrology and Quality）	STAMEQ	STAMEQ是越南科技与工业部所属机构，主要职能为：建立标准化、计量和质量组织体系；批准标准化、计量和质量方面的法规；监督发布的标准化、计量和质量法的实施；实施国家的质量检验和认可活动，引导和规范合格评定；参加国际、地区在标准化、计量和质量领域的论坛，在标准化、计量、质量管理、生产力和条码领域举办科研、培训、信息等咨询和国际合作活动	地址：No.8 Hoang Quoc Viet，CauGiay，Ha Noi，Vietnam 电话：+844－37911633 网址：www.tcvn.vn

注：资料来源于国家认监委、广西检验检疫局《中国－东盟认证认可合作机制研究》课题组、广西标准技术研究院。

二、东盟各国认证认可情况

（一）文莱

文莱由于其国内工业发展比较单一，目前的认可认证体系发展很不完善，发展部建筑规划和研究院（CPRU）为开展合格评定的政府主管部门，负责合格评定活动，并借助其推进国内建筑行业质量的发展为 APLAC 正式成员，但是未签署互认协议。发展部建筑规划和研究局为文莱在建筑行业的认可机构、于 1989 年开展建筑领域的实验室认可工作。

1. 认可情况

文莱发展部建设计划与研究院（CPRU）负责实施实验室和产品认证认可计划。目前已建立了符合国际通行要求的认可体系，由于起步较晚，目前尚未认可一家认证机构。目前只开展建筑领域实验室认可，并开展了 PAC、APLAC 区域内认可机构认可的认证机构的注册备案工作。其认可标准采用的合格评定标准包括 ISO 9000 系列标准及 ISO/IEC17025。

2. 认证情况

由于文莱国家较小，国内的产业较单一，文莱发展部建设计划与研究院（CPRU）认证业务也十分简单，还处在认证体系的初级建设阶段。目前在文莱尚没有文莱发展部建设计划与研究院（CPRU）认可的认证机构。但为促进贸易的发展，文莱采取了借鸡下蛋的方式，直接利用国外认可机构认可的认证机构，并通过注册备案，成为文莱的认证机构开展并在国内推动质量管理体系和环境管理体系的认证活动。

清真食品认证的最高审批权威机构是文莱伊斯兰教委员会。

清真食品的认证程序：公司填写申请表递交给宗教事务部的清真食品管理处进行审核；由该处提交给由宗教事务部、工业与初级资源部和卫生部组成的检查委员会评审组，审查该申请公司的清真食品证书和标签的使用情况；评审组向检查委员会提交报告，获得同意后提交给宗教事务部，由其进行最后审批、发证。

（二）柬埔寨

1995 柬埔寨成为 ISO 成员，1996 成立了工业、矿产和能源部，收集与标准化相关信息，发布标准化法律法规，1999 柬埔寨成为东盟标准与质量协商委员会（ACCSQ）成员。2001 年 5 月，柬埔寨国务院批准发布了工业标准化的第 42 号令，2002 年 2 月，在工业标准化办公室的基础上成立了柬埔寨工业标准局。柬埔寨国家标准由柬埔寨工业标准化技术委员会（ISTC）制定，根据国务院第 42 号令规定由工业、矿产和能源部负责批准发布。柬埔寨认证认可依据的法律文件为 2001 年 5 月国务院批准发布的柬埔寨工业标准化的第 42 号令。

1. 认可情况

柬埔寨尚未建立合格评定国家认可体系，但有计划今后将依据以下标准开展认可计划：产品和体系认证机构必须按照（ISO/IEC Guide 62 and 65）认可；检测实验室必须按照（ISO/IEC Guide 17025）认可；所有的检查机构必须按照国际指南认可。

2. 认证情况

目前柬埔寨尚未建立国家认证体系，但开展了产品认证、质量管理体系认证、检查和检测等合格评定活动。

（三）印尼

1992 年，印尼研究与技术部成立了印尼国家认可委员会（Komite Akreditasi Nasional 简称 KAN），负责国家认证认可管理工作。2001 年进行重组，开始按国际通行规则开展认可活动。印尼标准化署（BSN）具体承担了 KAN 秘书处的工作，是个非政府机构，根据 1997 年第 13 号总统令决定成立，接替印尼标准化理事会的作用和职能。其宗旨和任务是制定和推动印尼的标准化活动，负责统一试试各类认可制度，隶属印尼总统办公室，直接对印尼总统负责。

在国际互认方面，印尼为两大国际认可组织 IAF 和 ILAC、两大区域组织 PAC 和 APLAC 的正式成员，签署了质量管理体系（QMS）认证和环境管理体系（EMS）认证国际多边相互承认协议（MRL）以及实验室（检测和校准）领域多边相互承认协议（MRA）；并签署了 APLAC 检查机构相互承认协议（MRA）。

目前印尼开展认证认可活动依据的法律法规有：涉及国家标准化的 No.102：2000 号政府法规及关于成立印度尼西亚国家认可委员会（KAN）的 No.78：2001 号总统令。

1. 认可情况

印尼国家标准化院 / 国家认可委员会（BSN/KAN），隶属印尼总统办公室，印尼国家认可委员会（KAN）由主席、秘书长、相关利益者代表（来自政府、高校、认可结果使用方及制造商）、技术委员会、评审员 / 技术专家和秘书处组成。另外，在农产品方面，农业部下属的农业标准化和认可中心（Centre For Agriculture Standardization and Accreditation 简称 PSA）负责农产品认证机构的认可。

认可制度：目前印尼国家认可委员会（KAN）开展的认可制度有检测与校准实验室、医学实验室、检查机构以及质量管理体系认证（QMS）、环境管理体系认证（EmS）和食品安全管理体系认证（HACCP）认证机构认可。

认可程序：意向申请→正式申请→现场评审→做出决定→监督评审→复评审。

认可标准：目前印尼国家认可委员会（KAN）实施认可活动主要是依据国际标准

转化为国内标准。

2. 认证情况

目前印尼实施的认证制度包括，质量管理体系（QMS）、环境管理体系（EMS）、食品安全管理体系（HACCP）、产品认证和有机产品认证。产品认证主要领域为电子电气。2007 年 9 月起，印尼政府对 34 项产品实施管制，包括部分肥料、省电灯泡、面粉、轮胎、部分电器用品、汽车用安全玻璃及部分水泥产品等，即对这些产品实施国家标准认证（SNI 认证），所涉产品不管是国产的还是进口产品，均须通过此项认证，才能在印尼市场销售。

认证制度：印尼政府于 2007 年 9 月 7 日起，对相关产品实施国家标准认证（SNI 认证），规定适用于所有规范内的国产及进口产品，未通过 SNI 认证的产品，将予禁售，已流入市面之产品将予强制下架撤出。

认证流程：

（1）制造商或进口商在印尼进行产品商标注册；

（2）向 SNI 认证机构提出申请；

（3）制造商，进口商，以及 SNI 签署协议；

（4）SNI 派官员对制造商工厂进行初次审查，抽取样品；

（5）产品送至印尼国家实验室完成测试；

（6）初审和产品测试通过后，提交相关技术文件，审核；

（7）SNI 颁发证书；

（8）SNI 授权制造商在其认可产品上加贴标签；

（9）监督，定期抽检；

（10）认证周期约需 3~4 个月。

认证需要提交的技术文件：

（1）申请表；

（2）证明公司成立的文件，比如注册；

（3）工艺流程图，说明产品制造的全过程（从原材料到成品）；

（4）质量控制体系（如质量手册，质量控制计划，测试安排等）；

（5）如果有的话，提供产品或者体系认证其他详细资料；

（6）在认证前提供用于产品制造的元件或原材料详细资料；

（7）生产制造设备清单；

（8）测试过程中的试验设备清单；

（9）产品设计图；

（10）实验室主管，技术和 QC 职员的资格证书以及经历的详细细节；

（11）来自认可的独立实验室或者工厂自己的实验室的测试报告；（ISO 17025）；

（12）厂房的布局示意图，清楚的显出主要生产设备、实验室等；

（13）公司介绍，包括具体地址、历史、能力等。

认证标准：2002 年 11 月，印尼国家标准化院（BSN）签署了有机食品国家标准（SNI01－6729－2002），是自愿性标准。

（四）老挝

合格评定及认证与标准体系一样，由老挝科技部标准与计量司主管，目前尚未建立相关的体系。

（五）马来西亚

马来西亚科技与创新部（M0STI）负责促进科技的普及，推进科技领域的研发工作，维护和监督国家科技环境，提供有效的技术和管理支持服务。是统一负责马来西亚标准和合格评定工作的政府主管部门。

马来西亚标准局（DSM）是马来西亚科技与创新部（MOSTI）下设机构，具体负责国家标准和合格评定认可活动，由标准委员会、电工委员会、认可委员会及医学检测认可委员会组成，也是马来西亚唯一一家承担实验室认可及认证机构认可相关工作的国家认可机构。实验室认可及认证机构认可相关工作的开展，包括国家实验室认可计划（SAMM）以及认证机构认可计划（ACB Scheme）。在国际互认方面，马来西亚为两大国际认可组织 IAF 和 ILAC、两大区域组织 PAC 和 APLAC 的正式成员，并在质量管理体系认证、环境管理体系认证、实验室（检测和校准）领域签署了多边相互承认协议（MRL 和 MRA）。但马来西亚尚未签署签署 APLAC 互认协议。

马来西亚涉及电器产品的法律有：《电力供应法（1990）》和《电器设备批准条例1994》，这 2 部法律都由能源委员会代表政府执行。

1. 认可情况

由国家统一的认可机构马来西亚标准局（DSM）统一负责实施实验室和认证机构认可活动。标准体系的采用主要是依据国际相关标准，开展实验室认可计划（SAMM）以及认证机构认可计划（ACB Scheme）。

认可制度：马来西亚标准局（DSM）目前开展的认可制度包括，在实验室认可方面，按照 SAMM 开展检测、校准实验室认可和医学检测实验室；在认证机构认可方面，开展质量管理体系（QMS）、环境管理体系（EMS）、产品认证、职业健康安全管理体系（OSHMS）、信息安全管理体系（ISMS）及食品安全体系（HACCP）认证机构的认可等。

认可程序：按照 ISO/IEC 17011：2004 要求建立和运作认可体系，在实验室认可方面，其认可证书有效期 2 年。监督评审周期为 11 个月，每 2 年进行 1 次复评审。在认证机构认可方面，其认可证书有效期为 3 年。获认可后第一个认可周期内，每 6 个月进行 1 次监督评审，第二个周期后，每年进行 1 次监督评审。

认可标准：开展实验室认可所依据的标准为 ISO/IEC 17025：2005 及其他相关应用文件。DSM－ACB 开展认证机构认可所依据的标准为 ISO/IEC 指南 62：1999.ISO/IEC 指南 66：2000、ISO/IEC 指南 65：1996 及其他相关应用文件。

2. 认证情况

马来西亚在认证方面，有强制性和自愿性认证两种。开展较多的强制性产品认证涉及电气产品认证和机动车产品认证；自愿性认证涉及有机产品认证等。

在电气产品认证方面，马来西亚能源委员会是政府的主管机构，其主要职责是：修订国家有关能源方面的法律和条例，规范和制定大法之下的管理条例，实施对强制性产品的市场监督等。

在机动车产品方面，马来西亚科学技术与环境部（MOSTE）环境司（DOE）和马来西亚标准与工业研究协会（SIRIM）负责对车辆环保方面的认证，RTD 和 SIRIM 对已批准的车辆安全性系统进行检查。马来西亚农业部负责有机产品认证。

认证制度：

马来西亚《1988 年海关令》规定了 4 类不同级别的限制进口品。第一类是 14 种禁止进口产品，第二类是需要许可证的进口产品，主要涉及卫生、检验检疫、安全、环境保护等领域，第三类是临时进口限制品，第四类是符合一定特别条件后方可进口的产品。其中电子电器产品属于第三类和第四类进口管制的范围，需要进行相关的认证才能进入马来西亚市场。

2012 年，马来西亚能源委员会对《电器设备批准条例 1994》中强制性认证的产品清单进行了修订，将其中的强制性认证产品从 31 类调整至 34 类。新增产品包括空调、适配器 / 充电器和按摩器，同时清单中原有的吹风机和驱蚊器分别替换为蒸发器和电动剃须刀。2013 年 1 月 1 日，调整后产品的强制性认证将正式生效。

马来西亚实行的产品认证体系分为强制认证和自愿认证两种。除《电器设备批准条例》中规定的 34 大类的电器产品和通信设备须分别进行强制性的安全认证和型式认证外，其他产品均属于自愿认证范畴。目前，马来西亚暂未对电器产品的电磁兼容实行强制性的要求。

马来西亚的产品认证一般依据国家标准或国际标准进行。对于没有国家标准或国际标准的产品，可以采用产品列名体系。产品列名体系的操作方式同产品认证体系类似，不同的是产品列名体系认证依据的是政府的技术规范、协会或产业的标准或客户提出的技术要求。

认证标准：主管机构是马来西亚标准局（DSM），负责制定国家标准。在马来西亚，产品生产者可以依据马来西亚标准或国际标准，也可利用产品认证体系可接受的外国某个标准机构制定的国外标准。

（六）缅甸

目前缅甸尚未在本国建立国家认证体系。

（七）菲律宾

菲律宾产品标准局（BPS），隶属于菲律宾贸易与工业部（DTI），是菲律宾的国家标准化机构。主要负责菲律宾标准的开发和宣贯、产品测试和认证、校准和检测实验室的能力的认可及管理体系认证机构的认可等。目的是支持工业的发展，保护消费者的安全。

菲律宾产品标准局下设菲律宾认可办公室（PAO）和产品标准认可体系局（BAS），分别负责实验室、检查机构及认证机构的认可工作。

产品标准局（BPS）是菲律宾认证认可活动的主管部门。有关合格评定认可政策和方针由菲律宾合格评定和认可理事会（PCAAC）负责制定。同时，PCAAC 还下设有咨询委员会、申诉委员会和认可委员会，以保证认可工作的公正性与保密性。

与认证认可和标准有关的法律是共和国 4109 号法案《菲律宾标准化法》和《菲律宾标准质量和 / 或安全认证标志实施条例》。后者于 1997 年由菲律宾贸易与工业部以部令的形式发布，它明确了向本地和国外公司发放使用菲律宾标准质量和 / 或安全认证标志许可证的具体要求。

1. 认可情况

原产品标准局（BPS）现为认可办公室（PAO）实施实验室认可计划（BPSLAS），负责实验室、检查机构认可工作，而 DTI—BAS 产品标准认可计划局（BAS）负责认证机构认可工作。

2003 年 4 月，菲律宾农业部发布了《有机农业认证组织的认可指南》，并负责农产品认证的认可工作。

认可制度：菲律宾开展的认可活动包括认证机构、实验室、检查机构认可计划。

认可标准：菲律宾认可办公室（PAO）开展实验室认可主要依据的标准为 ISO/IEC 17025。目前开展的领域主要有校准、化学检测、建筑材料、电气、机械、微生物检测等。产品标准认可计划局（BAS）开展认证机构认可主要依据的标准为 ISO/IEC 导则 62.ISO/IEC 导则 66。

2. 认证情况

菲律宾国内目前仅有 1 家从事产品认证的机构，是 BPS 下设的产品认证部，也称第五活动组，从事产品认证服务。目前菲律宾产品认证制度包括PS质量认证标志许可证制度和进口商品通关证（ICC）制度。如果制造商或进口商的产品属于强制性产品认证，那么，这类产品必须获得BPS颁发的PS认证标志许可证或进口商品通关证（ICC），否则不能在市场销售或流通。所采取的产品认证方案是企业QMS审核和产品审核。其中，产品审核包括：在企业生产现场，检查员见证企业过程中，需要将检测样品送到菲律宾贸易与工业部产品标准局（BPS）测试中心或BPS认可的实验室检测，以验证工厂检测结果是否满足要求。

产品认证领域包括：建筑材料、家用电器具、化学产品、消费品、新鲜和加工食品。

认证制度：菲律宾产品认证制度实施强制性和自愿性认证两种制度。实施的强制性产品认证制度主要涉及家用电气产品、建筑材料、化学品、日用消费品和新鲜加工食品等5类产品，必须经过菲律宾贸易与工业部产品标准局（BPS）的测试和检验之后才能进入市场销售。

菲律宾产品的强制性认证有以下两种：

一是菲律宾标准认证体系（PS体系），适用于菲律宾国内生产的产品。产品经过评价符合菲律宾国家标准（PNS）或国际上普遍接受的国外标准（如IEC、ISO）后，菲律宾产品标准局（BPS）将会给生产商颁发PS许可证书，有了该证书，生产商才可以在其产品上或包装上加贴“PS产品安全标志”（用于电气产品）或“PS产品质量标志”（用于除电气外的产品）进入市场销售。

二是进口许可证体系（ICC体系），适用于进口商品。对于进口的属于强制性菲律宾国家标准覆盖范围内的商品，须经菲律宾产品标准局（BPS）评价满足对应的菲律宾国家标准或国际上普遍接受的国外标准后，给进口商颁发ICC许可证，准许其使用ICC标志。进口产品要接受抽样检测，另外，还要随时接受主管部门的市场随机抽样检查，以确保进口产品的质量和安全。

标志图样：

PS产品安全标志　　PS产品质量标志　　ICC许可标志

认证程序：对于质量认证（PS）体系，当产品经过评审已符合相应的菲律宾国家标准时，菲律宾产品标准局（BPS）就会为该产品的生产商颁发许可证书准予其使用PS标志。当进口产品属于强制性、并且菲律宾有该产品相应的国家标准（PNS）时，进口货物经过菲律宾产品标准局（BPS）评价（进口的货物要进行抽样检测），且满足对应的标准要求后，给该产品的进口商颁发ICC许可证书，准许其使用ICC标志并予以通关。申请ICC/PS标志的基本程序如下：向菲律宾产品标准局（BPS）提交申请→工厂体系审查→产品测试/检查→颁发证书→随后监督审核。

认证标准：根据1992年颁布的菲律宾共和国7394号法令，也就是菲律宾消费者法。菲律宾产品认证依据的标准是菲律宾国家标准（PNS）或国际上普遍接受的外国标准。

（八）新加坡

新加坡标新局（SPRING）是新加坡国家标准、认可和计量管理的权威机构，统一负责新加坡的标准和合格评定工作。其工作范围包括标准、合格评定，生产力促进和革新等，主要任务是为提高企业竞争力和创造力服务，包括支持企业发展，为企业创造好的商资环境，从而提高竞争力，为企业创造更好的市场准入和贸易机会。

新加坡的合格评定活动开始于20世纪60年代。1986年11月新加坡成立了实验室认可计划（SINGLAS），开始按国际通行要求开展实验室认可活动。1996年10月新加坡成立了新加坡认证委员会（SAC），统一负责质量体系认证机构认可工作。1998年4月，SINGLAS正式并入新加坡认证委员会，由新加坡认证委员会统一负责实施实验室、检查机构和认证机构国家认可制度。

在认可层面，由新加坡认证委员会具体负责开展实施认证机构、实验室和检查机构认可活动。其采用的标准体系与中国的相似。在国际互认方面，新加坡为两大国际认可组织IAF和ILAC、两大区域组织PAC和APLAC的正式成员，并在质量管理体系认证、实验室、检查机构认可领域签署了多边相互承认协议（MRL和MRA）。但新加坡在环境管理体系认证（EMS）方面尚未签署IAF多边互认协议。

在认证层面，为促进贸易便利化，1991年新加坡贸工部（MTI）指定新加坡标新局（SPRING）作为安全授权机构实施《消费者保护（安全要求）的注册体系》（简称CPS体系），工作领域覆盖认证认可和产品安全管理。

目前新加坡尚未出台针对认可的法律法规，但新加坡相关法案中规定了标新局（SPRING）提供认可服务的职能。在产品认证方面，2002年新加坡政府发布了新《消费者保护（安全要求）注册体系》（简称CPS体系），使消费者在市场上购买的产品都是安全和高质量的，以保护消费者的安全利益。

1. 认可情况

新加坡认证委员会（SAC）是新加坡统一负责实施实验室、检查机构和认证机构的国家认可机构，由申诉委员会、新加坡认证委员会秘书处，以及 3 个下设委员会：质量体系和产品认证委员会、实验室认可委员会、检查机构认可委员会组成。

认可制度：目前，新加坡认证委员会开展的管理体系及产品认证认可领域包括质量管理体系认证（QMS）、环境管理体系认证（EMS）、职业健康安全管理体系认证（0SHMS）、食品安全管理体系认证及产品认证等认可活动；开展的实验室认可制度，包括检测（含医学检测）与校准实验室以及医学实验室认可工作，具体由 SAC－SINGLAS 负责实施。认可领域涉及校准和测量、化学和生物、民用工程、电气、环境、机械。自 2001 年起，新加坡认证委员会（SAC）开始了对检查机构的认可业务，认可主要领域包括工程建筑和维护、压力管道及电梯。

认可程序：新加坡认证委员会（SAC）按照 ISO/IEC17011：2004 要求建立并运作认可体系。

认可标准：新加坡认可制度所采用的标准基本依据国际相关标准。

2. 认证情况

1991 年新加坡贸工部（MTI）指定新加坡标新局（SPRING）作为安全授权机构实施新加坡的消费者保护（安全要求）的注册体系（CPS 体系）。2002 年起，安全授权机构 SPRING 的一个重要职责是确保 45 大类的受控产品的供应商（指制造商，零售商，商业机构和进口商）进行注册。在安全方面的主要职权是：一是发布强制注册的产品目录；二是对供应商满足安全要求的产品进行注册；三是教育消费者购买获得安全注册 / 带有安全标志的产品；四是调查处理有关消费者的投诉；五是指定合格评定机构和认可实验室。

新加坡环境和消费者联盟署下的食品控制处负责监管有机食品标签。并通过调查客户投诉事件和事故来监控在新加坡销售的受控产品的安全。

新加坡在认证领域，除了政府要求的强制性认证（主要是电子和电器产品）外，还开展自愿性认证。但由于可耕种土地极少，新加坡几乎没有开展有机农业认证。

认证制度：供应商提交其受控产品的认证申请之前，首先要在安全当局注册和命名。注册的供应商，可决定是否销售受控物品。经注册的供应商要向授权的合格评定机构本国合格评定机构或合格评定机构国外签约认可机构（MRA）进行认证。本国 CAB 或 CAB（外国 MRA）在收到申请后，发给注册供应商认证编号以帮助他们准备安全标志。当受控产品成功的通过验证之后，合格评定机构为供应商颁发合格证书（COC）。供应商须将合格证书（COC）提交给安全当局，当局在收到合格证书（COC）后，给注册的供应商出具接收其合格证书的确认书，该注册的合格证书（COC）则自动生效。取得合格认书的供应商方可将安全标志加贴到该注册的产品或者包装上。合格证书（COC）有效期为 3 年。

供应商应在证书到快到期之前向指定认证机构认可的认证评估机构（CABS）进行再次的认证申请。符合要求的产品将继续沿用原来的证书号。同时，供应商应提交新的合格证书（COC）证书并到安全授权机构（SPRING）进行备案登记。如果供应商在获得新证书后，未进行备案登记，则视为未注册产品，不允许在市场销售，否则将会受到处罚。尽管不受法律的强制执行，大多数有机食品标签都标有认证机构的标识。新加坡食品和兽医署（AVA）也要求出口新加坡的食品供应商在产品标签上清晰标示如下内容：制造商和进口商的名称、地址配料表净含量（采用公制单位）、生产日期和保质期。

认证标准：对于 ISO、IEC 等国际组织指定的国际标准，新加坡一般直接采用为国家标准或者根据当地特点等效采用。

（九）泰国

泰国的标准化机构主要有泰国工业标准院（TISI）、国家农产品与食品标准局（ACFS）、国家电信委员会、公共事务和乡镇规划部。泰国是国际组织 CODEX、ITU，以及 ISO、IEC 和 PASC 的成员。泰国有两家从事认证机构的认可机构，即泰国国家认可委员会办公室（NAC）和国家农产品与食品标准局（ACFS），NAC 是 IAF 和 PAC 的成员，按照 ISO/IEC17024.ISO/IEC17020.ISO/IECGuide65、ISO/IECGuide62/65/66 开展对人员认证机构、检查机构、产品认证机构和开展 QMS/HACCP/EMS/OH&S 认证的机构进行认可。另有 3 家实验室认可机构，分别是泰国工业标准院（TISI）、科学服务部（BLA）、医学科学部（BLQS），这 3 家都是 ILAC 和 APLAC 的成员，并对实验室、校准机构和法制计量机构进行认可。除泰国工业标准院（TISI）外，泰国另有 4 家产品认证机构、6 家体系认证机构、4 家检查机构，而泰国工业标准院（TISI）是唯一一家从事所有认证项目的机构，也是泰国唯一一家从事人员认证的机构。

泰国工业标准院（TISI）成立于 1968 年，负责国家的工业标准化活动，以促进国家工业发展和提高消费者生活质量。其的主要任务：一是开发制定并推广实施国家标准、国际标准；二是国内标准开展实验室认可和各项认证、检查活动；三是与国际和区域性标准化组织和认证认可组织开展合作、交流。

在国际互认方面，泰国均为两大国际认可组织 IAF 和 ILAC、两大区域组织 PAC 和 APLAC 的正式成员。泰国 NAC 签署了质量管理体系认证和环境管理体系认证国际多边相互承认协议（MRL）。TAAS/TISI 签署了实验室（检测和校准）领域多边相互承认协议（MRA）；DMSc 和 DSS 分别签署了国际和区域实验室相互承认协议。

泰国在认证认可方面管理较为复杂，处于分散管理局面。有多个认可机构，但每个机构均按照统一国际标准运作。

泰国可以制定有关认证认可法律法规的部门很多，主要依据工业标准化法令。泰国与市场准入有关的法律是1968年颁布的《工业产品标准法》，该法详细规定了泰国产品认证的标准、标志、测试及认证要求。

1. 认可情况

泰国的认可体系比较复杂，目前在实验室认可领域，有3个认可机构，分别是公共卫生部下属的医药科学局（BLQS-DMSC）、科技部下属的科学服务局（DSS）和泰国工业标准院（TISI/TLAS）。另外，泰国国家认可委员会（NAC），（设置在TISI内部）主要负责认证机构及检查机构认可工作。

认可制度：1987年TLAS/TISI正式成立，开始按国际通行规则开展实验室认可活动。1997年公共卫生部成立了BLQS，主要从事医学实验室及健康产品检测实验室的认可活动。随后科技部也相继成立了DSS，开始从事实验室认可活动。为了避免重复评审，3个认可机构的认可领域有明确划分。

NAC主要开展认证机构和检查机构的认可活动，ACFS主要负责包括有机产品认证机构在内的认证机构认可工作。

认可程序：泰国国家认可委员会（NAC）按照ISO/IEC17011：2004要求建立和运作认可体系。在认证机构认可方面，其认可证书有效期为3年。

认可标准：泰国制定标准包括国家水平、国际/区域水平两层。国家水平由来自于制造商、使用者和技术专家组成的技术委员会制定，国际/区域水平由ISO技术委员会制定。泰国的认可标准采用标准和技术法规两类。通常标准可能是一个或多个方面要求（例如定义\类型\类别\分类\性能\检测等），以自愿实施为基础；而技术法规是所有要求，要强制实施，包括强制实施日期和服务于社会需要，例如，市场规则要求，标准或技术法规至少在泰国1家报纸公告至少7天，目的是为了关心该标准的所有方在60天内可反馈同意或反对意见。如果IPS委员会不同意，可通过皇家法令草案提交内阁重新考虑，由国王签署皇家法令后实施。TISI主要依据ISO/IEC 17025开展实验室认可活动。BLQS主要依据ISO/IEC 17025以及ISO 15189开展认可活动。NAC主要依据ISO/IEC 17020开展检查机构认可活动。开展认证机构认可依据的标准有ISO/IEC导则62（QMS）、ISO/IEC导则66（EMS）、TIS18001（OH&S）.TIS34，7000，CACRCP-1，GMP和CAC/RCP-1HACCP体系和应用指南等。

2. 认证情况

泰国的认证机构分政府和非政府组织两类。如负责强制性产品认证的政府组织——泰国工业标准院（TISI），具体承担政府的强制性认证的业务开展各类产品标志

（包括安全标准、环境标准和电磁兼容标准）以及绿色标签的认证活动；对还无标准的产品实行产品注册，开展 ISO 体系认证和 HACCP 认证、人员培训与注册工作和实验室认可等。又如农产品认证，政府组织是农业部，非政府的有机农业产品认证组织是泰国有机农业认证署（ACT）。

泰国的强制认证主管政府机构是成立于 1969 年的泰国工业标准院（TISI），隶属于泰国工业部，其目标是：保护消费者、保护环境和自然资源，发展工业使其在国际市场更具竞争力，保证公平交易、消除由标准化引起的贸易壁垒。

在泰国，涉及汽车及其相关行业的标准化及认证工作的除泰国工业标准院（TISI）外，还有泰国陆路运输部（DLT）。此外，国家能源政策办公室、商业注册部、国家环境委员会和污染控制部也分别通过制定能源政策、燃油规范和法规、环境和排放政策、排放政策和标准，在不同程度上参与到汽车产品的标准化工作中。而根据泰国陆路运输法（B.E.2522），泰国陆路运输部（DLT）的主要职能包括制定车辆安全性能及道路适用性等方面的法规（部级公告）、车辆安全性零部件的认证、车辆的型式认证。由于 TISI 与 DLT 在汽车产品的标准化和认证工作方面存在重叠，经双方协商决定，泰国工业标准院（TISI）主要负责车辆零部件和车辆排放方面的标准化和认证工作，泰国陆路运输部（DLT）主要负责车辆和系统的标准化和认证工作。

泰国科学技术研究院（TISTR）/ 商务部出口促进局、农业与合作部（DOA）制定有机作物标准，农业与合作部下属的农产品与食品标准局（ACFS）负责标准的实施。

认证制度：对于产品认证，泰国政府要求强制性和自愿性认证。产品认证由第三方实施，采取 ISO 推荐的第 5 种形式。泰国政府要求实行强制性认证的产品有 60 个大类，涉及电气设备及附件、医疗设备、建筑材料、日用消费品、车辆、PVC 管、LPG 燃气容器及农产品等 10 个领域的产品，需强制认证的机电产品主要有灯具及附件、电线电缆、家用电器及附件、开关，汽车安全玻璃、头盔、整车、安全带、发动机等。其他产品的认证都属于自愿认。

泰国的质量标志适用 2 种情况，一是自愿为基础，依据自愿标准；二是强制为基础，依据强制性标准或技术法规。泰国的安全标志只适用强制为基础，依据强制性标准或技术法规。

泰国有机法规采用的是有机农业第一部分有机农业的生产、加工、标识和营销（organic Agriculture Part I The Production，Processing，Labelling and Marketing of Organic Agriculture），文件的编号：TACF 9000—2003，发布日期是 2003 年 7 月 23 日。该法规不是强制性的，即在市场上作为有机产品销售可以不获得认证，认证时依据的标准也不一定采用这一标准和法规。农业与合作部认证的企业生产的产品均贴上“Q”标签。农产品和食品标准局（ACFS）还制定了良好农业生产规范（GAP）准则。

认证程序：申请获证的程序包括：

（1）产品符合申请标准、质量控制体系满足要求。

（2）型式批准检测、产品型式试验检测有TISI指定的实验室或已获ISO/IEC17025认可或TISI工作人员在现场的企业实验室；工厂必须按照ISO 9000体系要求通过质量审核。

（3）产品符合性检测：①样品检测由TISI是指定的实验室，或获得ISO/IEC17025认可的企业实验室检测；②工厂必须经过至少1年1次质量审核。

（4）发证后监督：①若是第1次发现不符项，将暂停证书，期间不超过3个月；②终止执照证书，在5年内发现第二次不合格，将终止证书。

认证标准：泰国使用的认证标准是泰国工业标准（TIS标准），由泰国工业标准院（TISI）负责开发和管理，TIS标准主要采用IEC标准。

（十）越南认证认可情况

越南标准和质量总局（STMEQ）隶属科技部，负责全国标准、计量和质量管理的政府主管部门。并代表越南参加相关的国际和区域性组织及其活动，其业务范围也包括认证、认可、检测等领域。越南于1977年加入ISO并成为正式成员，目前已是IEC、PASC、APLAC等15个国际组织的成员。越南标准和质量总局（STMEQ）的主要职责包括：建立标准化、计量和质量组织体系；批准标准化、计量和质量方面的法规；监督发布的标准化、计量和质量法规的实施；实施国家的质量检验和认可活动；参加国际、地区在标准化、计量和质量领域的论坛。

越南标准和质量总局（STMEQ）成立于1995年，其前身为1979年由标准、计量和质量管理机构（北部）和标准化研究院（南部）合并成立的国家标准、计量和质量控制部。其下属越南认可局（BOA），成立于1995年，负责统一实施实验室、检查机构和认证机构的认可活动。

在国际互认方面，越南为ILAC、APLAC和PAC的正式成员，并签署了实验室（检测和校准）领域ILAC多边相互承认协议（MRA），以及APLAC检查机构互认协议。

为推动标准、计量和质量管理工作有效开展，1999年越南国家主席签发《计量条例》《商品质量条例》和《消费者权益保护条例》。2006年3月7日，依据《政府组织法》(2001年12月5日发布)、《产品质量条例》(1999年12月24日发布）和《国家产品质量管理部门》第179/2004/ND−CP令（2004年10月21日发布），《关于签署质量控制产品目录的总理令》(第：50/2006/QD−BCN号）发布。该令中明确，各相关部门应按照本令公布的质量控制产品名单，负责对国产和进口的产品进行管理，并规定由国家质量控制部门及其他授权的质量控制部门负责按本令要求对生产、销售、进口第一款中提到的名单中的产品的组织和个人进行监督。该令还要求，科学技术部应尽快与相关部门协调按 1791 2004/ND—cp 要求制定相应的规范并提出进行产品质量检验的机构名单，报总理批准后公布。

2006 年越南发布和实施了《技术法规和标准法》，将 126 种产品列入强制性目录，类似中国 3C 标志认证。根据越南政府 163 号令规定，肉及肉制品、牛奶及制品、鸡蛋和蛋类加工品、鱼、冰淇淋、功能食品、蔬菜和水果等 10 类必须经过 HACCP 认证。

1. 越南认可情况

越南认可局（BOA）下设评定委员会、实验室技术委员会、检查机构技术委员会和认证机构技术委员会。

越南认可局（BOA）下属越南实验室认可计划（VILAS）具体负责实验室认可工作、越南认证认可计划（VICAS）负责认证机构认可工作、越南检查认可计划（VIAS）负责检查机构认可工作，另外还实施审核员注册计划。越南目前开展的认可活动包括检测和校准实验室、检查机构和认证机构认可活动。

认可制度：越南认可局（BOA）目前开展认证机构、实验室、监察机构认可计划，以及审核员注册工作。

认可程序：初期联系→申请→资料评审→现场评审→评审资料审核→获得认可→年度监督评审→复评审。

认可标准：越南国家标准（TCVN），由科技部发布；部级标准（TCN），由部门发布；企业标准（TCCS），由企业发布。

2. 越南认证情况

越南认证中心（VIETNAMCEATIFICATION SERVICES），是越南最大的政府认证机构，与中国的 CQC 类似，1995 年开始质量管理体系 ISO 9000 认证。

认证制度：越南开展的认证制度共两大类。一是质量管理体系；二是产品认证。其中管理体系有质量管理体系（QM 是）、环境管理体系（EMS）、职业健康安全体系（OHS）、食品安全管理体系、有机产品认证和有机农业、GAP 认证等制度。对高风险食品卫生和安全产品开展的强制性认证包括肉及肉制品；奶及奶制品；鸡蛋及蛋加工品；鲜活、未加工及深加工水产品冰淇淋、冰水和天然矿泉水；功能食品、微量元素补充食品，营养品和食品添加剂；方便食品和饮用水；冷冻食品；豆奶及豆制品；方便食用蔬菜及水果等 10 类，法令要求必须经过 HACCP 认证。另外还依据相关法律对药品加工企业开展 GMP 认证等。

认证程序：越南所开展的认证程序与中国类似。对产品认证选择的是 ISO 推荐的第五种。即：型式试验 + 工厂 + 市场抽样检验 + 企业质量管理体系检查 + 发证后监督。

认证标准：越南从事认证活动，主要依据国际标准。

第五节 东盟 TBT/SPS 相关通报

一、东盟 TBT/SPS 措施通报

（一）东盟 TBT/SPS 措施通报综述

自 1995 年 WTO 正式成立至 2016 年 12 月 31 日，东盟十国共提交了 1531 件 TBT 通报和 1157 件 SPS 通报。近 5 年（2012—2016 年）来，东盟各国普遍增加了通报的数量，通报的 TBT 措施达 381 件（见表 3–5），SPS 措施 433 件（见表 3–6）。近 5 年来 TBT 和 SPS 通报的数量占 1995 年以来总数的 30%。其中，泰国通报的 TBT 件数最多，为 103 件，其次为印尼和越南，分别为 94 件和 69 件；SPS 通报件数最多的依次为菲律宾 184 件、印尼 77 件、越南 72 件。

文莱、柬埔寨、老挝和缅甸虽然都是 WTO 成员，但是在履行成员的 TBT/SPS 通报义务方面一直都比较欠缺。近 5 年来文莱和老挝分别于 2012 年和 2013 年有过 1 次 SPS 通报，老挝 2014 年、缅甸 2014 和 2015 年各有 1 次 TBT 通报。

表 3–5 东盟各国 TBT 通报数量

国别	2012 年	2013 年	2014 年	2015 年	2016 年	总计
文莱	0	0	0	0	0	0
柬埔寨	0	0	0	0	0	0
印尼	16	13	32	17	16	94
老挝	0	0	1	0	0	1
马来西亚	6	4	20	12	9	51
缅甸	0	0	1	1	0	2
菲律宾	3	14	13	6	3	39
新加坡	2	5	6	3	6	22
泰国	13	23	11	34	22	103
越南	4	14	16	30	5	69

注：数据来自每年国家质检总局出版的《中国技术性贸易措施年度报告》。

表 3-6 东盟各国 SPS 通报数量

国别	2012 年	2013 年	2014 年	2015 年	2016 年	总计
文莱	1	0	0	0	0	1
柬埔寨	0	0	0	0	0	0
印尼	16	8	30	11	12	77
老挝	0	1	0	0	0	1
马来西亚	1	1	7	4	0	13
缅甸	0	0	0	0	0	0
菲律宾	19	32	35	64	34	184
新加坡	7	6	6	4	0	23
泰国	8	26	7	14	7	62
越南	11	18	18	8	17	72
总计	63	92	103	105	70	433
注：数据来自中国 WTO/TBT－SPS 通报咨询网（www.tbt－sps.gov.cn）。						

（二）TBT/SPS 措施通报领域[①]

2012—2016 年，在东盟十国提交的 TBT 通报中，机电仪器 95 件占 39%，化矿金属 65 件占 26%，农食产品 29 件占 12%，橡塑皮革 17 件占 7%，木材纸张非金属 21 件 9%，玩具家具 10 件占 4%，纺织鞋帽 8 件占 3%。

2012—2016 年，在东盟十国提交的 SPS 通报中，涉及食品安全的 256 件占 37%，保护人类免受动 / 植物有害生物危害的 183 件占 27%，动物健康 188 件占 27%，保护国家免受动 / 植物有害生物危害的 31 件占 5%，植物保护 30 件占 4%。

（三）TBT/SPS 措施通报特点

1. 东盟 TBT/SPS 通报数量保持增加趋势。近 5 年来 TBT 和 SPS 通报的数量占 1995 年以来总数的 30%。东盟 TBT/SPS 通报国家相对集中，主要为菲律宾（占近 5 年通报总数的 27%）、印尼（占近 5 年通报总数的 21%）、泰国（占近 5 年通报总数的 20%）及越南（占近 5 年通报总数的 17%）。

2. 农食产品是东盟近 5 年通报数量最多的产品，其次是机电仪器和化矿金属等工

① 数据来自 TBT－IMS 数据库（http：//tbtims.wto.org/）和 SPS－IMS 数据库（http：//spsims.wto.org/）。

业产品。近5年东盟通报的TBT和SPS措施中有223件是食品和农产品的措施，占通报总数的27%，主要涉及农残最大限量、营养成分、食品标签、生产规范、进出口规定等；工业产品中通报较多的领域有家用电器、工程机械产品、钢材与建筑材料等产品，主要涉及人身安全规定、有毒有害物质限量、节能环保等措施。

（四）东盟各国近年通报的主要措施

东盟各国近5年（2012—2016年）通报的措施见附录3。

二、东盟TBT/SPS违规/预警通报情况

据查询中国WTO/TBT-SPS通报咨询网和质检总局食品安全局数据，5年间（2012—2016年）东盟国家向中国发布的TBT/SPS违规通报的有印度尼西亚、马来西亚、泰国、新加坡、越南等5个国家，共有129件，涉及农产品102件，食品1件，氨基酸肥料、黏土等其他产品26件。

（一）印尼违规/预警通报

印尼通报主要集中在2014—2016年，通报我国出口农产品16件，涉及杂交水稻种子、新鲜大蒜、辣椒、辣椒种子和玉米面，主要原因是检出有害生物和重金属超标（见表3-7）。

表3-7 印度尼西亚通报我国违规/预警通报统计表

序号	产品	通报日期	通报原因	处理措施
1	新鲜大蒜	2016/2/4	发现线虫类（Dorulaimus sp/限定性检疫有害生物）	处理全部货物，检验后放行
2	杂交稻种子	2016/2/4	发现细菌（水稻细菌性谷枯病菌/限定性检疫有害生物）	处理全部货物，检验后放行
3	杂交稻种子	2015/2/4	发现细菌（水稻细菌性谷枯病菌/限定性检疫有害生物）	处理全部货物，检验后放行
4	杂交稻种子	2015/2/4	发现细菌（水稻细菌性谷枯病菌/限定性检疫有害生物）	处理全部货物，检验后放行
5	新鲜大蒜	2016/2/4	发现线虫类（鳞球茎茎线虫/限定性检疫有害生物）	处理全部货物，检验后放行
6	新鲜大蒜	2016/2/4	发现线虫类（螺旋线虫属/茎线虫属/限定性检疫有害生物）	处理全部货物，检验后放行

续表

序号	产品	通报日期	通报原因	处理措施
7	新鲜大蒜	2016/2/4	发现线虫类（鳞球茎茎线虫／限定性检疫有害生物）	处理全部货物，检验后放行
8	新鲜大蒜	2016/2/4	发现线虫类（矛线虫／寄生线虫）	处理全部货物，检验后放行
9	新鲜大蒜	2016/2/4	发现线虫类（鳞球茎茎线虫／限定性检疫有害生物）	处理全部货物，检验后放行
10	新鲜大蒜	2016/2/4	发现线虫类（鳞球茎茎线虫／限定性检疫有害生物）	处理全部货物，检验后放行
11	玉米面	2014/2/3	发现活虫（Ahasverus advena，Tribolium castaneum，and Cryptolestes ferrugineus）	熏蒸处理
12	玉米面	2014/2/3	发现活虫（Ahasverus advena，Tribolium castaneum，and Cryptolestes ferrugineus）	熏蒸处理
13	辣椒种	2014/2/3	受有害生物污染：Pseudomonas viridiflava	销毁
14	辣椒籽	2014/10/6	绿黄假单胞菌（细菌）	销毁
15	玉米面	2014/9/9	受有害生物污染（Ahasverus advena，Tribolium castaneum，and Cryptolestes ferrugineus）	熏蒸处理
16	辣椒	2012/2/2	检出镉 0.08mg/kg（标准：0.05mg/kg）	

（二）马来西亚违规／预警通报

马来西亚通报主要集中在 2014—2016 年，通报中国出口产品 47 件，其中农产品 20 件，其中无进口许可 17 件（橘子、大豆、辐射松等）、马铃薯土壤污染 2 件，木质包装标识不合格 1 件；食品（糖果）1 件，原因是检检出甜蜜素；氨基酸肥料、黏土等其他产品 26 件，主要原因是无进口许可（见表 3–8）。

表 3–8 马来西亚通报我国违规 / 预警通报统计表

序号	产品	通报日期	通报原因	处理措施
1	马铃薯	2014/8/29	其他（土壤感染）	处理产品后放行
2	马铃薯	2014/8/29	土壤污染	处理商品，检验后放行
3	檀香木	2014/1/22	无讲口许可证	产品拒绝入境
4	大豆	2015/7/23	没有进境许可	处理后放行
5	蜜橘	2015/2/27	无进口许可	处理货物；检验后放行
6	橘子	2015/2/4	无进口许可	处理产品；检验后放行
7	大豆	2015/2/27	无进口许可	处理货物；检验后放行
8	橘子	2015/2/6	无进口许可	处理产品；检验后放行
9	橘子	2015/2/6	无进口许可	处理产品；检验后放行
10	橘子	2015/2/6	无进口许可	处理产品；检验后放行
11	橘子	2015/2/27	无进口许可	处理产品；检验后放行
12	橘子	2015/1/30	无进口许可	处理产品；检验后放行
13	橘子	2015/1/30	无进口许可	处理产品；检验后放行
14	橘子	2015/1/30	无进口许可	处理产品；检验后放行
15	橘子	2015/2/4	无进口许可	处理产品；检验后放行
16	橘子	2015/2/4	无进口许可	处理产品；检验后放行
17	橘子	2015/2/4	无进口许可	处理产品；检验后放行
18	辐射松	2014/11/3	无进口许可	处理产品；检验后放行
19	木托盘	2014/7/23	木质包装材料 ISPM15 标志不合格	处理商品，检验后放行
20	动物木屑	2014/7/23	无进口许可	处理商品，检验后放行
21	糖果	2015/6/11	检出甜蜜素	
22	氨基酸肥料	2014/8/29	无讲口许可证	产品拒绝入境
23	氨基酸肥料	2014/8/29	无进口许可	拒绝入境
24	二氧化硅	2014/2/11	无讲口许可证	处理产品后放行
25	珍珠岩	2014/1/30	无讲口许可证	处理产品后放行

续表

序号	产品	通报日期	通报原因	处理措施
26	砂岩	2014/1/22	无讲口许可证	处理产品后放行
27	沸石粉	2014/4/25	无讲口许可证	处理产品后放行
28	硫酸镁石	2014/11/3	无讲口许可证	处理产品后放行
29	石英砂	2014/8/29	无讲口许可证	处理产品后放行
30	砾石	2014/4/16	植物检疫证书中无附加声明	处理产品后放行
31	黏土	2014/11/3	无讲口许可证	处理产品后放行
32	黏土	2014/11/3	无讲口许可证	处理产品后放行
33	膨润土	2015/11/27	无讲口许可证	处理后放行
34	珍珠岩	2014/1/30	无进口许可	处理商品，检验后放行
35	硫酸镁石	2014/11/3	无进口许可	处理，检验后放行
36	沸石粉	2014/4/25	无进口许可	处理商品，检验后放行
37	膨润土	2015/2/27	无进口许可	处理货物；检验后放行
38	硅石	2014/2/11	无进口许可	处理商品，检验后放行
39	有机粘土	2014/7/23	无进口许可	处理商品，检验后放行
40	石榴石	2015/1/30	无进口许可	处理产品；检验后放行
41	猫砂	2015/1/30	无进口许可	处理产品；检验后放行
42	煅烧高岭土	2014/11/17	无进口许可	处理产品；检验后放行
43	石英砂	2014/8/29	无进口许可	处理商品，检验后放行
44	卵石	2014/4/16	植物检疫证书上没有附加声明	处理商品，检验后放行
45	黏土	2014/11/3	无进口许可	处理，检验后放行
46	黏土	2014/11/3	无进口许可	处理，检验后放行
47	标准沙	2014/3/24	缺少进口许可证	货物已放行

（三）泰国违规/预警通报

泰国于2016年通报我国出口农产品3件，涉及柑橘和观赏植物，主要原因是产品与植物检疫证书中的声明不符和携带禁止进境介质（见表3—9）。

表3-9 泰国通报我国违规/预警通报统计表

序号	产品	通报日期	通报原因	处理措施
1	观赏植物	2016/6/29	植株携带禁止进境介质	1. 去除土壤和椰糠并销毁 2. 植株根部蘸药 3. 植株喷洒农药
2	柑橘	2016/12/16	产品不符合植物检疫证书中的声明	销毁
3	柑橘	2016/12/16	产品不符合植物检疫证书中的声明	销毁

（四）新加坡违规/预警通报

2012—2016年，新加坡通报我国出口农产品60件，均为蔬菜类产品，主要原因是检出农药残留（见表3—10）。

表3-10 新加坡通报我国违规/预警通报统计表

序号	产品	通报日期	通报原因	处理措施
1	茼蒿	2014/2/12	检出恶霜灵 0.16×10^{-6}	1. 建议新方提供详细信息进一步调查； 2. 建议禁止被通报公司产品进入新加坡市场
2	茼蒿	2014/2/12	检出氟硅唑 0.31×10^{-6}	1. 暂停调查期间被通报公司出口蔬菜业务； 2. 加强对企业的培训、指导和监管； 3. 对所有出口企业进行产品质量预警
3	羽衣甘蓝	2014/2/12	检出吡虫清 5.47×10^{-6}	需要新方提供详细信息进行核查
4	菠菜	2014/2/12	检出二硫代氨基甲酸酯 4.00×10^{-6}	需要新方提供详细信息进行核查
5	菠菜	2014/2/12	检出二硫代氨基甲酸酯 3.70×10^{-6}	1. 建议新方提供详细信息进一步调查； 2. 加大产品的抽检力度，确保出口质量安全

续表

序号	产品	通报日期	通报原因	处理措施
6	菠菜	2014/6/11	检出二硫代氨基甲酸酯 7.3×10^{-6}；恶霜灵 0.8×10^{-6}	1. 建议新方提供详细信息进一步调查； 2. 加大产品的抽检力度，确保出口质量安全
7	菠菜	2014/6/11	检出腐霉利 1.2×10^{-6}	1. 对通报企业进行警示教育； 2. 要求企业加强对出口管理规定的学习； 3. 要求企业深入了解新加坡进口蔬菜的相关要求，进一步健全质量安全管理制度
8	菠菜	2014/6/11	检出毒死蜱 1.42×10^{-6}	1. 建议新方提供详细信息进一步调查； 2. 加大产品的抽检力度，确保出口质量安全
9	菠菜	2014/6/11	检出异菌脲 7.28×10^{-6}	1. 建议新方提供详细信息进一步调查； 2. 加大产品的抽检力度，确保出口质量安全
10	菜心	2014/6/11	检出吡虫清 8.03×10^{-6}	1. 建议新方提供详细信息进一步调查； 2. 加大产品的抽检力度，确保出口质量安全
11	茼蒿	2014/6/11	检出恶霜灵 0.13×10^{-6}	需要新方提供详细信息进行核查
12	菠菜	2014/6/11	检出氟硅唑 0.66×10^{-6}	需要新方提供详细信息进行核查
13	羽衣甘蓝	2014/6/26	检出吡虫清 3.59×10^{-6}	需要新方提供详细信息进行核查
14	菠菜	2014/6/26	检出氟硅唑 0.47×10^{-6}	1. 建议新方提供详细信息进一步调查； 2. 加大产品的抽检力度，确保出口质量安全
15	冷冻牡蛎	2014/8/20	检出诺如病毒	需要新方提供详细信息进行核查
16	菠菜	2014/9/4	检出氟硅 0.98×10^{-6}	1. 建议新方提供详细信息进一步调查； 2. 加大产品的抽检力度，确保出口质量安全
17	茼蒿	2014/9/4	检出溴虫腈 1.16×10^{-6}	需要新方提供详细信息进行核查
18	羽衣甘蓝	2014/9/4	检出溴虫腈 0.14×10^{-6}	1. 建议新方提供详细信息进一步调查； 2. 加大产品的抽检力度，确保出口质量安全

续表

序号	产品	通报日期	通报原因	处理措施
19	羽衣甘蓝	2014/9/4	检出溴虫腈 0.07×10^{-6}	1. 建议新方提供详细信息进一步调查；2. 加大产品的抽检力度，确保出口质量安全
20	菠菜	2014/11/3	检出氟硅唑 0.24×10^{-6}	1. 建议新方提供详细信息进一步调查；2. 加大产品的抽检力度，确保出口质量安全
21	菠菜	2014/11/5	检出氟硅唑 0.97×10^{-6}	1. 建议新方提供详细信息进一步调查；2. 加大产品的抽检力度，确保出口质量安全
22	菠菜	2014/11/5	检出氟硅唑 0.65×10^{-6}	1. 建议新方提供详细信息进一步调查；2. 加大产品的抽检力度，确保出口质量安全；3. 建议禁止被通报公司产品进入新加坡市场
23	羽衣甘蓝	2014/11/19	检出二硫代氨基甲酸酯 4.90×10^{-6}	1. 建议新方提供详细信息进一步调查；2. 加大产品的抽检力度，确保出口质量安全；3. 建议禁止被通报公司产品进入新加坡市场
24	羽衣甘蓝	2014/11/19	检出二硫代氨基甲酸酯 3.00×10^{-6}；噻菌灵 2.83×10^{-6}	1. 建议新方提供详细信息进一步调查；2. 加大产品的抽检力度，确保出口质量安全；3. 建议禁止被通报公司产品进入新加坡市场
25	菠菜	2014/11/19	检出异菌脲 7.45×10^{-6}	1. 建议新方提供详细信息进一步调查；2. 加大产品的抽检力度，确保出口质量安全；3. 建议禁止被通报公司产品进入新加坡市场
26	菠菜	2014/11/19	检出二甲嘧菌胺 0.10×10^{-6}	1. 建议新方提供详细信息进一步调查；2. 加大产品的抽检力度，确保出口质量安全

续表

序号	产品	通报日期	通报原因	处理措施
27	羽衣甘蓝	2014/12/24	检出二硫代氨基甲酸酯 3.60×10^{-6}；戊唑醇 3.37×10^{-6}	1. 建议新方提供详细信息进一步调查；2. 加大产品的抽检力度，确保出口质量安全；3. 建议禁止被通报公司产品进入新加坡市场
28	羽衣甘蓝	2014/12/24	检出吡虫清 4.68×10^{-6}	需要新方提供详细信息进行核查
29	菠菜	2014/12/24	检出氟硅唑 1.05×10^{-6}	1. 建议新方提供详细信息进一步调查；2. 加大产品的抽检力度，确保出口质量安全；3. 建议禁止被通报公司产品进入新加坡市场
30	菜心	2014/12/24	检出溴虫腈 0.89×10^{-6}	1. 建议新方提供详细信息进一步调查；2. 加大产品的抽检力度，确保出口质量安全；3. 建议禁止被通报公司产品进入新加坡市场
31	羽衣甘蓝	2014/12/24	检出吡虫清 4.25×10^{-6}	1. 建议新方提供详细信息进一步调查；2. 加大产品的抽检力度，确保出口质量安全；3. 建议禁止被通报公司产品进入新加坡市场
32	甘蓝	2015/2/12	检出吡虫清 4.08×10^{-6}	1. 建议新方提供详细信息进一步调查；2. 加大产品的抽检力度，确保出口质量安全
33	甘蓝	2015/2/12	检出吡虫清 14.65×10^{-6}	1. 建议新方提供详细信息进一步调查；2. 加大产品的抽检力度，确保出口质量安全
34	菠菜	2015/2/12	检出灭蝇胺 6.84×10^{-6}	1. 建议新方提供详细信息进一步调查；2. 加大产品的抽检力度，确保出口质量安全
35	菠菜	2015/2/12	检出腐霉利 8.66×10^{-6}	1. 建议新方提供详细信息进一步调查；2. 加大产品的抽检力度，确保出口质量安全

续表

序号	产品	通报日期	通报原因	处理措施
36	菠菜	2015/2/12	检出吡虫清 9.97×10^{-6}	1. 建议新方提供详细信息进一步调查；2. 加大产品的抽检力度，确保出口质量安全
37	菠菜	2015/2/28	检出异菌脲 13.65×10^{-6}	1. 建议新方提供详细信息进一步调查；2. 加大产品的抽检力度，确保出口质量安全
38	韭菜	2015/3/25	检出二硫代氨基甲酸酯 1.00×10^{-6}	1. 建议新方提供详细信息进一步调查；2. 加大产品的抽检力度，确保出口质量安全
39	韭菜	2015/3/25	检出二硫代氨基甲酸酯 0.90×10^{-6}	1. 建议新方提供详细信息进一步调查；2. 加大产品的抽检力度，确保出口质量安全
40	菠菜	2015/5/6	检出二硫代氨基甲酸酯 3.7×10^{-6}；霜霉威 15.02×10^{-6}	1. 建议新方提供详细信息进一步调查；2. 加大产品的抽检力度，确保出口质量安全
41	羽衣甘蓝	2015/5/22	检出二硫代氨基甲酸酯 4.50×10^{-6}	1. 建议新方提供详细信息进一步调查；2. 加大产品的抽检力度，确保出口质量安全
42	菠菜	2015/5/22	检出毒死蜱 1.31×10^{-6}；氟硅唑 1.09×10^{-6}	1. 建议新方提供详细信息进一步调查；2. 加大产品的抽检力度，确保出口质量安全
43	羽衣甘蓝	2015/6/23	检出二硫代氨基甲酸酯 2.50×10^{-6}	1. 建议新方提供详细信息进一步调查；2. 加大产品的抽检力度，确保出口质量安全
44	羽衣甘蓝	2015/6/23	检出毒死蜱 1.08×10^{-6}	1. 建议新方提供详细信息进一步调查；2. 加大产品的抽检力度，确保出口质量安全
45	菠菜	2015/6/23	检出氟硅唑 1.23×10^{-6}	1. 建议新方提供详细信息进一步调查；2. 加大产品的抽检力度，确保出口质量安全

续表

序号	产品	通报日期	通报原因	处理措施
46	羽衣甘蓝	2015/8/28	检出二硫代氨基甲酸酯 2.50×10^{-6}	1. 建议新方提供详细信息进一步调查；2. 加大产品的抽检力度，确保出口质量安全
47	羽衣甘蓝	2015/10/21	检出二硫代氨基甲酸酯 2.90×10^{-6}	1. 建议新方提供详细信息进一步调查；2. 加大产品的抽检力度，确保出口质量安全
48	羽衣甘蓝	2015/10/21	检出毒死蜱 0.60×10^{-6}	1. 建议新方提供详细信息进一步调查；2. 加大产品的抽检力度，确保出口质量安全
49	羽衣甘蓝	2015/11/27	检出二硫代氨基甲酸酯 3.30×10^{-6}	1. 建议新方提供详细信息进一步调查；2. 加大产品的抽检力度，确保出口质量安全
50	羽衣甘蓝	2015/1/17	检出二硫代氨基甲酸酯 2.10×10^{-6}；毒死蜱 0.66×10^{-6}	1. 建议新方提供详细信息进一步调查；2. 加大产品的抽检力度，确保出口质量安全
51	茼蒿	2016/1/27	检出丙溴磷 2.31×10^{-6}	1. 建议新方提供详细信息进一步调查；2. 加大产品的抽检力度，确保出口质量安全
52	羽衣甘蓝	2016/1/27	检出二硫代氨基甲酸酯 2.20×10^{-6}	1. 建议新方提供详细信息进一步调查；2. 加大产品的抽检力度，确保出口质量安全
53	羽衣甘蓝	2016/1/27	检出毒死蜱 1.37×10^{-6}	1. 建议新方提供详细信息进一步调查；2. 加大产品的抽检力度，确保出口质量安全
54	菠菜	2016/1/27	检出二硫代氨基甲酸酯 4.50×10^{-6}；嘧霉胺 0.26×10^{-6}	1. 建议新方提供详细信息进一步调查；2. 加大产品的抽检力度，确保出口质量安全
55	韭菜	2016/3/8	检出二硫代氨基甲酸酯 6.2×10^{-6}	1. 建议新方提供详细信息进一步调查；2. 加大产品的抽检力度，确保出口质量安全
56	芹菜	2016/3/24	检出氧化乐果 0.1×10^{-6}	1. 建议新方提供详细信息进一步调查；2. 加大产品的抽检力度，确保出口质量安全

续表

序号	产品	通报日期	通报原因	处理措施
57	菠菜	2016/9/9	检出二硫代氨基甲酸酯 4.60×10^{-6}；嘧霉胺 3.54×10^{-6}；异菌脲 6.20×10^{-6}；氟硅唑 2.19×10^{-6}	1. 建议新方提供详细信息进一步调查；2. 加大产品的抽检力度，确保出口质量安全
58	菠菜	2016/9/9	检出吡虫清 3.58×10^{-6}	1. 建议新方提供详细信息进一步调查；2. 加大产品的抽检力度，确保出口质量安全
59	生菜	2016/11/11	检出氟硅唑 0.89×10^{-6}	1. 建议新方提供详细信息进一步调查；2. 加大产品的抽检力度，确保出口质量安全
60	菠菜	2016/11/11	检出二硫代氨基甲酸酯 2.20×10^{-6}	1. 建议新方提供详细信息进一步调查；2. 加大产品的抽检力度，确保出口质量安全

（五）越南违规 / 预警通报

2014 年，越南通报我国出口农产品 3 件，均为萝卜，原因是检出农药残留（见表 3−11）。

表 3-11　越南通报我国违规 / 预警通报统计表

序号	产品	通报日期	通报原因	处理措施
1	白萝卜	2014/6/6	检出甲基乐果 0.32mg/kg	1. 暂停被通报企业的出口报检业务；2. 进一步加强抽样检测，加大抽检批次和范围，督促落实蔬菜农药施用规范，确保供越农产品质量安全
2	胡萝卜	2014/6/6	检出多菌灵 2.98mg/kg；克螨特 4.17mg/kg	1. 暂停被通报企业的出口报检业务；2. 进一步加强抽样检测，加大抽检批次和范围，督促落实蔬菜农药施用规范，确保供越农产品质量安全
3	胡萝卜	2014/6/6	检出硫菌灵 10.89mg/kg	1. 暂停被通报企业的出口报检业务；2. 进一步加强抽样检测，加大抽检批次和范围，督促落实蔬菜农药施用规范，确保供越农产品质量安全

第四章　东盟各国技术性贸易措施对中国出口的影响分析及对策

第一节　东盟技术性贸易措施对中国出口贸易损失分析[①]

东盟是中国的重要贸易伙伴，双边经贸合作持续保持活跃走势。中国相关产业和出口产品受到东盟各国技术性贸易措施的影响既是客观存在，不容忽视，更是需要认真对待，积极化解。开展技术性贸易措施影响调查，是应对贸易伙伴实施技术性贸易措施的一项基础性工作。2005 年以来，国家质检总局每年在全国范围内组织上一年度国外技术性贸易措施对中国出口企业影响情况的调查，力求在抽样调查和统计分析的基础上，摸清企业出口国别、贸易损失、技术性贸易措施的表现形式，全面掌握贸易伙伴国实施技术性贸易措施对企业的影响情况，为政府、行业、进出口企业及相关各方提供参考。

本节在国家质检总局组织的调查基础上，对 2012—2016 年涉及东盟技术性贸易措施的调查问卷进行分析，得出近 5 年来中国出口企业由于东盟技术性贸易措施引起的直接损失和新增成本情况。

一、企业直接损失分析

直接损失是指进口国技术性贸易措施给企业出口造成的直接损失，包括产品被进口国主管机构扣留、销毁、拒绝进口（退货），产品降级降等，丧失定单等造成的损失。直接损失率则为出口企业因国外技术性贸易措施所发生的直接损失额，与出口企业出口总额之间的比率。直接损失率能够较直观地表现出国外技术性贸易措施给中国企业造成的出口难度的大小。

2012—2016 年中国出口东盟企业因国外技术性贸易措施而遭受的直接损失总额约为 218 亿美元，占出口总额的 1.7%，见表 4-1。2012—2015 年，每年我国出口东盟的

① 数据来源于 2012—2015 年中国技术性贸易措施年度报告。

直接损失率总体呈不断上升趋势（见图 4-1），这与东盟国家对本国技术性贸易措施的设置和实施的重视程度提高有很大关系，但由于我国加强针对东盟市场技术性贸易措施的应对工作，2016 年我国出口东盟的直接损失率降至近 5 年最低。

表 4-1 出口东盟直接损失额和直接损失率

年份	出口东盟贸易额 / 亿美元	出口东盟直接损失额 / 亿美元	出口东盟直接损失率 /%
2012	2042.8	35.9	1.8
2013	2440.4	31.4	1.3
2014	2720.5	61.5	2.3
2015	2772.9	66.9	2.4
2016	2560.1	22.3	0.9
合计	12536.7	218	1.7

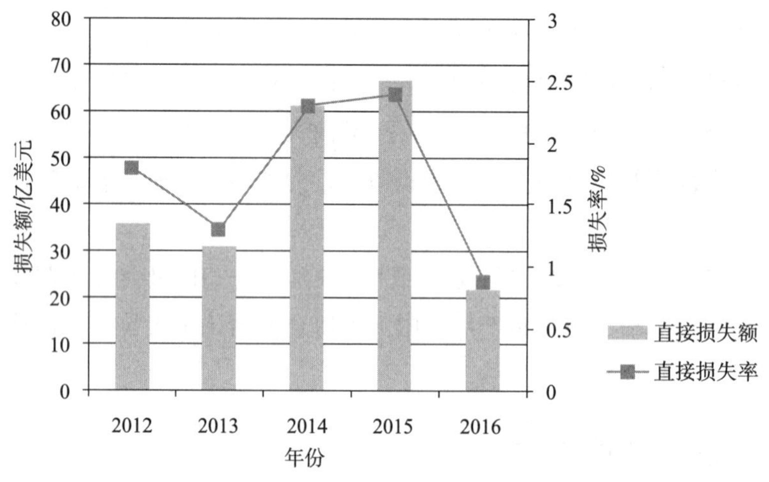

图 4-1 出口东盟直接损失额和直接损失率趋势图

图 4-2 列出了 2012—2016 年中国出口东盟企业因国外技术性贸易措施而遭受的直接损失总额在各类型企业的分布。其中，机电仪器类企业遭受的直接损失额最大，达到 114.4 亿美元，占直接损失总额的 52.5%；其次是化矿金属类企业，其直接损失额为 59.4 亿美元，占直接损失总额的 27.2%；农食产品类企业的直接损失额居第三位，为 16.3 亿美元，占 7.5%；木材纸张非金属类企业的直接损失额为 11.1 亿美元，占 5.1%，居第四位；纺织鞋帽类、橡塑皮革类及玩具家具类企业的直接损失额分别为 6.1 亿美元、5.3 亿美元及 5.4 亿美元，占比分别为 2.8%、2.5% 及 2.4%。

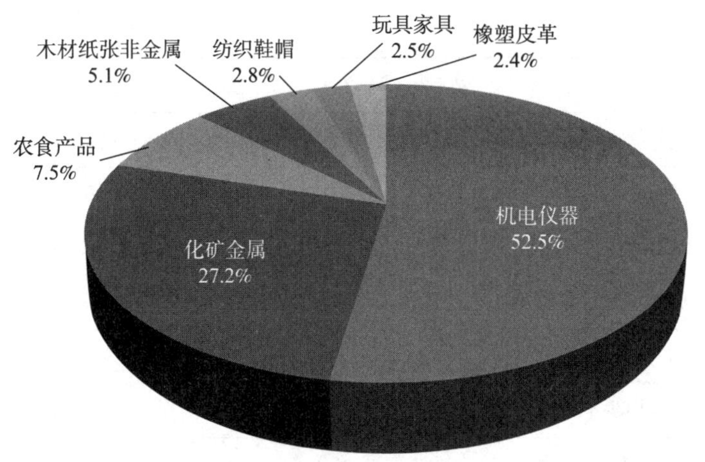

图 4-2　出口东盟直接损失额在不同类别企业的分布

表 4—2 列出了 2012—2016 年不同类型企业出口东盟因技术性贸易措施所发生的直接损失率。其中，农食产品类企业、化矿金属类企业及机电仪器类企业的直接损失率较高，分别为 2.6%、2.2% 及 2.1%，说明这 3 类企业受东盟技术性贸易措施影响较严重，特别是农食产品类企业，直接损失额不高但直接损失率居各行业之首，表明该行业受东盟技术性贸易措施影响程度最严重。因此，应加强相关技术性贸易措施领域的研究与合作，减少此 3 类企业出口东盟的直接损失。

表 4-2　不同类型企业出口东盟直接损失额及直接损失率

企业类别		2012	2013	2014	2015	2016	合计
机电仪器	直接损失额 / 亿美元	13.4	15.5	25.0	48.9	11.6	114.4
	出口额 / 亿美元	928.7	1049.3	1135.0	1192.7	1067.8	5373.5
	直接损失率 /%	1.4	1.5	2.2	4.1	1.1	2.1
化矿金属	直接损失额 / 亿美元	13.5	8.7	17.6	14.5	5.1	59.4
	出口额 / 亿美元	434.0	521.7	626.5	588.0	570.0	2740.2
	直接损失率 /%	3.1	1.7	2.8	2.5	0.9	2.2
农食产品	直接损失额 / 亿美元	4.4	1.8	5.2	1.4	3.5	16.3
	出口额 / 亿美元	99.0	115.7	130.6	141.6	150.8	637.7
	直接损失率 /%	4.4	1.6	4.0	1.0	2.3	2.6
橡塑皮革	直接损失额 / 亿美元	0.8	1.6	1.8	1.0	0.1	5.3
	出口额 / 亿美元	98.2	119.2	127.7	132.2	127.3	604.6
	直接损失率 /%	0.8	1.3	1.4	0.8	0.1	0.9

续表

企业类别		2012	2013	2014	2015	2016	合计
木材纸张非金属	直接损失额 / 亿美元	0.5	0.4	9.2	0.2	0.8	11.1
	出口额 / 亿美元	75.6	104.0	120.9	142.5	124.5	567.5
	直接损失率 /%	0.7	0.4	7.6	0.1	0.6	2.0
玩具家具	直接损失额 / 亿美元	2.8	0.3	1.6	0.2	0.5	5.4
	出口额 / 亿美元	100.1	139.3	165.9	159.7	130.4	695.4
	直接损失率 /%	2.8	0.2	1.0	0.1	0.4	0.8
纺织鞋帽	直接损失额 / 亿美元	0.4	3.0	1.2	0.7	0.8	6.1
	出口额 / 亿美元	301.6	388.8	412.4	412.2	372.7	1887.7
	直接损失率 /%	0.1	0.8	0.3	0.2	0.2	0.3

二、企业新增成本分析

新增成本是指中国出口企业为适应进口国的新要求进行技术改造、包装及标签更换、新增检验、检疫、认证、处理、注册等产生的费用，以及在采购、物流、通关等方面增加的费用。新增成本率是指出口企业为适应国外技术性贸易措施的要求而发生的新增成本，与企业出口额的比率。

2012—2016 年，我国出口企业为适应东盟技术性贸易措施的新增成本总额为 52.6 亿美元，占出口总额的 0.4%，见表 4—3。2012—2016 年，每年我国出口企业的新增成本率保持平稳，见图 4—3。

表 4–3　出口东盟企业新增成本额和新增成本率

年份	出口东盟贸易额 / 亿美元	出口东盟新增成本额 / 亿美元	出口东盟新增成本率 /%
2012	2042.8	9.3	0.5
2013	2440.4	11.3	0.5
2014	2720.5	8.7	0.3
2015	2772.9	13.2	0.5
2016	2560.1	10.1	0.4
合计	12536.7	52.6	0.4

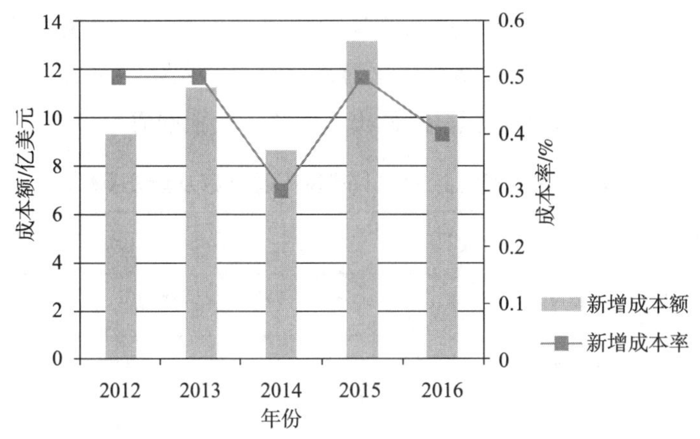

图 4–3　出口东盟企业新增成本额和新增成本率趋势图

图 4—4 列出了 2012—2016 年中国出口东盟企业为适应国外技术性贸易措施新增成本总额在各类型企业的分布。其中，机电仪器类企业的新增成本为 34.8 亿美元，占新增成本总额的 66.2%，居各类企业之首；化矿金属类企业的新增成本为 8.6 亿美元，占新增成本总额的 16.3%，在各类企业中位列第二；纺织鞋帽类企业的新增成本为 4.2 亿美元，占新增成本总额的 8.0%，在各类企业中位列第三；农食产品类企业的新增成本为 1.5 亿美元，占新增成本总额的 2.9%，在各类企业中位列第四；橡塑皮革类企业的新增成本为 1.4 亿美元，占新增成本总额的 2.7%，在各类企业中位列第五；木材纸张非金属类企业的新增成本为 1.1 亿美元，占新增成本总额的 2.1%，在各类企业中位列第六；玩具家具类企业的新增成本为 1.0 亿美元，占新增成本总额的 1.9%，在各类企业中位列第七。

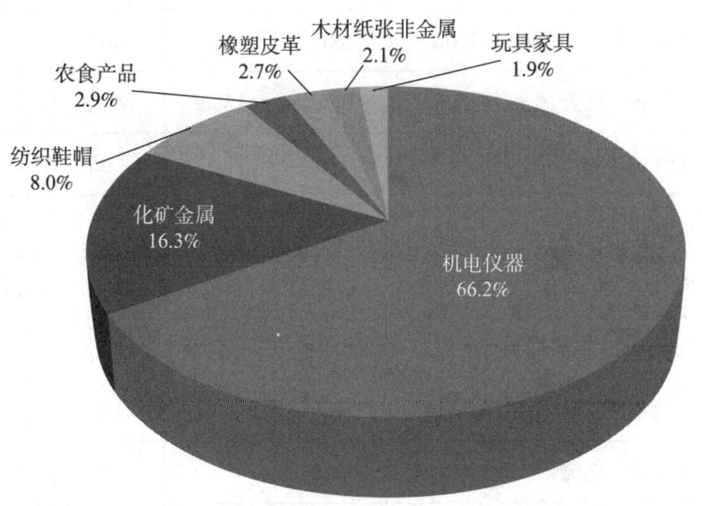

图 4–4　出口东盟新增成本额在不同类别企业的分布

表 4–4 列出了 2012—2016 年不同类型企业出口东盟为适应技术性贸易措施所发生的新增成本率。其中，机电仪器类企业的新增成本率最高，为 0.6%，我国应加大此类企业的出口支持，减轻企业负担，降低出口东盟企业新增成本。

表 4–4 不同类型企业出口东盟新增成本额及新增成本率

企业类别		2012	2013	2014	2015	2016	合计
机电仪器	新增成本额 / 亿美元	4.0	7.3	4.8	10.1	8.6	34.8
	出口额 / 亿美元	928.7	1049.3	1135.0	1192.7	1067.8	5373.5
	新增成本率 /%	0.4	0.7	0.4	0.8	0.8	0.6
化矿金属	新增成本额 / 亿美元	4.0	0.8	1.7	1.3	0.8	8.6
	出口额 / 亿美元	434.0	521.7	626.5	588.0	570.0	2740.2
	新增成本率 /%	0.9	0.2	0.3	0.2	0.1	0.3
农食产品	新增成本额 / 亿美元	0.5	0.3	0.3	0.1	0.3	1.5
	出口额 / 亿美元	99.0	115.7	130.6	141.6	150.8	637.7
	新增成本率 /%	0.5	0.3	0.2	0.1	0.2	0.2
橡塑皮革	新增成本额 / 亿美元	0.1	0.3	0.6	0.3	0.1	1.4
	出口额 / 亿美元	98.2	119.2	127.7	132.2	127.3	604.6
	新增成本率 /%	0.1	0.3	0.5	0.2	0.1	0.2
木材纸张非金属	新增成本额 / 亿美元	0.1	0.6	0.3	0.04	0.1	1.1
	出口额 / 亿美元	75.6	104.0	120.9	142.5	124.5	567.5
	新增成本率 /%	0.1	0.6	0.2	0.03	0.1	0.2
玩具家具	新增成本额 / 亿美元	0.3	0.2	0.2	0.2	0.1	1.0
	出口额 / 亿美元	100.1	139.3	165.9	159.7	130.4	695.4
	新增成本率 /%	0.3	0.1	0.1	0.1	0.1	0.1
纺织鞋帽	新增成本额 / 亿美元	0.3	1.9	0.7	1.2	0.1	4.2
	出口额 / 亿美元	301.6	388.8	412.4	412.2	372.7	1887.7
	新增成本率 /%	0.1	0.5	0.2	0.3	0.03	0.2

第二节　东盟各国技术性贸易措施分析及对策

一、文莱技术性贸易措施分析与对策

（一）文莱技术性贸易措施分析

文莱位居世界高收入发达国家前列，消费层次较高，对产品质量、档次尤为关注，特别重视清真食品的认证。

1. 文莱与中国贸易、技术性贸易措施的通报都较少

2012—2016 年，中国对文莱的出口贸易额较少仅 66 亿美元，出口主要商品是：家具玩具、机电仪器及纺织鞋帽，占总出口额的 67.3%。文莱没有发布 TBT 通报，仅通报 SPS 措施 1 件，是针对暂停进口日本受放射污染食品的紧急预防措施。没有涉及中国的相关通报。

2. 重视清真食品领域的管理及技术性贸易措施

（1）文莱 70% 食品依赖进口，属于穆斯林国家，特别关注食品安全，特别对清真食品进行严格管理，建立了完善的质量认证体系，非常重视清真食品领域技术性贸易措施。

（2）文莱政府颁布实施清真肉品、食品、认证及标签等法律和相关法规，并制定清真食品标准 PBD 24：2007 并通报世贸组织各成员国，作为生产、配制、加工、分销和储存清真食品（包括营养增补剂）的食品行业行为指南，规定了在文莱进行食品贸易或交易的基本要求。

（3）2010 年 1 月，文莱政府颁布全球首个清真药品加工标准，并推出一本《清真药品指南》。

（4）文莱《公共卫生（食品）法》规定：所有进口的产品都必须符合回教食品的标准，否则不予通关。对进口肉类、禽类农产品实施严苛的穆斯林检验，包括对活禽及肉类制品需递交卫生证明和相关兽医证明，若进口商无法提供进口产品必须的检疫检验文件，进口需将样品送交文莱卫生部科学服务司以备检疫，检验合格之前，不将进口产品投放市场销售。

3. 国际标准使用率高，合格评定体系尚不完善

文莱除清真食品的标准外，基本使用国际标准，自主制定标准很少，国内没有认可的认证机构，直接利用国外认可机构认可的认证机构通过清册备案，成为本国的认证机构开展相关认证活动。

4. 对进口商品实行进口许可制度，农产品贸易在双边贸易中的比重较低

文莱对少数进口商品实行进口许可制度，植物、农作物和牲畜由农业局签发进口许可证，明确要求植物不能平带土，木材由森林局发证，大米由信息技术和国家仓库局发证。鲜、冷、冻的鸡肉、牛肉由宗教、卫生部和农业局发证。

（二）文莱技术性贸易措施对策

1. 密切关注文莱能效技术发展动态

虽然文莱近 5 年没有发布 TBT 通报，但随着环境意识的提高，文莱开始有意识加强电器能效标准和资源消耗法规方面的建立，还将全盘采用新加坡的方案。中国出口企业应重视文莱在能效技术上的发展动向，提前准备，防止带来不必要的损失。

2. 完善中国清真认证、清真食品法规和标准体系

从国际层面来看，文莱等许多伊斯兰国家都制定了清真食品管理法规，清真食品标准体系和认证制度成为清真食品国际贸易的重要依据。但中国目前对清真食品的监管主要以行政管理手段为主，认证管理手段为辅，尚未建立和形成具有中国特色、比较成熟的清真食品标准体系和清真食品认证制度，导致中国清真食品产业参与国际市场竞争的能力较弱，需要组织专家对国内外清真食品认证发展现状进行系统研究，夯实清真食品认证的法制基础和政策基础，规范国内清真认证活动，加快中国清真食品法规和国家标准的制修订工作，服务中国清真食品扩大出口，提升中国清真食品产业的竞争力。

3. 加强合作，推动清真认证互认

主动加强与 57 个伊斯兰国家的信息与技术的交流与合作，特别是清真认证的规范与互认工作；鼓励国内伊斯兰相关组织参与伊斯兰合作组织活动；及时掌握首届清真食品标准技术委员会主席国阿联酋的标准化与度量衡管理局进行清真食品标准统一工作的进展，大力推动清真认证互认工作。

4. 提升产品质量与层次，扩大高端产品出口

中国企业开发文莱市场时应顺应经济发展特征及趋势，适应其消费层次高质量要求高的现状，了解和尊重当地消费者习俗与偏好，重点扩大高端产品出口。同时，鉴于文莱民族宗教特征，可积极拓展双方在清真类农产品的贸易合作。

5. 鼓励地方经济主体参与合作

2014 年在第 11 届中国 – 东盟博览会期间，中国广西与文莱签署了“文莱—广西经济走廊”合作协议，创新两国经贸合作新模式。在未来双边经贸合作中，中国积极挖掘双方地方经济特色与优势，鼓励和引导地方政府及其社会经济主体参与中文双边经贸合作，创新合作形式，拓展合作领域，引导宁夏等与文莱风俗习惯相近的少数民族地区与文莱建立地方性合作关系，鼓励和推动国内清真类企业“走出去”，形成“中央政府牵线，地方政府搭台，民间企业合作”的新模式。鉴于文莱宗教特征，着重挖掘清真食品、农产品等商品的生产加工与贸易合作的空间。

二、柬埔寨技术性贸易措施分析与对策

柬埔寨生产基础薄弱，技术落后，标准、合格评定体系尚不完善，正利用国际援助方式加强标准、认证体系的建立。

（一）柬埔寨技术性贸易措施分析

1. 中柬贸易以机电轻纺为主，没有发布通报

中国是柬埔寨最大的货物供应国，2012—2016 年出口贸易总额为 171 亿美元，出口主要商品是纺织鞋帽、机电仪器，占总贸易额的 80% 以上。5 年来，柬埔寨没有发布 TBT/SPS 措施通报，目前其技术性贸易措施较少，对中国出口产品的影响也较小。

2. 标准、合格评定体系尚不完善

由于柬埔寨经济发展落后，经济、技术水平与东盟其他发达国家仍有一定差距，标准、合格评定体系尚不完善，国家标准数量较少，仅有电器类标准，正利用国际援助方式加强标准、认证体系的建立，从柬埔寨进境动植物及其产品检验检疫程序和要求来看，与 IPPC 相关标准措施基本相似。

3. 柬埔寨经济属输血型经济，需要大量进口基础物资

农业是柬埔寨的主要经济行业，主要的农业产品是大米、橡胶、玉米和木薯等。由于生产基础薄弱，技术落后，柬埔寨出口中国的产品主要集中在农、林、牧、渔产品（天然橡胶、木材、海鲜等），需要从中国进口大量的农业机械、家电、水泥、钢材、日用品等，柬埔寨一直处于贸易逆差状态。

（二）柬埔寨技术性贸易措施对策

1. 大力推动经济适用型的小型农用机械产品出口

针对柬埔寨以农业为主，对农业机械需求大，但制造能力差的现状，中国企业可以利用技术设备比柬埔寨先进的优势，在柬埔寨投资生产、组装和销售经济适用型的小型农机工具、小型水泵、运输工具、小型柴油发电机等，推动中国农业机械的出口。

2. 发展互补优势，促进农业领域的合作开发

由于中柬经济发展水平的差异和产业的结构性差异，双方贸易存在着互补性的特

点。柬埔寨是个传统的农业国，且自然资源比较丰富，农业的发展潜力大。而中国具有近40年的农业改革经验，无论是在农业种植，还是在畜牧业养殖、水产，或者橡胶业的发展方面均有比较丰富的实践经验。建议双方利用中国－东盟自贸区这个平台，以及中国南方气候与柬埔寨相似，两国地理位置、交通条件便利等优势，结合自身农业发展的经验，充分发挥双方农业互补性优势，将中国相关经验移植到柬埔寨，利用中国的技术、人力和机械化优势与柬埔寨进行农业合作开发，如在水稻栽培、橡胶及甘蔗等热带经济作物种植、热带水果保存及加工等领域，加强与柬埔寨的深化合作，前景非常广阔。

3. 通过技术援助的方式，帮助柬埔寨建立标准、合格评定体系

柬埔寨标准、合格评定体系尚不完善，正利用国际援助方式加强标准、认证体系的建立，也正为中国提供了标准及合格评定体系输出的机遇。在“一带一路”背景下，中国相关部门应该抓住机遇，帮助柬埔寨建立标准、合格评定体系，使其未来的标准、合格评定体系与中国高度融合相通，以减少贸易障碍。

三、印尼技术性贸易措施分析与对策

印尼重视技术性贸易措施，通报数量较多，推荐标准通过部颁法规强制执行成为一种惯例，对清真食品有严格的认证要求。

（一）印尼技术性贸易措施分析

1. 中国是印尼最大的贸易伙伴国

中国是印尼的第一大出口市场，也是其第一大商品进口来源地，2012—2016年，双边贸易达3000亿美元，出口印尼的商品品类繁多，主要出口商品是：机电仪器、纺织鞋帽，合占出口贸易总额55.3%，中国出口的化工品、塑料制品、光学仪器等面临来自欧美日等发达的国家和地区的强烈竞争。

2. 印尼重视技术性贸易措施，通报数在东盟国家中居前二位

2012—2016年，印尼共发布TBT/SPS通报总数181项，数量居东盟第二位，涉及产品主要包括：机电仪器、石化矿金、食品、化妆品、农产品、玩具、纺织鞋帽、动植物及产品卫生措施、食品安全。通报原因主要涉及上述产品的强制性规范，以及包装和标签等方面的技术法规；进口许可证、配额形式管理，缩减空海运港口以限制进口，同时禁止原矿石出口；加强了技术标准要求，其中有8项主席条例与之相关，修订了相关的化妆品标准和通报程序、加工食品注册程序、药品标准和注册程序等NADFC主席条例。可以看出，印尼非常注重涉及公共及人身安全的强制性产品的进口质量、环境等因素。

3. 推荐标准通过部颁法规强制执行，将国家标准编入技术法规成为一种惯例

东盟国家中，印尼标准数量最多。尽管印尼标准推行依据国际标准转化为国内标准的方法开展国家标准的建立，但 90% 为推荐性标准，但电器、汽车玻璃、水泥等等众多领域的标准，政府以部颁法规形式强制执行，将国家标准编入技术法规成为一种惯例。

（1）产品标签管理

印尼颁布一项法规，强制在多种商品上加贴标签以便向消费者提供准确信息。所有在印尼市场上交易的管制商品的制造商或进口商，必须在产品上加贴此印度尼西亚语的标签。标签法规涵盖的产品分为家用电子电器产品等 4 类共 103 项，对标签内容、证书内容作了详细规定。管制产品必须获证后后才可进行相关业务。

（2）玩具产品管理

印尼重视玩具管理，2012 年出台强制性执行玩具规范及加贴 SNI 标志管理的法令，关于该措施的特别贸易关注从 2011 年其首次通报至 2016 年 6 月被 WTO 成员国提了 14 次之多。主要关注点：一是不再允许外国机构进行 SNI 检测；二是部分检测项目超出国际标准；三是两套标签造成了不必要的贸易障碍；四是进口玩具抽查比例高于国内生产的玩具。该技术性贸易措施影响波及到众多国家。

（3）纺织服装

中国是印尼重要的纺织服装进口国，近年来印尼为保护本国纺织服装工业，先后对婴幼儿服装、毛巾提出了强制性执行 SNI 标准的法令，要求产品的标志、认证程序、偶氮染料和甲醛必须符合 SNI 规定的要求，2014 年又规定实施婴幼儿服饰中偶氮染料和甲醛含量要求的产品认证机构和检测实验室。印尼的技术性贸易措施的技术要求并不是十分苛刻，只要企业在生产过程中加以留意就可以达到标准要求，但增加了企业的认证检测成本，提高了纺织服装产品进入印尼市场的门槛。

（4）印尼通过法规加强了对食品标签标识的管理，除食品标签基本要求外，还制修订和通报了营养标签方面的规定；制定了关于酒精饮料安全和质量标准法规。

4. 修改法规，强化植物检疫措施，提高准入门槛

（1）印尼农业部多次修订了有关进口鲜球茎植物类植物产品和鲜水果及果类蔬菜的技术要求和植物检疫措施法规，规定了该类产品的指定入境点、需经过农业部审批、各种证书要求及熏蒸或辐射处理要求等。通过法规的修改，提高了准入门槛，该措施对中国出口印尼的大蒜、柑橘等农产品影响重大。

（2）颁布管理条例，制定严格的准入门槛复杂的准入程序。2015 年印尼制定发布了《关于新鲜植物源性食品进出口食品安全控制条例》，就出口至印尼的植物源性食品的进出口要求、进出口监管、食品安全检测实验室注册和监管体系的认证，暂停与撤销等制定了相关规定，该条例对向印尼出口植物源性食品的国家设立了严格的准入门槛和复杂的准入程序，建立了严苛的进口申报、检验、监控措施和食品安全限量标准，涉及产品包括水果、蔬菜、谷物的 6 大类、103 种植物源性食品。这是印尼首次对进口植物源性食品安全监管进行系统性规定。该条例实施对中国输往印尼的 85% 食品影响严重。因为该条例就 103 种植物源性食品制定了共 2161 项限量要求，加大了企业的成本，弱化了企业的竞争力，不利于中国产品出口印尼。此外，该条例规定，在实施监控计划时，当实验室检测结果显示化学与生物污染物 3 次超过最大限量时，将暂停甚至撤销新鲜植物源性食品安全监管体系认证，产品将失去输往印尼的资格；在食品安全检测实验室登记注册有效期内，经查实，如果出现 3 次签发不符合食品安全规定的实验室检测结果证书的情况，将撤销其注册登记。被撤销注册登记的实验室，其签发的结果证书不能成为产品输往印尼的条件。因此中国产品出口资格被暂停或撤销的风险将增加。

5. 建立多种形式的清真食品标准和认证制度

印尼属于穆斯林国家，陆续建立了多种形式的清真食品标准和认证制度。由于国际清真市场的快速发展，各国纷纷抢占清真食品标准认证主导权，早在 1999 年，由印尼、美国、澳大利亚、荷兰等 4 国清真食品认证机构就联合发起建立了世界清真食品理事会（英文简称 WHC），试图建立国际通用性的清真食品标准和认证体系。目前中国尚未与印尼等相关穆斯林国家开展国家层面的清真食品认证互认。中国出口到印尼等穆斯林国家取得相应国家或地区的清真认证证书，国内机构还无法出具，由印尼清真食品营养学会直接来华或设立办事处等形式开展认证和发放认证证书。

6. 重视对食品添加剂使用的管理

印尼每年 1 月份对食品添加剂进行系列通报，通报内容涵盖食品添加剂最大限量、防腐剂限量标准措施、食品加工助剂酶及酶固定剂的注册、认证及控制和监督等。目前因为食品生产加工、饮食结构习惯、贸易保护等方面的原因，造成各国制定的食品中添加剂标准差异很大，对中国加工食品的出口带来障碍。如果不能确保严格按照进口国批准使用品种、限量和范围使用来组织生产和出口，最终产品极可能会不符合进口国的要求，导致被退货或销毁的风险加大。

（二）印尼技术性贸易措施对策

1. 及时了解掌握印尼通报情况，应用多种手段抵制技术性贸易措施

印尼通报数量多，但从几项影响中国出口的技术性贸易措施来看，其技术含量并不高，主要涉及认证、检测、标签等方面的要求，使企业进口手续繁琐、增加检测认证成本，增强了中国产品进入印尼的阻力。我国应充分发挥政府、行业协会和技术机构的作用，运用TBT通报评议或特别贸易关注等官方手段，抵制印尼方面的贸易歧视手段。中国政府还应针对性引导专业机构服务于专门的客户。根据印尼的SNI标识要求，加强产品检测、体系认证等技术交流活动，加大资本投入，引导专业机构与印尼共建检验认证等公共数据平台，互认证书，为中国主导出口企业提供贴心服务。

2. 关注印尼通过部颁法规强制执行技术标准的惯例特点，主动适应法规要求

中国各级政府应该及时了解印尼的技术标准的制定、检验检疫制度制定和实施等相关信息，随时精准掌握印尼通过部颁法规强制执行技术标准的惯例特点，帮助各贸易产品行会或企业建立信息预警机制，并建立快速反应及防范机制，及时发布各国最新技术标准的制定、检验检疫制度制定等预警通知，行业、企业加强对影响较大的标签等法规标准收集学习，主动适应，并在适当的时候运用法律法规手段制定对策。

3. 加强食品安全领域的沟通磋商

从国家质检总局层面加强与印尼方面在进出口食品安全领域的沟通合作，就相关不合理的规定进行磋商。如关于出口资格的暂停和撤销方面，是否可以根据在一定时间内出现3次超过最大限量方实施暂停和撤销措施，否则以中国输往印尼产品的数量和频率，会很快面临印尼方面的暂停或撤销。

4. 加快推进中印两国清真食品认证机构互认

加强对印尼清真食品认证管理制度的学习研究，建立完善中国清真食品认证机构，积极开展与印尼清真食品认证管理部门的联系和磋商，推进两国清真食品认证互认工作进程。

5. 从源头上控制出口食品中添加剂的使用管理

从源头上控制出口食品中食品添加剂的使用，是解决印尼该技术性贸易措施的关键。首先，生产企业要有专门的部门负责进口国食品添加剂法规标准最新信息收集整理工作，特别关注中国与国外使用范围和限量有差别的食品种类和食品添加剂品种。其次，要正确理解进口国的食品添加剂使用规定，严格按照进口国批准使用品种、限量和范围使用来组织生产。最后，要选择质量长期稳定、信誉良好、符合出口国要求的原、辅料供货方，企业对所进的每批原、辅料要由供货方提供官方认可的检测报告或合格证明文件，同时签订协议书，一旦被国外检出违禁添加剂、防腐剂，便于追踪溯源。

四、老挝技术性贸易措施分析与对策

老挝整体经济发展水平比较落后，其质量体系、出入境管理体系、标准及认证体系均不完善，技术性贸易性措施对中国基本没有影响。

（一）老挝技术性贸易措施分析

1. 老挝与中国贸易、技术性贸易措施的通报都较低少

2012—2016年间，老挝与中国的双边贸易总额仅为130亿美元，出口主要商品以机电仪器为主，占71.7%，老挝和中国在农产品贸易上具有天然的互补性，但农食产品出口相对较少，仅占1.8%，潜力有待于挖掘。老挝没有发布TBT/SPS通报。

2. 贸易相关管理体系均不完善

老挝整体经济发展水平比较落后，虽然有检验检疫机构，但动植物检验检疫工作相对滞后。目前尚无针对进出境动植物及其产品检验检疫的专门法律、法规，其相关监管政策不明确，进出境农产品质量保障和质量控制体系尚待完善和改进，标准、认证认可体系均不完善。因此，其技术性贸易性措施对中国基本没有影响。

（二）老挝技术性贸易措施对策

1. 提高出口老挝的产品质量，充分利用政府的优惠政策，重新占据老挝市场

老挝经济生产技术落后，商品生产极少，需要从国外进口很多商品、产品、机械和设备等，弥补国内产能的不足。20世纪中期，老挝市场上商品主要来自中国，泰国商品后来居上，占据了主要市场。随着中国经济社会持续开放发展，对周边如老挝这样的国家，有着较强的吸附力、影响力。目前老挝政府倾向于从中国进口商品，加强与中国的经贸合作，并颁布了诸多优惠政策，这为中国商品重返老挝市场提供了优惠条件。中国出口的绝大多数商品都是老挝所需的，包括日常生活的服装鞋、塑料制品、洗涤用品、妇女用品、厨房用品，也包括生产用的建材产品、机械设备、农机产品、电力设备以及通讯工具。但是，部分中国产品进口渠道不明、质量差、假冒伪劣产品较多、使用寿命期短，给老挝消费者带来了一定程度的不信任，损害了中国产品的信誉，中国产品在老挝市场的竞争力和占有率也大受影响。因此，中国企业应严把质量关，一些小企业和民营企业也要把质量是企业的生命作为信条。此外，中国政府要加强商品管理力度和打击以次充好、以假充真的力度，确保出口商品的质量。

2. 通过技术援助的方式，输出中国标准及合格评定体系

老挝与柬埔寨一样，标准、合格评定体系尚不完善，正利用国际援助方式不断加快标准、认证体系的建立步伐，这也正为中国输出标准及合格评定体系提供了机遇。在“一带一路”背景下，中国相关部门应该抓住机遇，通过加强技术合作、技术支援等方式，推动中国标准走出去，帮助老挝建立标准、合格评定体系，使其未来的标准、合格评定体系与中国高度融合相通，以减少贸易障碍。

3. 充分利用潜在发展条件，加强农业方面的合作

虽然老挝与中国在农产品贸易上还处在初级阶段，但是具备很好的潜在发展条件。老挝方面具有土地、人力和良好的气候优势，但长期以来缺乏先进的农业生产技术，需要在农业的种子培育、农业肥料、农业药品和农机设备等方面进行大力发展。中国方面则具有相对先进的农业技术，能够培育出品质优良的农业种子，在农业肥料、农药、农业设备等方面具备很强的生产能力。因此，双方应该加强农业方面的合作，从而更好地夯实农产品贸易基础。

4. 推动建立统一的农产品认证标准

近年来中国企业投资老挝农业的数量快速增加，大量农产品返销到中国市场，这个问题也影响了双边农产品贸易的发展。由于中老双方农产品认证标准的不统一，因此在检验检疫通关方面受到一定的限制，从而导致老挝农产品难以进入中国市场。建议双方在中国 – 东盟自由贸易区的框架下，就动物和植物的认证标准达成更大程度的一致，有效弱化或消除在动植物检疫和评定方面的困扰，进而为两国农产品互相进入对方市场提供更多的方便。

5. 进一步推动农产品品牌化建设

在中国出口到老挝的农产品中，许多产品的品质非常高，但易受到一些虚假信息的影响。如中国的苹果、红枣等在老挝就十分受到欢迎，却也一直有虚假传闻说覆盖在水果表面的保护蜡，是工业蜡而不是食用蜡，并且水果的颜色是经过一定的化学处理的。因此，需要加大宣传和出口检测力度，从而减低不良信息带来的影响，增强中国农产品的品牌化效应，使老挝人民更好地喜欢上中国农产品。同时，由于老挝普通民众对中国大多数的农产品了解程度也不太高，可以考虑通过媒体宣传、推介活动、展览会等形式加大宣传，提高中国农产品知名度。

五、马来西亚技术性贸易措施分析与对策

马来西亚是中国在东盟中的最大贸易伙伴国，长期重视技术性贸易措施的应用，通过修订法规，加强产品、食品安全标准，对动植物进口增加繁琐的检验检疫要求，电器能效、资源消耗将成为将来影响趋势。同时，马来西亚还是个伊斯兰教国家，对清真食品有严格、特殊的清真要求。

（一）马来西亚技术性贸易措施分析

1. 马来西亚具有重要的贸易地位，并重视技术性贸易措施

马来西亚第一大进口来源地是中国，在东盟国家中对中国的出口量位居第三。2012—2016 年间，中马双边贸易总额近 5000 亿美元，主要出口商品为机电仪器、纺织

鞋帽、化矿金属，占总贸易的 74.1%，期间共发布 TBT/SPS 措施通报总数 64 件，涉及的产品主要包括食品、道路车辆、仪器设备、通讯设备、农产品、玩具、动植物及动植物产品的卫生措施等，通报的主要原因：涉及相关技术法规发布、修订；技术标准修订；清真食品或商品的说明及认证标签等；发布违规通报 47 件，主要通报产品为农产品及粘土，主要原因是无进口认可。

2. 修订法规，加强道路车辆、机电等产品安全措施

马来西亚重视电子、车辆等制造业的技术法规和认证体系的建立，其法规及体系较为完善及严格。5 年来，先后 7 次修订了《1987 年的道路交通法案》法案及相关规则，加强道路交通安全控制，覆盖了：摩托车安全帽，机动车安全带，各类车辆的零配件等；根据马来西亚电力法规定，修订并增加了 3 种新类别需要获取能源委员会（EC）的核准证书（COA），总共 34 个类别的电器设备要求核准证书；出台了一系列认证通信设备的技术规范，要求所有在马来西亚使用的通信设备应通过认证。对于进口到国内的通信设备，应在进口许可颁发之前由当地注册公司提交认证；发布了《认证通信产品自贴标签（SL）认证标志指南（第 2 版）》草案，要求指定的国际认证机构继续执行自贴标签计划；2016 年提出禁止符合标准 MSIEC60035－1：2005 之外的电热袋等电器产品进入、生产、显示、广告和销售。

3. 对动植物进口增加繁琐的检验检疫制度

2011 年，马来西亚通报进口观赏鱼健康证书要求，规定所有鲤春病毒血症、锦鲤疱疹病毒病、流行性溃疡综合症、流行性造血器官坏死、白斑病的易感品种观赏鱼必须随附出口国主管部门出具的含有此类疫病认证的卫生证书。对于出口马来西亚的海洋鱼类，主管机构应阐明海鱼疫病情况，声明鱼货只从距离任何有鳍鱼养殖区至少 5 公里的区域捕捞，未接触过养殖食用鱼水域、设备或鱼类等要求。马来西亚国家进口动物产品，必须向相关机构提出检疫检验申请，在获得检疫检验认证后方可入关，还要求输出国必须出具相关的卫生检疫检验证明，证明没有相关禁用药物及药物残留。2014 年，农业与农基工业部农业司植被生物安全局制定了植物、植物产品及监管产品的进口新要求，规定任何进口植物都需要进口许可证，此项规定高于 IPPC 标准，对中国出口植物和植物产品影响较大。

4. 修订食品法规，大幅提高食品安全标准

2014 年，马来西亚出台食品法规修正草案，并连续发布了数个食品安全相关的通报，通报涉及：营养功能声明、特殊用途（婴幼儿）食品、益生菌培养物、禁止使用有害包装、食品发酵用微生物培养物、等渗电解质饮料和等渗电解质饮料基料、在任何标签上禁止的资料、有关添加营养素声明的要求。对进入马来西亚市场的食品中的农药最大残留含量进行修订，将此前限制残留部分农药的规定改为禁用规定。在法规 2015 修订内容颁布之前，马来西亚农残限量标准一度低于中国标准。例如，马来西亚 1kg 柑橘类水果曾允许含有 1mg 乙酰甲胺磷，而中国要求最高含量不得超过 0.5mg。马来西亚新《食品法规》大幅提升了马来西亚农残限量标准门槛，多种农药被列入禁用范畴。这些农药在中国最新国家标准 GB2763—2014《食品安全国家标准 食品中农药最大残留限量》当中，仍归为限用农药范畴。例如玉米、花生、大豆中的草不绿在马来西亚新修订的《食品法规》中被禁用，而依据中国国家标准，这些农食产品中分别可含有 0.2mg/kg、0.2mg/kg 以及 0.05mg/kg 的草不绿。中国国家标准对很多食品中的农药限量没有对应的规定。中国也发布了进入马来西亚的进口食品的《2014 年食品进口法规》(草案)，该法规草案规定了进口商应当承担所有违反根据 1983 年的食品法案及其相关的法规（即 1985 年的食品法规、2009 年的食品卫生法规以及 2011 年的食品辐照法规）规定的交运食品后续的所有交运食品中获取样品的实验室分析成本，以确保对以前违反 1983 年的食品法案及其相关的法规的交运食品采取适当的行动，防止在港口延误交运食品的清关，促进贸易，以确保不间断的供应链，并且防止由于延迟从实验室获得分析结果 / 证书而产生过多的仓储费用。

5. 严格并特殊的清真要求

马来西亚作为伊斯兰会议组织成员国的穆斯林国家，伊斯兰教是国教，穆斯林（主要是马来人）是马来西亚的主体居民，清真食品在马来西亚是主流食品，在超市等食品经营场所，非清真食品被贴上红色标签用于区别清真食品。马来西亚与食品有关的政府部门都从各自的角度对清真食品进行规范和管理，如：马来西亚标准局就制定了《清真食品生产、配制、加工和储存的一般准则》，还根据本国宗教的习惯，制定了《伊斯兰教肉食品牲畜屠宰和储藏通则（第一册）》等具有国家特色的技术标准，是伊斯兰合作组织认可的穆斯林食（用）品国际标准，标准性质为强制性。世界各国在制定清真食品法规时，均以马来西亚的标准作为参考。

6. 优先采用国际标准

在马来西亚，凡是制定各项标准，只要可行，就会考虑采用国际标准。为鼓励出口，其电子电器产品全部采用国际电工委员会（ICE）的标准。自主研制水平较高的标准是农产品标准。马来西亚这样做的目的是：提高本国产品质量，打造国际品牌，增强在国际上的竞争力，扩大本国产品向周边国家和地区出口。马来西亚采用国际标准的另一个目的是，履行其在 WTO《技术性贸易壁垒（TBT）协定》和《实施卫生与植物卫生措施（SPS）协定》中的责任。

7. 苛刻的包装、标签要求

马来西亚要求从 2004 年 3 月起罐装水果与蔬菜必须在包装上加贴营养标签，并出台《营养标签和声明条例》对标签类型和包装标注方式做出了详细规定。2014 年，马来西亚频繁发布对食品法规中涉及标签内容的修订通报，主要包括对配方膳食食品营养功能声明的规定，在任何食品标签上禁止出现的内容、在特殊用途食品的包装上禁止标识内容，如显示等级、质量或优越性的用语等。这些技术性贸易措施设置了各种程度大小不一的出口障碍，无疑增加了中国农产品的出口难度，制约了中国对东盟农产品出口贸易的发展。

（二）马来西亚技术性贸易措施对策

1. 重点关注通报热点领域，积极应对食品法规标签的影响

马来西亚是应用技术性贸易措施较普遍的东盟国家。要重点关注通报热点领域。从通报数量及内容看出，马来西亚在提交农食产品方面的 TPT/SPS 通报及违规通报都非常活跃，也就是马来西亚最关注的重点领域，要及时了解掌握食品法规修订后提高的食品安全标准要求和掌握食品标签规定，食品标签已成为所有食品类的技术壁垒中最有效的方式，且发挥的作用越来越大，应提早采取应对措施，消除食品标准法规、标签要求带来的影响。

2. 把握发展趋势，加强出口工业品的风险预警

马来西亚机械加工基础薄弱，所需大中小型生产设备长期以来依赖进口。中国对马来西亚机电产品的出口占对马来西亚总出口额 4 成以上。近年马来西亚通过修订法规加强了机电产品强制性安全标准及认证要求，同时随着环保意识的增强，马来西亚在修订、实施电器能效标准和资源消耗法规方面步伐明显加快。能效项目的实施将成为影响中国机电产品出口的新的重要因素。中国企业在与马来西亚进行贸易往来时，要及时掌握马来西亚经济产业发展趋势，提早做好预防措施，减少新趋势所造成的影响损失，同时还应关注马方的政策变化，特别是法规、标准方面的变化，警惕由此带来的出口风险。

3. 发挥中国产业优势，进一步深化双边农产品贸易合作

马来西亚以农业为经济支柱，但受其境内的丘陵和低矮山区所限，粮食作物、蔬菜、水果等需大量进口。而中国地域辽阔、气候多样，种植的蔬菜和水果类型多样。同时，中国与马来西亚海上运输便捷，储运时间较短，进口相关费用较低，中国保鲜类农产品进入马来西亚市场有较强的竞争优势。另外，中国－东盟自由贸易区的发展升级，进一步促进了中国与马来西亚的贸易发展。因此，应充分利用这一有利环境，继续挖掘和完善中国与马来西亚农产品的贸易与投资政策，加强中马双边农产品检验检疫交流合作，建立完善的检验检疫长效合作机制，进一步推动中马双边农产品贸易健康发展。

4. 提高农产品及加工质量，促进农产品贸易结构调整

在东盟国家中，马来西亚经济相对发达，其对农产品的质量要求也较高。要消除农产品技术性贸易措施的影响，应主动适应马来西亚对农产品高质量的需求。由于中国农产品收购、检验、装箱过程做工粗糙，包装材料质量差，产品档次较低，不能满足马来西亚高档消费需求。因此，在保证农产品质量的前提下，应充分挖掘马来西亚不同地区的消费者对农产品在水平型差异方面的需求，提高中国农产品出口档次，以发挥中国农产品在马来西亚市场的水平差异性优势，促进贸易结构的转变升级。

5. 加强农产品技术创新，大力发展农产品加工贸易

中国与马来西亚农产品贸易水平较低的主要原因是由于中国的农业生产技术发展相对滞后，农产品供给的质量水平达不到马来西亚的要求。在中国出口马来西亚的农产品中，主要以原料型的农产品为主，如新鲜或冷藏的蒜头、玉米、鲜苹果等，缺乏农产品生产及深加工的高新技术。因此，应加强农产品生产技术及深加工等方面的创新，大力推动农产品供给侧改革，进一步提升中马农产品贸易发展水平。

6. 加快建立完善清真标准认证体系，加强双方清真食品企业合作

中国的清真食品的标准认证体系尚需完善。应加快中国清真食品法规和国家标准的制修订工作，通过体系的完善及规范的管理来提升中国清真食品产业的竞争力。要主动学习马来西亚，掌握清真食品的要求，加强中国与马来西亚在传统清真食品加工制造和清真肉类产品上的合作。中方的加工食品企业和新鲜或冷冻肉类生产商可以和马方企业合作，在中国建立合资的清真产品企业，邀请马来西亚为中国企业提供对清真产品认证方面的培训，获得马来西亚的清真标志认证。这样，中国企业生产的清真食品就更容易进入国际市场，也能获得更广泛的认可。同时，应支持宁夏等地民族工作机构依据市场国要求开展进出口领域的清真食品认证试点工作，帮助和引导中国伊协、山东伊协、甘肃临夏清真食品认证中心等已获得马来西亚清真机构授权的国内清真机构完善规范规则，提升技术能力。

六、缅甸技术性贸易措施分析与对策

（一）缅甸技术性贸易措施分析

缅甸是一个信仰佛教的宗教国家，民众很讲诚信。缅甸经济较落后，技术性贸易体系不完善，出台新规增加进口农产品风险评估程序及检疫要求，对中国农产品影响较大。同时，缅甸“先出口才能进口”的政府规定，严重影响中缅双边贸易的发展。

1. 缅甸与中国贸易额、通报数量都较少

2012—2016 年间，缅甸与中国的贸易总额约 700 亿美元，出口的主要商品是：机电仪器、化矿金属、纺织鞋帽，占双边总贸易额的 81%。同期，缅甸共发布 2 项 TBT

措施通报，没有SPS措施通报。通报的原因：发布了《计量法》及《标准化法》草案的法规。

2. 技术性贸易体系不完善，对中国没有形成技术性贸易障碍

随着中国和缅甸加入WTO，农业对外开放程度的加大，中国对缅甸农产品贸易出口品种主要是活动物和可可及可可制品，中国从缅甸进口的农产品品种主要是水果和水产类产品。由于中缅农产品贸易多为初级制品，且品种较为单一，且缅甸整体经济发展水平比较落后，进出境动植物检验检疫的法律、法规不够完善，相关监管政策不明确，检验检疫技术能力水平相对滞后，质量保障和质量控制体系尚待完善和改进，同时合格评定能力较低，尚未建立完整的认证认可合格评定体系。因此，对中国没有形成技术性贸易障碍。

3. "先出口才能进口"的政府规定，严重影响到产品出口缅甸

缅甸政府规定，进口商要想从国外进口商品，必须先出口，才能进口，将出口所赚外汇用作进口资金。进口时，出口所赚外汇的80%必须用作进口国家规定的优先进口商品。还对进口商品品种进行了严格限制。以边境贸易为例，缅甸禁止15种商品进口和32种商品出口，包括柚木、宝石、大米、花生、棉花、毛皮、鱼虾、橡胶和矿石等被列为禁止出口商品。缅甸规定从事进口贸易的公司要在缅甸商务部登记注册获得《进口商注册证》，双方签订贸易合同后，缅方才能申请《进口许可证》，进口许可证未经缅甸商务部批准不得转让。政府的相关规定，严重限制了中国产品对缅甸的出口，同时也限制了双边贸易的进一步发展。

4. 增加进口农产品风险评估程序及检疫要求

2017年1月1日起，缅甸农业与灌溉部要求所有进口农产品必须经过其风险评估程序，并在口岸扣留了多批中国输往缅甸的农产品。从同年10月1日起，对进口植物及植物产品要求提前申请进口证书，提出了相应有害生物名单和检疫处理要求，并要求出口国植物检疫部门在输缅甸植物及植物产品的植物检疫证书的附加声明上标注进口证书的4位编号。新规的出台，对中国农产品的出口影响较大。

（二）缅甸技术性贸易措施对策

1. 通过技术援助的方式，帮助缅甸建立标准、合格评定体系

缅甸与老挝、柬埔寨一样，标准、合格评定体系尚不完善，正利用国际援助方式建立本国的标准、认证体系，这也正为中国提供了标准及合格评定体系输出的机遇。在"一带一路"背景下，中国相关部门应该抓住机遇，积极帮助缅甸建立标准、合格评定体系，使其未来的标准、合格评定体系与中国的高度融合相通，进而为减少双边贸易障碍创造一个更好的环境条件。

2. 持续关注缅甸技术性贸易措施，注意法律差异，规范贸易程序

近年来，中缅双边贸易快速增长。由于长期受西方国家的经济制裁，缅甸与西方国家的贸易规模较小。中国自 2010 年起成为缅甸第一大贸易伙伴国，双方贸易互补性强，贸易量逐渐增加。尽管目前缅甸技术性贸易措施尚未对中国出口产品造成较大损失，但中国相关部门应持续关注缅甸技术性贸易措施的最新动向，及时为企业提供正确的决策。同时，缅甸是一个法制、标准、合格评定体系很不完善的国家，缅甸涉及贸易方面的法律法规并不多，应注意分析并关注。此外，还需要关注缅甸政府对出口的特殊规定，注意质量提升，规范贸易程序，注意缅甸植物检疫新规定的变化及要求，提前办理相关单证，防止通关受阻。

3. 坚持诚信合作是与缅甸贸易关键基础

缅甸是一个宗教国家，89.3% 的人信仰佛教。千百年来，虔诚的宗教思想已深入到社会生活的各个角落，形成缅甸人民根深蒂固的思想体系，缅甸民众很讲诚信。中国商品价廉物美，适合在缅甸市场上销售，曾一度占据缅甸很大的市场份额。但由于近年中国通过边境地区进入缅甸的商品比例很高，商品类别鱼龙混杂、商品质量参差不齐，有些甚至是假冒伪劣，影响了中国商品在缅甸市场的声誉，使中国产品在缅甸市场的占有率明显下降。缅甸人很讲亲兄弟情义，与政府部门以及当地有实力、有影响力的企业建立起良好的亲兄弟关系，可以帮助企业更加有效地开拓市场，在贸易过程中获得对方更多的信任与配合。在与缅甸的贸易中，必须讲诚信，以产品质量占领市场，用价廉物美惠及缅甸民众，用诚实信用取信于缅甸民众，维护中国产品形象。

4. 把握大力发展农业形势，加强农业合作，扩大影响力

农业是缅甸国民经济的基础，一直以来，缅甸坚持“以农业为主，带动其他产业发展”的方针发展本国经济。近年来，缅甸采取了增加对农业贷款、饲养贷款、农具贷款；鼓励农民开垦荒地，扩大种植面积；组织力量多渠道集资兴修水利，提高灌溉能力；推广农业科学技术，扩大生产优良品种；加强与国际社会的农业合作，吸引外资开发农业等措施来促进农业的发展。鉴于缅甸农业技术水平相对落后，政府对与中方合作开发农业技术期望值很高，因此可以与缅甸开展各种农作物良种制种技术合作、烟草产业生产技术合作，联合开发水稻杂交种子等。同时，缅甸社会发展水平较低，科技、文化落后，可以到缅甸建立高效农业科技试验示范园，充分利用缅甸丰富的生物资源和光热资源，研究开发植物药材、植物农药等特色生物资源，满足中国国内对这些稀缺资源的需要，同时带动农业相关的标准“走出去”，扩大中国在缅甸农业发展中的影响。

七、菲律宾技术性贸易措施分析与对策

（一）菲律宾技术性贸易措施分析

菲律宾是农业大国，其政治与贸易关联性较大，十分重视技术性贸易措施的利用，注重将技术标准转化为技术法规，特别关注电器能效、玩具、食品安全措施，是东盟国家中通报最多的，特殊产品检验标准要求必须与菲律宾国内标准相一致，并出台了强制性农业标准法令，采取了严格的技术性贸易措施来保护本国的农业发展。

1. 重视技术性贸易措施的利用，是东盟中通报最多的国家

2012—2016 年，中国与菲律宾双边贸易额约 2000 亿美元，占中国与东盟贸易额约 10%。出口主要商品是：机电仪器、化矿金属、纺织鞋帽，占出口总额的 75.7%，双方机电产品互补性强。菲律宾共发布 TBT 通报 39 项、涉及的产品主要包括电子电器产品、食品、农产品、家具等。其通报的主要原因：较为集中为电子电器产品主要涉及相关安全、能效标准草案的发布；食品及相关产品通报主要涉及食品企业许可注册行政草案、预包装食品标签法规草案及相关标准草案发布；其他较分散的分布在各个产品领域，通报内容涉及包装要求、注册要求、标签规则、认证及标准要求等。从菲律宾发布的 TBT 通报来看，技术标准不断完善，技术贸易措施不断加强。通报的 SPS 措施 184 件，占总数的 42.5%，是东盟十国中历年来通报件数最多的国家。可见菲律宾是最关注食品安全及动植物安全的国家，其中 2014 年发布了禽流感和口蹄疫临时禁令通报 12 件，其他主要集中在食品安全和种植、养殖良好农业规范要求。对中国出口农产品影响较大的是 2014 年的临时禁令，禁止中国家禽肉、日孵雏鸡、蛋、精液和源自疫区口蹄疫易感染动物及及其产品和服务产品进口。

2. 关注电器能效、玩具安全及标签措施要求

2013 年 3 月，菲律宾贸工部产品标准局制定了家用电器能效因子和标签要求标准。其中，第一部分规定了连接电源的电视机能效因子和标签要求；第二部分规定了家庭及类似用途食品冷冻箱、冷藏冷冻箱能效因子和标签要求；第三部分规定了家庭及类似用途洗衣机能效因子和标签要求。2013 年 6 月，菲律宾贸工部产品标准局修订了家用电器能效因子和标签要求标准，增加了执行中的规则和法规，即执行指南。

近年来，菲律宾成为中国在东盟国家中玩具出口的主要目的地。2014 年 5 月，菲律宾贸易与工业部消费者权益保护和宣传局制定了 2013 年玩具和游戏标签法案的执行规则和法规，适用于在本地或国际制造的进口、捐赠及在菲律宾分销或销售的玩具或游戏的制造商、分销商、进口商和零售商。

3. 技术标准转化成技术法规，并逐步加严

菲律宾采用的标准体系与中国几乎相同，水平较高的领域是电力行业。菲律宾规定化妆品、医疗器械、家用电器等 75 种商品原产地检验标准必须与菲律宾国内标准相一致；颁布关于音频、视频及类似电子产品的强制性国家标准，要求这些电子产品的所有制造商和进口商在其进入菲律宾市场和销售前，必须获得菲律宾标准许可证和进口商品入关清单。菲律宾是农业大国，将多项技术标准转化为技术法规，并出台了强制性农业标准法令，采取了严格的技术贸易措施来保护本国的农业发展。如菲律宾针对进口肉类和肉制品作出如下规定：货物要随附国际兽医证书；出口国只输出宰杀 3 个月以内的冷冻肉；出口国政府兽医权威机构要对其疫病状况提供月度报告，在确信有疫病爆发时可中止进口；货物服从菲律宾兽医和实验室的检验及收费以及准入的货物要服从由菲方进行的定期检验。

4. 政治与贸易关联性较大

菲律宾是东盟的重要成员国，也是中国农产品贸易的重要伙伴国。但随着近几年中菲双边关系的起伏变化，中国与菲律宾经济贸易关系也受到了影响。尤其是“黄岩岛事件”和“南海仲裁”闹剧对中国与菲律宾的农产品贸易冲击较大。

5. 重视食品安全，标签要求严格

菲律宾在食品管理方面主要采用质量管理认证手段来促进产品质量的提高。通过对进口商品粘贴合格标志管理进口商品，食品都必须符合食品法典委员会和世界动物卫生组织制定的标准。在标签上，对进口的肉类和肉制品标签和包装要求必须用英语和法语标注名称、活性成分、以公制记的质量、来源、管理程序说明、产品分类、标明“出口菲律宾”字样、制造商及出口商的名称和地址、生产组别号。2014 年 8 月，菲律宾卫生部食药局修订了预包装食品标签管理规定，涵盖了当地生产或进口到菲律宾的所有预包装食品，包括食品增补剂的标签。

（二）菲律宾技术性贸易措施对策

1. 积极研究菲律宾技术性贸易措施，有效应对

菲律宾是东盟国家中技术性贸易措施应用最多的国家。为规避菲律宾的技术性贸易壁垒，中国出口菲律宾的企业应多了解菲律宾相关技术标准、技术法规和认证制度等市场准入信息，出口菲律宾的产品尽可能按菲律宾的标准以适应其标准法规的要求。通过对菲律宾技术性贸易措施的分析和研究，使中国企业对菲律宾技术性贸易措施有比较清晰的了解，及时掌握和了解菲律宾技术性贸易壁垒信息，尽可能规避和消除出口贸易中遇到的技术性风险和障碍。知己知彼，才能顺利开拓菲律宾市场，增加出口。

2. 把握中菲政治外交动态，加强中菲双边合作

由于近年来中菲政治外交关系的变化较大，中国与菲律宾经济贸易关系也受到了较大的影响，但随着两国关系的改善，双边经贸逐步回暖。要充分把握利用好目前的经济形势，扩大出口，特别是2016年10月，菲律宾总统杜特尔特访问中国，与中国就双边经贸关系进行了交流，还就农产品贸易议题达成了一致意见。国家质检总局与菲律宾农业部签署了中菲关于动植物检验检疫合作备忘录，中方宣布恢复28家菲企业热带水果对华出口。因此，应该充分利用此契机，加强双方在动植物检验检疫领域的交流与合作，促进中菲双边农产品贸易的发展壮大，推动中菲双方相互信任、互利共赢的友好合作关系进一步巩固和发展。

3. 深度挖掘较强互补性的农产品，提高产品质量水平

由于菲律宾是农业大国，也是中国出口农产品的主要市场，农产品的出口很容易受到菲律宾政策、偏好、文化的限制，同时也是菲律宾为保护本国农业采取技术壁垒的主要目标。因此，为消除或弱化技术性贸易措施对中国农产品所带来的不良影响，要深度挖掘与菲律宾国内市场较强互补性的农产品，提高农产品的技术含量，尽快投入力量制定应对措施，特别是针对菲律宾通报要求的良好农业规范规定。应按照菲律宾相关标准组织生产，使产品达到其质量要求，才能有效化解技术性风险和障碍，避免不必要的损失。

八、新加坡技术性贸易措施分析与对策

（一）新加坡技术性贸易措施分析

新加坡在东盟中属于比较发达的国家，资源紧缺但质量要求高，特别注重环境资源保护，能效要求非常高，法律法规非常健全，食品标准要求高，国家标准大部分采用国际标准；技术性贸易措施主要为电器能效、资源消耗、环境保护、严格的进口管理、高标准的食品安全规定等方面。

1. 新加坡具有重要的贸易地位，关注电器产品及违规通报

新加坡是中国在东盟国家中的第三大贸易伙伴，第二大出口国，2012—2016年，双边贸易总额约5000亿美元。中国出口新加坡的主要商品为：机电食品占56.1%及化矿产品占19.7%；新加坡发布TBT/SPS措施通报68项，涉及的产品主要包括电子电器产品、食品、食品安全和动物卫生措施等。其中，涉及电子电器产品相关通报11条，主要涉及产品能效、节水、标签、有害物质等要求；违规通报60件，主要涉及农产品中的农残超标，对中国出口植物产品没有进行过违规通报。

2. 高度重视电器能效，措施超前

新加坡自然资源缺乏，高度重视能效及资源消耗，政府对电器的能耗方面特别重

视，5 年来实施了诸多关于能效的强制性要求，许多技术标准与中国有所差异，且有些机电产品技术性贸易措施实施比较超前。国家环境署推出“强制性能源标签计划”，规定所有市面上的空调、冰箱、干衣机和电视机均须贴上能源效率标签；在新加坡供应的所有注册的空调器和冰箱必须遵守新的最低能源效率标准；新加坡规定窗式空调最大制冷量不超过 12kW，分体式定速和分体式变速空调不超过 17.6kW 和 10kW，而中国规定家用空调的最大制冷量不能超过 14kW，双方存在明显的差异；新加坡国家环境署于 2011 年 10 月开始实施“家用洗衣机强制性用水效率标签计划（MWELS）”，目前中国尚未有相关规定，2013 年 4 月及 2015 年 10 月又二次修订该项规定，上调家用洗衣机最低用水效率等级。以上措施无疑会对中国机电出口企业的设计生产、成本控制及产品竞争产生一些负面影响。

3. 环保意识较强，对排放有严格的要求

新加坡环保意识较强，实施发动机尾气排放控制也早于中国，尤其是在更新提高机动车辆排放等级方面一直比较超前，目前已全面实行欧Ⅴ标准。新加坡还制定了所有进口至本国的新机动车辆的排气噪声强制性标准，对所有进口供在新加坡使用的非道路柴油发动机也制定强制性排放标准。此外，新加坡国家环境署还宣布：从 2017 年 9 月 1 日和 2018 年开始，分别对汽油动力和柴油动力汽车实行欧Ⅵ排放标准。

4. 法律法规非常健全，标准要求高

新加坡粮食全部依靠进口，蔬菜自产仅占 5%，故其大部分的农产品皆从马来西亚、中国、印尼和澳大利亚等国进口。新加坡食品安全准则是必须符合国际食品法典委员会（CAC）或进口国家的标准。新加坡独立时继承英国食品法律和标准，1973 制定新加坡自己的食品销售法令，1974 年制定新加坡自己的食品条例，食品条例定期审查更新。新加坡认为严格的完全按照技术要求来制定本地的食品标准并不切实际，恰当地采用 CAC 所定下的标准，并参考其他国家有关标准（美国食品与药物管理局、澳大利亚、新西兰食品标准局、欧盟），尽可能进行本国的食摄量评估和风险分析，尤其在 CAC 没有设定有关标准的情况下更为重要。例如，新加坡新添加剂的批准是根据 CAC 的建议，添加剂的批准用量是根据民众一般饮食摄入量而定，所有的食品添加剂须受到持续性的安全审查。因此，到目前为止，新加坡农产品标准很少，食品相关标准只有 30 多个，而初级农产品标准基本为零，对进入新加坡市场的农产品，尽可能地采用国际标准才是捷径。此外，新加坡农产品相关的法律法规非常健全，严格按照规定对本国及外来进口食品进行质量安全控制。

5. 严格的进口管理

新加坡对进口企业要求非常严格，要求有完备的出口产品认证的商标、标签、质量认证证书；对进口农产品企业实行注册制度；要求出口新加坡的食品原产地国家必须有一套完整的法规，能符合 CAC 及世界动物卫生组织的标准。中国农产品要进入新加坡市场，必须及时掌握该国的标准和市场准入法律法规。

6. 高标准的食品安全规定

基于世界卫生组织的建议，新加坡农业食品与兽医局多次对食品法提出修订：对食用油脂采用反式脂肪限量，对零售包装的食用油脂采用强制性营养标签，作为新加坡对减少本国居民摄入反式脂肪的国家努力结果的一部分；根据该法一览表 12 的规定对营养信息栏（NIP）格式提出编辑修订；“有机”产品必须依照符合食品法典有机食品生产、加工、标签和销售、检验、有机认证等。同时，新加坡《食品销售条例》明确规定，标签必须用英文标明品名、成分、生产商等的名称和地址、日期、数 / 重量标示等。新加坡《食品销售》条例还禁止了一系列的标签误导措施，以此规范食品的标签制度。

（二）新加坡技术性贸易措施对策

1. 加大研究力度，增强机电产品的节能环保性能并达国际标准水平

新加坡经济较为发达，中国企业在对新出口时应迎合其沿用国际标准、注重能效的特点，在具体产品上以质量取胜、以技术取胜，不断开发节能环保低碳的新产品，保持中国工业产品的领先优势。一是积极引导企业加大对研发的投入，积极调整产品结构，重点开发高技术、高附加值的环保节能机电产品，将产品定位在国际水平或先进水平；二是加强对机电企业和行业组织参与国际标准化工作的培育、指导和扶持，引导机电企业积极按照国际标准或发达先进标准开展标准化生产，鼓励企业进行各种认证和检验，努力降低新加坡技术性贸易措施对中国机电出口的负面影响。

2. 掌握研究新加坡农产品标准和技术法规

由于农产品 90% 以上依赖进口，农产品的市场准入技术措施严格。另外，新加坡的法律法规体系完善，技术标准多采用国际标准。所以必须对新加坡的相关农产品的技术法规进行系统的跟踪研究，才能全面掌握其农产品的质量安全水平情况。

3. 积极开展中新标准和认证互认合作交流

相关部门应积极利用《中国 – 新加坡自由贸易协定》和双方进行升级谈判的契机，与新加坡开展更多农产品领域的合作，签订双边互认协议，开展标准和认证互认，共同提升标准水平，提高标准研究能力。同时，应利用标准手段消除壁垒，促进双方贸易便利化，推动中新农产品贸易健康快速发展。

4. 发挥认证认可在突破技术性贸易壁垒中的作用

贸易全球化背景下，涉外认证认可工作领域需要不断扩大。新加坡在农产品和食品推行良好农业规范管理体系等 4 种体系认证。中国应借鉴新加坡的先进经验，重视国际认证，提高国外客户对我国农产品的认可和信赖程度，帮助中国农产品出口获取国际高端市场的通行证，以高品质农产品突破新加坡的技术性贸易壁垒。

5. 从源头控制出口食品安全

由于新加坡对进口食品要求严格，从源头控制出口食品质量安全是应对其技术性贸易措施的关键。首先，生产企业要关注、收集整理新加坡进口食品安全卫生要求，并与中国的相关规定进行比对、研究。其次是要加强生产过程控制和提升自检自控能力，确保产品质量长期稳定。最后是要加强监管，严格按照出口规定对原料、生产过程进行严密的监管和口岸检验检疫，确保产品符合新加坡的要求。

九、泰国技术性贸易措施分析与对策

泰国是东盟中 TBT 通报最多的国家，近年不断加快能效法规、标准的出台，食品标签要求在东盟国家中最严最细，频繁地修改食品添加剂相关要求来设置技术性贸易壁垒。同时，泰国高度重视农产品，农产品标准处于世界领先地位，对农产品采取强制性产品认证制度注重保护“泰国香米”品牌。

（一）泰国技术性贸易措施分析

1. 泰国贸易地位重要，是东盟 TBT 通报最多的国家

泰国是中国在东盟国家中的第四大贸易伙伴，2012—2016 年，双边贸易总额约为 3700 亿美元，中国出口泰国的主要商品为机电仪器、化矿金属，占出口总额的 70%。5 年间，泰国共发布 TBT/SPS 措施通报 165 条，是东盟发布 TPT 通报最多的国家，主要涉及：机电、电器、食品标签、食品、食品安全领域和动物卫生健康领域。食品安全领域的通报数量最多，说明泰国特别重视进口食品安全问题。TPT 通报的主要原因：法规的出台及修订、采用国际标准、标准制定等。SPS 通报所涉及的最大热点问题即为动植物卫生和食品安全问题。SPS 通报的目的和理由仍旧以保护人类免受动 / 植物有害生物的危害、保证食品安全和动物健康为主。所以相关出口泰国的企业应主动关注泰国所发布的 SPS 通报，预防因此造成的损失。

2. 机电法规不断完善，所涉废弃产品的定义远大于国际上现有的定义范围

泰国出台的《废弃电子电气设备（WEEE）及其他废弃产品法案草案》，是继欧盟、日本、韩国等之后又一个对废旧电器回收提出强制性要求的国家，其涉及产品范围更广，所涉废弃产品的定义远大于国际上现有的废弃产品法规的定义范围，既不只限于家用和非家用电子电器产品，还将所有对环境产生影响的产品都列入管理范围，但却没有提供产品类别的具体清单。《废弃电子电气设备（WEEE）及其他废弃产品法案草案》新规可能从多方面增加出口商的成本，因为中国厂商或在泰的进口商需向泰方的环境基金缴纳回收费用，并且新规可能会影响中国国内跨境电子商务平台对泰国产品销售的成本。

3. 标准等同采用国际标准，但与中国采用的标准版本不同

在机电电器方面，标准等同采用国际标准，涉交流电风扇、压缩机等均等同采用国际电工委员会（IEC）的相关标准，但与中国国内相关的国家标准等同采用的 IEC 标准版本不相同，输泰企业如不及时按照泰国版本做好生产准备，将会蒙受较大的经济损失。

4. 加快能效法规、标准的出台

5 年间，泰国发布了 25 项与能效相关的通报，包括高效空气调节器、电冰箱、电饭煲、台扇、吊扇、立扇、电热水瓶、电热水器的能源效率比（EER）、测试实验室、能源效率比测定标准和方法；高能效管形荧光灯镇流器能效要求标准草案；高能效电热水壶、微波炉、电炉、电熨斗、打印机、电水壶、微波炉、电炉灶、变速传动设备、家用音响设备、电视机、电烤箱、高能效电冷水器、热 / 冷饮用水储水器、高能效平底电锅的部颁法规草案等。中国企业要重视泰国对能效的要求，研究相关技术符合其相关要求。

5. 农产品技术性贸易措施不断加强

泰国是农业国也是中国农产品主要贸易国。一直以来，泰国采取严格的技术性贸易措施来保护本国的农业生产，农产品标准和技术法规较为完善，有相关的商品标准、农产品生产体系标准、常规检查标准、良好农业规范标准。泰国农产品品质优良，因此不断地、有针对性地提升、更新产品质量、卫生、环境等标准要求，构筑和提高技术壁垒。例如：泰国政府出台法规，对 2009 年 7 月 1 日后输往泰国的水果、蔬菜等近 300 种食品农产品提出了更加严格的农残检测要求，有机磷、有机氯、氨基甲酸酯和除虫菊酯四大类农药残留限量达到要求方可通关，而检验报告必须由获得 ISO/IEC 17025 认可的实验室出具。此项法规涉及中国目前农药市场上流通的部分常见品种，如不引起高度重视，采取积极应对措施，势必对出口造成重大影响。此外，泰国在水果蔬菜种植中大力推广规模化、机械化、标准化，还特别注意按照国际标准对产品进行采后处理，即对产品进行分拣、保鲜、包装、加工、贮运等。以龙眼为例，泰国农业标准《TAS 1 — 2003 龙眼》对硫的残留标识有特殊要求。该标准规定：若龙眼经硫熏处理，且鲜龙眼中硫的残留量不低于 10mg/kg 时，则应标明“经硫熏处理”，而中国农业行业标准 NY/T 516—2002《龙眼》没有此项规定。泰国农产品标准体系较健全，例如：与龙眼有关的标准就有 5 项，除了以上提及的《龙眼》，还有《干制龙眼》《桂圆》《桂圆深加工》《龙眼罐头》标准等。

6. 实行良好农业规范认证认可制度，注重对“泰国香米”品牌的保护

泰国良好农业规范认证——ThaiGAP 是自愿性的标准，等同 GlobalGAP 标准。实施 ThaiGAP 认证以来，极大地推动了泰国农产品持续打入国际市场。泰国实施优质农产品品牌认可制度，如为使其大米贸易在竞争激烈的国际高端市场上取得独特的优势，有效地保护本国稻米产业的地位，十分注意加强对“泰国香米”品牌的保护。泰国商业部为香米专门注册一个商标，符合出口标准的米商将统一使用此商标对外出口，目前已有 26 个大米出口商被批准使用此商标。

7. 严格的包装、标签要求

2013 年，泰国新的《预包装食品标签法规》规定：食品的保质期、最佳赏味期、致敏信息、标识字体大小等信息都要在食品包装上标识清楚，该标准适用于所有食品包装。泰国是东盟各国中食品标签通报数量最多的国家，不仅有食品标签基本要求，还有营养标签、营养声称、警示语、致敏源标识等。对于标签表面积、文字符号数字大小等细节性问题也有规定。此外，在一些产品标准中也涉及了食品标签的某些要求。

8. 频繁地修改食品添加剂相关要求

泰国增加了繁琐的农产品检验检疫制度，规定在食品进口登记中分开产品的具体成分和生产方法，同时频繁地修改食品添加剂相关要求，内容包括食品添加剂标签、最大许可限量要求等。如，2012 年 12 月泰国食品药品管理局先后发布了泰国公共卫生部通报草案，标题为食品添加剂（No.3）和食品添加剂（No.4）：甜菊糖；2015 年发布关于食品添加剂的 No.3 通报，修订食品添加剂标签现有规定；2016 年泰国公共卫生部食药局修订了食品添加剂最大许可使用标准等。

（二）泰国技术性贸易措施对策

1. 适应泰国注重产品的节能环保性能要求及特殊标准要求

泰国的 TBT 通报大多集中在节能、环保的要求。其废旧电器回收法规等同采用 IEC 的相关标准，但与中国国内相关的国家标准等同采用的 IEC 标准版本不相同。中国企业要注重搜集研究泰国技术法规标准，提前考虑、预计输往泰国的电子电气产品的增加成本。同时，要高度重视泰国政府对能效的要求，确保产品符合泰国的能效技术要求。

2. 关注两国农产品标准间的差距，积极推动中泰农业产业互认及共享发展

泰国本身农产品品质优良，农产品标准和技术法规完善，出口泰国的农产品必须要符合相关商品标准、常规检查标准、良好农业规范标准的要求，注重泰国标准与中国标准的差距，特别是采后处理特别注意要按照国际标准进行，积极采用国际标准，努力获取国际认证，充分发挥中泰两国农业产业的互补优势，加强两国农产品贸易主管部门及农业生产技术的互动交流与合作，共同推动良好农业规范认证认可的互认工作，促进两国农产品的“你来我往”和市场互通有无。

3. 加强标签法规标准的收集和学习

泰国较多地运用食品标签相关的法律法规和标准来增加贸易壁垒。泰国是东盟中食品标签通报数量最多的国家，不仅是基本要求甚至包括一些细节性的要求。建议中国出口企业针对泰国食品标签要求最多最细的特点，全面收集了解相关规定，深入分析其中细节要求，提前学习掌握泰国对标签标注的内容、语种以及规范标注等强制性规定，注意区分强制性和推荐性的标签要求，熟悉其特殊的标签要求，提前准备并按照要求执行。

4. 从源头控制食品添加剂，应对频繁修改的食品添加剂相关要求

增加食品安全意识，从源头控制食品添加剂，以应对泰国通过修改法规，频繁地修改食品添加剂相关要求。出口泰国的中国食品生产企业，要有专职部门负责对食品添加剂法规标准信息进行收集整理，及时关注其食品添加剂标准及其更新动态，特别关注中国与泰国使用范围和限量有差别的食品种类和食品添加剂品种，正确理解泰国的食品添加剂使用规定，避免被退货或销毁。同时，要把好原、辅料验收关，选择质量长期稳定，信誉良好的，符合泰国要求的原、辅料供货方至关重要。此外，企业所进的每批原、辅料，要由供货方提供官方认可的检测报告或合格证明文件，并签订协议书。一旦出口被检出违禁添加剂、防腐剂，便于追踪溯源。

十、越南技术性贸易措施分析与对策

越南是中国重要的贸易伙伴国。2013—2016 年，越南连续 4 年是中国出口东盟中贸易额最大的国家。近年来，越南 TBT/SPS 通报较多，出台技术法规是措施通报的主要原因。越南农产品及食品标准在国家标准中比重大，采用国际标准程度高。

（一）越南技术性贸易措施分析

1. 越南是中国重要的贸易伙伴，技术性贸易措施通报活跃

越南是中国在东盟中的第二大贸易伙伴，是中国出口在东盟中的最大承接国，2012－2016 年，中国与越南的双边贸易额约达 4000 亿美元。中国出口的主要商品为机电仪器、化矿金属，占同期总出口额的 64.8%。5 年间，越南共发布 TBT/SPS 措施通报 140 条，居东盟第三位，涉及的产品主要包括爆破用品、食品、钢材、机动车及医疗设备、食品安全、动物卫生健康领域等。通报的主要原因：技术法规的出台及修订。

2. 出台技术法规是措施通报的主要原因

越南因出台相关技术法规在多领域发出通报，是其发布技术性贸易措施通报的主要原因：

（1）爆破用品。爆破用品连续发出 8 条 TBT 通报，内容均涉及炸药及其他爆破设备的制造、进口和分销的技术要求，产品包括爆破欧姆表、电气爆破器械、导爆索、雷管及斑彩螺炸药；

（2）医疗设备。针对高频手术设备、婴儿保育箱、刚性内窥镜制定了国家基本安全技术法规，法规适用于在越南生产、出口、进口和使用医疗内窥镜设备的机构、组织和个人。

（3）钢材措施。越南工业贸易部和科学技术部联合发布了《关于规范国产和进口的钢铁质量管理的通告》，通告规定了国产和进口钢铁的质量管理以及对钢铁产品控制的程序和方法指南。生产和进口属于本通告钢铁产品列表的钢铁的实体、主管部门、制定和认可的合格评定机构，以及其他相关的个人和团体应当遵守本规定。并制定了国家钢铁生产工艺和设备技术法规，规定了新钢铁生产厂建设工艺和设备要求，包括焦炉、烧结厂、鼓风炉、基本氧炉、电弧炉和轧钢厂。新钢铁厂必须确保工艺先进、节能和环境友好。

（4）电动自行车措施。越南修订电动自行车的技术法规草案，对电动自行车技术安全要求和测试方法进行了规定。电动自行车其功率不超过 250W，最大设计时速不超过 25km/h，车辆自重（包括电池）不超过 40kg。草案适用于从事电动自行车生产、组装、进口、检验、测试、质量管理和认证的机构、组织或个人。此举旨在保护人类生命安全，降低事故发生率。

（5）动植物检疫。动物及动物产品方面规定陆生动物及动物产品检验检疫要求。

3. 农产品国际标准采用率高，中国标准与越南标准侧重点有所不同

越南农产品及经济作物领域标准水平较高，农产品及食品标准在国家标准里占有很大比例，采用国际标准的程度达到了 58%。通常采用中国国家标准产品出口越南，遇到技术性贸易壁垒的情况较少。但由于借鉴、采用的标准不同，中国标准与越南标准在指标控制，特别是标准规范的侧重点、有毒有害物质的设置项目有所不同。例如：比较分析 GB 2707—2005《鲜（冻）畜肉卫生标准》和越南标准 TCVN 7047：2002《冷冻肉类技术法规》中的重金属含量，发现中国标准中镉（Cd）与汞（Hg）的指标残留量均高于越南标准中的规定。显然，越南标准的镉与汞的残留指标严于中国标准，意味着中国产品出口越南时，不仅要符合 GB 2707—2005《鲜（冻）畜肉卫生标准》，而且要提高对镉、汞残留限量的要求。

4. 加强了农食产品的检验检疫管理，但标准尚未统一

近年越南才开始在其优势农产品推行 GAP，比如大米、火龙果等，工作有所加强。由于技术措施不完善，最近越南出台限制非必需农产品、食品进口的商品名录，加强对通过贸易、边贸、边民互市进口商品的质量检查。目录所列产品必须在通关时经过检验，得到有关行政主管部门（包括公共卫生部、农业与农村发展部、工业部、渔业部以及科学技术部）许可。检验时，有些产品依据的是国家标准，有些产品依据的是主管部门的内部标准，有些产品则两个标准都须符合。越南 2011 年颁布的《关于进口植物源性食品的食品安全控制指南》，对进口境外企业注册、安全卫生项目检测、植包装标签等内容进行了详细的规定，越南加强了农食产品的检验检疫管理。

5. 食品包装、标签要求不断提高

越南发布了预包装食品标签通知和功能食品管理通知，内容分别是对预包装食品标签和功能食品的要求；发布了关于指导含有转基因生物和转基因生物产品的食品标签的联合通知草案，规定了在越南境内销售的含有转基因生物和转基因生物产品的包装食品的标签。

（二）越南技术性贸易措施对策

1. 加强越南以法律法规为主的技术性贸易措施的研究

近年来，为应对贸易逆差增大给越南货币稳定造成的压力，越南政府采取了许多措施，包括主要通过法规的修订来增加贸易壁垒。越南农业与农村发展部为了应对各类蔬果进口连续增长，已要求各职能部门尽快审查修改各项管理规定、颁布技术标准以进一步限制农产品进口。比如：对进口蔬果及其制品加施官方认证标志，对蔬果的农残、包装规格等方面提出更高技术要求，使用动物检疫证书和进口检验来限制禽肉进口等。这些技术性贸易措施无形中增加了中国产品对其出口的成本，影响了中国对越贸易。因此，中国各出口企业应高度重视越南法规修订等技术性贸易措施变化，积极跟踪越南标准、技术法规等的发布实施。同时，加强越南技术法规和标准的研究和分析，避免因产品不合格造成退货、出口受阻等损失。尽管大多数产品越南接受中国标准，由于标准差异性的存在，企业在出口时，必须分析研究对方的标准并对比中国相关产品的技术标准，依照越南标准对生产、包装、仓储、运输等各个环节进行改进，确保产品顺利进入越南市场。

2. 开展部门间的交流与合作，促进农产品的出口

中越双方在机电产品领域签署了双方互认结果的备忘录，正在研究协议扩大到农产品领域。越南推广良好农业规范体系起步较晚，工作基础较为薄弱，国家标准中尚未制定良好农业规范标准。中越两国都是农业大国，农产品标准和认证的差别会阻碍双边农业贸易。必须充分了解越南技术法规和标准对中国主要产业的具体影响，建立与越南相关政府部门沟通、交流、合作的有效途径。通过交流与合作，第一时间掌握越南出台的最新技术性贸易措施，使中国政府及标准化部门适时应对并制定出相关对策。近年来，广西出入境检验检疫局与越南农业与农村发展部植物保护局利用边境地区实蝇监测合作建立了良好的合作机制，为讨论和解决双边贸易植物检疫问题开辟了新的途径，也取得良好的效果。下一步，可拓展至与越南兽医部门的合作。

3. 开展中越认证和检测结果互认

中越双方在平等的基础上开展检验检疫认证或检测结果互认合作，可以实现资源互补，减少贸易中不必要的重复检测、重复认证，消除贸易中认证认可工作的差异造成的技术措施。通过实施公平、公正的互认，赋予产品、服务以进入市场的信誉度和通行证，降低贸易成本，减少贸易摩擦，从而达到合作共赢的目的。

4. 建立越南技术标准信息服务平台，为企业、政府提供预警功能

越南与中国接壤，是中国在东盟中的最大出口市场。针对中国出口市场对越南标准信息及服务日益迫切的需要，应建立东盟国家标准信息的公共信息平台并不断完善，及时将越南等东盟国家的标准、技术法规，以及 WTO / TBT 通报内容等信息快速、方便地呈现出来，为政府有关部门、进出口企业提供前瞻性的技术性贸易壁垒的预警信息，进而为政府决策和企业规避风险提供参考，提升进出口贸易的发展水平。

十一、东盟十国技术性贸易措施分析与对策综述

东盟作为中国的第三大贸易伙伴，近年中国与东盟的贸易额均占 10% 以上，近年来东盟 TBT/SPS 通报数量有加速上升的趋势，2012—2016 年近 5 年来东盟 TBT 和 SPS 通报的数量占 1995 年以来总数的 30%，通报国家相对集中，主要为菲律宾、印尼、泰国及越南；通报数量最多的产品是农食产品，其次是机电仪器和化矿金属等工业产品。据中国技术性贸易措施年度报告（2017）显示：2016 年产品出口到东盟国家遭受损失的主要形式是丧失订单和退回货物，分别占 56.4%、11.4%，出口到东盟所遭受的直接损失达 147.6 亿元，占全部直接损失额的 4.5%，直接损失率为 0.9%。东盟各国政治体制、经济水平、发展阶段差距较大，并受各国宗教文化的影响较大，所实施的技术性贸易措施侧重不一，因此对不同国家采取的应对措施有所不同，东盟十国技术性贸易措施的主要特点与主要应对措施见表 4—5。

表 4–5　东盟十国技术性贸易措施主要特点及主要应对措施

国家	技术性贸易措施特点	应对措施
文莱	（1）TBT/SPS 通报少；（2）技术性贸易措施注重食品安全管理及清真食品认证；（3）经济发达，注重产品质量及档次；（4）认证认可体系不完善，直接利用 PAC/APLAC 国际互认机构的认可结果。	（1）出口食品须通过清真认证及清真检验；（2）重点扩大高端产品出口；（3）鼓励地方经济主体参与中文双边经贸合作，着重挖掘清真食品、农产品等商品的生产加工与贸易合作。

续表

国家	技术性贸易措施特点	应对措施
柬埔寨	（1）TBT/SPS通报少；（2）经济欠发达，主要依靠农业经济；（3）国家标准数量少且均为电器类标准；（4）尚未建立国家认可体系。	（1）发展中柬农业互补优势，促进农业领域的合作开发，带动农业机械出口；（2）加强中柬认证认可领域的合作，帮助其建立国家认证认可体系。
印尼	（1）TBT/SPS通报多；（2）技术性贸易措施注重涉及公共及人身安全的强制性产品的进口质量、环境等因素；（3）相关产品须通过国家标准认证（SNI认证），才能在市场销售。	（1）加强产品质量，提高市场竞争力；（2）加强中印标准比对，促使出口产品通过SNI认证；（3）加强与印尼的沟通合作，并运用TBT通报评议特别贸易关注等手段，抵制贸易歧视手段。
老挝	（1）TBT/SPS通报少；（2）经济欠发达，主要依靠农业经济，日常用品主要依靠进口；（3）尚未建立完整的认证认可体系和标准体系；（4）进出境动植物检验检疫管理发展滞后。	（1）加强中老农业方面的合作，夯实农产品贸易基础；（2）企业要严把质量关，提高出口日常用品在老挝市场的竞争力和占有率；（3）帮助老挝建立认证认可体系、标准体系及进出境动植物检验检疫管理体系；（4）推动农产品生产“走出去”，建立统一的农产品认证标准，确保中国投资生产的农产品顺利返销国内。
马来西亚	（1）TBT/SPS通报较多；（2）技术性贸易措施主要为道路车辆及机电产品安全措施、食品安全措施、清真措施等方面；（3）国家标准大部分采用国际标准化组织和国际电工委员会制定的国际标准。	（1）加强出口工业品的风险预警，减少机电产品的出口风险；（2）落实食品企业主体责任，确保出口食品的安全卫生；（3）加强双方清真食品企业合作，促使中方企业获得马来西亚的清真标志认证；（4）加强中马双边农产品检验检疫交流合作，建立完善的检验检疫长效合作机制，深化中马双边农产品贸易。
缅甸	（1）TBT/SPS通报少；（2）经济欠发达，主要依靠农业经济；（3）尚未建立完整的认证体系和标准体系；（4）进口商要想从国外进口商品，必须先出口，才能进口，用出口所赚外汇作进口资金，并对进口商品品种进行了严格限制；（5）要求所有进口农产品必须经过其风险评估程序。	（1）加强与缅甸的农业开发合作；（2）开展认证及标准领域的合作，帮助缅甸完善认证体系和标准体系；（3）注意中缅法律差异，调整出口贸易方向；（4）关注缅甸植物检疫新规定的变化，防止通关受阻。

续表

国家	技术性贸易措施特点	应对措施
菲律宾	（1）TBT/SPS通报多；（2）技术性贸易措施主要为电子电气产品的能效因子和标签要求、食品安全、种植和养殖良好农业规范要求等方面；（3）一半以上的标准都采用国际标准化组织和国际电工委员会制定的国际标准。	（1）分析研究菲律宾的技术标准、技术法规等市场准入信息，建立我国产品应对菲律宾技术壁垒的针对措施；（2）加强中菲在动植物检验检疫领域的交流与合作，促进双边农产品贸易的进一步发展；（3）按照菲律宾通报的良好农业规范组织生产，使产品达到其质量要求。
新加坡	（1）TBT/SPS通报较少；（2）技术性贸易措施主要为电器能效、资源消耗、环境保护、严格的进口管理、高标准的食品安全规定等方面；（3）国家标准大部分采用国际标准化组织和国际电工委员会制定的国际标准。	（1）加大研究力度，增强出口机电产品的节能环保性能；（2）全面了解和研究新加坡食品标准和技术法规，提高出口食品质量；（3）与新加坡开展标准和认证互认，利用标准手段消除壁垒，促进双方贸易便利化。
泰国	（1）TBT/SPS通报多；（2）技术性贸易措施主要为机电法规、能效法规及标准、农产品质量、卫生及环境等标准要求；（3）高度重视农产品，农产品标准处于世界领先地位，对农产品采取强制性产品认证制度。	（1）重视泰国对机电产品能效的要求，确保出口产品符合其能效技术要求；（2）加强中泰农业生产技术交流及农产品贸易主管部门的互动交流，促进两国农产品“走出去”“引进来”。
越南	（1）TBT/SPS通报较多；（2）农产品认证认可制度不断加强；（3）农产品及食品标准在国家标准中占较大比重，为水平较高的标准领域，采用国际标准程度高；（4）电气产品标准基本等同等效采用IEC标准。	（1）及时跟踪越南标准、技术法规等的发布实施并加强研究分析，对比我国相关产品的技术标准，对生产、包装、仓储、运输等各个环节进行改进，确保产品出口顺利；（2）开展检验检疫认证或检测结果互认合作，减少贸易中不必要的重复检测及认证，消除贸易中由认证认可工作的差异造成的技术壁垒。

第三节　典型案例分析与对策

一、印尼大蒜新规或将影响中国百万蒜农生机

（一）印尼大蒜新规主要内容及影响

印尼为中国大蒜的主要出口国。资料显示，印尼每年大蒜需求5万吨，其国内产

量2万吨，主要从中国、印度和埃及等进口，其中从中国进口占比99.25%①。印尼政府为推动本国实现大蒜自给自足计划，修订了农业部条例第11条“关于园艺产品进口商的进口建议”，并于2017年7月1日实施。新规的实施，对中国大蒜出口及蒜农的收益带来重大影响，其主要内容及带来的影响主要体现在以下3方面：

（1）大蒜进口配额管理重新启动。2013年1月印尼曾对中国大蒜实行配额管理，此举对中国和印尼大蒜市场均造成严重影响，直接导致中国国内大蒜价格下跌严重，印尼大蒜价格暴涨严重。后经中印两国有关政府部门协商，当年3月份，印尼很快取消了配额政策。时隔4年，此次新规重启大蒜进口配额管理，要求大蒜进口商进口前必须向印尼农业部申请配额，并要求大蒜进口商必须种植相当于5%进口配额的大蒜。为缓解新规施加的经济压力，印尼大蒜进口商必将大幅度压低中国大蒜进口量，进而对两国大蒜贸易造成负面影响。

（2）准入认证门槛大幅提高。目前，中国大蒜出口已出具植物检疫证、熏蒸证，部分还出具健康证、卫生证和品质证等相关证书，新规要求出口大蒜产地须通过GAP（良好农业操作规范）认证，出口企业须通过SGS（瑞士通用公证行，第三方检测机构）监装验货，准入认证门槛的大幅提高，必将进一步增加企业出口成本，削弱企业竞争优势。据山东两家企业反映，按出口大蒜25万吨计，GAP认证费用将增加44万元；SGS监装验货成本将增加约1500元/集装箱，仅此一项全国大蒜出口成本将增加2000多万元。

（3）中国国内蒜农收益将受损严重。受2016年大蒜价格持续走高影响，国内农户对大蒜种植的积极性高涨，2017年全国种植面积高达38万公顷，同比增长20%。盲目扩种的后果将导致大蒜市场的供大于求，进而导致大蒜价格下降。2017年6月26日监测数据显示②：主要集贸市场大蒜均价为6元/kg，较上市初期的12元/kg累计下跌50%，较去年同期9元/kg下跌44.4%；出口方面，受库存增多、出口受阻等多方面因素影响，大蒜出口价从前期平均12000元/吨下降到现在6500元/吨（6.4元/kg），降幅达84.6%。目前，中国蒜农种植成本约在45000元/公顷，成本单价约为3元/kg，如果出口价格出现大幅波动，势必严重损害蒜农利益。

（二）新规下出口印尼大蒜应对措施

1.加强技术性贸易措施的研究和磋商

技术性贸易措施的设置，保护了输入性食品符合其本国的技术法规标准。然而，并非所有的技术措施合理，有的甚至缺少科学依据。因此，应积极参与技术措施评议，

① 数据来源于中国新闻网（www.cqn.com.cn/zj/content/2017-06/24/content_4473781.htm）。
② 数据来源于国际大蒜贸易网（www.51garlic.com）。

充分利用WTO平台，收集相关数据和资料，与印尼方面及时进行沟通和交流，准确掌握条例要求，对条例要求不合理及中方难以实现之处，积极与印尼磋商解决，达到撤销或降低技术要求的目的。

2. 加强培训，及时将印尼方面最新要求进行宣贯

编制培训资料，对重点地区检验检疫机构人员及企业开展系统培训，提高其认识和应对能力。及时向地方政府通报可能对地方外经贸发展带来的冲击影响，以引起政府及有关部门重视，及时通过多种形式向相关企业进行宣传主动规避和防范风险。

3. 强化源头控制

推行“公司 + 基地 + 标准化”管理模式，按照国家有关法律法规，进口国和贸易方的要求对出口大蒜备案基地实施管理、培训和监督，强化基地用药管理，统一购买、领用，并指导基地菜农进行安全生产，保证出口大蒜原料安全。积极推进出口大蒜质量安全示范区建设，提高出口大蒜质量安全，并给予更多的检验检疫优惠措施，从而达到扶优扶强的目的，促进出口大蒜产业稳定可持续发展。

4. 实施出口市场多元化策略和“走出去”战略

提升大蒜品质的同时，积极调整出口大蒜的市场结构，减轻对大蒜主要进口国印尼市场的依赖，在巩固原有市场的基础上，积极开拓“一带一路”沿线其他国际新市场，从而减轻主要的贸易国出台新的技术性贸易措施所造成的损失，减少对整个出口市场的影响。引导大蒜加工企业从原来的粗放型生产加工向多元化的、高附加值的深加工、精加工产业转移，提高出口大蒜的效益，提升大蒜的品牌国际影响力。

5. 发挥蔬菜行业协会的监督指导作用

政府主管部门应积极扶持由大型骨干企业牵头组建行业协会组织，发挥蔬菜行业协会的监督指导作用，对内加强行业自律，规避同行业之间的恶意竞争和血本竞销，对外加强同其他国家行业协会的联系，做好食品加工信息的收集、整理、分析及发布，满足政府制定政策和企业进行生产经营决策的需求。

二、印尼实施新条例使中国新鲜植物源性食品出口全面受阻

（一）印尼实施新条例的概况

2015年2月17日，印尼制定并发布了《关于新鲜植物源性食品进出口食品安全控制条例》（以下简称条例），并于2016年2月正式实施。条例共7章46条，就出口至印尼的植物源性食品的进出口要求、进出口监管及食品安全检测实验室注册和监管体系的认证、暂停与撤销等制定了相关规定，该条例对出口印尼植物源性食品的国家设立了严格的准入门槛和复杂的准入程序，建立了严苛的进口申报、检验、监控措施和食

品安全限量标准，涉及产品包括水果、蔬菜、谷物的 6 大类、103 种植物源性食品。这是印尼首次对进口植物源性食品安全监管进行系统性规定，该条例实施将对中国输往印尼的 85% 食品造成严重影响。

（二）印尼实施新条例的几个特点

与 2011 年第 88 号部长规定相比，本条例主要有以下特点：

1. 提高产品准入门槛

该条例明确规定只有某国植物源性食品安全监管体系获得印尼官方认可或者设置一个（多个）经印尼官方注册的食品安全检测实验室的国家，才能获得植物源性食品对印尼出口资格。而 2011 年条例中进口商与出口商之间所签署的“等效协议”条文，在新规定中不再适用。

2. 明确准入程序

对其他国家的新鲜植物源性食品的安全监管体系认证和食品安全检测实验室注册登记的要求、实施主体、流程等均做出了详细的规定。该准入程序要求严格，需提供大量信息且流程较为复杂，且该认证或注册登记极易被暂停或撤销，一旦在口岸监控中发现 3 次违规现象，即被暂停或取消。在出口国食品安全监管认可程序方面，要求出口国的国家食品安全监管机构、法律法规、出口检查与出证系统、企业执行良好农业规范、检测实验室、过去 3 年的食品安全监测数据等大量信息。在出口国食品检测实验室的注册登记程序方面，要求出口国的国家食品安全主管机构应向印尼农业部递交书面申请并随附授权检测实验室主管当局情况及管理机制、检测实验室情况、出口国农药使用情况、分析证书官员的姓名及签名等。印尼将组建专家对出口国食品安全控制体系认可和出口国食品检测实验室的注册的申请文件进行评估，确保递交的信息满足印尼方面的要求，如有必要将派出专门小组到原产国进行现场核实。

3. 实施严格的进口查验

在进口检查程序方面，要求所有进口的相关产品均需预先通报，并视不同情况实施相应检查措施，一旦被发现违规情况将面临退运或销毁的风险。在入境口岸对每一批入境产品进行预先通报的有效性检查和身份信息检查，对来自未获得体系认证的国家的食品还要实施检测结果证书的核查。不再要求每一批来自未得到认可国家的产品进行抽样检测，而要求提供并核查已获得印尼方面注册登记的检测机构所出具的检测结果证书。

4. 实施专门的监控计划

对来自通过食品安全监管体系认证的国家和已经登记注册的食品安全实验室的新

鲜植物源性食品实施专门的监控计划，在进口新鲜植物源性食品的任何时间，通过化学及生物污染物的含量检测实施监控，并且根据监控结果及出口国的食品安全状况采取相应措施。

（三）对中国出口印尼相关产品的影响

1. 新鲜植物源性食品出口将全面受阻

印尼实施《条例》后，明确规定只有新鲜植物源性食品安全监管体系获得印尼官方认证或者设置一个（多个）经印尼官方注册登记的食品安全检测实验室的国家，才能获得植物源性食品对印尼出口资格。如果没有通过官方认可或实验室没有得到印尼方面的注册登记，该条例所规定的 103 种产品将被拒绝进入。

2. 企业成本提高，竞争力下降

如果中国没有能在该条例生效实施前获得印尼方面的认证，只能通过实验室的注册登记来获得出口印尼的资格，然而按照该条例规定，每一批的产品必须在出口国获得注册登记的实验室进行所有项目的检测，检测合格后方允许进入印尼市场。而在监控计划中，被抽中的批次检测费用也均由产品所有人承担。因此，所需检测项目的大幅增加，进一步加大了企业的成本，竞争力下降，更加不利于中国产品出口印尼。

3. 产品出口资格被暂停或撤销的风险将增加

该条例规定，在实施监控计划时，当实验室检测结果显示化学与生物污染物 3 次超过最大限量时，将暂停甚至撤销新鲜植物源性食品安全监管体系认证，产品将失去输往印尼资格；在食品安全检测实验室登记注册有效期内，经查实，如果出现 3 次签发不符合食品安全规定的实验室检测结果证书的情况，将撤销其注册登记，被撤销注册登记的实验室，其签发的结果证书不能成为产品输往印尼的进口条件。虽然中国从 2009 年以来开展出口水果安全风险监控计划，也未发现异常。但印尼《条例》实施后，将开展口岸监控计划，对中国输往印尼产品实施抽样检测。由于中国的种植水平仍然相对落后，而且口岸检测能力明显不足，因此产品出口资格被暂停或撤销的风险将增加。

（四）出口印尼相关产品的应对措施

1. 加强两国食品安全领域合作

建议中国政府层面加强与印尼方面在进出口食品安全领域合作，通过 WTO/SPS 等多边机制，加强对印尼新规的交涉力度，就条例中不合理的规定与印尼方面进行磋商。如关于出口资格的暂停和撤销方面，是否可以根据在一定时间内出现 3 次超过最大限量方实施暂停和撤销措施，否则以中国输往印尼产品的数量和频率，将很快面临印尼方面的暂停或撤销。

2. 主动适应条例设立的准入要求

针对条例设立的国家准入要求，提前准备相关申请材料，尽快获得印尼方面的食品安全监管体系认证，为中国企业赢得先机。目前已有部分实验室获得印尼的注册，应继续加快向印尼主管部门提出有关实验室的注册申请，争取国内更多的实验室获得印尼方面的注册资格。并加强已注册实验室的管理，防止出现因签发不符合食品安全规定的实验室检测结果证书而被撤销注册登记的情况。

3. 加强企业培训及企业自身管理

通过多种方式和渠道及时将印尼方面最新要求进行宣贯，提供信息咨询服务，帮助企业尽快全面熟悉了解法规的新要求，并按照新要求组织生产、备货和出口。加强企业自身管理，提高企业质量安全自检自控能力，并指导企业合理使用农用化学品，从源头控制有害物质限量，提高产品质量安全水平，确保出口印尼植物源性食品符合其食品安全规定。

三、印尼采用技术性贸易措施限制中国纺织服装出口

（一）印尼技术性贸易措施对中国服装出口的影响

1. 纺织服装贸易下降

中国是世界最大的纺织服装出口国，一直以来，印尼是中国纺织服装的重要出口市场。2012—2016 年间，中国每年出口印尼的纺织服装产品金额分别为 48.46 亿美元、50.12 亿美元、55.09 亿美元、46.60 亿美元、45.28 亿美元[①]。从数据可以明显看出，2015 和 2016 年出口量连续下降，这与印尼政府采取的贸易保护措施是分不开的。纺织服装一直是印尼的第一大产业，出口量约占全球贸易的 1.8%。近年来增长尤其迅猛，还有望成为全球第五大纺织服装出口国。因此，印尼政府除通过一系列激励措施促进生产外，也开始利用技术性贸易措施阻碍其他国家的纺织服装产品进口。

2. 采用新的技术标准限制纺织服装的出口

早在 2012 年 2 月，印尼工业部制造业基础司就通报了强制执行印尼国家标准 SNI 7617：2010《婴幼儿服装纺织面料偶氮染料和甲醛水平纺织术语》的法令草案，同年 10 月份正式实施。该标准包括术语和定义、质量要求、取样、检验方法、验收、SNI 标志认证要求和包装要求，规定了所有国内生产及进口、在国内分销和销售的 36 个月以下婴幼儿服装纺织面料应满足 SNI 要求，并且将 SNI 标志安置在每个产品上。2014 年 2 月又规定实施婴幼儿服饰中偶氮染料和甲醛含量要求的产品认证机构和检测

---

① 数据来源于联合国 UN comtrade 数据库（http：//comtrade.un.org/data）。

实验室。2013 年 3 月，印尼制造业管理总局通报了在纺织材料和纺织产品的纤维中强制执行甲醛和金属限量的法令草案，同年 11 月份正式实施。纵观世界各国的纺织服装技术法规，无论是欧美发达国家还是日、俄、中，只有申请生态纺织品标签的产品或涉及涂层、金属配件才要求对重金属含量有要求。印尼对所有分销和销售的纺织品提出普遍的强制性要求，属于对国内产业保护性贸易壁垒。此外，印尼要求生产商应当通过持有使用 SNI－SP 标志的产品证明书和在每件产品上放置 SNI－SP 标志来证明符合要求，且证书的有效期为 3 年，每年还要进行工厂审查，这大大增加了中国出口服装企业的认证检测成本，影响了中国对印尼纺织服装的出口。

3. 纺织服装企业受损较大

中国的纺织服装企业多为中小企业，小企业往往产品单一、销路固定，抵御风险能力较弱，在应对技术性贸易措施方面更加被动。根据国家质检总局的问卷调查，2015 年在出口东盟纺织服装企业中因技术性贸易措施造成的直接损失，大型企业为 841450.2 万美元，而中小企业达到了 613616.4 万美元[①]。在同质化竞争中，印尼政府通过技术性贸易措施有效地抑制了中国出口到印尼的服装迅猛增长的势头，两法令导致中国出口服装的增幅停滞不前。

（二）出口印尼纺织服装的应对措施

面对印尼严峻的出口贸易形势，中国企业及相关部门应该积极采取措施，推动纺织服装企业积极应对。

1. 发挥企业主观能动性，开发多元化的产品

要大力促进服装出口由粗糙、低价值的产品向高附加值、精品的方向发展，以满足客户对款式和品种的需求。增加中国高档服装在出口中的比重，提高产品的附加值，适应国际市场流行的时尚潮流，让质量成为中国出口服装的主要取胜指标。

2. 发挥行业协会的作用，积极做好服务工作

一是深入开展印尼纺织市场的公共信息服务，帮助纺织出口企业拓展信息渠道，挖掘信息资源，针对国际市场业务的要求，建立定性的信息采集，为纺织行业提供更加丰富的原料、产品、技术装备、价格等行情信息。二是制定行业标准，加强行业自律，对不正当的竞争行为，应该采取价格协调和增强行业自律性等措施，监督进出口企业守法经营情况，以保证纺织品出口企业的公平有序竞争。三是推进纺织品专业与国外同行的交流合作，中国的纺织企业与发达国家比较在技术水平方面都还有较大的差距，要多开展纺织企业特别是出口纺织企业与国外同行之间的交流活动，扩大纺织

① 数据来源于中国技术性贸易措施年度报告（2016）。

服装专业市场的交易渠道，提高国际竞争意识。四是制定纺织品进出口市场准入标准和认证体系。相关协会要根据国际纺织品市场需求情况和外贸敏感度对纺织行业及企业在经营过程中的原材料和能源消耗、生产安全、产品质量、环保、劳动保障等情况，在商务部支持下，联合有关部门和专家制定国际上认可的行业标准，规范企业行为，促进行业可持续发展。

3. 发挥政府部门的协调主导作用，帮助产业技术提升

地方政府、外贸部门和质量主管部门要在纺织服装产业集群区建立公共技术服务平台、行业专家组、技术支持站等方式，摸清企业在出口方面遇到的实际困难，在技术上予以帮扶，在资金上预计适当补贴。需要时，可搜集企业对技术性贸易措施的意见建议，整理汇总报告国家质检总局，在 WTO 规则下与印尼方交涉，为中国企业争取合理的权益。

四、越南采取措施限制中国中药材出口

（一）越南新规对中国中药材贸易的影响

经过 20 年的发展，中国中药材出口越南的贸易规模不断扩大，已经成为爱店口岸最大宗交易商品，是爱店口岸的特色品牌。初步统计，目前爱店口岸经营中药材的商家达 100 多家，每年中药材成交量数万吨，贸易额约 6 亿元人民币。自 2014 年底开始，爱店口岸中药材出口量有所减少。2015 年，凭祥出入境检验检疫局共检验检疫经爱店口岸出口中药材 1.3 万吨，货值 3.2 亿人民币，分别比 2014 年同期减少 48% 和 41%。受越南方面各种苛刻的条件限制，2015 年 8—12 月爱店口岸共出口中药材 766 吨，仅相当于 2014 年同期的 7%。

（二）越南中药材新规的主要内容

1.2014 年初开始，越南卫生部对进口中药材出台一系列政策，采取一些新的监管措施，要求进口企业、经营企业、生产及用药单位，要通过规范的药业公司，且具备相关药业公司资质（包括营业执照、药品经营许可证、标准的中草药保管仓库，GMP 或 GSP 认证）后才能申请进口中药材及用药。

2.2015 年 7 月 24 日和 28 日越南卫生部传统医药管理局又出台一系列新的政策，一是要求输入中药材的企业要提供每一批中药材的原产地证书、质检证书和植物检验证书后才能进入越南。二是要求进口传统药材的企业需提供输出药材国家官方机构出具的检测报告。三是要求输往越南的中药材外包装标识（越文）上需标注包括药材名称、质量标准、净重、生产批号、生产日期、禁忌、储藏条件、药材生产企业及其地

址、进口企业及其地址。四是要求越方进口商将清关完毕的货物运到仓库，经过检测合格后才能销售使用。

3.需检测的药材包括柏子仁、茯苓、白术、桔梗、大枣、丹参、党参、地骨皮、独活、黄芪、黄连、红花、芡实、羌活、金银花、云木香、防风、三七、细辛、升麻、天麻、菟丝子、苍术、远志、川芎等25种中药材，要求检测农药残留，检测合格后才能申请进口。

4.2014年8月份越南卫生部再次出台新的监管措施，要求：一是出口药材到越南的企业要到越南卫生部登记备案，并取得备案证。二是对进口中药材实施进口许可，越南进口药材企业要选择已经取得备案证的外国药材企业，到越南卫生部传统医药管理局申请进口批文，才能进口相应的中药材。

（三）应对越南中药材新规的对策及措施

1. 加强对中药材原料种植、初级加工等环节的监管

中药材的生产加工未形成一定产业规模结构，出口中药材生产加工企业自检自控能力较差。建议相关监管部门加强对中药材原料种植、初级加工等环节的监管，加强对中药材行业的规范、引导，抓好源头管理，才能确保中药材产品质量安全。

2. 加强两国间的沟通协商

加强与越南卫生局、传统医药管理局等职能部门的沟通联系，进一步核实越南对进口中药材监管的具体细节要求。

3. 加强中药材检验检疫管理

研究开展有关项目的检测，对经检测合格的中药材出具检测报告、质检证书等。根据《进出境中药材检疫监督管理办法》(国家质检总局令第169号)，对申报预期用途为“药用”的中药材，检验检疫机构进行检疫监管；出口中药材的检验由其他职能部门负责。根据企业的要求和有关管理规定，对经检验合格的出口中药材出具相应的质检证书，方便企业办理有关手续，促进出口。

4. 向企业宣贯越南针对中药材的管理规定及进口要求

相关部门应注意收集越南针对中药材的管理规定，通过宣贯指导将越南有关监管要求告知出口企业，要求企业把好出口药材质量，维护好来之不易的中药材出口市场。

五、畜禽产品欲出口马来西亚遭遇注册难题

（一）马来西亚进口食品注册制度及要求

马来西亚对进口肉类及其制品和奶制品国外生产企业实施进口卫生注册。其主管

部门是马来西亚兽医局（DEPARTMENT OF VETERINARY SERVICES MALAYSIA，简称 DVS）。同时马来西亚又是一个伊斯兰教国家，对肉类企业，尤其是屠宰企业，还必须要求符合清真宰杀。因此，国外肉类企业在申请对马来西亚出口注册时，还要获得马来西亚伊斯里兰发展部（DIDM 或称 JAKIM）的审查认可。清真方面执行马来西亚标准 MS1500：2009《清真食品的生产、统筹、处理与仓储通用标准》，所有清真的检查以此标准为依据。

1. 对马来西亚注册程序性要求

（1）DVS 不接受企业的注册申请，申请注册企业需通过国家认监委（CNCA）向 DVS 推荐。企业提供申请资料［如企业简介、产品简介、组织机构图、工厂地理位置图、厂区平面图、车间平面图（显示设备布局）、车间人流图、物流图、设备清单、产品加工工艺流程图、HACCP 证书复印件、卫生注册证书复印件、哈拉证书复印件以及 JAKIM 要求的《畜禽屠宰厂信息表》和《哈拉（HALAL）屠宰认证申请表》等］、补充材料等也需通过 CNCA 审核转交。

（2）DVS 要求企业提交的所有申请资料必须是英文，为了支持申请，应加上其他任何必要信息。

（3）《向马来西亚出口肉、禽、奶、蛋制品的申请表》中（K）项的进口国兽医官方机构的“评论”由当地 CIQ 监管部门填写，必须包括企业监管或主管兽医的签名和主管 CIQ 部门的盖章。

（4）企业要获得马来西亚注册，必须由 DVS 和 JAKIM 共同派员到企业现场进行评审方可通过。企业需要先填写英文版的材料报送国家认监委，由国家认监委统一向马方提交。

2. 对马来西亚注册技术性要求

（1）DVS 官员检查企业现场时关注 HACCP 计划建立和实施，尤其对 SSOP 在车间的实施情况检查细致。

（2）对要求以穆斯林仪式屠宰的企业，DVS 官员和 JAKIM 官员共同到现场开展检查。检查时关注阿訇屠宰过程及企业遵守伊斯里兰教情况，如：屠宰方面，一是一刀断四管（即：动脉、静脉、气管、食管），不能回刀，二是持刀人必须是阿訇，三是要颂经，四是阿訇要面西，五是有 1~2 名阿訇对断四管情况进行检查；电麻方面，电麻的鸡只要在 3~5 分钟之内能站立起来或苏醒过来，一般取 5 只鸡检查；整个车间不能使用酒精（消毒）；并关注阿訇屠宰人员的食宿和礼拜设施及加工人员中伊斯里兰人员的比例。

（3）对热加工禽肉注册时，要求原料来源的屠宰加工厂必须经过 CIQ 注册、有认可的伊斯里兰协会出具的伊斯里兰屠宰证书、符合伊斯里兰屠宰要求；不能使用任何酒类，动物油脂、辅料必须是清真；加热要求产品中心温度 80℃以上，保持 1 分钟以上。

（二）对中国输往马来西亚畜禽产品的影响

2015 年 8—9 月，马来西亚共派出 3 组由 DVS 和 JAKIM 官员共同组成的检查组来中国对 10 家申请对马来西亚出口畜禽产品企业进行初审和复查。其中包括青岛九联集团公司（复查）和广西钦州九联食品有限公司（初审）。以马方检查钦州九联食品有限公司为例，按照马方要求，钦州九联食品有限公司在马方结束检查回国前（即 9 月 2 日）提交了整改方案，在 2016 年 4 月 12 日提交最终整改完成报告通过认监委转交马方。据来自认监委的消息，马方未对企业整改报告提出质疑。虽久经交涉，未果。时至今日，马方仍未批准 1 家中国受检企业注册，包括复查企业，导致目前中国无一家企业恢复对马出口畜禽产品，中国企业对马出口畜禽产品遭受重创。

（三）中国输往马来西亚畜禽产品的应对措施

马来西亚官方在批准国外肉类企业进口时，主要以是否执行清真宰杀和清真食品加工要求作为贸易壁垒的主要措施。2015 年马来西亚官方来中国检查时，发现有少数企业在执行清真宰杀过程中存在某个或某些问题，导致企业未获得马方注册或被停止出口，给企业造成巨大损失。

针对马方这一贸易壁垒措施，为尽早恢复对马出口畜禽产品，应从以下方面加强应对。

1. 继续加强与马方在进出口畜禽及其制品食品安全领域合作与沟通

建议国家质检总局、国家认监委层面继续加强与马方在进出口畜禽及其制品食品安全领域合作与沟通，就马方迟迟不批准中国畜禽产品企业卫生注册问题给予明确答复，不能以因个别企业检查出某些问题为由不批准符合马方标准要求的企业注册。

2. 加强企业培训

监管部门、行业协会应加强对企业培训，及时将马方最新要求进行宣贯，提高企业质量安全自检自控能力，提高产品质量安全水平，帮扶企业提高对外注册成功率。

3. 熟悉马来西亚清真要求，严格执行清真规定

凡有意向对马来西亚出口畜禽产品的企业应加强对马方国家准入法规、标准的学习，认真总结、吸取过往马方检查经验教训，熟练掌握马方法规要求，尤其是清真方面的法规要求，做足迎检准备功课，特别关注 DVS 官员会重点关注的企业布局、HACCP 计划的执行、GMP 和 SSOP 计划的执行等以及 JAKIM 官员按 MS1500：2009《清真食品的 - 生产、统筹、处理与仓储通用标准》的要求，对清真屠宰过程检查尤为详细，也会同企业的阿訇人员进行交流。企业在现场检查时需要重点做好清真屠宰和清真加工（所有清真禁忌的物品都不允许使用，包括酒精消毒剂等），并由1名熟悉清真知识和马来西亚清真要求的阿訇主管陪同检查，必要时，要与国内伊斯兰教协会进行请教，并邀请伊协的清真专员到厂对阿訇人员进行指导，加强对清真宰杀的监督和非清真食品的隔离要求。

第四节　应对东盟技术性贸易措施策略总论

世界贸易组织（简称WTO）立于1995年1月1日，总部设日内瓦，有“经济联合国”之称，世贸组织的宗旨是：在提高生活水平和保证充分就业的前提下，扩大货物和服务的生产与贸易，按照可持续发展的原则实现全球资源的最佳配置；努力确保发展中国家，尤其是最不发达国家在国际贸易增长中的份额与其经济需要相称；保护和维护环境。世贸组织的目标是：建立一个完整的包括货物、服务、与贸易有关的投资及知识产权等更具活力、更持久的多边贸易体系，以包括关贸总协定贸易自由化的成果和乌拉圭回合多边贸易谈判的所有成果。为了有效地实现上述目标和宗旨，世贸组织规定各成员应通过达成互惠互利的安排，大幅度削减关税和其他贸易壁垒，在国际经贸竞争中，消除歧视性待遇，坚持非歧视贸易原则，对发展中国家给予特殊和差别待遇，扩大市场准入程度及提高贸易政策和法规的透明度，以及实施通知与审议等原则，从而协调各成员间的贸易政策，共同管理全球贸易。2001年11月10日，中国正式加入世界贸易组织，成为世贸组织第143个成员国，这标志着我国对外开放进入一个新阶段。据WTO官方网站数据显示，截至2016年7月29日WTO共有164个成员国。中国一贯履行WTO成员国的义务，致力于推动经济全球化的发展，近年提出“一带一路”倡议，为国际经济走出低迷贡献“中国方案”，但仍有少数国家经济体以各种原因寻找种种借口，采取贸易保护，特别是2017年特朗普政府上台后，美国随即宣布退出跨太平洋伙伴关系协定（TPP），倡导公平而非自由的贸易，并于2017年11月24日正式向WTO组织提出拒绝中国在全球贸易规则下获得“市场经济”待遇的要求。当前，鉴于国际金融危机的持续影响，世界经济复苏乏力，伴随着贸易保护主义的频频抬头，经济全球化和贸易自由化、便利化在曲折中得到发展。作为非关税措施，技术性贸易措施常被用作贸易保护主义的工具，对国际贸易带来负面影响，给贸易伙伴国造成严重损失。因此，未来相当长时期，在参与全球国际贸易中，如何有效应对贸易伙伴国的技术性贸易措施是世界各国需要面临和解决好的重大问题之一，特别是像中国这样具备后发优势的新兴经济体，发展进入新常态，面临人民日益增长的美好生活需要和不平衡、不充分的发展之间的矛盾，需要加快推进以提高质量和效益为中心的供给侧结构性改革予以解决。东盟是中国的好邻居和重要战略伙伴，在推进落实“一带一路”战略倡议实践中具有十分重要的地位和作用。积极、妥善应对东盟的技术性贸易措施，有效化解对中国－东盟双边经贸合作带来的负面影响，对中国统筹好国内国际两个大局，利用好国际国内两个市场、两种资源，具有十分重要的现实意义。

一、政府层面可行性对策

1. 加强国家技术性贸易措施体系构建

在已有的技术法规体系、标准体系与合格评定体系的基础上建立起体系合理、协调一致、相互配合、应变力强的技术性贸易措施体系，才能进一步提高国内产业、产品的竞争力，增强参与国际经济治理话语权，维护国家进出口贸易利益。

（1）建立和完善技术法规体系。及时追踪、主动跟进对接国外的技术法规，立足中国国情，积极调整中国现行技术法规体系，完善技术法规立法体制，构建符合 WTO 规则、满足中国实际发展需要的技术法规体系。

（2）建立和完善标准体系。政府标准化主管部门应加强对国际标准的研究，积极推进中国标准化体系与国际标准接轨，大力引导和推动行业、企业采用国际先进标准，增强产品的国际竞争力。同时，中国应主动承担 ISO 秘书处工作任务，组织具有丰富经验的的标准化专家参加国际标准化会议，争取参与国际标准制定和修订，力争将中国标准，特别是对中国有战略利益的产品标准转化为国际标准，加快从被动接受国际标准转变为主动制定标准，为更多、更好的中国产品参与到国际市场竞争中创造条件。

（3）建立和完善合格评定体系。大力推行 ISO 9000 质量认证和 ISO 14000 环境管理体系认证工作，提升中国制造的质量和管理水平，力求与国际先进水平保持一致。规范国家标准认证的范围和程序，提升国家标准认证的权威性、知名度，将通过国家标准认证的产品推向国际市场。同时，从国家层面大力扶持一些有良好口碑、技术过硬的产品认证机构，使其成为国家名牌认证，并积极参与国际认证机构组织开展的交流合作，加快推进实现国际双边互认。

2. 建立健全技术性贸易措施公共服务体系

全力推动建立健全技术性贸易措施信息服务平台和技术性贸易措施技术服务平台，重点加强风险预警、决策支撑和公共检测等公益性产品供给，为各类企业提供针对性和个性化的技术性贸易措施应对服务。

（1）完善技术性贸易措施信息服务平台

充分利用世贸组织成员方按照 TBT/SPS 要求提供的有关技术标准、法规的国家级咨询点和WTO各成员方的官方出版物，发挥驻外经商机构的优势，调动行业协会、商会、消费者团体等非政府组织的作用，及时收集、整理国外技术性贸易措施的最新动态，并作出危机的早期识别和判断，以此充实完善国家层面权威统一信息服务平台的建设，为企业提供咨询、查询及预警等服务。

（2）完善技术性贸易措施技术服务平台。政府部门应牵头整合社会资源，建设国外技术性贸易措施公共技术服务平台。依托平台的人员、设备及技术等优势，为出口企业提供以下技术支撑服务：一是积极开展检测实验室国际互认，为企业提供检测认证服务；二是对不能达到相关标准和要求的产品和企业，平台能够进一步给出整改建议，帮助企业达到标准要求；三是可以作为企业新产品的测试研发基地，平台从产品研发阶段提供技术支撑，确保研发产品的质量和性能；四是收集国内外最新标准信息，开展比对研究，分析差异，形成研究报告，为政府和企业的决策提供理论支持。

3. 建立技术性贸易措施研究评议基地

目前，国家质检总局正在推进中国WTO/TBT−SPS研究评议基地建设，各地出入境检验检疫局则可结合辖区产业特色和自身优势，创建各类技术性贸易措施研究评议基地，开展针对性的技术性贸易措施动态信息收集解读及应对措施研究、出口产品安全风险预警，为地方企业量身定做相关技术标准和技术措施的培训，提供特有产品和特定目标市场相关信息咨询服务。建立地方特色的技术性贸易措施研究评议基地，容易获得地方政府、相关行业协会的支持，可整合社会各方优势资源，充分发挥各方面的能动性，提升应对效能。

4. 推进中国－东盟认证认可合作

根据东盟各国经济社会发展水平及其认证认可活动特点的不同，为进一步推动中国－东盟双边经贸快速健康发展，发挥好中国认证认可的优势，以及国际认可互认成果的作用，建议分两个层面推进与东盟各国合作。

一是对于已经建立国内合格评定制度的国家，特别是已相继参加国际认可相应组织，并签署了IAF和ILAC互认协议的东盟成员国，应与之加强在合格评定领域政府、认可机构和认证机构层面的合作。在条件成熟时，签署双边政府间合格评定相互承认协议，促进贸易自由化和便利化。

二是对于尚未建立国家合格评定制度或正在建立合格评定制度的国家，一方面应加强双边认证认可的合作，推广中国在合格评定方面的成功经验，帮助其建立国家合格评定制度，并参加国际认可相关组织；另一方面，应加强中国合格评定结果的利用，加强双边贸易的发展。

5. 完善贸易救济措施，合理规避贸易壁垒

贸易救济措施主要是指国际上的有效协商以及通过 WTO 争端解决机制这两种方式。应组织深入研究 WTO 基本原则和 TBT、SPS 的具体规定，同时加强国际交流，尽量团结受影响的其他国家，积极进行双边或多边的谈判协商，禀承公平合理国际贸易规则，最大限度争取对中国有利的谈判结果。若是通过谈判协商无法达成一致，且对方的技术性贸易措施已违反了 WTO 贸易规则，则应利用 WTO 争端解决机制这个法律武器维护自身利益。

6. 依托自由贸易区及“一带一路”等化解技术壁垒

目前，中国和东盟正在大力推进中国－东盟自由贸易区升级版。通过自贸协定 TBT/SPS 章节的谈判，不仅可以推动解决中国出口东盟遇到的技术性贸易壁垒问题，而且可以根据中国出口东盟产业发展特点，突出并优化有关制度设计，支持中国产品顺利走出去。政府相关部门应充分利用中国－东盟自由贸易区升级版，通过探讨互认或增加措施透明度等方式，化解中国企业在向东盟国家出口时遭遇的重复认证检测等现实问题，降低企业出口难度。

为配合“一带一路”倡议战略实施，2015 年 6 月，国家质检总局、国家认监委联合发布《共同推进认证认可服务“一带一路”建设的愿景与行动》，其中提出加快认证认可双边互认进程，促进认证认可、检验检测证书国际互认。10 月，中国又发布了《标准联通“一带一路”行动计划（2015—2017）》，提出深化沿线国家标准化双边和多边合作与互联互通，推动中国标准“走出去”，提升中国标准国际化水平。相关部门应加大力度，有针对性地加强与东盟的交流合作，弱化和消除东盟国家技术性贸易措施对中国出口的不利影响。

二、行业协会层面可行性对策

1. 积极发挥应对技术性贸易措施的枢纽作用

行业协会作为政府和企业间沟通的桥梁，在应对国外技术性贸易措施中应充分发挥其信息传导的枢纽作用。

一是各行业协会根据自身专业优势，配置专门力量收集跟踪国外最新的技术性贸易措施并进行分析研究，提出应对措施，再将信息及时上传下达给政府主管部门和出口企业，集聚政府、行业、企业的合力，共同应对东盟技术性贸易措施。

二是行业协会要发挥非政府部门的作用，加强与国外相关行业组织的联系，通过双方的互认和磋商，达到协助政府在 WTO 规则范围内与其他成员国协商解决各种贸易争端。

2. 加强行业培训和评议工作

行业协会应定期举办有关国外技术性贸易措施的培训班和研讨班，为企业提供信息咨询服务，也便于出口企业交流信息经验。同时，还应组织企业参与对东盟国家通报的技术性贸易措施的评议工作，及时反映企业的利益诉求，助力企业依据国外技术性贸易措施的变化尽早做好生产工艺、技术及至市场的调整，降低企业利益损失。

3. 组织行业标准的制定

行业协会应发挥比政府部门更了解产业情况的优势，从本行业的实际情况出发，结合国家技术法规和标准的宏观要求，研究制定与国际标准接轨、满足市场和创新需要的行业标准，并组织企业按照标准进行生产，提升产品的质量和国际竞争力。同时，行业协会应积极了解东盟各国相关行业标准与立法，加大对出口企业的法律咨询，依法帮助国内出口企业维权。

三、企业层面可行性对策

1. 加强自身技术，提高产品质量

对于中国在与东盟国家进出口贸易过程中出现的技术性贸易措施问题，主要原因在于产品的质量方面不够达标。对于企业而言：

一是生产企业要实施国际标准生产的普遍化，着力推行 ISO9000 与 ISO14000 等系列标准的认证和管理，保证和提高产品质量，跻身国际市场；

二是企业要不断加大技术创新的投入，及时跟踪国际产品市场和技术信息，重点研发高技术、节能环保、高附加值的具有自主知识产权的产品，降低生产成本并创立自身品牌，力争掌握竞争的主动权，确保企业在东盟市场中的竞争力；

三是在实施技术性贸易措施的情况下，各个企业不应该只着眼于单纯的相互竞争，应选择协作进行产品的开发，充分发挥不同企业的优势，利用先进技术和管理提高产品的质量，共同扩大企业的出口市场。

2. 开展国际产业合作，实施“走出去”战略

中国出口企业要想绕开复杂、繁琐的外部技术性贸易壁垒，在国际市场上保持比较稳定的份额，必须转变经营思想，调整经营战略。应由出口贸易为主转向贸易与投资并重，力争在国外投资设厂，通过合资、独资、收购、兼并、投资等手段，进行企业的跨国经营，并带动相关产业跨越技术性贸易壁垒。

3. 增强应对技术性贸易措施的能动性

企业处于市场的前端，在国际贸易中是遭受技术性贸易措施的直接损失者。因此，企业更应贴合实际需要谋求问题的解决。出口导向型企业应设立应对国外技术性贸易措施的专职部门，积极、主动地了解进口国技术性贸易措施最新动态，并积极参与相关评议工作，将自身更具针对性的解决办法反馈给行业协会和政府主管部门，以便快速有效地应对贸易中面临的技术性贸易措施。

附录 1

2012—2016 年中国 – 东盟十国进出口贸易额一览表

2012—2016 年中国 – 文莱进出口贸易额（1–1）

单位：万美元

HS	2012 年		2013 年		2014 年		2015 年		2016 年		合计	
	进口	出口	进口	出口	进口	出口	进口	出口	进口	出口	进口	出口
1	0	0	0	0	0	0	0	0	0	0	0	0
2	0	145	0	106	0	84	0	50	0	21	0	406
3	14	162	19	186	23	175	22	99	77	136	155	758
4	0	4	0	21	0	14	0	35	0	51	0	125
5	0	0	0	0	0	0	0	0	0	0	0	0
6	0	13	0	20	0	14	0	22	0	11	0	80
7	0	402	0	228	0	235	0	283	0	494	0	1642
8	0	44	0	60	0	65	0	138	0	158	0	465
9	0	44	0	104	0	172	0	107	0	82	0	509
10	0	0	0	0	0	0	0	0	0	0	0	0
11	0	0	0	0	0	0	0	0	0	0	0	0
12	0	1	0	9	0	0	0	0	0	2	0	12
13	0	0	0	1	0	0	0	1	0	1	0	3

续表

HS	2012年		2013年		2014年		2015年		2016年		合计	
	进口	出口	进口	出口	进口	出口	进口	出口	进口	出口	进口	出口
14	5	2	0	1	0	0	0	0	0	0	5	3
15	0	0	0	13	0	28	0	18	0	12	0	71
16	0	85	0	108	0	114	0	97	0	119	0	523
17	0	48	0	1	0	15	0	2	0	3	0	69
18	0	2	0	4	0	2	0	8	0	4	0	20
19	0	27	0	25	0	27	1	22	0	0	1	101
20	0	194	0	196	0	162	0	169	0	0	0	721
21	0	48	0	58	0	48	0	51	0	50	0	255
22	0	1	0	3	0	1	0	2	0	2	0	9
23	0	12	0	12	0	20	0	42	0	44	0	130
24	0	0	0	0	0	0	0	0	0	0	0	0
25	0	1090	0	767	0	548	0	362	0	546	0	3313
26	0	0	0	0	0	0	0	1	0	17	0	18
27	35255	25	6977	13	14148	86	5673	0	16021	49	78074	173
28	0	34	0	414	0	444	0	61	0	169	0	1122
29	1733	382	1671	198	4369	74	4052	207	5838	169	17663	1030

续表

HS	2012年		2013年		2014年		2015年		2016年		合计	
	进口	出口	进口	出口	进口	出口	进口	出口	进口	出口	进口	出口
30	0	32	0	44	0	15	0	22	0	17	0	130
31	0	0	0	2	0	2	0	3	0	1	0	8
32	0	31	0	56	0	31	0	98	0	44	0	260
33	0	22	0	39	0	125	0	61	0	26	0	273
34	0	46	0	192	0	211	0	120	0	55	0	624
35	0	12	0	5	0	17	0	18	0	32	0	84
36	0	34	0	10	0	66	0	1	0	5	0	116
37	0	10	0	24	0	1	0	91	0	4	0	130
38	0	41	0	77	0	76	0	5506	0	112	0	5812
39	0	3565	0	9950	1	7366	3	1653	0	1974	4	24508
40	0	2168	0	2936	0	1807	0	0	0	1357	0	8268
41	0	0	0	12	0	17	0	43	0	1	0	73
42	0	2334	0	6971	0	7373	0	4589	0	1098	0	22365
43	0	1	0	8	0	1	0	0	0	1	0	11
44	3	2065	7	702	9	405	6	1487	0	531	25	5190
45	0	0	0	0	0	0	0	0	0	0	0	0
46	0	1813	0	27	0	35	0	74	0	27	0	1976

续表

HS	2012年		2013年		2014年		2015年		2016年		合计	
	进口	出口	进口	出口	进口	出口	进口	出口	进口	出口	进口	出口
47	289	0	306	0	230	0	206	0	196	0	1227	0
48	0	996	0	2191	0	2559	0	4931	0	1585	0	12262
49	0	217	0	383	0	174	0	94	0	42	0	910
50	0	11	0	8	0	25	0	39	0	14	0	97
51	0	0	0	1	0	1	0	1	0	0	0	3
52	0	43	0	243	0	327	0	105	0	160	0	878
53	0	0	0	58	0	0	0	3	0	6	0	67
54	0	289	0	556	0	629	0	373	0	196	0	2043
55	0	61	0	158	0	171	0	128	0	54	0	572
56	0	111	0	196	0	229	0	123	0	81	0	740
57	0	182	0	384	0	234	0	181	0	161	0	1142
58	0	130	0	138	0	282	0	212	0	62	0	824
59	0	151	0	213	0	554	0	146	0	62	0	1126
60	0	238	0	279	0	1132	0	587	0	172	0	2408
61	0	5108	0	13722	0	14541	1	4609	15	935	16	38915
62	0	1659	0	1813	0	2665	0	1251	1	790	1	8178
63	0	415	0	1717	0	1185	0	1051	0	410	0	4778

续表

HS	2012年		2013年		2014年		2015年		2016年		合计	
	进口	出口	进口	出口	进口	出口	进口	出口	进口	出口	进口	出口
64	0	9996	0	20597	0	14045	0	4359	0	1408	0	50405
65	0	39	0	254	0	171	0	88	0	28	0	580
66	0	150	0	405	0	138	0	109	0	52	0	854
67	0	394	0	548	0	658	0	478	0	140	0	2218
68	0	1171	0	1625	187	1462	36	1989	0	953	223	7200
69	0	3073	0	4804	0	6066	0	9382	0	2752	0	26077
70	0	1439	0	2517	0	1840	0	1680	0	726	0	8202
71	0	5	0	22	0	90	0	32	0	13	0	162
72	0	6348	0	4650	0	3739	0	4648	0	4215	0	23600
73	0	4843	0	7643	0	6592	4	9067	0	4124	4	32269
74	0	21	0	48	0	57	0	57	0	45	0	228
75	0	0	0	0	0	0	0	0	0	0	0	0
76	0	989	0	1294	3	895	0	918	0	703	3	4799
78	0	0	0	0	0	0	0	5	0	2	0	7
79	0	10	0	1294	0	50	0	222	0	143	0	1719
80	0	2	0	1294	0	1	0	4	0	2	0	1303
81	0	0	0	0	0	1	0	1	0	0	0	2

续表

HS	2012 年		2013 年		2014 年		2015 年		2016 年		合计	
	进口	出口	进口	出口	进口	出口	进口	出口	进口	出口	进口	出口
82	0	434	0	1221	0	1167	0	1267	0	359	0	4448
83	0	1029	0	2442	0	4795	0	3123	0	955	0	12344
84	0	4762	0	7283	0	6745	1	6202	1	6338	2	31330
85	0	6532	0	13317	1	13195	3	5614	3	5468	7	44126
86	0	24	0	17	0	100	0	30	0	98	0	269
87	5	2198	0	1765	0	2399	0	1245	0	874	5	8481
88	0	0	0	1	0	0	0	27008	0	0	0	27009
89	0	1	0	4281	0	8306	0	973	0	803	0	14364
90	1	858	0	1016	0	1069	107	300	0	228	108	3471
91	0	241	0	1142	0	1766	0	119	0	84	0	3352
92	0	33	0	133	0	231	0	0	0	41	0	438
93	0	0	0	0	0	2	0	0	0	12	0	14
94	3	54703	0	44595	0	51559	0	29009	0	6970	3	186836
95	0	934	0	1811	0	1679	0	2569	0	727	0	7720
96	0	442	0	1162	0	1256	0	824	0	419	0	4103
97	0	24	0	71	0	23	0	41	0	23	0	182

续表

HS	2012年		2013年		2014年		2015年		2016年		合计	
	进口	出口	进口	出口	进口	出口	进口	出口	进口	出口	进口	出口
99	0	0	0	0	0	0	0	0	1	9	1	9

2012—2016年中国－柬埔寨进出口贸易额（1–2）

单位：万美元

HS	2012年		2013年		2014年		2015年		2016年		合计	
	进口	出口	进口	出口	进口	出口	进口	出口	进口	出口	进口	出口
1	407	0	0	0	0	0	1	0	0	0	408	0
2	0	9	0	49	0	60	0	21	0	18	0	157
3	383	0	334	8	385	1	240	0	246	11	1588	20
4	0	20	0	25	0	0	0	0	0	0	0	45
5	0	371	0	359	0	107	0	192	3	187	3	1216
6	0	0	0	0	0	0	0	19	0	61	0	80
7	534	277	1285	997	2565	331	2208	153	1548	88	8140	1846
8	31	9	0	52	46	156	17	194	18	102	112	513
9	0	5	0	8	0	5	0	15	0	6	0	39
10	301	0	1903	0	3169	0	6895	0	7381	2	19649	2
11	196	861	35	1494	404	1520	856	785	1043	640	2534	5300

续表

HS	2012年		2013年		2014年		2015年		2016年		合计	
	进口	出口	进口	出口	进口	出口	进口	出口	进口	出口	进口	出口
12	9	64	3	0	10	6	0	0	0	7	22	77
13	0	0	0	0	0	0	0	0	0	2	0	2
14	0	0	0	0	0	0	0	2	0	6	0	8
15	0	0	0	0	0	3	0	3	0	9	0	15
16	0	136	0	3	0	0	0	97	0	121	0	357
17	0	6	0	29	90	45	104	42	208	33	402	155
18	0	0	0	0	57	0	75	0	88	2	220	2
19	0	52	0	128	0	91	1	101	23	101	24	473
20	1	136	2	573	1	492	0	524	14	509	18	2234
21	0	62	0	109	0	126	0	160	0	111	0	568
22	1	320	0	586	9	606	5	579	1	375	16	2466
23	0	289	0	365	193	740	490	1238	334	744	1017	3376
24	0	840	0	891	76	1289	81	870	89	725	246	4615
25	0	30	0	18	3	86	2	309	573	39	578	482
26	0	11	3	3	0	1	18	0	0	0	21	15
27	0	1542	0	1525	0	2532	0	2892	0	726	0	9217

续表

HS	2012年		2013年		2014年		2015年		2016年		合计	
	进口	出口	进口	出口	进口	出口	进口	出口	进口	出口	进口	出口
28	0	170	0	201	0	244	1	411	0	429	1	1455
29	0	515	0	584	0	938	0	1123	0	1051	0	4211
30	1	1001	0	1057	0	1091	3	1109	4	1485	8	5743
31	0	886	0	274	0	655	0	714	0	398	0	2927
32	0	194	20	258	2	436	0	1006	2	789	24	2683
33	59	173	0	290	1	466	1	534	3	396	64	1859
34	0	0	0	338	0	332	0	395	0	367	0	1432
35	0	182	0	253	1	350	291	702	5077	1024	5369	2511
36	0	0	0	0	0	0	0	0	0	8	0	8
37	0	115	0	218	0	165	0	123	0	135	0	756
38	0	842	2	1204	6	1299	180	2665	97	5579	285	11589
39	315	3721	456	4655	563	6203	680	7522	668	8756	2682	30857
40	3803	2119	5317	2609	3107	2451	909	2942	1091	2664	14227	12785
41	1	265	0	166	7	335	13	793	72	935	93	2494
42	2	1037	64	1375	227	934	494	1097	932	1157	1719	5600
43	0	4	0	24	0	21	12006	28	14565	27	26571	104
44	2853	170	8751	282	14024	649	2048	1359	1712	3745	29388	6205

续表

HS	2012 年		2013 年		2014 年		2015 年		2016 年		合计	
	进口	出口	进口	出口	进口	出口	进口	出口	进口	出口	进口	出口
45	0	1	0	0	0	0	0	0	0	1	0	2
46	0	39	0	4	0	6	0	10	0	11	0	70
47	0	0	0	0	0	0	0	0	0	0	0	0
48	2	1982	6	2749	7	3557	2	6207	5	6581	22	21076
49	3	199	0	236	3	321	38	296	28	304	72	1356
50	0	71	0	111	0	122	0	271	0	184	0	759
51	0	2132	0	4481	1	7221	2	7256	0	7881	3	28971
52	35	30075	45	38117	44	38599	40	39794	20	39740	184	186325
53	0	887	0	1222	0	1338	0	2198	1	2142	1	7787
54	7	5503	13	7030	30	8724	21	13053	20	15026	91	49336
55	29	11926	2	14041	5	13131	3	13932	3	15773	42	68803
56	10	1301	3	1911	4	2565	0	3187	3	3457	20	12421
57	0	45	0	104	0	90	0	78	12	130	12	447
58	10	5749	5	7285	7	7927	6	9059	32	8899	60	38919
59	4	1808	0	2480	206	4043	339	4477	253	5257	802	18065
60	11	64790	30	87804	56	99194	17	100547	14	106467	128	458802
61	5838	11873	8853	12338	10881	10350	15340	10846	17124	10334	58036	55741

续表

HS	2012年		2013年		2014年		2015年		2016年		合计	
	进口	出口	进口	出口	进口	出口	进口	出口	进口	出口	进口	出口
62	2981	817	3785	956	3348	1102	3912	2231	4602	1588	18628	6694
63	1145	895	1254	732	1214	1037	1080	1268	1025	1860	5718	5792
64	1061	2311	1227	3396	1576	4356	2337	5545	3907	4742	10108	20350
65	0	138	2	211	5	210	24	164	30	162	61	885
66	0	83	0	202	37	508	72	1058	25	1007	134	2858
67	7	82	12	32	0	51	1	148	0	103	20	416
68	1	854	1	1511	4	1242	0	1406	0	899	6	5912
69	0	5877	0	7991	0	9431	0	13900	0	14440	0	51639
70	0	1728	0	986	40	1115	0	1858	0	2155	40	7842
71	0	0	1	3	0	100	242	393	1	121	244	617
72	0	5293	0	3599	2	3546	0	3310	0	4517	2	20265
73	0	9501	0	6449	0	5951	16	7187	11	10100	27	39188
74	0	167	0	83	0	169	0	58	0	73	0	550
75	0	0	0	0	0	2	0	9	0	5	0	16
76	81	2808	351	1183	56	998	1	2393	0	3578	489	10960
78	53	0	0	1	0	0	0	0	0	0	53	1
79	0	8	0	11	0	12	0	27	0	14	0	72

续表

HS	2012 年		2013 年		2014 年		2015 年		2016 年		合计	
	进口	出口	进口	出口	进口	出口	进口	出口	进口	出口	进口	出口
80	0	0	0	0	0	1	0	0	0	3	0	4
81	0	1	0	46	0	91	0	0	0	0	0	138
82	781	729	0	555	1	570	0	844	0	945	782	3643
83	0	1114	26	2167	6	2701	14	3071	35	3578	81	12631
84	494	30184	2	36313	3181	29107	22	35846	176	36535	3875	167985
85	0	27681	2208	28256	0	20290	7113	29014	8647	28134	17968	133375
86	0	4	0	155	0	292	0	139	0	8	0	598
87	12	8387	59	10322	185	10305	226	10173	196	10853	678	50040
88	0	1544	0	16668	0	1936	0	2997	0	17	0	23162
89	0	700	189	426	0	1455	0	252	0	340	189	3173
90	0	1155	0	4487	2291	1590	8090	3472	10904	2270	21285	12974
91	0	5335	0	5637	3	81	5	57	14	76	22	11186
92	0	17	0	41	0	6	0	12	0	9	0	85
93	0	0	0	2	0	3264	0	2962	0	0	0	6228
94	60	5961	110	4214	132	500	44	715	27	3059	373	14449
95	0	266	1	373	7	3498	26	3899	83	1020	117	9056

续表

HS	2012 年		2013 年		2014 年		2015 年		2016 年		合计	
	进口	出口	进口	出口	进口	出口	进口	出口	进口	出口	进口	出口
96	7	2174	1	3015	12	2	6	1	11	4754	37	9946
97	1	4	1	0	0	0	0	0	0	0	2	4
99	0	0	0	0	0	0	0	0	51	152	51	152

2012—2016 年中国 – 印尼进出口贸易额（1–3）

单位：万美元

HS	2012 年		2013 年		2014 年		2015 年		2016 年		合计	
	进口	出口	进口	出口	进口	出口	进口	出口	进口	出口	进口	出口
1	21	0	70	5	68	7	82	10	87	8	328	30
2	0	0	0	0	0	0	0	0	0	0	0	0
3	15685	16518	21144	14393	22140	13309	27816	10688	32017	9986	118802	64894
4	2	199	0	122	0	16	2308	26	3751	56	6061	419
5	757	1673	880	1604	896	1890	645	2558	682	2183	3860	9908
6	7	34	2	38	17	34	32	14	14	26	72	146
7	923	40016	2807	41220	2934	39292	1110	46775	853	71494	8627	238797
8	4982	43424	1080	31504	5847	36641	7254	29517	6285	25181	25448	166267
9	3944	1886	3759	1058	3322	806	5808	825	3523	1107	20356	5682
10	14	1093	0	904	0	640	0	277	0	565	14	3479
11	39	2824	605	2187	503	1689	32	2402	33	2863	1212	11965
12	10940	1242	15808	848	20375	889	13855	1230	12551	797	73529	5006
13	274	3757	414	3301	695	3644	1224	2782	1624	3382	4231	16866
14	3665	10	3494	68	2283	18	1466	35	473	11	11381	142
15	401402	668	267913	836	297884	1291	306480	770	272663	732	1546342	4297

续表

HS	2012年		2013年		2014年		2015年		2016年		合计	
	进口	出口	进口	出口	进口	出口	进口	出口	进口	出口	进口	出口
16	23	2743	94	2808	113	3715	162	2039	96	3316	488	14621
17	793	9508	314	10870	259	10626	200	13030	324	18796	1890	62830
18	5023	268	4795	631	6823	1010	8212	1128	6979	1079	31832	4116
19	4485	1394	7990	1477	10499	1324	16196	1077	20607	1454	59777	6726
20	469	8987	688	10484	641	9297	455	9899	494	9312	2747	47979
21	1766	10356	2306	11421	3650	11503	4267	12093	3640	14339	15629	59712
22	29	143	9	136	56	214	194	277	290	204	578	974
23	5184	7549	7669	3092	8825	16492	5070	7091	3170	9844	29918	44068
24	876	27901	1007	24538	924	26432	282	20469	389	19080	3478	118420
25	2109	7801	2652	8330	2281	10856	1431	9729	1083	8051	9556	44767
26	542664	767	698938	422	200120	630	46723	416	68398	467	1556843	2702
27	1204603	221108	1134371	265719	837114	218666	653082	84516	782707	48072	4611877	838081
28	1715	51244	3547	47736	4999	49651	12186	45593	18007	44268	40454	238492
29	69986	97221	76585	99568	83699	108555	36538	90518	37782	99739	304590	495601
30	156	2706	246	3592	184	6140	197	6703	277	7182	1060	26323
31	65	44313	94	25685	124	34261	184	55671	234	46374	701	206304
32	6041	33581	4117	40606	4209	46743	5328	40373	4867	40374	24562	201677

续表

HS	2012年		2013年		2014年		2015年		2016年		合计	
	进口	出口	进口	出口	进口	出口	进口	出口	进口	出口	进口	出口
33	951	9260	650	15186	1244	20979	1623	19615	1723	11717	6191	76757
34	15207	7350	11859	9263	8729	9580	9140	7156	8626	7050	53561	40399
35	76	6727	45	8910	80	9679	155	9713	101	10016	457	45045
36	0	4826	0	6094	0	5518	0	4374	2	3332	2	24144
37	0	5107	0	4867	0	4668	0	4449	0	4090	0	23181
38	66323	30282	80438	47736	152959	52498	66007	49136	76175	47253	441902	226905
39	33169	97383	36623	119104	36298	140927	27700	122490	27259	115187	161049	595091
40	182744	33739	165426	35461	101103	33119	58089	27140	53953	26759	561315	156218
41	3541	2450	3646	2943	3805	4301	3540	3568	2805	3315	17337	16577
42	865	38208	763	31060	1156	30359	1279	30751	1837	24148	5900	154526
43	14	409	8	299	3	800	1	859	2	760	28	3127
44	60081	13377	78091	13786	107276	14334	99186	10233	95250	8813	439884	60543
45	0	6	0	5	0	16	0	13	0	16	0	56
46	175	1191	164	560	116	317	107	155	117	63	679	2286
47	109236	342	128045	543	124285	829	136616	591	118242	248	616424	2553
48	17095	19984	10437	27517	12559	30178	17156	26763	17707	27709	74954	132151
49	12	2056	17	2553	69	2644	123	2245	22	1407	243	10905

续表

HS	2012年		2013年		2014年		2015年		2016年		合计	
	进口	出口	进口	出口	进口	出口	进口	出口	进口	出口	进口	出口
50	0	2083	0	2095	1	2139	0	1345	0	1136	1	8798
51	3	5641	2	7587	9	7319	5	7318	8	7410	27	35275
52	14149	60897	25553	64979	32558	65196	33935	56380	31309	50626	137504	298078
53	1511	3204	751	3369	1207	3149	1156	2839	694	2757	5319	15318
54	4490	62058	3808	63658	3543	76933	2955	74045	2373	89192	17169	365886
55	16955	47209	15835	41879	11748	50399	14610	44744	7745	53607	66893	237838
56	1411	11619	1777	12128	1206	12056	1364	11717	1432	12463	7190	59983
57	106	3341	19	3685	58	4211	68	3239	75	3167	326	17643
58	72	12290	273	11587	243	15554	190	13775	162	13437	940	66643
59	1618	36651	2152	37006	1094	39251	797	35982	797	37336	6458	186226
60	793	51781	856	53999	479	61697	557	66543	708	63302	3393	297322
61	3825	108775	7010	94695	7899	33177	11111	19179	11878	24527	41723	280353
62	7197	19640	8977	28755	11618	78603	14688	54456	14514	32636	56994	214090
63	2540	11095	2068	15095	1837	25969	1083	15101	1204	11298	8732	78558
64	16509	35774	19068	47082	27451	58634	37463	44459	46534	35429	147025	221378
65	13	2013	13	3046	16	3368	30	2211	41	1617	113	12255
66	1	8048	0	8107	0	9444	0	8208	0	6422	1	40229

续表

HS	2012年		2013年		2014年		2015年		2016年		合计	
	进口	出口	进口	出口	进口	出口	进口	出口	进口	出口	进口	出口
67	1079	2435	880	2413	637	3785	286	3875	52	3302	2934	15810
68	334	11599	420	14470	627	22807	415	22340	370	14471	2166	85687
69	430	37690	602	45975	434	61285	323	47375	595	39002	2384	231327
70	828	27245	472	28258	778	27701	456	22996	458	23929	2992	130129
71	1571	178	162	737	144	2529	158	4482	127	2918	2162	10844
72	914	114418	496	126286	2690	176818	30259	191071	93816	201721	128175	810314
73	1589	134744	2002	140447	1746	157112	1316	144765	972	107749	7625	684817
74	30833	10894	32893	15720	34683	22335	25712	12981	23568	17447	147689	79377
75	24675	209	13356	193	18238	154	17114	347	10848	232	84231	1135
76	583	40591	300	38403	2806	57168	339	46029	1170	42912	5198	225103
78	23	131	207	1608	325	2047	7	2136	33	1012	595	6934
79	9	712	27	474	1	1903	0	5068	6	395	43	8552
80	36517	11	16783	10	9570	49	6542	17	3995	18	73407	105
81	78	3050	47	2390	7	2405	67	1952	35	2092	234	11889
82	141	21680	203	22627	229	21233	306	20960	357	22344	1236	108844
83	221	34562	178	40880	160	45529	175	42224	189	35552	923	198747
84	76258	646038	54825	684110	37685	655207	33054	639373	29317	582716	231139	3207444

续表

HS	2012年		2013年		2014年		2015年		2016年		合计	
	进口	出口	进口	出口	进口	出口	进口	出口	进口	出口	进口	出口
85	129857	501598	115236	560112	118027	615348	123193	564047	120011	554606	606324	2795711
86	2	7210	0	9637	0	9718	0	4887	0	3579	2	35031
87	15578	104763	8242	113566	19317	106551	21533	95402	18707	88496	83377	508778
88	1	1412	2	309	1	288	0	166	0	192	4	2367
89	74	72381	0	64907	0	32608	1	26503	0	22378	75	218777
90	5849	108205	11006	105038	9587	95902	8324	83243	9699	71926	44465	464314
91	213	15995	291	10283	161	9223	33	7719	23	3371	721	46591
92	5522	5506	6395	6297	7764	6572	9264	5972	10140	5806	39085	30153
93	1	0	0	2	0	4	0	11	0	20	1	37
94	7930	85188	5789	128742	6641	147106	5678	100975	5179	74386	31217	536397
95	1977	18122	2507	21516	2929	25659	2892	25281	2348	27057	12653	117635
96	1178	25997	1325	27439	1171	32225	1601	32047	1975	32688	7250	150396
97	9	208	4	346	9	553	17	601	21	21	60	1729
99	0	5	5	8	27	16	0	28	197	822	229	879

2012—2016 年中国－老挝进出口贸易额（1–4）

单位：万美元

HS	2012 年		2013 年		2014 年		2015 年		2016 年		合计	
	进口	出口	进口	出口	进口	出口	进口	出口	进口	出口	进口	出口
1	0	0	0	0	89	0	279	2	918	0	1286	2
2	0	0	0	0	0	0	0	0	0	0	0	0
3	0	0	0	0	0	0	0	0	0	0	0	0
4	0	0	0	0	0	0	0	0	0	0	0	0
5	0	0	0	0	0	0	0	0	0	0	0	0
6	0	3	2	0	25	0	0	1	0	1	27	5
7	50	55	2	33	84	23	0	179	0	107	136	397
8	0	326	0	192	0	131	2	13	0	12	2	674
9	34	0	53	0	134	0	117	1	125	17	463	18
10	2156	0	3287	26	4408	46	6232	0	6948	30	23031	102
11	220	45	443	0	686	3	1844	0	1726	0	4919	48
12	996	4	1455	2	1847	0	1708	332	1351	0	7357	338
13	179	33	153	7	152	15	209	0	288	0	981	55
14	21	0	18	0	19	0	14	0	0	0	72	0
15	4	0	0	0	0	0	0	0	0	0	4	0

续表

HS	2012年		2013年		2014年		2015年		2016年		合计	
	进口	出口	进口	出口	进口	出口	进口	出口	进口	出口	进口	出口
16	0	0	0	0	0	0	0	0	0	0	0	0
17	0	0	0	2	0	2	0	12	0	2	0	18
18	0	0	0	0	1	0	0	0	0	0	1	0
19	0	0	0	0	0	2	0	3	0	5	0	10
20	0	0	0	0	5	0	1	12	0	75	6	87
21	0	4	53	0	50	0	20	0	28	2	151	6
22	60	231	62	192	85	221	80	72	160	429	447	1145
23	0	0	0	2	41	0	43	0	30	0	114	2
24	10	1256	0	1929	0	1537	87	2352	201	1821	298	8895
25	33	37	29	393	16	758	12	627	5	170	95	1985
26	35790	1	34869	5	44985	29	37786	6	42693	1	196123	42
27	560	821	294	1563	59	1857	92	2174	92	1225	1097	7640
28	96	118	50	76	20	161	1	78	63	110	230	543
29	0	133	0	109	0	141	0	246	0	255	0	884
30	0	122	0	122	0	122	0	213	0	105	0	684
31	0	964	0	1683	2722	3092	9436	3817	3714	1048	15872	10604
32	0	131	0	122	0	209	0	175	0	94	0	731

续表

HS	2012年		2013年		2014年		2015年		2016年		合计	
	进口	出口	进口	出口	进口	出口	进口	出口	进口	出口	进口	出口
33	51	85	30	49	0	118	0	111	0	172	81	535
34	0	87	0	148	0	143	0	96	0	145	0	619
35	0	20	0	20	0	48	0	26	0	44	0	158
36	0	229	0	115	0	149	0	165	0	236	0	894
37	0	14	0	27	0	4	0	0	0	9	0	54
38	17	339	6	352	0	994	1	819	32	678	56	3182
39	1	1196	0	1105	123	1887	15	2152	70	1035	209	7375
40	5362	964	8038	1533	7844	1465	7100	893	10749	992	39093	5847
41	3	5	1	0	0	0	0	0	0	1	4	6
42	1	394	2	255	3	63	11	25	4	24	21	761
43	0	0	0	0	0	0	0	0	0	0	0	0
44	23505	181	43488	64	104805	56	48027	74	23577	56	243402	431
45	0	0	0	0	0	0	0	0	0	0	0	0
46	0	185	0	0	0	0	0	0	0	0	0	185
47	0	0	0	0	0	0	0	0	0	0	0	0
48	1	543	2	847	0	935	0	1852	0	2141	3	6318
49	0	212	0	115	0	32	0	44	0	63	0	466

续表

HS	2012 年		2013 年		2014 年		2015 年		2016 年		合计	
	进口	出口	进口	出口	进口	出口	进口	出口	进口	出口	进口	出口
50	0	38	0	26	0	0	0	7	0	0	0	71
51	0	2	0	17	0	31	0	71	0	61	0	182
52	1	108	1	65	0	93	0	113	0	304	2	683
53	0	19	0	4	0	4	0	1	0	1	0	29
54	0	483	0	219	0	58	1	32	1	31	2	823
55	0	163	1	249	2	453	3	382	5	324	11	1571
56	0	229	0	282	0	257	0	181	0	69	0	1018
57	0	87	0	21	0	69	0	81	0	110	0	368
58	1	98	0	42	0	29	0	32	0	49	1	250
59	0	82	0	39	1	66	0	40	0	62	1	289
60	1	53	1	131	0	202	0	167	0	287	2	840
61	66	758	81	554	60	89	46	23	48	3	301	1427
62	33	131	20	74	25	67	52	55	18	548	148	875
63	2	256	4	228	0	247	2	305	1	384	9	1420
64	23	1691	7	579	3	71	4	116	53	133	90	2590
65	0	18	0	21	0	10	0	3	0	4	0	56
66	0	41	0	8	0	5	0	3	0	1	0	58

续表

HS	2012 年		2013 年		2014 年		2015 年		2016 年		合计	
	进口	出口	进口	出口	进口	出口	进口	出口	进口	出口	进口	出口
67	0	22	0	92	0	1176	0	373	0	0	0	1663
68	0	475	0	248	0	919	0	384	0	204	0	2230
69	0	695	0	347	0	373	0	1165	0	646	0	3226
70	0	285	0	136	0	153	0	115	0	153	0	842
71	0	0	1	0	0	3	0	5	0	1	1	9
72	0	2487	0	2032	0	2436	0	3348	0	3192	0	13495
73	0	9021	0	11844	0	12972	0	10943	0	10086	0	54866
74	9244	122	7841	269	8508	193	15161	204	12412	104	53166	892
75	0	0	0	1	0	0	0	1	0	0	0	2
76	0	3188	0	933	0	1142	0	3161	3	5125	3	13549
78	12	0	0	0	0	0	0	7	0	0	12	7
79	0	15	0	9	0	6	0	0	0	0	0	30
80	0	0	0	0	0	0	0	0	0	0	0	0
81	0	95	194	0	264	113	4	0	11	0	473	208
82	0	160	0	96	0	82	0	49	0	78	0	465
83	0	366	0	265	0	273	0	121	0	121	0	1146
84	1	23339	8	50730	0	48620	0	23910	9	19871	18	166470

续表

HS	2012 年		2013 年		2014 年		2015 年		2016 年		合计	
	进口	出口	进口	出口	进口	出口	进口	出口	进口	出口	进口	出口
85	39	15100	171	69121	113	81298	50	25626	410	24510	783	215655
86	0	10	0	27	0	24	0	19	0	40	0	120
87	0	13623	0	13592	0	15836	9	12266	0	12513	9	67830
88	0	3185	0	4099	0	34	0	15133	0	8	0	22459
89	0	88	0	47	0	173	0	655	0	223	0	1186
90	0	1186	0	1835	20	755	0	658	10	1839	30	6273
91	0	602	0	548	0	5	0	0	0	1	0	1156
92	0	7	0	6	0	6	0	1	0	29	0	49
93	0	0	0	0	0	4	0	0	0	50	0	54
94	202	6481	342	2108	591	1202	558	950	353	766	2046	11507
95	0	87	0	61	0	44	6	12	0	26	6	230
96	0	75	0	81	0	115	0	33	0	29	0	333
97	0	1	0	85	0	0	0	0	0	1	0	87
99	0	0	0	0	0	0	3	1	3	1	6	2

2012—2016年中国－马来西亚进出口贸易额（1–5）

单位：万美元

HS	2012年		2013年		2014年		2015年		2016年		合计	
	进口	出口	进口	出口	进口	出口	进口	出口	进口	出口	进口	出口
1	0	1	1	30	0	3	0	18	1	5	2	57
2	0	6597	0	5926	0	7612	0	6565	0	3019	0	29719
3	2522	38134	1514	47023	2625	64404	4623	36302	5135	43943	16419	229806
4	608	687	547	668	1072	1445	1817	522	2721	437	6765	3759
5	15	804	90	816	70	871	44	667	99	1120	318	4278
6	11	601	16	590	25	526	9	488	12	563	73	2768
7	13	41109	23	58190	17	58683	9	69607	6	71922	68	299511
8	333	31786	1227	44972	2287	31886	4267	36673	4357	39674	12471	184991
9	583	8211	915	10882	3683	10678	4501	8595	5539	11469	15221	49835
10	0	137	0	117	0	30	0	77	0	37	0	398
11	7	1272	42	684	60	394	44	426	111	780	264	3556
12	47	5961	169	6869	136	10850	224	10721	124	5979	700	40380
13	106	939	140	1513	204	1771	71	1558	142	1450	663	7231
14	3954	201	4557	232	7438	238	7136	160	4843	206	27928	1037
15	383000	1155	320544	984	267291	1669	178065	1642	144417	870	1293317	6320

续表

HS	2012年		2013年		2014年		2015年		2016年		合计	
	进口	出口	进口	出口	进口	出口	进口	出口	进口	出口	进口	出口
16	131	35215	111	31422	149	20447	181	15987	270	13688	842	116759
17	1997	4989	2179	5086	2619	6486	3159	7851	3355	7713	13309	32125
18	12400	931	10816	1152	10839	1637	10714	1316	9481	1326	54250	6362
19	9640	3605	20630	4194	15328	4237	13874	4157	13721	4708	73193	20901
20	328	13344	577	20192	631	22995	1188	19145	1148	22122	3872	97798
21	6770	7035	9577	7623	12427	8695	12509	11867	12183	12206	53466	47426
22	1165	2055	1489	2640	1992	3408	2876	4091	2837	3770	10359	15964
23	2816	6317	4514	5048	3656	8530	3211	5031	4263	4625	18460	29551
24	1580	2590	60	2346	1042	1805	894	5412	928	5852	4504	18005
25	447	6455	375	7507	479	8990	203	11305	459	9540	1963	43797
26	88700	472	116390	483	99687	358	131099	432	55977	382	491853	2127
27	509000	54417	553618	93519	596560	67725	587860	53594	405506	103533	2652544	372788
28	5175	44671	3823	40606	6168	46724	16051	48235	22182	42388	53399	222624
29	141000	49058	156539	55101	110730	66092	86518	50385	98600	49094	593387	269730
30	36	7037	37	10184	32	10441	11	11770	1	9624	117	49056
31	59	17819	14	18086	59	22545	28	20939	105	19148	265	98537
32	8113	13343	7415	15386	7339	16518	6740	16279	6684	13801	36291	75327

续表

HS	2012年		2013年		2014年		2015年		2016年		合计	
	进口	出口	进口	出口	进口	出口	进口	出口	进口	出口	进口	出口
33	200	6725	182	11004	201	13976	317	20310	328	8860	1228	60875
34	12800	9801	12281	11878	14401	11557	12415	11434	12741	8141	64638	52811
35	1720	6609	1884	8304	1748	7608	1830	8359	2160	7746	9342	38626
36	0	468	0	578	0	430	0	464	4	461	4	2401
37	441	3882	711	2841	574	2606	404	2580	467	1944	2597	13853
38	55000	43241	53206	49363	56551	54681	47636	51481	53111	86181	265504	284947
39	157000	122440	155024	156294	160003	168307	129530	166992	111588	152867	713145	766900
40	298000	35974	264934	46336	201170	37087	143329	32561	118915	22675	1026348	174633
41	101	1342	103	654	198	853	535	687	239	373	1176	3909
42	113	73222	143	73134	150	65400	148	90637	103	65524	657	367917
43	415	22	216	696	1921	35	639	90	611	24	3802	867
44	27300	11465	30831	13834	36110	16416	26440	17052	21636	19719	142317	78486
45	0	14	0	9	0	11	0	25	0	17	0	76
46	1	4980	0	4480	0	2145	0	2682	0	2402	1	16689
47	3	0	43	1	236	40	11	11	88	35	381	87
48	3219	40878	1970	57013	1958	53910	1397	57804	1841	70254	10385	279859
49	836	3580	1177	5773	1436	4296	1377	3527	1425	2674	6251	19850

续表

HS	2012 年		2013 年		2014 年		2015 年		2016 年		合计	
	进口	出口	进口	出口	进口	出口	进口	出口	进口	出口	进口	出口
50	10	3980	0	3729	0	3702	0	3398	0	2802	10	17611
51	542	1306	1961	1248	1810	486	1731	1066	132	466	6176	4572
52	5540	25560	9796	29728	6549	32821	7194	38304	8255	19386	37334	145799
53	350	895	317	834	416	109	376	95	353	78	1812	2011
54	3505	32460	3247	40308	1905	37948	2255	34602	1214	33665	12126	178983
55	2549	12112	2448	16183	2104	11703	1652	9370	1378	9593	10131	58961
56	1400	9044	1533	10833	1816	11074	1431	12781	1730	11453	7910	55185
57	17	8744	1	9976	22	12192	36	12181	3	10174	79	53267
58	42	10734	38	9279	41	8856	91	8343	43	5405	255	42617
59	818	15676	653	17995	688	16212	561	13406	673	10327	3393	73616
60	717	11033	516	14595	360	14694	381	21068	375	13623	2349	75013
61	1328	212304	1136	257797	1720	125943	1733	112674	1319	90148	7236	798866
62	992	59608	798	78376	733	136943	574	159765	730	100470	3827	535162
63	228	26495	278	40807	410	45603	268	47356	304	37274	1488	197535
64	7	76989	60	121616	29	123677	79	121512	35	78486	210	522280
65	13	3671	32	7278	63	4812	19	5542	41	3986	168	25289
66	0	4539	3	6381	0	4652	0	4611	1	3014	4	23197

续表

HS	2012年		2013年		2014年		2015年		2016年		合计	
	进口	出口	进口	出口	进口	出口	进口	出口	进口	出口	进口	出口
67	177	5881	105	7787	219	5928	97	6440	102	6683	700	32719
68	1350	16590	813	25526	1004	29424	1375	30635	1433	22448	5975	124623
69	1740	53477	1660	104458	1848	100427	1862	102049	1765	59314	8875	419725
70	8436	40872	9550	50788	9657	43582	8822	44496	9760	43213	46225	222951
71	3268	1394	3252	2964	4534	2664	2707	2817	1945	2767	15706	12606
72	9792	97786	7029	115747	7360	148407	4485	144496	4537	125752	33203	632188
73	11700	116877	13149	139450	10751	135280	8674	137518	6185	125511	50459	654636
74	70100	45904	124906	107836	85001	40041	63568	44338	43039	39638	386614	277757
75	148	8457	70	22058	97	57949	62	3897	492	614	869	92975
76	28300	40226	56710	72233	38706	166468	35823	94686	40292	72725	199831	446338
78	1061	21	122	98	128	726	133	543	3	178	1447	1566
79	13	157	23	818	24	13576	19	3976	22	603	101	19130
80	24000	201	5257	203	2482	250	4328	160	2647	880	38714	1694
81	52	530	33	821	151	1255	238	947	391	936	865	4489
82	484	22189	485	27122	623	23931	777	26380	692	20440	3061	120062
83	3260	32205	2821	47876	2456	55929	1981	67812	1765	46878	12283	250700
84	447000	447906	355357	538301	382188	495972	332243	495253	303273	467792	1820061	2445224

续表

HS	2012 年		2013 年		2014 年		2015 年		2016 年		合计	
	进口	出口	进口	出口	进口	出口	进口	出口	进口	出口	进口	出口
85	3330000	735358	3554172	869319	3216799	930994	3256150	921038	3190362	801184	16547483	4257893
86	83	50479	56	2782	99	9770	125	29340	139	19422	502	111793
87	11700	105930	12622	125541	22048	118921	25069	106313	20210	91768	91649	548473
88	1139	262	942	5651	722	207	720	257	351	1302	3874	7679
89	2	19683	0	57776	2	60703	0	53099	0	16967	4	208228
90	112000	226868	91985	235872	118113	238524	101785	190631	130985	138819	554868	1030714
91	972	8532	981	10258	1195	8869	1896	10554	5132	6639	10176	44852
92	33	2701	152	2636	169	2791	318	3244	474	2631	1146	14003
93	0	0	0	6	1	5	0	9	0	4	1	24
94	2918	225344	4023	337519	4264	326832	5648	253877	6416	183543	23269	1327115
95	1149	35976	1755	42431	2236	45884	3065	58596	2325	49918	10530	232805
96	2522	23645	2368	29278	2319	29748	3446	28944	4402	24320	15057	135935
97	0	351	32	664	4	786	1	1103	1	153	38	3057
99	624	23	1418	16	57	18	0	0	769	7735	2868	7792

2012—2016 年中国－缅甸进出口贸易额（1–6）

单位：万美元

HS	2012 年		2013 年		2014 年		2015 年		2016 年		合计	
	进口	出口	进口	出口	进口	出口	进口	出口	进口	出口	进口	出口
1	22	10	5506	0	0	0	0	0	0	0	5528	10
2	0	0	0	0	0	0	0	0	0	3	0	3
3	5968	6	0	63	5072	65	3307	126	2792	0	17139	260
4	0	540	0	434	0	375	0	321	0	225	0	1895
5	76	2357	105	4216	8	679	4	514	19	1905	212	9672
6	4	1	5	209	1	13224	2	534	0	1227	12	15195
7	2177	112	1708	1819	1709	1130	2732	515	1521	422	9847	3998
8	3589	89	2108	1791	2060	8648	2113	9980	1904	14546	11774	35054
9	100	902	87	807	70	1444	78	2116	23	3490	358	8759
10	648	0	943	0	1468	12	1731	0	5093	62	9883	74
11	144	1119	2	1351	8	1506	0	1520	0	1333	154	6829
12	5696	89	6553	318	6665	1238	6627	1609	4924	1319	30465	4573
13	0	71	0	55	0	54	0	95	0	47	0	322
14	111	0	136	0	122	0	106	0	52	0	527	0
15	3	11	37	6	27	6	0	12	0	18	67	53

续表

HS	2012 年		2013 年		2014 年		2015 年		2016 年		合计	
	进口	出口	进口	出口	进口	出口	进口	出口	进口	出口	进口	出口
16	0	0	0	0	0	0	0	58	0	112	0	170
17	244	258	193	448	201	617	180	816	197	798	1015	2937
18	0	0	0	2	0	9	0	26	0	8	0	45
19	0	295	2	757	15	1201	5	957	3	910	25	4120
20	0	9	0	1317	0	882	0	28	0	71	0	2307
21	0	2866	0	3205	0	3995	2	7039	1	5332	3	22437
22	0	3619	12	3887	8	3715	6	2888	36	2966	62	17075
23	224	157	578	172	350	255	389	255	519	526	2060	1365
24	35	1471	22	1869	0	1943	0	2418	4	2134	61	9835
25	708	1605	960	1704	1336	1968	1080	1604	734	1059	4818	7940
26	21340	50	43396	10	56165	31	45394	12	92757	3	259052	106
27	6282	19245	20180	22011	137073	28931	163894	19402	137060	13204	464489	102793
28	72	2730	181	3048	205	2777	621	2672	264	2710	1343	13937
29	0	6045	0	7395	0	8171	0	6378	0	7523	0	35512
30	0	2641	0	3633	0	4786	0	3862	0	3629	0	18551
31	0	5108	0	5979	0	6604	0	5438	0	12363	0	35492
32	3	628	5	902	6	702	2	743	9	635	25	3610

续表

HS	2012年		2013年		2014年		2015年		2016年		合计	
	进口	出口	进口	出口	进口	出口	进口	出口	进口	出口	进口	出口
33	0	359	0	427	1	576	0	596	0	765	1	2723
34	0	1429	0	2087	0	1821	0	1467	0	1508	0	8312
35	0	634	0	773	0	778	0	908	0	1150	0	4243
36	0	373	0	749	0	1299	0	584	0	583	0	3588
37	0	438	0	506	0	654	0	680	0	767	0	3045
38	435	2553	258	2616	482	4022	36	5408	25	5592	1236	20191
39	184	9896	114	13768	249	21374	345	22256	446	24090	1338	91384
40	12027	9694	12330	9501	8631	10192	7165	9866	14656	10766	54809	50019
41	14	123	1	169	2	329	0	730	0	427	17	1778
42	0	1038	7	692	52	1579	294	1803	768	1567	1121	6679
43	1	1195	2	1990	5	1811	2	1759	0	1612	10	8367
44	30911	916	62088	853	67788	2005	22859	2785	21392	2911	205038	9470
45	0	0	0	0	0	1	0	0	0	0	0	1
46	5	527	6	521	10	596	18	121	8	84	47	1849
47	0	33	20	0	76	25	9	0	9	43	114	101
48	12	2875	6	5308	0	5427	1	5874	0	7788	19	27272
49	5	167	0	458	3	453	0	639	0	1022	8	2739

续表

HS	2012年		2013年		2014年		2015年		2016年		合计	
	进口	出口	进口	出口	进口	出口	进口	出口	进口	出口	进口	出口
50	0	501	0	501	0	634	0	789	0	778	0	3203
51	0	1295	0	2237	0	1778	2	1708	0	1794	2	8812
52	15	15515	1	17302	3	15885	1	16161	0	16996	20	81859
53	3	358	0	512	0	962	0	1567	0	1375	3	4774
54	0	6784	1	9976	3	9984	2	13323	2	18339	8	58406
55	0	25903	5	31212	0	29827	6	28161	0	28874	11	143977
56	0	1762	0	2943	0	3517	0	3863	4	4457	4	16542
57	0	1159	0	1471	0	1169	0	964	0	1601	0	6364
58	36	2549	196	3687	117	4129	116	5009	111	4831	576	20205
59	0	3180	0	3748	0	4697	0	5537	0	6161	0	23323
60	2	5354	13	9042	0	12220	0	16319	1	21178	16	64113
61	177	1299	257	4383	228	4198	598	2023	916	4389	2176	16292
62	1942	218	3594	762	3220	1106	3515	1394	3588	1409	15859	4889
63	20	3810	66	18371	89	14312	90	7277	115	10071	380	53841
64	1	5234	2	4475	96	3718	112	2836	200	3642	411	19905
65	0	183	1	203	0	323	4	330	22	363	27	1402
66	0	463	0	869	0	1400	0	1231	1	1384	1	5347

续表

HS	2012年		2013年		2014年		2015年		2016年		合计	
	进口	出口	进口	出口	进口	出口	进口	出口	进口	出口	进口	出口
67	195	159	204	792	122	578	104	357	112	219	737	2105
68	69	1465	60	2524	92	2800	80	3910	64	4108	365	14807
69	0	4037	1	6354	0	9017	0	11901	1	12391	2	43700
70	0	2517	0	2965	1	3625	17	3825	0	4407	18	17339
71	29372	1	115545	50755	1228209	114088	194810	30399	12152	6955	1580088	202198
72	0	47270	1253	61644	29481	98145	24698	84405	12761	73709	68193	365173
73	0	49334	0	28952	0	36820	0	61177	1	33860	1	210143
74	2989	201	3562	258	4923	396	3341	525	13023	615	27838	1995
75	0	4	0	0	0	0	0	22	0	3	0	29
76	0	4347	0	6923	0	11543	0	13491	0	14052	0	50356
78	0	10	0	30	0	9	0	16	0	66	0	131
79	0	105	0	43	0	90	588	148	992	157	1580	543
80	0	1	0	2	0	1	0	9	1231	1	1231	14
81	0	5	0	3	0	47	0	21	0	22	0	98
82	0	1021	1	1380	0	1295	0	1403	0	1297	1	6396
83	0	2006	0	2627	8	3525	0	3304	0	3668	8	15130
84	2	91045	15	99324	296	101209	390	101951	755	93864	1458	487393

续表

HS	2012 年		2013 年		2014 年		2015 年		2016 年		合计	
	进口	出口	进口	出口	进口	出口	进口	出口	进口	出口	进口	出口
85	598	67012	2107	107259	2209	164051	2233	160717	2282	150851	9429	649890
86	0	305	0	438	0	244	0	1739	0	2999	0	5725
87	0	76888	0	84653	0	96538	2	98834	0	90611	2	447524
88	0	4	0	1032	0	91	0	119	0	4	0	1250
89	0	29944	0	28536	0	3844	0	100094	0	6780	0	169198
90	3322	4264	1233	6518	1077	8229	1816	6684	2371	3921	9819	29616
91	0	11133	0	3958	0	1500	1	121	177	216	178	16928
92	0	87	0	46	0	38	0	14	0	8	0	193
93	0	0	0	18	0	5	0	4	0	0	0	27
94	37	9385	14	10927	32	14296	40	9546	5	7272	128	51426
95	0	925	0	1272	0	1431	0	1242	9	1242	9	6112
96	0	4049	1	5073	0	5535	1	6120	1	7592	3	28369
97	2	0	1	39	1	6	0	5	0	3	4	53
99					55	0	53356	27086	73656	30972	127067	58058

2012—2016 年中国－菲律宾进出口贸易额（1–7）

单位：万美元

HS	2012 年		2013 年		2014 年		2015 年		2016 年		合计	
	进口	出口	进口	出口	进口	出口	进口	出口	进口	出口	进口	出口
1	118	0	52	0	61	0	64	0	40	0	335	0
2	0	6	0	0	0	0	0	0	0	0	0	6
3	1829	27752	3128	29465	3395	37342	3640	46237	4027	51048	16019	191844
4	117	96	67	103	1	151	0	73	0	104	185	527
5	161	244	161	231	137	192	103	1229	103	99	665	1995
6	0	99	0	150	1	197	0	241	0	272	1	959
7	1	9790	0	10167	1	8332	0	10379	0	14872	2	53540
8	32740	20365	33491	24654	62412	18216	57740	20529	49247	26540	235630	110304
9	2	1210	0	2209	0	2144	0	1056	0	630	2	7249
10	0	611	1	332	0	767	0	1706	0	2514	1	5930
11	10	1536	0	1243	1	2169	0	3274	1	2224	12	10446
12	785	1090	1360	843	436	810	286	908	320	820	3187	4471
13	330	1527	293	2261	348	2341	358	2391	264	2155	1593	10675
14	130	1	153	0	358	1	617	0	356	2	1614	4
15	3074	129	4892	100	1887	223	1094	202	2162	108	13109	762

续表

HS	2012 年		2013 年		2014 年		2015 年		2016 年		合计	
	进口	出口	进口	出口	进口	出口	进口	出口	进口	出口	进口	出口
16	4	6240	1	9523	26	8102	2	6643	33	7113	66	37621
17	3427	13237	39	20892	80	22086	104	29316	147	38908	3797	124439
18	15	2375	8	2408	15	2959	36	2996	36	3059	110	13797
19	856	2215	938	2627	766	3035	637	3008	673	3235	3870	14120
20	2648	8626	3014	11322	3433	10993	3926	12548	3675	13874	16696	57363
21	366	10441	459	12124	449	14368	459	14168	447	14978	2180	66079
22	138	1284	125	1215	178	835	203	1418	149	2040	793	6792
23	994	2988	2323	2818	1782	2501	221	2138	68	1930	5388	12375
24	66	5827	103	5682	3	5159	6	3271	28	5257	206	25196
25	752	2090	638	2630	472	2418	1178	2975	873	6437	3913	16550
26	239847	73	206917	120	327746	354	198247	1610	129654	53	1102411	2210
27	19670	61573	24114	86638	51055	125301	100150	66317	61151	142676	256140	482505
28	1485	20004	2336	17855	2206	18695	3056	17663	2403	17428	11486	91645
29	8202	21878	3960	22486	6277	25122	12863	23805	13987	24646	45289	117937
30	0	5664	2	6917	0	6952	4	8983	2	10653	8	39169
31	60	27108	161	25400	84	32364	0	30419	72	22206	377	137497
32	204	5375	77	5632	36	7851	79	7817	98	8649	494	35324

续表

HS	2012年		2013年		2014年		2015年		2016年		合计	
	进口	出口	进口	出口	进口	出口	进口	出口	进口	出口	进口	出口
33	301	4055	348	4442	213	5871	168	8116	408	7721	1438	30205
34	1137	5030	940	5243	935	5699	608	6387	700	7650	4320	30009
35	99	4434	19	4990	101	6746	29	6527	6	6741	254	29438
36	0	607	0	767	0	804	0	280	0	329	0	2787
37	0	1913	0	2240	0	2074	0	1720	0	1646	0	9593
38	3525	19422	3890	34786	3872	41421	3439	33836	3909	26788	18635	156253
39	20010	63840	33851	74413	30291	88854	18326	101391	20900	113145	123378	441643
40	5211	23429	3538	23643	1891	24155	1107	24552	967	25947	12714	121726
41	161	219	177	365	214	330	111	1112	86	948	749	2974
42	633	12948	697	14945	1723	13971	3662	27080	4191	31052	10906	99996
43	5	172	4	160	14	35	6	62	8	55	37	484
44	7868	13110	12396	19282	11229	32285	5888	30357	5405	35977	42786	131011
45	16	8	13	13	15	10	12	5	14	2	70	38
46	12	328	14	208	10	170	15	269	17	159	68	1134
47	1799	70	1611	69	1400	52	1719	49	545	81	7074	321
48	82	21577	26	25475	39	25618	89	28842	262	33711	498	135223
49	117	1069	32	1317	11	1241	8	1975	5	1891	173	7493

续表

HS	2012年		2013年		2014年		2015年		2016年		合计	
	进口	出口	进口	出口	进口	出口	进口	出口	进口	出口	进口	出口
50	0	455	0	308	0	190	0	216	0	168	0	1337
51	0	2041	0	1602	0	1395	4	1263	0	1095	4	7396
52	7	48986	413	79536	22	45545	7	83876	4	153451	453	411394
53	1065	577	835	794	1202	929	1071	949	605	774	4778	4023
54	3658	26381	3710	38003	3739	30702	3713	32493	3957	36823	18777	164402
55	1	14492	31	14860	26	14039	26	15962	11	17502	95	76855
56	105	5252	36	13805	12	8174	15	14757	61	14158	229	56146
57	0	1440	6	1618	6	1473	9	2242	2	2512	23	9285
58	527	12884	700	13470	1049	17003	1167	22068	1582	20019	5025	85444
59	27	18330	10	16577	1	14945	1	14450	5	15548	44	79850
60	17	24873	9	28258	6	20326	14	22158	4	34557	50	130172
61	998	76612	1056	81432	1319	65445	1351	99531	2281	120959	7005	443979
62	937	17801	1601	20537	1373	33462	829	58980	837	79428	5577	210208
63	203	18852	197	24788	237	28286	194	32456	204	43418	1035	147800
64	4	49521	7	52204	8	58794	31	85918	62	87188	112	333625
65	40	1946	24	3113	34	1895	29	3411	48	4224	175	14589
66	0	22893	3	19117	0	18676	0	23091	2	13558	5	97335

续表

HS	2012年		2013年		2014年		2015年		2016年		合计	
	进口	出口	进口	出口	进口	出口	进口	出口	进口	出口	进口	出口
67	0	1021	4	1103	0	1226	2	2148	0	2575	6	8073
68	248	6155	137	7505	125	7711	103	9109	79	10239	692	40719
69	48	24826	17	35186	10	37727	9	55704	4	56495	88	209938
70	12662	13236	3144	17869	2016	20362	477	24869	327	26097	18626	102433
71	68	611	73	1155	142	1113	47	1553	24	1271	354	5703
72	1426	109737	121	148135	76	257294	72	217195	89	232936	1784	965297
73	1086	50105	566	60001	593	72978	545	96879	4151	91834	6941	371797
74	54182	4813	81982	6783	75508	8850	45970	9060	25860	7027	283502	36533
75	1	194	2	181	6	215	58	113	10	24	77	727
76	223	21727	165	23698	2145	28030	3353	31727	561	30627	6447	135809
78	231	7	114	2	102	0	11	18	88	12	546	39
79	1	147	1	152	0	164	3	650	18	417	23	1530
80	165	8	59	10	28	20	25	58	110	65	387	161
81	0	1049	5	480	0	725	62	792	0	721	67	3767
82	138	6998	148	9192	136	10584	164	14217	145	16696	731	57687
83	1525	10010	1098	14387	871	15975	606	24980	611	25219	4711	90571
84	600915	182613	430639	209586	502330	247025	414101	253811	380431	267684	2328416	1160719

续表

HS	2012 年		2013 年		2014 年		2015 年		2016 年		合计	
	进口	出口	进口	出口	进口	出口	进口	出口	进口	出口	进口	出口
85	882709	250967	878877	284353	936327	373164	945301	438541	946222	424988	4589436	1772013
86	354	307	244	276	5575	613	0	850	0	7734	6173	9780
87	1607	58991	4105	67860	1	89414	4041	114625	5713	132979	15467	463869
88	26	519	7	644	40252	801	20	1019	22	1126	40327	4109
89	874	20078	0	13943	383	10361	6	8022	3	7512	1266	59916
90	36376	34180	59184	35631	9	41060	42786	42437	51004	54074	189359	207382
91	242	2121	183	1866	0	1432	667	2766	616	2573	1708	10758
92	1	1101	4	1165	0	1224	10	1786	7	1744	22	7020
93	0	1	0	5	0	7	0	2	0	0	0	15
94	1206	28592	1020	37723	1191	46330	1028	69796	1129	74230	5574	256671
95	1252	45178	1012	53259	5327	72715	7497	104600	3947	108441	19035	384193
96	158	20888	261	24035	403	27300	880	29613	1086	32820	2788	134656
97	1	19	0	10	23	124	0	359	3	42	27	554
99	0	3	2	192	197	219	0	82	228	1700	427	2196

2012—2016年中国－新加坡进出口贸易额（1-8）

单位：万美元

HS	2012年		2013年		2014年		2015年		2016年		合计	
	进口	出口	进口	出口	进口	出口	进口	出口	进口	出口	进口	出口
1	0	29	0	7	24	16	4	21	81	25	109	98
2	0	839	0	745	0	1029	0	804	0	609	0	4026
3	536	5739	703	11492	393	16176	295	15686	400	12559	2327	61652
4	935	1121	2352	1329	1163	1497	325	1214	340	1203	5115	6364
5	3	52	10	259	33	368	1	160	0	10	47	849
6	0	716	0	838	0	851	0	955	0	967	0	4327
7	0	9026	0	10567	0	11244	0	12136	0	12305	0	55278
8	0	4953	0	5591	0	5967	0	6662	0	6691	0	29864
9	114	1832	145	1969	434	2299	288	1813	270	2098	1251	10011
10	0	11	0	10	0	85	0	16	0	14	0	136
11	2	1758	0	1490	0	2234	0	1855	0	1999	2	9336
12	0	3258	0	3449	0	3164	0	3518	1	2861	1	16250
13	151	848	110	931	339	1089	480	903	427	953	1507	4724
14	68	149	33	95	80	83	98	94	84	102	363	523
15	904	2664	736	2274	620	2016	583	1368	746	1438	3589	9760

续表

HS	2012年		2013年		2014年		2015年		2016年		合计	
	进口	出口	进口	出口	进口	出口	进口	出口	进口	出口	进口	出口
16	4	11016	22	16984	28	15621	68	19959	86	19430	208	83010
17	169	1786	136	1597	257	2580	238	2822	239	2557	1039	11342
18	4194	764	4324	866	4783	1193	3213	1292	5787	1344	22301	5459
19	25014	2628	26090	2744	21499	2436	26865	2350	20710	2402	120178	12560
20	55	3930	97	4567	88	4030	164	3424	157	4497	561	20448
21	2884	4386	3408	4910	3567	5029	3373	4544	3672	4727	16904	23596
22	54	3062	72	5229	101	10912	111	5955	133	4474	471	29632
23	969	1047	860	788	1051	815	1287	703	1626	794	5793	4147
24	2689	2905	4416	3611	7886	4270	7649	3986	7162	4513	29802	19285
25	71	5418	41	9749	33	4966	214	8200	138	6075	497	34408
26	355	149	132	156	89	204	0	138	31	96	607	743
27	566045	190100	515677	350444	477296	402394	291034	388762	259295	452970	2109347	1784670
28	1437	13841	818	11470	890	11419	805	10847	779	10372	4729	57949
29	232043	68119	299212	78056	319901	100211	220100	68858	193302	65656	1264558	380900
30	1166	6131	2933	6242	1102	6622	4643	5269	5068	5538	14912	29802
31	2	474	1	253	0	818	0	675	0	649	3	2869
32	11963	8551	11096	8922	9934	11537	11462	12652	10158	12107	54613	53769

续表

HS	2012 年		2013 年		2014 年		2015 年		2016 年		合计	
	进口	出口	进口	出口	进口	出口	进口	出口	进口	出口	进口	出口
33	7421	10137	7307	10321	5587	13658	7085	15023	6235	12961	33635	62100
34	10290	5999	12173	6514	11622	9320	9683	7192	10373	5472	54141	34497
35	2415	3034	3361	3446	2967	3460	1997	3860	3262	3027	14002	16827
36	244	117	385	105	589	140	703	90	807	113	2728	565
37	233	4408	130	4757	165	4501	224	4048	291	2962	1043	20676
38	71359	15775	81175	16479	90750	18718	85066	19611	87785	22543	416135	93126
39	284144	90407	342600	117625	421206	108831	362521	100822	311251	89777	1721722	507462
40	7477	19580	11593	28740	26734	19807	27834	14595	25925	11357	99563	94079
41	117	91	431	207	862	340	943	459	432	215	2785	1312
42	18	39925	24	49177	122	60661	36	64504	19	51766	219	266033
43	0	40	1	344	0	35	0	42	0	46	1	507
44	95	13786	159	13284	155	22198	66	30005	52	18583	527	97856
45	0	15	0	16	0	27	1	18	1	39	2	115
46	0	2567	0	1923	0	1754	0	2834	0	1971	0	11049
47	18	0	66	0	161	0	1492	0	1672	2	3409	2
48	1134	25600	924	40346	1050	46907	1134	59789	1653	67766	5895	240408
49	15558	2918	45754	4191	47970	4294	26556	3189	29496	2905	165334	17497

续表

HS	2012 年		2013 年		2014 年		2015 年		2016 年		合计	
	进口	出口	进口	出口	进口	出口	进口	出口	进口	出口	进口	出口
50	0	1241	1	789	1	1642	0	608	0	449	2	4729
51	1	698	3	538	4	529	3	324	0	541	11	2630
52	37	6720	29	7790	35	5825	51	6372	5	4182	157	30889
53	1	264	0	406	1	212	0	60	0	86	2	1028
54	2218	6429	2938	6754	2547	7116	3091	6205	3812	5114	14606	31618
55	40	21771	23	7916	64	4331	35	2613	20	2599	182	39230
56	97	3200	133	4981	244	5008	361	3948	306	3989	1141	21126
57	6	3692	3	3774	1	4832	1	4319	3	3499	14	20116
58	21	2936	20	2183	63	2412	101	2184	56	1651	261	11366
59	425	4310	378	4675	181	4540	100	4692	94	4049	1178	22266
60	43	5558	3	6014	4	6122	67	4882	3	3664	120	26240
61	16	81431	16	125561	15	89114	11	70299	16	70832	74	437237
62	68	33698	18	37662	15	62189	23	64143	13	45518	137	243210
63	31	16188	185	22696	1013	27239	594	29286	691	19453	2514	114862
64	8	48746	11	69201	2	67839	5	65166	9	53247	35	304199
65	2	1585	15	2489	1	2931	2	2565	2	1994	22	11564
66	1	1799	0	2354	1	2207	0	2035	0	1637	2	10032

续表

HS	2012 年		2013 年		2014 年		2015 年		2016 年		合计	
	进口	出口	进口	出口	进口	出口	进口	出口	进口	出口	进口	出口
67	0	4255	0	5586	0	6174	4	6673	0	7629	4	30317
68	719	13570	1360	26509	920	22085	658	31343	534	23236	4191	116713
69	1332	48029	1204	75447	1390	92298	1658	130873	1884	91074	7468	437721
70	2496	25487	2935	37944	3445	31186	2350	28257	1869	22670	13095	145544
71	2488	2164	2471	6598	2735	12364	160816	20809	229822	10839	398332	52824
72	4011	129997	3232	153342	3224	156417	2392	114241	2533	94262	15392	648259
73	16646	142772	18844	139014	58908	155571	33069	142753	5476	109544	132943	689654
74	8360	25436	10746	6056	7618	8634	6481	11259	6694	55935	39899	107320
75	367	13341	349	13526	187	15581	148	177	51	277	1102	42902
76	3027	31928	1893	38918	1709	44009	1481	45927	1342	38133	9452	198965
78	147	12	1	85	4	15	0	11	2	3	154	126
79	114	82	144	805	100	2397	87	746	48	574	493	4604
80	1453	2969	908	3647	900	2117	608	1074	545	143	4414	9950
81	117	1086	142	3379	77	1638	24	949	61	535	421	7587
82	1950	15542	1460	21087	908	22328	1001	25031	601	19562	5920	103550
83	849	18626	1018	29199	1519	41787	1388	45944	1062	37254	5836	172810
84	407367	773437	420419	815534	418029	850356	399090	802217	373436	782115	2018341	4023659

续表

HS	2012年		2013年		2014年		2015年		2016年		合计	
	进口	出口	进口	出口	进口	出口	进口	出口	进口	出口	进口	出口
85	929904	942034	941450	1040419	899307	1149569	882670	1394594	817614	1106820	4470945	5633436
86	1	28973	14	49350	0	48439	13	67394	3	60363	31	254519
87	12681	18441	14206	25245	4323	31603	1124	28009	764	18557	33098	121855
88	1569	2564	1769	1583	1287	3771	1300	9031	1867	7308	7792	24257
89	2564	641058	1630	507190	28126	435322	12959	550685	430	350176	45709	2484431
90	106455	78809	130618	83097	138948	94850	140407	100388	153918	78095	670346	435239
91	83401	3162	54734	3621	14826	5337	4726	6929	4806	4814	162493	23863
92	2	1719	3	2277	7	2567	3	2367	4	1954	19	10884
93	0	8	0	7	0	5	0	39	0	4	0	63
94	621	161757	814	241625	540	303623	398	317535	287	244759	2660	1269299
95	44	50313	31	60493	77	78530	34	108807	34	109298	220	407441
96	70	10170	96	13133	78	15708	62	15974	57	12645	363	67630
97	24	426	51	549	135	1026	39	786	5	487	254	3274
99	8811	54884	10625	27028	27829	13897	0	3	701	4411	47966	100223

2012—2016年中国－泰国进出口贸易额（1–9）

单位：万美元

HS	2012年		2013年		2014年		2015年		2016年		合计	
	进口	出口	进口	出口	进口	出口	进口	出口	进口	出口	进口	出口
1	174	8	232	13	69	8	54	14	7	14	536	57
2	0	45	0	69	4	35	3	12	1	8	8	169
3	15240	26330	16466	40726	17118	68737	16699	99160	16254	90911	81777	325864
4	359	1046	368	1100	272	1678	364	2350	347	1941	1710	8115
5	223	7581	301	6974	498	11388	207	15178	123	21816	1352	62937
6	1330	1447	1317	1134	1279	806	1416	902	1463	1217	6805	5506
7	124824	33606	144776	55769	171841	48941	170605	54155	114220	44712	726266	237183
8	105843	45828	129504	58698	110538	64371	116926	111405	115326	95367	578137	375669
9	159	2860	118	3212	163	2942	81	4452	52	8052	573	21518
10	16112	201	23587	224	48487	85	47489	35	46223	14	181898	559
11	30892	4444	57087	4749	72694	5194	61638	5433	56546	6304	278857	26124
12	1677	8439	2180	6809	2684	6122	2943	6315	3182	6191	12666	33876
13	101	2197	15	3026	58	3339	180	2886	179	2584	533	14032
14	121	36	114	38	196	45	41	71	62	97	534	287
15	2003	1797	3511	1284	2648	1251	1990	997	1547	1007	11699	6336

续表

HS	2012 年		2013 年		2014 年		2015 年		2016 年		合计	
	进口	出口	进口	出口	进口	出口	进口	出口	进口	出口	进口	出口
16	1904	20947	3474	21744	3095	17019	2803	16760	3470	16113	14746	92583
17	58498	3474	7563	5638	22086	5758	25108	6485	11355	5423	124610	26778
18	163	1624	315	1676	228	1533	192	1634	126	1622	1024	8089
19	1979	4466	2447	3516	2751	3262	3344	3422	4213	3826	14734	18492
20	3051	19061	3569	22776	4953	20447	6692	22009	9713	22705	27978	106998
21	3795	8086	8255	8607	9903	8322	10390	11573	13162	10007	45505	46595
22	783	787	2166	691	2884	330	2669	1012	3524	1081	12026	3901
23	5170	6818	6330	3540	10498	4684	12946	3749	12819	5696	47763	24487
24	0	818	16	702	0	272	14	478	0	467	30	2737
25	707	7711	963	8835	975	10500	1107	8092	1326	8267	5078	43405
26	12139	1842	9430	1918	8155	2705	5271	2308	4068	1414	39063	10187
27	186430	13002	239614	13075	138782	17850	99208	12012	93871	22477	757905	78416
28	2039	59830	2760	60931	3028	68115	2382	64265	2001	62971	12210	316112
29	262392	87449	289090	84636	241975	95775	149556	95735	120352	89778	1063365	453373
30	758	5140	924	6725	844	13157	1437	20038	1575	23935	5538	68995
31	30	23755	17	16541	12	24003	14	29699	63	24530	136	118528
32	6121	18987	6687	22060	7733	24276	7704	22863	7528	22067	35773	110253

续表

HS	2012年		2013年		2014年		2015年		2016年		合计	
	进口	出口	进口	出口	进口	出口	进口	出口	进口	出口	进口	出口
33	8067	5844	8521	8852	8122	13434	10236	15683	9843	11943	44789	55756
34	4429	8240	5423	8763	5745	12245	5527	8732	4701	8686	25825	46666
35	15607	6768	16639	8119	16751	9084	15160	9764	14098	11640	78255	45375
36	1377	3958	2036	4325	2629	2964	2278	3388	3042	3487	11362	18122
37	245	5817	233	4739	204	4662	147	4462	107	3832	936	23512
38	13126	46712	14850	61090	17953	61742	13020	58230	11223	73309	70172	301083
39	326756	101783	360867	122463	385418	130272	354812	145192	299961	147905	1727814	647615
40	598839	30091	626188	31882	510875	28106	400895	25033	376053	26105	2512850	141217
41	18552	1383	21604	1056	21677	1083	21863	1022	18659	1848	102355	6392
42	1310	21906	1638	27760	1830	32882	1522	33817	1828	27359	8128	143724
43	0	67	0	78	4	86	1	431	3441	554	3446	1216
44	102367	17171	116822	18016	122857	17681	126259	16259	153837	17984	622142	87111
45	1	7	0	10	0	10	0	11	0	10	1	48
46	12	2183	14	2054	15	2035	8	2280	7	1818	56	10370
47	4983	1988	6992	1096	10860	1214	10154	1124	8605	1309	41594	6731
48	6047	27125	6100	32585	7909	33866	7422	35981	7020	36509	34498	166066
49	195	1150	188	1945	279	1767	422	1520	452	1414	1536	7796

续表

HS	2012年		2013年		2014年		2015年		2016年		合计	
	进口	出口	进口	出口	进口	出口	进口	出口	进口	出口	进口	出口
50	9	784	24	891	74	538	44	425	72	533	223	3171
51	29	5351	52	5369	256	4406	237	2850	284	4031	858	22007
52	8024	27188	15043	25923	12265	24634	9080	26937	5544	23119	49956	127801
53	1719	1067	1704	817	1934	974	2249	999	1606	1257	9212	5114
54	12322	31038	13792	31704	14904	37522	14351	37560	12769	36874	68138	174698
55	7276	23758	9574	22426	9348	19648	9811	17418	9829	17006	45838	100256
56	3843	8396	5383	8830	5505	10071	4619	9516	4743	8799	24093	45612
57	271	3072	163	3928	238	5005	114	4605	127	3951	913	20561
58	1587	6747	1794	5332	1567	5273	1605	4998	1398	4455	7951	26805
59	1323	25502	1616	25960	1574	26385	2023	28034	2439	27729	8975	133610
60	2462	16569	2967	17964	2555	17139	2697	20069	3011	19129	13692	90870
61	4410	30201	5150	42213	6545	34348	7754	40317	9699	39972	33558	187051
62	3186	8311	3081	12297	3785	23944	4209	25626	4922	21168	19183	91346
63	1006	21639	926	29572	1035	43740	1458	46841	1325	51272	5750	193064
64	2550	17807	3097	34582	3570	35089	4107	40407	4544	30343	17868	158228
65	179	1401	158	1869	190	2202	186	2882	220	3157	933	11511
66	2	10907	2	11559	1	11618	2	9812	1	8118	8	52014

续表

HS	2012年		2013年		2014年		2015年		2016年		合计	
	进口	出口	进口	出口	进口	出口	进口	出口	进口	出口	进口	出口
67	213	2028	96	2377	38	2494	56	2408	33	2639	436	11946
68	1003	10467	966	14091	1119	23450	1080	18545	1405	15892	5573	82445
69	3277	30870	3331	47648	3378	45214	3466	52467	3572	33253	17024	209452
70	17215	24709	13363	31175	13996	29841	12769	30841	10722	32871	68065	149437
71	23883	12338	24549	15762	91895	9591	132620	6150	249302	4105	522249	47946
72	2172	202387	2785	183955	2652	207431	1987	201121	1768	238968	11364	1033862
73	10645	98186	12697	96018	13861	119153	11535	130142	11888	116673	60626	560172
74	18317	28386	16901	33104	15436	37055	11826	39250	21209	28688	83689	166483
75	99	871	60	629	0	657	12	404	6	348	177	2909
76	1339	40806	2634	44219	5007	48050	2826	60004	4584	56421	16390	249500
78	0	544	22	3916	1	1260	10	1812	146	282	179	7814
79	43	917	282	887	287	1014	5	1435	106	1453	723	5706
80	2427	25	3232	32	1580	60	1091	82	1161	73	9491	272
81	1371	1220	1570	1883	425	1565	131	1782	124	1893	3621	8343
82	656	16487	760	18860	898	20815	1478	20061	1768	19352	5560	95575
83	1924	19551	2002	21368	1653	23763	2182	26959	2149	24934	9910	116575
84	1058008	677255	743432	626057	706641	626351	680655	651183	710066	617398	3898802	3198244

续表

HS	2012年		2013年		2014年		2015年		2016年		合计	
	进口	出口	进口	出口	进口	出口	进口	出口	进口	出口	进口	出口
85	614555	597121	658225	614381	732712	637776	828725	863199	860664	858513	3694881	3570990
86	2	2714	14	6855	1	5179	1	10861	28	14170	46	39779
87	13769	108209	13753	128614	19300	102956	34007	125529	73965	129018	154794	594326
88	9	3441	6	375	4	752	10	576	12	306	41	5450
89	346	16541	333	11597	390	32195	403	13278	257	10605	1729	84216
90	75118	183825	77115	146162	112969	114179	178207	96263	249775	92995	693184	633424
91	2886	4495	7179	6638	9180	3078	10710	3219	9974	2650	39929	20080
92	42	2782	53	2054	60	1821	88	1857	142	1864	385	10378
93	0	10	0	35	0	10	0	43	0	49	0	147
94	3574	61920	3742	95439	6982	107094	7057	119135	8256	89177	29611	472765
95	2777	13710	3890	16404	4330	16871	4738	22211	3727	23729	19462	92925
96	2248	16175	2370	17357	3047	20432	3419	20378	5690	19670	16774	94012
97	10	80	41066	100	20424	93	31	144	46	16	61577	433
99	64	9	0	294	2	102	0	13	584	1030	650	1448

2012—2016 年中国－越南进出口贸易额（1–10）

单位：万美元

HS	2012 年		2013 年		2014 年		2015 年		2016 年		合计	
	进口	出口	进口	出口	进口	出口	进口	出口	进口	出口	进口	出口
1	29	2	114	0	66	0	128	32	324	353	661	387
2	0	54	0	156	0	0	0	102	0	1	0	313
3	5524	13077	6844	11768	8966	8137	7992	6544	12610	8954	41936	48480
4	0	37	1	46	0	80	0	47	0	7	1	217
5	87	6997	239	10626	46	16225	13	12295	75	16367	460	62510
6	86	1255	97	518	183	1214	174	924	359	988	899	4899
7	52512	44398	34191	81034	34188	125883	38607	147654	23747	158374	183245	557343
8	52703	44585	60861	48081	76309	55395	92448	82282	63841	87985	346162	318328
9	9375	1826	6621	3582	10161	3762	8468	8340	34735	18801	69360	36311
10	68213	2784	61630	2995	62611	2649	73241	2132	73393	1777	339088	12337
11	18480	4878	12471	5182	12539	4524	18358	3533	18203	5690	80051	23807
12	151	15526	350	17564	325	16616	402	15289	206	11926	1434	76921
13	148	630	863	569	223	781	510	1203	317	1083	2061	4266
14	138	2	74	10	127	3	122	2	136	4	597	21
15	2020	985	3011	629	2210	599	1338	694	1472	1337	10051	4244

续表

HS	2012 年		2013 年		2014 年		2015 年		2016 年		合计	
	进口	出口	进口	出口	进口	出口	进口	出口	进口	出口	进口	出口
16	81	12686	141	6286	149	1031	253	505	295	1047	919	21555
17	293	4132	113	4726	160	5420	251	5953	134	5502	951	25733
18	32	174	50	208	63	264	76	195	111	247	332	1088
19	603	759	1200	875	1403	883	1698	1065	2038	1075	6942	4657
20	340	3595	1017	9986	1484	13335	2146	14498	3837	13864	8824	55278
21	1115	2958	946	3398	1714	5570	8861	8926	23823	13417	36459	34269
22	360	537	34	650	78	1837	1278	1426	656	693	2406	5143
23	5254	24494	9266	15432	9455	26173	11837	18328	18176	27347	53988	111774
24	0	3130	8	2264	20	1772	8	3121	358	4964	394	15251
25	1891	3229	4267	4096	3872	4296	4138	4549	3151	6179	17319	22349
26	56663	1390	57350	493	30099	1001	15988	789	14694	611	174794	4284
27	199825	184247	140780	212009	167964	254312	98544	165881	156174	101539	763287	917988
28	135	31779	4394	30962	19180	36917	19372	38340	10393	37542	53474	175540
29	1776	62840	1661	77201	1492	92019	884	88981	931	92361	6744	413402
30	11	5248	19	5742	42	6686	16	6309	16	7328	104	31313
31	243	46026	237	57200	733	50851	71	67197	105	45931	1389	267205
32	157	15305	270	20240	293	29512	299	32607	334	28993	1353	126657

续表

HS	2012年		2013年		2014年		2015年		2016年		合计	
	进口	出口	进口	出口	进口	出口	进口	出口	进口	出口	进口	出口
33	40	3098	42	4202	51	3702	159	3718	178	3753	470	18473
34	883	6060	543	6659	596	6962	719	8048	1253	10400	3994	38129
35	855	7902	775	9888	1213	11956	1132	13813	1699	14632	5674	58241
36	0	14	0	28	0	326	0	364	0	28	0	760
37	2	3263	10	3802	16	3992	143	4632	137	4812	308	20501
38	6903	27929	5170	35020	7873	42888	6462	47368	6332	57432	32740	210687
39	24750	89194	30028	118456	32179	143874	33603	171484	24432	196931	144992	719939
40	75502	23828	53424	26474	54567	31767	76317	31235	101908	31296	361718	144600
41	12721	3034	14302	3773	17160	6446	21632	11988	16357	14622	82172	39863
42	4301	9860	7288	17728	11561	13242	17444	13180	21831	17710	62425	71720
43	5	5097	185	8973	2317	25567	8403	19996	10551	13766	21461	73399
44	77383	18428	100613	17211	106094	21645	86560	23378	93681	28213	464331	108875
45	381	2	0	6	0	19	0	12	1	8	382	47
46	0	990	414	467	341	2138	414	1202	558	2197	1727	6994
47	1028	102	2715	127	1382	5	175	2	0	3	5300	239
48	771	25271	1148	38992	1220	53094	1427	65759	1105	70001	5671	253117
49	24	1714	46	2526	55	3793	85	3682	90	3887	300	15602

续表

HS	2012 年		2013 年		2014 年		2015 年		2016 年		合计	
	进口	出口	进口	出口	进口	出口	进口	出口	进口	出口	进口	出口
50	3	4507	162	5737	172	5222	70	4495	97	4602	504	24563
51	19	9511	12	13288	6	16888	20	19475	31	20075	88	79237
52	62259	145916	91350	249658	128174	238035	145651	200018	171707	169456	599141	1003083
53	3385	7211	2803	4738	4301	5429	3619	6947	2784	6447	16892	30772
54	9542	78006	8206	97114	11628	118023	9844	141073	9571	154182	48791	588398
55	3614	73375	4581	106963	5062	226009	6318	277783	8319	231171	27894	915301
56	527	13554	629	18828	986	32233	802	32725	1506	39536	4450	136876
57	1	3990	2	6120	2	5848	2	6503	0	6863	7	29324
58	297	19677	324	22985	426	32915	369	32402	297	35517	1713	143496
59	1705	46670	2188	59552	2952	62838	2092	66052	2410	62356	11347	297468
60	2287	113655	2559	154246	2945	180885	7827	231388	14002	249609	29620	929783
61	8726	368927	16898	476920	24125	362073	34689	244102	39406	65650	123844	1517672
62	15409	11723	23895	78303	31026	258176	38010	193848	44537	135083	152877	677133
63	2886	17125	2780	27848	3669	32588	4174	31223	4117	25818	17626	134602
64	43066	21347	48431	39036	66673	67875	98942	94485	116196	86020	373308	308763
65	169	1634	185	1879	199	4212	410	2458	614	1857	1577	12040
66	7	2306	75	1653	62	2134	80	1575	70	2200	294	9868

续表

HS	2012 年		2013 年		2014 年		2015 年		2016 年		合计	
	进口	出口	进口	出口	进口	出口	进口	出口	进口	出口	进口	出口
67	3	1303	9	1817	44	5280	81	3465	32	2231	169	14096
68	179	19185	214	30618	165	46651	153	55855	228	56562	939	208871
69	616	21443	651	25834	572	85045	747	171238	939	87722	3525	391282
70	2314	18737	4725	26433	9316	29656	11708	39441	12011	55756	40074	170023
71	59	3445	121	3939	431	5489	951	5844	1873	2628	3435	21345
72	3692	172015	2317	242437	1289	379102	781	415114	954	453131	9033	1661799
73	3128	86998	4092	112084	4914	140726	5606	151593	5388	123858	23128	615259
74	1465	5891	1222	14191	1592	25058	1813	23495	6075	17378	12167	86013
75	30	34	3	150	6	313	4	415	2	239	45	1151
76	1513	74849	1033	134643	1409	135750	1729	277589	890	232174	6574	855005
78	1759	1020	1196	1597	911	4985	200	5145	389	1445	4455	14192
79	24	238	0	291	1	872	110	1782	25	964	160	4147
80	45	108	38	200	0	26	0	41	14	87	97	462
81	27	638	6	769	56	514	70	476	4	1045	163	3442
82	516	39452	933	31541	1281	88270	1570	44396	1871	42291	6171	245950
83	206	38448	392	49420	813	87075	1040	70524	1079	59235	3530	304702
84	89939	409288	107604	592895	111455	777563	111614	681324	124553	688240	545165	3149310

续表

HS	2012 年		2013 年		2014 年		2015 年		2016 年		合计	
	进口	出口	进口	出口	进口	出口	进口	出口	进口	出口	进口	出口
85	655223	602410	696593	941584	825832	1206211	1150636	1256866	1297383	1201730	4625667	5208801
86	0	2320	0	944	0	4697	2	2947	0	3429	2	14337
87	2621	64239	4261	102780	11463	187853	10717	266254	16795	166195	45857	787321
88	1	1064	1	909	0	20644	6	772	10	391	18	23780
89	357	814	183	23671	196	40999	21	3595	85	4966	842	74045
90	8919	76404	12127	135317	28260	174570	38808	208806	64856	188690	152970	783787
91	312	3941	393	2184	501	2945	605	2020	575	5087	2386	16177
92	54	796	40	701	33	679	26	871	26	735	179	3782
93	0	0	0	2	0	0	0	1	0	1	0	4
94	9633	36505	16989	50278	20831	65909	19641	103590	21927	80291	89021	336573
95	1666	8296	1928	11446	2888	12133	3361	16882	3697	17518	13540	66275
96	912	26866	1219	26099	1192	53345	1127	37873	1412	32975	5862	177158
97	2	29	2	111	0	37	1	74	4	40	9	291
99	0	0	0	12	0	64	604930	7258	993641	113858	1598571	121192

附录 2

7 大类别产品分类与 HS 编码对照表

七类产品	HS 编码	产品名称
农食产品（01~24）	1	第 1 章　活动物
	2	第 2 章　肉及食用杂碎
	3	第 3 章　鱼及其水生无脊椎动物
	4	第 4 章　乳；蛋；蜂蜜；其他食用动物产品
	5	第 5 章　其他动物产品
	6	第 5 章　活植物；茎；根；插花；簇叶
	7	第 7 章　食用蔬菜、根及茎快
	8	第 8 章　食用水果及坚果；甜瓜等水果的果皮
	9	第 9 章　咖啡、茶、马黛茶及调味香料
	10	第 10 章　谷物
	11	第 11 章　制粉工业产品；麦芽；淀粉等；面筋
	12	第 12 章　油籽；子仁；工业或药用植物；饲料
	13	第 13 章　虫胶；树胶、树脂及其他植物液、汁
	14	第 14 章　编结用植物材料；其他植物产品
	15	第 15 章　动、植物油、脂、腊；精制食用油脂
	16	第 16 章　肉、鱼及其他水生无脊椎动物的制品
	17	第 17 章　糖及食糖
	18	第 18 章　可可及可可制品
	19	第 19 章　谷物粉、淀粉等或乳的制品；糕饼
	20	第 20 章　蔬菜、水果等或植物及其他部分的制品
	21	第 21 章　杂项食品
	22	第 22 章　饮料、酒及醋
	23	第 23 章　食品工业的残渣及废料；配置的饲料
	24	第 24 章　烟草、烟草及烟草代用品的制品

续表

七类产品	HS 编码	产品名称
机电仪器（84~93）	84	第 84 章　核反应堆、锅炉、机械器具及零件
	85	第 85 章　机电、电器、音像设备及其零附件
	86	第 86 章　铁道车辆；轨道装置；信号设备
	87	第 87 章　车辆及其零附件，但铁道车辆除外
	88	第 88 章　航空器、航天器及其零件
	89	第 89 章　船舶及浮动结构体
	80	第 80 章　光学、照相、医疗等设备及零附件
	91	第 91 章　钟表及其零件
	92	第 92 章　乐器及其零件、附件
	93	第 93 章　武器、弹药及其零件、附件
化矿金属（25~38、72~83）	25	第 25 章　盐；硫磺；土及石料；石灰及水泥等
	26	第 26 章　矿砂、矿渣及矿灰
	27	第 27 章　矿物燃料、矿物油及其产品；沥
	28	第 28 章　无机化学品；贵金属等的化合物
	29	第 29 章　有机化学品
	30	第 30 章　药品
	31	第 31 章　肥料
	32	第 32 章　鞣料；着色料；涂料；油灰；墨水等
	33	第 33 章　精油及香膏、芳香料制品，化妆盥洗品
	34	第 34 章　洗涤剂、润滑剂、人造蜡、塑形膏等
	35	第 35 章　蛋白类物质；改性淀粉；胶；酶
	36	第 36 章　炸药；烟火；引火品；易燃材料制品
	37	第 37 章　照相及电影用品
	38	第 38 章　杂项化学品
	72	第 72 章　钢铁
	73	第 73 章　钢铁制品
	74	第 74 章　铜及其制品

续表

七类产品	HS 编码	产品名称
化矿金属（25~38、72~83）	75	第 75 章　镍及其制品
	76	第 76 章　铝及其制品
	78	第 78 章　铅及其制品
	79	第 79 章　锌及其制品
	80	第 80 章　锡及其制品
	81	第 81 章　其他贱金属、金属陶瓷及其制品
	82	第 82 章　贱金属器具、利口器、餐具及零件
	83	第 83 章　贱金属杂项制品
纺织鞋帽（50~67）	50	第 50 章　蚕丝
	51	第 51 章　羊毛等动物毛；马毛纱线及机
	52	第 52 章　棉花
	53	第 53 章　其他植物纤维；制纱线及机织物
	54	第 54 章　化学纤维长丝
	55	第 55 章　化学纤维短纤
	56	第 56 章　絮胎、毡呢及无纺织物；线绳制品
	57	第 57 章　地毯及纺织材料的铺地制品
	58	第 58 章　特种机织物；簇绒织物；刺绣品等
	59	第 59 章　特种机织物；簇绒织物；刺绣品等
	60	第 60 章　针织物及钩编织物
	61	第 61 章　针织或钩边的服装及衣着附件
	62	第 62 章　非针织或非钩边的服装及衣着附件
	63	第 63 章　其他纺织制品；成套物品；旧纺
	64	第 64 章　鞋靴、护腿和类似品及衣着附件
	65	第 65 章　帽类及其零件
	66	第 66 章　伞、手杖、鞭子、马鞭及其零件
	67	第 67 章　加工羽毛及制品；人造花；人发制品

续表

七类产品	HS 编码	产品名称
橡塑皮革类（39~43）	39	第 39 章　塑料及其制品
	40	第 40 章　橡胶及其制品
	41	第 41 章　生皮（毛皮除外）及皮革
	42	第 42 章　皮革制品；旅行箱包；动物肠线
	43	第 43 章　毛皮、人造毛皮及其制品
玩具家具类（71、94~97）	71	第 71 章　珠宝、贵金属及制品；仿首饰；硬币
	94	第 94 章　家具；寝具等；灯具；活动房
	95	第 95 章　玩具、游戏或运动用品及其零件
	96	第 96 章　杂项制品
	97	第 97 章　艺术品、收藏品及古物
木材纸张非金属类（44~49、68~70）	44	第 44 章　木及木制品；木炭
	45	第 45 章　软木及软木制品
	46	第 46 章　编结材料制品；框篮及柳条编结品
	47	第 47 章　木浆等纤维状纤维素浆；废纸及纸品
	48	第 48 章　纸及纸板；纸浆、纸或纸板纸品
	49	第 49 章　印刷品；手稿、打字稿及设计图纸
	68	第 68 章　矿物材料的制品
	69	第 69 章　陶瓷产品
	70	第 70 章　玻璃及其制品

附录 3

东盟各国通报的主要 TBT/SPS 措施（2012—2016 年）

一、文莱近年通报的主要措施

文莱 2012—2016 年 TBT 通报总数量 0 件；SPS 通报总数量 1 件。

（一）通报的主要 TBT 措施

无。

（二）通报的主要 SPS 措施

2012 年，文莱工业与初级资源部、卫生部联合分布了关于更新暂停进口日本食品的紧急措施。出于担忧和保证公众免受放射污染食品危害而采取的预防措施，暂停进口日本福岛、茨城、枥木、群马、琦玉、神奈川、东京和千叶县任何肉类、海鲜、乳及乳制品、水果蔬菜（新鲜和加工）、块茎蔬菜包括马铃薯和甜薯、海带及绿茶产品。但是，进口这些县其他产品及日本其他县产品可根据批准程序出口文莱，但须提交日本主管当局验证文莱食品进口声明并随附放射分析报告。

二、柬埔寨近年通报的主要措施

无。

三、印尼近年通报的主要措施

印尼 2012—2016 年 TBT 通报总数 94 件；SPS 通报总数 77 件。

（一）通报的主要 TBT 措施

1. 食品

2012 年 4 月，印尼食药局制定了食品包装管理法规，法规管辖食品包装、食品接触物质肯定列表和否定列表，包括食品接触物质迁移最高限值。

2012 年 5 月，印尼食药局制定了关于加工食品中的营养性和非营养性添加剂要求的法规，取代了 2008 年的相关法规。规定了在加工食品中 22 碳六烯酸和花生油稀酸的强制性要求；禁止在婴幼儿配方食品中添加叶黄素、鞘磷脂和神经节苷脂；禁止将关于 22 碳六烯酸和花生油稀酸的营养广告和健康声明放置在婴幼儿配方食品上。

2012 年 5 月，印尼食药局制定了管理加工食品标签和广告声明的法规，对用于加工食品声明的 3 种类型，即营养声明、健康声明和血糖指数声明作了具体的规定，取代了 2005 年的相关法规。

2012 年 7 月，印尼食药局制定了关于加工食品注册程序的法规，规定了总则、加工食品注册的标准要求、加工食品注册的程序、费用、听证、审议、有效期、重新注册、注册核准管理、重新评定、行政处分、过渡性条款、结束条款，取代 2003 年和 2004 年的相关法规。

2013 年 3 月，印尼农业部产品营销和加工管理局制定了强制性实施白砂糖印尼国家标准的法规草案，规定所有国产和进口的白砂糖必须达到关于白砂糖的国家标准要求。生产或进口白砂糖的公司必须具有由产品认证机构（LSPro）颁发的用户产品证明——SNI（SPPT−SNI）；已经随附的 SPPT−SNI 进口白砂糖应附上有印度尼西亚国家认可机构（KAN）认可的实验室颁发的分析证明（CoA）。

2013 年 10 月，印尼农业部产品营销和加工管理局制定了关于有机食品系统质量和销售要求的法令草案，旨在作为实施有机农业系统的法律基础，范围包括农业、有机农业、生产和加工设施、认证、标签、培训和监督，以及在有机农业系统中应用的处罚。生产、加工、为营销目的纳入有机产品或销售有机产品的经营单位必须采用依照本法规定义的有机农业系统。

2014 年 1 月，印尼卫生部非传染性疾病控制局通报了关于加工食品和速食食品包含糖、食盐和脂肪含量信息及健康信息的措施草案，强制要求加工食品和速食食品必须显示糖、食盐和脂肪含量信息及健康信息，并要求显示的这些信息对于消费者应该是清晰易懂的。糖、食盐和脂肪含量信息及健康信息是基于认可实验室执行的检测报告的。

该措施从发布通报之日至 2016 年 6 月，被 WTO 成员国提了 13 次特别贸易关注。提出关注的成员对该措施的必要性和科学依据提出了质疑，认为可以采取宣传活动、培养健康生活和良好饮食习惯等对贸易影响较少的措施来达到帮助消费者预防相关慢性病的目的。同时还提出了实施起来技术上和程序上的难题。该措施原拟于 2016 年逐步生效，后经过多次修改，拟推迟到 2019 年。

2014 年 7 月，印尼工业部农机工业总局制定了强制性执行的速溶咖啡国家标准的法规草案。

2015 年 9 月，印尼食药局制定了关于加工食品广告管理法规，规定所有加工食品需在获得国家相关管理部门的上市核准后方可做广告，广告中包含的信息必须与经核准的标签一致，正确且不得误导。对于那些医疗用途和带减少疾病风险声明的加工食品，其广告在发布之前必须经过国家法律机关核准。

2015 年 6 月，印尼食药局更新了关于食品类别的法规，将食品分为 16 个类别：乳制品及类似产品；油脂及脂肪乳化剂；食品冰（包括冰糕和雪糕）；水果蔬菜（包括蘑菇和真菌、根和茎、豆类及芦荟）；海藻和坚果及种子；糖果；谷物及谷物颗粒、根和茎、豆类、棕榈核或芯（No.7 的焙烤制品除外）；焙烤制品；肉及肉制品，包括禽类和野味；鱼及鱼产品，包括贝类、甲壳类和棘皮类动物；鸡蛋及蛋产品；甜味剂（包括蜂蜜）；盐、香料、汤、汁、色拉及蛋白产品；特殊营养用食品；饮料（不包括乳制品）；即食点心；预制食品。

2015 年 1 月，印尼食药局发布了关于加工食品实施电子注册的有关法规，对可进行电子注册的加工食品类别及电子注册程序和要求做了规定。

2015 年 1 月，印尼食药局发布了关于化妆品标准和通报程序，要求在印尼分销的化妆品必须符合印尼食药局的标准并向该机构履行通报程序，公布了需通报的化妆品种类、通报模板和相关要求。

2016 年 7 月，工业部食品、海洋与渔业产品工业司制定了关于强制执行印尼饼干国家标准的法规。规定所有国内生产或进口、在国内分销和销售的饼干应满足 SNI 要求。因此此类产品的生产商应当全部遵守使用 SNI 标志的产品认证要求，将 SNI 标志粘贴于每个产品之上。SNI 标志的产品认证应由 KAN 认可和工业部指定的产品认证机构通过以下程序颁发：基于 SNI 要求的产品质量合格检验；质量管理系统（QMS）SNIISO 9001：2008 及其修订或其他食品安全管理系统的实施审核；工业部农基工业司是负责执行此法令的机构并且为法令提供技术指导，包括产品认证程序和 SNI 标志。该标准还规定了定义、质量要求和检验方法。

2016 年 8 月，印尼食药局制定了关于酒精饮料安全和质量标准法规。规定在印尼分销的国产和进口的酒精饮料应符合规定的安全标准、质量标准、标签和广告要求。安全标准包括甲醛含量最高水平、微生物污染、化学污染、食品添加剂；酒精饮料甲醛含量最高水平不得超过 0.01%（体积分数）；化学污染和食品添加剂符合法律规定限量；酒精饮料质量标准在该法规附录中有规定；酒精饮料标签至少应声明以下信息：印尼食药局规定的“酒精饮料”和酒精饮料类型；禁止年龄在 21 岁以下或怀孕妇女消费；含酒精的度数。以上信息应以印尼文书写。酒精饮料禁止在任何大众媒体上做广告。

2. 电子电气产品

2012 年 10 月，印尼工业部制定关于强制执行印尼空调机、冰箱和洗衣机国家标准的法令，规定所有国内生产及进口在国内分销和销售的空调机、冰箱和洗衣机应满足 SNI 要求。该类产品的生产商应遵守使用 SNI 标志的产品认证要求并且将 SNI 标志粘贴于每个产品之上。

2013 年 7 月 ~10 月，印尼通信与信息技术部制定了关于电信设备分类认证的法规，规定了新的 HS 编码及电信设备认证的程序。

2015 年 7 月，印尼通信与信息技术部邮政及信息和通信技术（ICT）资源和装备总局制定了关于长期演进技术电信设备技术要求的法规。规定在印尼生产、组装、进口和 / 或使用的长期演进技术（LTE）设备和 / 或标准电信设备（涉及基站和用户站）必须遵守技术要求。强制技术要求的范围适用于法规附录 1 和附录 2 规定的工作频率、频道带宽、发射机、接收机、电源和电磁兼容（EMC）要求。长期演进技术设备和 / 或标准电信设备的强制技术要求评估通过符合基于国际标准 ETSITS36.101 和 ETSITS36.104 的法律法规进行测试。

2015 年 8 月，印尼工业部金属、机械、运输和电子总局制定了关于电子和信息与通信技术（ICT）产品本地元件值计算的术语和方法的法令。规定电子和信息与通信技术（ICT）产品的所有特性可通过特殊术语和方法了解本地元件值。产品本地元件值证明（TKDN）通过由工业部指定的鉴定人检验产品由工业部金属、机械、运输和电子总局颁发。工业部金属、机械、运输和电子总局是负责执行本法令的机构并且为法令提供技术指导，包括产品认证程序。

2016 年 6 月，印尼能源与矿产资源部制定了关于强制执行印尼灯具国家标准的法令，要求生产、进口和交易灯具的工业企业必须实施印尼国家标准。必须具备有印尼国家认可机构认可或能源与矿产资源部电力总局指定的合格评定机构颁发的产品认证；在国内市场交易的具备产品认证的国产和进口灯具应将 SNI 标志粘贴在产品上；产品认证有效期为 3 年。

2016 年 6 月，印尼能源与矿产资源部制定了关于强制执行空调设备最低能源性能标准及节能标签（SHE）国家标准的法令。

3. 纺织服装

2012 年 2 月，印尼工业部颁布关于强制执行 SNI 婴幼儿服装纺织面料偶氮染料和甲醛水平纺织术语的法令，规定所有国内生产及进口在国内分销和销售的 36 个月以下婴幼儿服装纺织面料应满足 SNI 要求。这些产品的生产商应符合使用 SNI 标志的产品认证要求并且将 SNI 标志安置在每个产品上。法令还规定了产品取得认证的程序。2014 年又规定实施婴幼儿服饰中偶氮染料和甲醛含量要求的产品认证机构和检测实验室。

2013 年 3 月，印尼工业部制定了关于强制执行在纺织材料和纺织产品的纤维中提取的甲醛含量和金属含量的国家法令，规定在国内生产或进口在本国分销和销售的所有纺织品应当达到印尼国家标准纺织品 SNI 的要求，因此生产这些产品的生产商应当通过持有使用 SNI－SP 标志的产品证明书和在每件产品上放置 SNI－SP 标志来证明符合这些要求。

2013 年 3 月，印尼工业部制定了关于强制执行毛巾 SNI 要求的法令草案，规定所有国内生产及进口、在国内分销和销售的毛巾应符合 SNI 标签要求及产品认证程序。

4. 玩具

2012 年 7 月，印尼工业部制定关于强制性执行玩具规范的法令，规定在国内生产或进口在本国分销和销售的所有玩具应当遵守 SNI 和技术规范要求，并在产品上加贴 SNI 标志。

关于该措施的特别贸易关注从 2011 年其首次通报至 2016 年 6 月被 WTO 成员国提了 14 次。主要关注点：一是不再允许外国机构进行 SNI 检测，从 2016 年 4 月起，印尼境外制造的玩具必须经过印尼实验室认证，不再接受 ILAC 认可的国外实验室；二是部分检测项目超出国际标准，印尼要求对易燃性、特定可迁移元素、邻苯二甲酸盐、禁用偶氮染料、甲醛等列入强制性检测。其中甲醛限制为 20×10^{-6}，接近现有仪器设备的检出限额。ISO 及我国玩具强制性检测项目均没有甲醛这一指标；三是两套标签造成了不必要的贸易障碍。发货前，按照印尼强制性标签的通用要求（STC IMS ID 436）粘贴标签，进口后按照玩具特定标签要求（第 24 号法令）再贴一次；四是进口玩具抽查比例高于国内生产的玩具，国内产品每半年从生产线一次抽样检验，而进口玩具需批批检验，违背 WTO/TBT 协定的国民待遇原则。

5. 化妆品

2012 年 5 月，印尼工业部制定关于化妆品技术要求的法规，规定投放市场的化妆品应当符合安全、效益、质量、标签和声明的要求，以及违反规定的行为可能受到的行政处分。

6. 化工产品

2013 年 4 月，印尼工业部相继制定了关于强制执行碳化钙、氧化锌、三聚磷酸钠、硫酸、硫酸铝 SNI 要求的法令草案，规定所有国内生产及进口、在国内分销和销售的上述产品应满足 SNII 标签要求及产品认证程序。

2013 年 7 月，印尼工业部制定了关于强制执行棕榈油 SNI 要求的法令草案，规定所有国内生产及进口、在国内分销和销售的棕榈油应满足 SNI 的要求。此类产品生产商应具备使用 SNI 标志的产品认证并且应符合 SNI 要求，将 SNI 标志粘贴于每个产品上。

7. 机动车

2012 年 10 月，印尼工业部制定公路车辆转换工具组件强制技术法规，规定所有国内生产及进口在国内分销和销售的公路车辆转换工具和组件应通过欧洲经济委员会关于压缩石油天然气和液化石油气车辆燃料系统组件转换工具的产品认证。

8. 钢材、建筑材料

2013 年 8 月，印尼工业部制定了关于强制执行液化石油气钢瓶高压调节阀 SMI 要求的法令草案，规定所有国内生产及进口、在国内分销和销售的液化石油气钢瓶高压调节阀应满足 SNI 的要求，此类产品生产商应具备使用 SNI 标志的产品认证并且符合 SNI 要求，将是 SNI 标志粘贴于每个产品上。

2014 年 1 月，印尼工业部发布了两项 TBT 措施，要求铝涂层、银涂层平板玻璃生产规范应符合印尼国家标准（SNI）的要求，规定了相关产品认证要求、程序及 SNI 标志。

2014 年 9 月至 11 月，印尼工业部制定了 4 项 TBT 措施，要求生产商持有印尼国家认可委员会认可的 SNI 标志的产品证明书才能进行生产，且该产品证明书须有工业部指定的产品认证机构根据 SNI 要求的产品质量符合性测试颁发。该措施适用于带有打火系统的金属两角和三角架类型低压燃气灶、有 / 没有镀锌涂层的钢制水管道、地下水井过滤管及建筑物中的玻璃等。

9. 其他

2014 年 4 月，印尼贸易部制定了有关加贴印度尼西亚语商品强制性标签的措施。规定应在商品的包装上或在商品上加贴印度尼西亚语的标签，标签上应列出商品的生产商或进口商等信息。法规同时规定了标签规范及其适用范围：适用于印尼市场上分销和销售的非食品类产品，包括家用电器、通讯、信息技术设备、建筑材料、机动车辆零件和其他产品（如鞋、皮具、玩具、服装等）。要求其标签要包含产品名称和 / 或品牌名称、生产商名称和地址、进口商名称和地址等。

该措施影响面极大，美国、日本、韩国、欧盟等国家和地区纷纷提出贸易关注，认为该措施繁琐、耗时、昂贵的标签管理措施过当，限制了国际贸易自由化。

2014 年 4 月，印尼贸易部发布了林业产品进口规定，对规定附录中规定的林业产品实施生产商－进口商标识码制度和进口审批制度。

（二）通报的主要 SPS 措施

1. 食品

2012 年 4 月，印尼食药局发布了关于加强加工食品禁用材料的决议，规定了食品生产、加工、包装、储存、运输及销售活动中，对人类健康有影响或威胁的如紫草红、硼砂、甲醛、氯霉素等禁用名单。明确该法规由食药局控制执行，违反规定的将受到刑事制裁或行政处分，如书面警告、临时销售禁令、撤回销售食品、销毁食品、暂时停产、取消食品注册批准件等。

2012 年 6 月，印尼农业部制定了农业商品进口风险分析措施，规定了农业商品进口风险分析（IRA）的标准、实施时间、程序的完成阶段、跟进措施、文件和审核要求。

2013 年 9 月，印尼农业部农产品营销加工总司制定了可可豆质量营销要求的法规，内容涉及制度、质量要求和处理营销及控制。

2013 年 10 月，印尼农业部农产品营销加工总司发布了有关有机农业体系的法规，范围涉及有机农业种养植、生产方式、认证、标签、教育、控制和处罚。进口到印尼的有机产品应随附有机认证机构公布的交易证明、证明来自于原产国的企业、原产国批准机构公布的健康证书或自由销售证书。

2014 年 1 月，印尼国家食药局发布了多项有关食品添加剂的限量标准措施，分别对作为食品添加剂的乳化盐、酸度调节剂、上光剂、柠檬酸钾等 107 种物质制定了最大标准限量。

2015 年 3 月，印尼海事渔业部产品加工和营销总司制定了渔业产品加工营销法规，内容涉及渔业产品的进口要求和程序；国内进口商应在产地国注册其进口到印尼的鱼产品；代理商进口用于印尼内部消费、展览和推广的鱼产品检验时必须随附产地国主管机构签发的鱼及鱼产品健康证书和产地证书；所附的标签或文件必须用印尼文及英文书写或打印。

2015 年 11 月，印尼国家食药局制定了有关作为食品添加剂防腐剂限量标准措施，对作为食品添加剂的防腐剂山梨酸及盐、亚硫酸盐、硝酸盐等制定了最大残留限量。

2016 年 2 月，印尼国家食药局制定了有关商业无菌食品要求的法规。鉴于印尼未曾对商业无菌食品要求进行过调整，考虑到其他国家已经对微生物污染及低酸性罐头食品卫生制定了相关规定。印尼已开始修改印尼国家食品药物管理总局第 HK.00.06.1.52.4011 号法规附件 I 中关于食品内微生物及化学污染物的最高限量要求。本法规详细阐述了经热处理的商业无菌加工食品的要求。

2016 年 6 月，印尼食药局制定了关于归类为食品加工助剂酶及酶固定剂使用的 2016 年第 10 号法规，用于注册、认证及控制和监督该类产品的使用。对酶进行了分类并制定最大残留限量。

2. 植物及植物产品

2012 年 5—7 月，印尼农业部多次修订了有关进口鲜球茎植物类植物产品和鲜水果及果类蔬菜的技术要求和植物检疫措施法规，规定了该类产品的指定入境点，即：只能从泗水佩拉港、棉兰波拉湾、丹戎北腊港、孟加锡苏加诺 - 哈达港和雅加达苏加诺国际机场 5 个港口和空港，以及从自由贸易区指定的自由港入境；需经过农业部审批；各种证书要求；熏蒸或辐射处理要求等等。

该措施对我国出口印尼的大蒜等植物产品影响重大，中方对此通报提出了评议意见：一是认为中国采取的植物卫生措施可等效于印尼的食品安全体系，请印尼方农业部明确中国出口的大蒜植物产品是否不适应该项规定；二是请印尼方明确印尼农业条例对中国的疫区是如何划分的；三是建议增加雅加达港口为指定入境点。

2012 年 10 月，印尼农业部制定了园艺品进口推荐相关法规。规定印尼园艺进口商需获得农业部签发的园艺品进口推荐服务（RIPH），凭此向印尼贸易部申请进口许可证，方可进口园艺品。

2012 年 11 月，印尼贸易部对关于园艺品进口规定作了第 2 次修改，在进口程序和要求、包装、标签、园艺品进口技术科追溯性验证、报告、处罚方面作了新的规定。

2013 年 8 月，印尼农业部修订了有关园艺产品进口法规，将大蒜、蒜粉、辣椒粉、卷心菜、菊花、兰花等品种调出园艺产品监管范围。

3. 动物及动物产品

2012 年 6 月，印尼制定了进出口反刍动物相关检疫措施法规，内容包括反刍动物进出口要求，涉及产地国要求、文件、装运、产地国入 / 离境的运输方式、检疫设施及离境点以外的检疫措施等。

2012 年 11 月，印尼制定了传播狂犬病动物活动的动物检疫措施，内容涉及将传播狂犬病动物纳入或排除在印尼领土范围内 / 外、进出口传播狂犬病动物、传播狂犬病动物疫情条件的检疫措施和以竞赛、展览和外交为目的的传播狂犬病动物检疫措施。印尼进口的传播狂犬病动物必须符合检疫要求并接受检验检疫及处 / 入境点的决定措施，同时禁止从已爆发狂犬病的国家进口动物。

2012 年 11 月，印尼制定了病原体材料及兽药进出口控制及动物检疫措施，内容包括通过监督形式完成剖析企业、产地国评估和风险评估概况进行病原体材料及兽药进出口控制。

2013 年 2 月，印尼农业部牲畜动物健康总局发布了批准印尼进出口牲畜的措施，内容涉及：牲畜的进口应满足国内屠宰牛的需求和国内市场对切割肉的特定需求及提高进口牛的附加值及增加就业需求；在满足国内生产牛、国内肉的需求和牛群充分满足国内牛肉需求时可继续出口牛；进口屠宰牲畜及出口牛必须满足规定的行政及技术要求等。

2013 年，印尼农业部牲畜动物健康总局发布了进出口牲畜种 / 品种的措施，内容涉及：进口是为了改善国内种畜质量和基因多样性、发展牲畜科技和克服国内牲畜种 / 品种短缺及满足牲畜繁殖研发的需要；出口是为了满足牲畜种 / 品种内需，不妨碍保护地方濒临灭绝牲畜物种国内牲畜种群状况安全；进出口时必须满足规定的行政及技术要求等。

2014 年 2 月，印尼农业部农业检疫局制定了供人类消费用动物源性材料产品的动物检疫措施法规，规定了印尼进出口或由印尼一个地区向另一地区输出输入供人类消费用动物源性材料产品应符合的检疫要求，包括原产国官方签发的卫生证书、运输要求及其他商务单证要求等。

2014 年 4 月，为防止通过家禽传播的动物检疫疫病的传入和扩散，印尼农业部农业检疫局发布了向印尼进出口有关家禽的动物检疫措施，内容涉及：通过指定口岸进出口家禽并接受口岸动物检疫官员的检疫；进口家禽时需提供原产国主管机构签发的动物健康证书；出口家禽时需获得口岸检疫兽医签发的动物健康证书；出境人员出境时随身携带的家禽，可免除对其签发动物健康证书的要求。

2015 年 1 月，为防止动物检疫疫病通过皮毛传入印尼本土并在国内蔓延扩散，印尼农业部农业检疫局制定了关于皮毛、兽皮、皮革进出口的动物检疫措施法规，内容包括：动物皮毛、兽皮、皮革进口要求；出口要求；一般检疫措施及根据动物疫情情况变化采取的特殊措施要求；印尼境内地区间的进出要求等。

2015 年 1 月，中国台北爆发 H5N8 及 H5N2 亚型高致病性禽流感，印尼农业部牲畜动物健康服务总司发布了关于禁止中国台北活家禽及家禽产品出口印尼的禁令。

2015 年 1 月，美国爆发 H5N8 及 H5N2 亚型高致病性禽流感，印尼农业部牲畜动物健康总司发布了关于禁止美国活家禽及家禽产品出口印尼的禁令。该禁令于 2016 年 2 月解除。

2016 年 1 月，农业部农业检疫局制定了有关防止动物检疫性有害物及疫病携带者通过邮政传播的法规。这是为执行《动物、鱼类和植物检疫法》有关动物检疫要求制定的实施规定，防止动物检疫有害物及疫病携带者通过邮政传播。法规范围包括：动物检疫性有害生物及疫病携带者进 / 出口及区域间活动的检疫要求；责任和义务；检疫措施的执行地点；检疫措施等。

四、老挝近年通报的主要措施

无。

五、马来西亚近年通报的主要措施

马来西亚 2012—2016 年 TBT 通报总数 51 件；SPS 通报总数 13 件。

（一）通报的主要 TBT 措施

1. 食品及农产品

2012 年 3 月，马来西亚农业与农基产业部兽医服务局通报了《饲料法案 2009》和《饲料法规 2011》关于进口饲料和饲料添加剂许可证的要求，规范管理饲料的进口、生产、销售和使用。

2012 年 5 月，马来西亚国内贸易、合作和消费者保护部通报了对《商品说明法令》

关于清真食品及其服务的定义和清真认证规定作的修订，加强了对清真食品及与提供清真食品相关服务的管理。

2014 年 2 月，马来西亚国内贸易、合作和消费者保护部发布了 2013 年的商品说明（由猪或狗的任何部分制成的商品）行政令，对猪和狗做了定义，同时规定由猪或狗的部分制成的商品应当在预述、标签 / 标记 / 标志上清楚的显示，而且标签必须以本命令中规定的方式制成，以便让穆斯林消费者易于识别。

2014 年 3 月，马来西亚卫生部制定了与食品接触材料陶瓷器皿的要求，作为 1985 年食品法规中的法规 28 增设内容。这些规定包括：在制做、包装、储存、输送或接触供人类食用的食品中使用的陶瓷器皿的定义，其成分和类别；铅和镉的溶出量的测试方法和最大允许比例；标签要求；进口指南以及对进口到马来西亚的每批陶瓷器皿随附卫生证明书的格式和内容要求。

2014 年 3 月，马来西亚国内贸易、合作和消费者保护部制定了预包装产品重量和测量法规，内容包括：①“预包装产品”定义；②预包装产品允许短缺量；③预包装产品检验取样方案；④固重的测定；⑤每个预包装产品上应贴有标签。本标准不包括含有糖、甜味剂、调味剂或其他添加剂的水。

2014 年 4 月，马来西亚卫生部修订了 1985 食品法规中关于罐装鱼肉的规定，主要涉及罐装鱼肉辣椒酱中的鱼含量百分比。

2014 年 6 月，马来西亚卫生部修订了 1985 食品法规中关于配方膳食食品营养功能声明的规定，主要涉及新的食品成分，即钙 3- 羟基 -3- 甲基丁酸水合物（CaHMB）和 D- 核糖经认可的营养功能声明。规定了经认可的功能声明所要求的条件，包括有关的“食品成分”的最低量，附加的标签要求等。

2014 年 6 月，马来西亚卫生部制定了 2014 年食品进口法规，本法规规定，对违反 1983 年食品法案及其相关法规（即 1985 年的食品法规、2009 年的食品卫生法规，以及 2011 年的食品辐照法规）规定的进口食品，应逐批抽取样品进行实验室检测分析，由此产生的费用由进口商负责。

2014 年 8 月，马来西亚卫生部修订了 1985 年食品法规，规定了在任何标签上禁止出现的内容。主要是禁止标签上的内容提供证言、代言或有代表性的意见或偏好；禁止书面、图片或其他描述性资料，包括虚假、歧义、误导、欺骗性说明 / 声明，声称表示性质、稳定性、数量、强度、纯度、成分、重量、产地、年龄、效果，或食品的比例，或其任何配料的用语、品牌、图片或标志等。

2014 年 8 月，马来西亚卫生部修订了 1985 年食品法规，增设新法规 360D 和法规 360E：等渗电解质饮料和等渗电解质饮料基料。法规 360D 等渗电解质饮料：规定了“等渗电解质饮料”的标准和标签要求。“等渗电解质饮料”是一种按配方制造，适合快速替代液体、碳水化合物、电解质和矿物质的饮料，其可以含有二氧化碳。法规 360E 等渗电解质饮料基料：规定了“等渗电解质饮料基料”的标准和标签要求。“等渗电解质饮料基料”是以固体或液体形式的“等渗电解质饮料”的基料形式。当根据标签上规定的用法稀释和制作时，“等渗电解质饮料基料”将产生“等渗电解质饮料”。

2014 年 8 月，马来西亚卫生部修订了 1985 年食品法规，增设新法规 26B：食品发酵用微生物培养物。规定了在食品发酵过程中（如达白糕、豆酵饼、酱油、韩国泡菜等）使用的微生物培养物的标准。

2014 年 8 月，马来西亚卫生部修订了 1985 年食品法规中关于禁止使用有害包装的规定，规范了“与食品接触”的标签用语或指定的符号，以及教育消费者正确使用与食品接触的包装和用具的特殊说明用语。

2014 年 8 月，马来西亚卫生部修订了 1985 年食品法规中法规 26A 和一览表第 12A 关于益生菌培养物的规定，旨在用更通用的标准替代现行的双歧杆菌标准，以允许更多的益生菌培养物添加到食品中。

2014 年 8 月，马来西亚卫生部修订了 1985 年食品法规中法规 388 关于特殊用途食品的规定，旨在根据包括婴儿配方奶粉、后续配方奶粉、婴幼儿罐头食品和婴幼儿加工谷类食品的法规 389 和 391，禁止在任何食品包装上显示等级、质量或优越性的用语，或任何其他类似意思或暗指或听起来像的用语，如“金”” A+” ”加” ”高级” ”白金” ”明星” ”超级” ”特级” ”完全” ”平衡” ”独特”和“保护”。

2014 年 8 月，马来西亚卫生部修订了 1985 年食品法规中法规 18E 和一览表 5A 的表Ⅲ关于营养功能声明的规定。法规 18E：包括了两项新批准的营养功能声明，即，“β 甘油棕榈酸酯”的营养功能声明和“在婴儿配方奶粉和后续配方奶粉中最高包含 50%（体重超重）的低聚半乳糖（GSO）和 50%（体重超重）的聚葡萄糖（PDX）”的营养功能声明。一览表五 A 的表Ⅲ：规定了上述两项声明所要求的最低数值和特定条件。

2014 年 8 月，马来西亚卫生部修订了 1985 年食品法规中法规 26，添加了营养素和一览表 5A 的新表 V，规定了有关添加营养素声明的要求。这包括在”浓缩”“强化”“增强”或“高浓度”维生素、矿物质、其他食品成分、氨基酸或脂肪酸的食品上的声明，以及在“含有”“添加”或“带有”维生素、矿物质、其他食品成分、氨基酸或脂肪酸的食品上的声明；一览表 5A 的新表 V 规定了营养素的列表，以及每种允许添加营养素声明的条件。

2014 年 3 月，马来西亚国内贸易、合作和消费者保护部制定了预包装产品重量和测量法规，内容包括：①“预包装产品”定义；②预包装产品允许短缺量；③预包装产品检验取样方案；④固重的测定；⑤每个预包装产品上应贴有标签。本标准不包括含有糖、甜味剂、调味剂或其他添加剂的水。

2015 年 12 月，马来西亚对其食品法规做了一系列修改：

（1）对于酒精饮料，制定了酒精饮料一般标准，①对所有酒精饮料包装规定了额外的关于酒精饮料健康影响的标签要求；②修订了 18~21 岁的酒精饮料销售年龄限制。酒精饮料不得销售给 21 岁以下的人员；③对显示酒精饮料健康影响标识规定了额外要求，禁止酒精饮料销售给 21 岁以下的人员。

（2）对混合烈酒制定了新法规提案，新法规管制由 2 种或多种烈酒混合而成、包含农业源酒精或农业源蒸馏物的混合烈酒。

（3）修订食品卫生法规 2009 第 9 条第 1A 项，要求认证机构注册，以便颁发食品安全保障项目证书。

（4）制定新法规 35A，要求销售或供应生活用水处理器具（包括过滤、逆渗透、蒸馏、电离、烃化、消毒或等效程序）的人员获得主管部门负责人的事先书面核准。

（5）修订食品卫生法规 2009 第 30 条第 4 款，要求商业无菌低酸罐装食品的生产商在其员工中至少有一名食品操作工具备经验并且获得了主管部门负责人指定机构颁发的低酸罐装食品操作训练证书。

2016 年 1 月，马来西亚卫生部修订了食品法规 1985 中的法规 283 盐、法规 284 食盐和法规 285 加碘食盐或碘盐的规定，要求所有用于家庭和人类消费的进口、为销售而生产、已售、预定、托运或交付的盐必须是碘盐。允许添加碘化钾或碘酸钾，比例不超过 20mg/kg 并且碘不超过 40mg/kg。

2016 年 1 月，马来西亚卫生部制定了食品检验费新规定，明确了马来西亚卫生部食品安全与质量实验室执行的食品取样分析费用。

2016 年 2 月，马来西亚卫生部国家药品管理局，发布了关于非专利产品注册生物等效性检验报告评估的指令，规定支持马来西亚非专利产品注册使用的生物等效性研究应在国家药品管理局（NPCB）检验的生物等效性（BE）中心执行并列入 NPCBBE 中心执行程序。

2016 年 2 月，马来西亚卫生部国家药品管理局制定了外国药品向国家药品管理局注册 / 重新注册生产管理规范检验要求，规定马来西亚药品管理局检验生产管理规范（GMP）对非 PIC/S 国家的药品生产商是强制性的，包括经药品监管合作计划（*PIC/S）缔约方检验的生产商（*PIC/S：药品监管合作计划）。

2. 电子电气产品

2013 年 6 月，马来西亚通信和多媒体委员会制定了对多种通信和多媒体设备实施认证规定的法规，对进口的产品，规定在进口许可证颁发之前，必须由当地注册公司提交认证。

2013 年 5 月，马来西亚能源委员会修订了其《受控设备核准证书（COA）细则》，在细则附录 A 受控设备清单增加了 3 种产品类别。附录 A 列出了 34 种受控电器设备类别最新清单。家用电器新类别：按摩器、空调（冷却容量低于 32MJ/h）和适配器 / 充电器新子类别：门铃和门钟、便携式电缆盘、螺口灯座、条状灯具（灯管 / 灯泡除外）、自镇流荧光灯灯具、螺口或卡口自镇流紧凑型荧光灯（CFL）、直流 250V 和 / 或交流 1000V 以下灯控装置的普通 LED 及安全性、LED 模块直流或交流电子控制装置特殊要求、普通照明用 LED 模块（如双端自镇流 LED 灯）、电压 50V 以上普通照明用单端自镇流 LED 灯、带插头的夜灯、便携式 LED 灯、奶瓶加热消毒器、饮水机 / 过滤器、洗碗机及其他器具、装饰性风扇及单独稳压器和无叶片风扇、离子蒸面器或类似设备、4 通道以下的音频 / 视频记录器、IT 设备适配器（20V 以下）、开关电源、电子玩具适配器、IT 及办公产品适配器和旅行适配器。

《电力条例 1994》规定，电器设备生产商和进口商有责任在其生产或进口的电器设备上市销售之前获得能源委员会（EC）签发的核准证书（COA）

2013 年 3 月，马来西亚国内贸易、合作和消费者保护部修订了《消费者保护法》中安全标准合格认证和认证标志，以及原电池安全标准的相关规定。制定了在马来西亚销售的消费品实施商业活动登记、合格证明制备、合格声明、安全和标志要求、责任、违法处罚和记录保留等程序要求；规定在马来西亚销售的原电池必须符合相关安全标准。

2015 年 3 月，马来西亚发布了认证通信产品自贴标签（SL）认证标志指南（第 2 版）。修改标签认证标志程序，大大减少认证持有人或委托人 / 生产商的商业成本。本计划 2015 年 1 月开始启动，过渡期至 2015 年 5 月 31 日，全部执行自 2015 年 6 月 1 日起。自贴标签方法可能是电子标签或表面标签的形式。

2015 年 3 月，马来西亚制定了一系列通信设备技术规范。对短程设备（SRD）、使用基本速率访问的综合业务数字网（ISDN）、用初级速率访问的综合业务数字网（ISDN）、非对称式数字用户线路（ADSL）收发机和数字地面电视广播接收机通用测试套件规定了详细要求。所有在马来西亚使用的通信设备应依照上述文件认证。对于进口到国内的通信设备，应在进口许可颁发之前由当地注册公司提交认证。

2015 年 3 月，马来西亚修订了海关（禁止进口）（修订）法令 2015，改进了第 7 和 8 项的商品说明，包括了新的类别第 12 项，要求该项商品进口必须附带马来西亚通信与多媒体委员会（MCMC）授权的马来西亚标准与工业研究协会（SIRIM）颁发的核准证明（CoA）。新类别包括仪器和设备，如安装了连接公共电信网络或 420THz 频段无线通迅网络的通迅模块的电器、计算机产品、医疗器械和玩具。

2016 年 3 月，马来西亚通信与多媒体委员会（MCMC）制定陆地移动无线电设备规范（第 1 次修订），规定了陆地移动无线电（LMR）服务使用的无线电设备最低技术要求，用于合格核准（型式核准）程序。陆地移动无线电（LMR）设备包括语音和 / 或数据通信使用的基站 / 中继站、移动站和手持终端。陆地移动无线电（LMR）设备使用 12.5kHz 或者 25kHz 频道间隔的恒定包络角调制模拟系统。

2016 年 8 月，马来西亚能源委员会制定禁止电热袋、电热垫、电热枕、电热袋或电热板进入、生产、显示、广告和销售，除非设备符合标准 MSIEC 60035—1：2005。

2016 年 12 月，马来西亚通信与多媒体委员会（MCMC）互联网协议第 6 版（IPv6）兼容设备规范规定了用于执行 IPv6 兼容设备核准（型式核准）程序的技术要求。规范包括主机 / 节点、网络元素（NE）、网络安全元素（NSE）功能相关的硬件和软件。授权设备包括该文件附录 A 中详细列出的终端、网络元素、网络安全元素、系统、网络监控系统（基于 IP）、网络外设、服务提供商系统、未来的网络系统、操作系统（OS）、中间件和应用程序 / 服务。

3. 钢材、建筑材料

2012 年 1 月，马来西亚建筑发展局（CIDB），增加了建筑行业标准规范，建筑材料认证标准（CIDB 认证），以确保本地的和进口的建筑材料的质量标准。

2014 年 1 月，马来西亚国际贸易与工业部修订了 2014 年的海关（禁止进口）（No.3）命令，修改海关法 2012（禁止进口）一揽表 4 第Ⅱ部分，在第 9 项之后插入建筑材料。规定这些材料的进口必须附带由建筑业发展局（CIDB）最高行政官或其代表颁发的批准证明或豁免信。

2014 年 7 月，马来西亚国际贸易与工业部修订了 2014 年的海关（禁止进口）（No.2）命令，通过取代第（2）栏和第（3）栏中的细节，修订了 2012 年海关（禁止进口）命令附表 4 第Ⅱ部分所涉及的第 1 项和第 2 项。还规定了按照附表 4 第Ⅱ部分第（5）栏中规定的钢铁制品的进口方式应当随附由建筑工业发展局（CIDB）行政长官或其代表为建筑部门或马来西亚有限公司（SIRIM Bhd.）为非建筑部门颁发的批准证明或豁免信。

2016 年 10 月，马来西亚制定了种植与原产业部木材合法性保证系统（TLAS）：进口法规，对于木材来源及其价值链合法性的关注和需求正在增加。合法生产木材的规范定义要求从采伐到出口地点所有的法律法规权力，包括进口产品。木材合法性保证系统（TLAS）进口规定要求附加文件作为木材生产国合法来源的支持证据。本措施仅适用于马来半岛。

4. 机动车

2012 年 3 月，马来西亚交通部修订了《机动车辆（结构和用途）规则（2011 年）》，增加了机动车辆结构认可和电动汽车的要求。

2013 年 7 月，马来西亚国内贸易、合作和消费者保护部发布了 2013 年的商品说明（制动衬片更换部件的标志）命令，规定在马来西亚销售或供应的制动衬片更换部件必须符合规定的安全标准，这些规定的安全标准是：马来西亚 MS 1164—2005，联合国欧洲经济委员会 UNECE 法规 90 关于车辆安全的相关要求。

2015 年 2 月，马来西亚制定了公路交通法 1987，摩托车（安全头盔）(修订）法规 2012，P.U.（A）100，规定第 3 条第 1 款中的摩托车应符合以下规范：① MS1，车辆使用者防护头盔规范；②联合国欧洲经济委员会（UNECE）法规 22：摩托车和助力车驾驶员及乘客防护头盔和面罩统一规定。

5. 玩具

2012 年 3 月，马来西亚国内贸易、合作和消费者保护部通报了消费者保护命令 2011 和海关命令 2011，禁止进口、生产、供应或宣传七彩水晶球及此类产品。七彩水晶球是一种装饰和用于室内植物上的彩色颗粒或珠子，遇水会膨胀，外观类似透明果冻。

2014 年 3 月，马来西亚国内贸易、合作和消费者保护部修订了 2014 年的消费者保护（玩具安全标准）法规，对 2009 年的消费者保护（玩具安全标准）法规修订如下：①一览表 1 中的年份一栏将删除；②一览表 1 中的第 7 项之后将插入附加的引用标准；③一览表 2 中的第 22 项将修订；④关于节约的新法规 3。

（二）通报的主要 SPS 措施

1. 食品

2014 年 5 月，马来西亚卫生部食品安全质量处修改了 1985 食品法关于农药残留的相关规定，在该法表 16 中添加了 12 种杀虫剂的食品最大残留限量，还对已纳入表内的部分杀虫剂修订了其食品最大残留限量。

2014 年 5 月，马来西亚卫生部食品安全质量处修改了 1985 食品法关于医用婴幼儿配方奶粉的规定，增加了对婴幼儿配方奶粉的新规定。它包括了以下 5 项子类别的具体条件：抗反胃婴幼儿配方奶粉；无乳糖配方奶粉；大豆配方奶粉；高水解蛋白配方奶粉；早产儿配方奶粉。

2014 年 5 月，马来西亚卫生部食品安全质量处修改了 1985 食品法关于面粉的规定，修改了所有面粉的相关标准，包括产品规范及各种小麦粉准用的食品添加剂。

2014 年 10 月，马来西亚卫生部食品安全质量处修改了 1985 食品法关于益生菌的规定，规定许可使用的双歧杆菌仅由 2 种具有多种益生菌的双歧杆菌组成。

2015 年 3 月，马来西亚卫生部食品安全质量处修改了 1985 食品法关于与食品接触材料塑料制品的要求，规定了其化学物质最大释放比及特定迁移限值。

2015 年 3 月，马来西亚卫生部食品安全质量处修改了 1985 食品法关于生燕窝的要求，规定在对未清洁可食用生燕窝进行单独或联合清洁处理期间按良好制做规范要求准许使用以下生物酶：淀粉酶、蛋白酶和脂肪酶。

2015 年 4 月，马来西亚卫生部食品安全质量处修改了 1985 食品法关于杀虫剂最大残留限量的规定，调整了部分农残限量以与东盟调整的限值协调一致。

2. 植物产品

2014 年 3 月，马来西亚农业与农基工业部农业司植被生物安全局制定了植物、植物产品及监管产品的进口新要求，规定任何进口植物都需要进口许可证，产品还需随附植物卫生证书，并有证明出口前采取了适当的处理 / 措施的附加说明。

2015 年 9 月，马来西亚农业与农基工业部农业司植被生物安全局发布了关于进口山竹果的新规定，该新规于 2015 年 11 月 1 日开始全面执行。

3. 动物及其制品

2012 年 8 月，马来西亚修改 2011 年活观赏鱼进口健康认证要求。

2013 年 5 月，马来西亚修改 2012 年活观赏鱼进口健康认证要求。

2014 年 5 月，马来西亚卫生部食品安全质量处修改了 1985 食品法，允许使用乙基间苯二酚（4−Hexylresorcinol）作为防止新鲜、冷藏、冷冻的鲜甲壳动物黑变病或黑点病的抗氧化剂，但其残留限量为 2mg/kg

六、缅甸近年通报的主要措施

2012—2016 年，缅甸共发布 2 项 TBT 措施通报；无 SPS 措施通报。

2014 年 8 月 28 日发布了有关《计量法》草案的通报，通报号为 G/TBT/N/MMR/1，该法案涉及设立缅甸国家计量研究院，及其涉及的科学、工业和法定计量功能与活动。

2015 年 1 月 21 日发布了有关《标准化法》草案的通报，通报号为 G/TBT/N/MMR/2，该法案旨在：

（1）制定和实施缅甸标准、技术法规和合格评定活动；

（2）通过提高生产组织和产品、生产加工和服务质量促进出口；

（3）通过确保进口和国产产品符合规定的技术法规保护消费者和使用者；

（4）使环境免受相关产品、生产加工和服务的影响，保护自然资源；

（5）避免生产、分销和进口不符合规定技术法规的商品及不安全并且危害环境的商品；

（6）支持建立东盟（ASEAN）自贸区，减少贸易性技术壁垒；

（7）通过使用符合国家发展规划的国家经济发展和社会活动标准，促进技术转化和创新。

七、菲律宾近年通报的主要措施

菲律宾是东盟十国历年来通报件数最多的国家，近5年来的通报总体情况如下：菲律宾2012—2016年通报的TBT措施共计39件；菲律宾2012—2016年通报的SPS措施共计184件。

（一）通报的主要TBT措施

1. 食品及农产品

2012年10月，菲律宾卫生部食品药品管理局制定了盐发酵的鱼和虾国家标准，适用于在第3.1项中所述打算作为调味品佐料和/或食品配料直接使用、以及供进一步加工用的盐发酵的鱼和虾，同样也适用于家庭食品服务和食品生产企业在食品配置中用做调味品或一种配料的碘盐。

2012年10月，菲律宾卫生部食品药品管理局制定了盐发酵的鱼和虾（发酵鱼酱）加工和处理操作规范。本规范是一套研盐发酵的鱼和虾（发酵鱼酱）加工者遵守关于盐发酵的鱼和虾（发酵鱼酱）标准应当采用的推荐性程序，本规范同样还提供了从原料和配料的接收直到分销必须保持其安全和质量的生产、储存和处理该类产品的指南。

2014年5月，菲律宾卫生部食药局制定了鱼露（鱼酱析出的卤汁）和鱼调味酱国家标准和关于鱼露（鱼酱析出的卤汁）和鱼调味酱加工和处理的推荐性行为规范。该标准适用于通过盐发酵方式生产，并且可能添加有助于发酵的其他配料的鱼露（鱼酱析出的卤汁）和鱼调味酱，其推荐性行为规范为生产、储存和处理鱼露（鱼酱析出的卤汁）和鱼调味酱，确保其从接收原料和配料到分销的全过程的安全和质量提供了指南。

2014年8月，菲律宾卫生部食药局修订了预包装食品标签管理规定，本规定涵盖无论是当地生产或进口到菲律宾的所有预包装食品，包括食品增补剂的标签。

2014年8月，菲律宾卫生部食药局制定了关于加工食品、其他食品以及其他用途的食品企业许可和注册的法规。规定从事包装、持有或生产供食用的食品的企业、设施必须取得许可证、执照和注册或合格证明等形式的监管机构发布的授权，才能从事制造和/或分销（即，进口、出口和/或批发）贸易和/或重新包装加工食品的行业。

2014年8月，菲律宾农业部农渔产品标准局制定了有机农业法规，规定了有机农业的最低要求，包括7部分的规定，即转换为有机农业、农作物生产、畜牧业、蜜蜂养殖、加工、特殊产品、标签和消费者信息。

2015年，菲律宾贸工部产品标准局制定了天然、养殖、复合和仿制珍珠国家标准，参照商业应用制定天然、养殖、复合和仿制珍珠术语和分类，与天然、养殖和仿制珍珠国际贸易规范一致。

2015 年，菲律宾农业部农渔产品标准局制定了清真饲料国家标准，就副产品使用规定了清真饲料要求，更新了成分，提高了生产力。本标准作为本地和国际贸易中的清真饲料生产提供官方参考文件。

2. 电子电气产品

2013 年 3 月，菲律宾贸工部产品标准局制定了家用电器能效因子和标签要求标准，其中第一部分规定了连接电源的电视机能效因子和标签要求；第二部分规定了家庭及类似用途食品冷冻箱、冷藏冷冻箱能效因子和标签要求；第三部分规定了家庭及类似用途洗衣机能效因子和标签要求。

2013 年 6 月，菲律宾贸工部产品标准局修订了家用电器能效因子和标签要求标准，增加了执行中的规则和法规，即执行指南。

2013 年 10 月，菲律宾贸工部产品标准局制定了绝缘体玻璃组件性能和评价规范，本规范仅适用于玻璃构成的密封绝缘玻璃组件，包括带一个或两个空腔的预先装配永久密封绝缘玻璃组件和带开放毛细管的预先装配绝缘玻璃组件。

2015 年，菲律宾贸工部产品标准局制定了产品安全认证计划的规则和规定，这一版本的行政命令（DAO）撤销并代替 DAONo.4/2008 和 DAONo.5/2008，做出的技术修订包括安全参数、程序和要求、产品和市场监督等。

2015 年，菲律宾贸工部产品标准局制定了音视频产品强制认证实施细则及安全要求，细则管辖的音视频产品包括电视机和 CD/VCD/DVD 播放器。

2016 年 1 月，菲律宾环境与自然资源部（DENR）环境管理局制定报废电子电气设备（WEEE）环境无害化管理（ESM）指南，菲律宾是新旧（包括报废）电子电气设备（EEE）的传统进口与出口国。随着全球范围商业、工业和家用产品与电器技术的迅速进步，必然导致报废电子电气设备（WEEE）及此类源材料在生产使用过程产生的危险物质增加。承认这些材料中的一部分或全部对人类健康和环境产生风险，依照巴塞尔公约，环境与自然资源部（DENR）通过环境管理局（EMB）制定关于报废电子电气设备（WEEE）环境无害化管理（ESM）的本技术指南。该指南为生产商、制造商、消费者、分销商、零售商、处理设备厂及其他 WEEE 寿命周期内的相关利益方提供了执行框架。本指南草案的目的是①提供适当的 WEEE 管理框架机制；②减少元件产生危险的报废电子电气设备（EEE）类型数量；③促进电子电气设备（EEE）的再利用和报废元件的增值；④鼓励所有 WEEE 寿命周期内的相关部门和利益方通过设计创新使其更有效地拆除、回收和再利用；⑤在处理涉及 WEEE 指南执行的财政要求中将“延伸生产商责任”（EPR）的原则制度化。

2016 年 12 月，菲律宾贸工部产品标准局制定家庭及类似用途电器的菲律宾国家强制标准（PNS），所有家庭及类似用途电器的生产商、装配商和进口商必须遵守菲律宾国家标准要求。非普通家用但可能成为公共危险来源的电器（如商业企业使用的电器）在本法令管辖范围内。本法令不包括工业专用电器。法令要求所有法令第 5.1 条规定的产品生产商、装配商和进口商在产品分销和销售前必须分别获得菲律宾标准（PS）认证标志许可证或进口商品清关（ICC）许可证。

3. 医疗器械

2014 年 4 月，菲律宾卫生部食药局制定了医疗电气设备国家标准，其中第 2~54 部分涉及放射线照相术和放射线透视用 X 射线设备基本安全和基本性能特殊要求。

2014 年 4 月，菲律宾卫生部食药局发布了医疗器械产品注册新的文件要求行政令，公布了管理医疗器械产品注册新的文件要求，适用于在菲律宾销售、进口、出口、制造和使用的所有医疗设备（体外诊断和翻新医疗设备除外，对于这两种应当发布单独的行政命令）。

4. 玩具

2014 年 5 月，菲律宾贸工部消费者权益保护和宣传局制定了 2013 年玩具和游戏标签法案的执行规则和法规，适用于在本地和 / 或国际制造的进口、捐赠，在菲律宾分销或销售的玩具或游戏的制造商、分销商、进口商和零售商。

5. 金属及建筑材料

2013 年 5 月，菲律宾贸工部产品标准局制定了电线和电缆标准，规定了建筑布线用热塑绝缘铜电线电缆的要求。

2013 年 10 月，菲律宾贸工部产品标准局制定了砌筑水泥标准，修订原来的水泥规范，涉及标志和标签要求。

2014 年 8 月，菲律宾贸工部产品标准局制定了贵金属国家标准，规定了商业用贵金属术语和分类，符合国际贵金属和珠宝交易分类与规范，以帮助消费者正确理解贵金属术语和分类，提供不同国家相应公差的贵金属纯度标准信息。

2014 年 11 月，菲律宾贸工部产品标准局制定了屋顶用热浸金属涂层薄钢板规范，规定了成片或成卷的所有热浸金属涂层薄钢板屋顶材料的要求，适用于所有普通和成形加工的屋顶板型材及配件。

2016 年 8 月，菲律宾贸工部（DTI）产品标准局修订了钢管、变形钢筋、改轧钢筋、等边角钢、平板玻璃、水泥等产品认证制度的相关规定及其实施指南和特殊标准实施指南。

6. 塑料及纸张

2012 年 6 月，菲律宾贸工部产品标准局修订了纸、纸板和纸浆国家标准，规定了组合版板式结构生产中使用的挂面直板要求。

2014年5月，菲律宾贸工部产品标准局制定了氧化和生物降解组合环境中塑料降解的标准规范，旨在制定材料和产品标签要求，包括“氧化式生物降解”塑料包装，确定塑料盒塑料制品是否能通过氧化和生物降解组合环境降解，建立适当的安全和健康规范。

2013年10月，菲律宾贸工部产品标准局制定了可堆肥料塑料标准，规定了适合通过需氧堆肥可回收的塑料和塑料产品的标识与标签程序及要求。

7. 橡胶

2013年3月，菲律宾贸工部产品标准局制定了一系列浓缩天然乳胶标准，规定了全部或者部分用氨保存、并且已经通过离心浓缩的天然浓缩乳胶的技术要求，适用于高氨和低氨离心浓缩天然乳胶。

2013年3月，菲律宾贸工部产品标准局制定了天然原料橡胶板的分类和分级标准，涵盖了天然原料橡胶板的分类和分级，橡胶粉除外。

2013年8月，菲律宾贸工部产品标准局制定了翻新和修理用复合橡胶标准，规定了轮胎和管道翻新与修理用硫化复合橡胶的要求。

8. 肥料

2013年6月，菲律宾贸工部产品标准局制定了有机肥料标准，规定了关于定义的统一方法、分类、规范和特性、分析和取样方法、标签和允许投入的原料。适用于有机肥料、堆肥、植物生长调节剂以及有机肥料增补剂。

9. 其他

2015年，菲律宾贸工部产品标准局制定了促进进口商品通关的措施．这些措施包括：（1）从强制认证产品清单中撤销以下产品：①瓷砖；②胶合板；③平板玻璃；④普通钉子；⑤镀锌板；⑥下列性能和标签标准：自镇流灯，单端莹光灯，双端莹光灯，电感镇流器和电子镇流器；（2）测试报告自发布之日起1年内有效；（3）撤销产品的强制标志／标签。

（二）通报的主要SPS措施

1. 水产养殖产品

2012年10月，菲律宾卫生部食品药品管理局制定咸鱼虾酱标准，规定了作为食品调味品、调料和／或成分而直接食用及进一步加工的咸鱼虾酱的质量和特性要求。

2012年10月，菲律宾卫生部食品药品管理局制定咸鱼虾酱标准执行指南。

2014年4月，菲律宾农业部发布了新鲜冷藏、新鲜冷冻及处理头足类动物和金枪鱼的国家标准，对新鲜冷藏、新鲜冷冻及处理金枪鱼的标准范围、产品描述、主要成分及质量因素、食品添加剂、卫生与处理、标签要求、抽样、检验和分析方法、缺陷定义及产品批量验收要求等方面制定了规范。

2015年6月，菲律宾农业部制定了凤尾鱼干国家标准，对经烹饪后进一步加工成食品的凤尾鱼干生产标准进行了规定。

2015年6月，菲律宾农业部制定了活红树林蟹、锯缘青蟹、榄绿青蟹、紫螯青蟹、拟穴青蟹国家标准。

2015年11月，菲律宾农业部制定了巴士杀菌蟹肉国家标准，适用于经熟制、杀菌及冷冻、供生或熟食以及进一步加工的梭子蟹蟹肉。

2016年2月，菲律宾农业部修订了有机农业国家标准。菲律宾有机农业国家标准为经营不同水生环境（淡水、咸水及海水）有机农业及生产高品质水产品提供指南，保证从前期生产至营销阶段，免受有害和有毒化学物及使用人工配料的污染，以提高人类消费食品安全并为消费者 / 市场提供选择。

2016年2月，菲律宾农业部制定了有机水产饲料标准，适用于营养充足的农场生产或贸易养殖水生动物有机农用饲料或水产饲料配方和制剂，如：甲壳类动物、鱼和软体动物。它还包括订制的有机水生饲料、有机饲料成分和添加剂及其他称为有机饲料的产品。

2016年8月，菲律宾农业部制定长须鲸良好水产养殖规范，本长须鲸良好水产养殖规范（GAP）法案涉及为防止或尽量降低淡水、微咸水及海水水产养殖相关风险为重点的实践规范。主要包括以下水产养殖方面的要求：①食品安全；②动物健康及福利；③整体环保；④社会经济。

2016年8月，菲律宾农业部制定甲壳纲动物良好水产养殖规范，涉及为防止或尽量降低淡水、微咸水及海水水产养殖相关风险为重点的实践规范。主要包括以下水产养殖方面的要求：①食品安全；②动物健康及福利；③整体环保；④社会经济。

2016年8月，菲律宾农业部制定海藻良好水产养殖规范，涉及为防止或尽量降低陆地水域、微咸水及海水水产养殖相关风险为重点的实践规范。本法案包括食品安全质量、整体环保及社会经济相关的水产养殖方面的要求。

2016年8月，菲律宾农业部制定牡蛎、贻贝良好水产养殖业规范，包括食品安全质量、整体环保及社会经济相关的水产养殖方面的要求，涉及为防止或尽量降低微咸水、海水及水产养殖相关风险为重点的实践规范。

2. 禽类产品

2013年5月，菲律宾农业部为防止导致病原菌的传入发布了对进口源自中国的家养、野生禽及其产品包括家禽肉、日孵雏鸡、蛋和精液实施临时禁令。

2013年9月，菲律宾暂停源自中国台北家养及野生禽鸟，包括家禽肉、日孵雏鸡、蛋和精液的进口，防止低致病性禽流感病毒传入。

2014 年 1—12 月，菲律宾农业部为防止低致病性禽流感（LPAI）和高致病性禽流感（HPAI）传入，先后发布了 8 件对产自禽流感疫区的国家和地区的家养及野生禽类，包括家禽肉、日孵雏鸡、蛋和精液实施临时禁令的通报，涉及的国家：德国、荷兰、葡萄牙、俄罗斯、韩国、中国。

2016 年 1 月，菲律宾农业部 2016 年第 07 号备忘令——源自法国热尔省（Gers）、比利牛斯省（Hautes－Pyrénées）及大西洋地区家养野生禽及其产品，包括家禽肉、日孵雏鸡、蛋及精液进口临时禁令。

2016 年 2 月，农业部 2016 年第 03 号备忘令——源自美国印第安纳州 Dubois 郡家养野生禽及其产品，包括家禽肉、日孵雏鸡、蛋及精液进口临时禁令。

2016 年 2 月，农业部 2016 年第 05 号备忘令——进口源自印度特里普拉邦（Tripura）家养野生禽，包括家禽肉、日孵雏鸡、蛋及精液的临时禁令。

2016 年 4 月，菲律宾肉鸡和蛋鸡良好畜牧业规范，本规范阐述了农场雏鸡及其产品一般良好规范原则及生产、处理、运输和储存及贸易或后院 / 农场饲养食用肉鸡 / 蛋鸡的起码要求。如满足本法规的起码要求，则可以制定不同类型的雏鸡及生产系统的具体行业要求。

2016 年 6 月，农业部 2016 年第 21 号备忘令——进口源自意大利艾米利亚 － 罗马涅区（Emilia－Romagna）费拉拉省（Ferrara）家养野生禽，包括家禽肉、日孵雏鸡、蛋及精液的临时禁令经意大利罗马卫生部秘书长，首席兽医官 RomanoMarabelli 博士 2016 年 5 月 2 日向国际兽医局（OIE）确认，意大利爆发了 H7N7 型高致病性禽流感（HPAI）。此次疫发始于 2016 年 4 月 29 日，影响到位于意大利艾米利亚 － 罗马涅区费拉拉省波尔托马焦雷蛋鸡贸易饲养场（散养 / 有机）。因此，为保护地方家禽群的健康，菲律宾采取本紧急措施，以防高致病性禽流感（HPAI）病毒传入。

2016 年 12 月，第 29 号备忘令——进口源自荷兰弗莱福兰（Flevoland）省家养野生禽，包括家禽肉、日孵雏鸡、蛋及精液的临时禁令。

2016 年 12 月，针对进口日本家禽及家禽产品实施临时禁令。

2016 年 12 月，第 29 号备忘令——进口源自德国家养野生禽，包括家禽肉、日孵雏鸡、蛋及精液的临时禁令。

3. 畜牧养殖产品

2014 年 1—12 月，菲律宾农业部为防止 A 血清型口蹄疫病毒（FMD）的传入，先后发布了 4 件暂停进口源自疫区口蹄疫易感染动物及及其产品和服务产品的临时禁令，涉及的国家：中国、韩国、博茨瓦纳、以色列。

2015 年 1 月，菲律宾农业部制定了青贮玉米饲料国家标准，对反刍动物及其他动物使用的安全优质青贮玉米饲料在收割期玉米穗据地表切割高度、湿度等进行了规定。

2015 年 5 月，菲律宾农业部农渔产品标准局制定了动物饲料国家标准，对家养牲畜及家禽动物饲料的饲料成分质量和安全参数，包括分类描述及购置规格等进行了规定。

2015 年 6 月，菲律宾农业部制定了菲律宾山羊屠宰操作规范，对国内与国际食品贸易山羊屠宰加工的肉类企业标准及山羊屠宰的最低卫生要求进行了规定。

2015 年 6 月，菲律宾农业部制定了山羊肉块国家标准，对从事食品贸易的山羊肉加工企业标准进行了规定。

2016 年 8 月，菲律宾农业部制定国家绵羊良好畜牧业规范，阐述了食品用绵羊饲养的一般原则、良好规范及最低要求。绵羊产品体系的行业具体要求应满足本规范的最低要求。其目的是，在保证农场工人及牲畜健康与安全，且对环境无任何有害作用的同时，让消费者更坚信，企业耕作规范能为他们提供既安全，又适合人类消费的终端产品。

2016 年 8 月，菲律宾农业部制定山羊良好畜牧业规范，阐述了食品用山羊饲养的一般原则、良好规范及最低要求。山羊产品系统的乳和肉类的产业的养殖与生产必须符合本规范的最低要求。

2016 年 8 月，菲律宾农业部修订牛肉及水牛肉良好畜牧业规范，本规范阐述了贸易或院子饲养食品用动物良好规范的一般原则及最低要求。考虑到东盟（ASEAN）对物种特性的 GAHP 推动，菲律宾国家标准的目的是将 2008 年良好畜牧业实施规范（GAHP）：一般及多物种 PNS60 修订为物种特性的 GAHP。本次修订是依据农渔标准局（BAFS）保证地方标准与国家及地区标准相协调的任务。

2016 年 8 月，菲律宾农业部制定奶牛及水牛良好畜牧业规范，阐述了贸易或院子饲养的食品用奶牛及水牛良好规范的一般原则及最低要求。如各类动物及生产系统满足本规范规定的最低要求，则可以制定具体的行业要求。本规范的目的是在保证农场供人和牲畜的健康安全及舒适且对环境无害的同时，保证企业实施的农业规范增强消费者对最终产品消费的安全及适宜性的信心。

2016 年 9 月，菲律宾农业部制定食品和饲料内污染物和毒素一般标准指南，旨在为贸易食品和饲料内污染物及天然毒素最大限量控制制定要求和提供指南。它包括单位商品内污染物和毒素的最大和指导限量，以及抽样和分析方法部分。

4. 粮谷及农业种植产品

2014 年 5 月，菲律宾农业部发布了稻米良好农业规范，对农场地点、农场环境、农场结构和设施维护、农耕方式、劳工健康与安全、农场管理等 6 个关键领域进行了规范。

2014 年 11 月，菲律宾农业部发布了有关玉米糁加工和处理卫生操作规程，为优质玉米加工以及处理提供指南，以防止玉米糁加工和处理过程中受到黄曲霉毒素、重金属及杀虫剂残留物的污染。

2015 年 4 月，菲律宾农业部制定了预防和减少谷物内霉菌毒素污染实施规程，对黄曲霉毒素、伏马菌素及脱氧萎镰菌醇的预防和减少进行了规范。

2015 年 4 月，菲律宾农业部制定了预防和减少谷物内霉菌毒素污染实施规程，对黄曲霉毒素、伏马菌素及脱氧萎镰菌醇的预防和减少进行了规范。

2015 年 4 月，菲律宾农业部制定了香草味以及干香草卫生操作法规国家标准，内容包括：香味料、干香草采摘前、采摘期和采摘后固化、漂白、热烫、切割、干燥、清洗、分级、包装、运输、储存、消毒和熏蒸的最低卫生要求；碾磨、混合、冷冻和冷冻干燥、处理，以减少微生物负载等加工技术和实施方法，以及加工企业的要求，加工产品的包装及储存要求等。

2015 年 4 月，菲律宾农业部农渔产品标准局制定了降低木薯以及木薯产品氢氰酸实施规程，拟定了生产加工木薯根及其产品的指南，以及木薯根及其产品中条、碎片、粒、粉和淀粉内生氢化合物残留的安全浓度。

2015 年 6 月，菲律宾农业部制定了木薯良好农业操作规程，规范了供人类消费及按动物饲料成分生产的木薯初级生产及收获后进一步进行加工的一般卫生要求。

2015 年 11 月，菲律宾农业部制定了木瓜料农业规范，内容包括：培植供人类消费，新鲜食用，整体或呈鲜切块或进一步加工的木瓜生产及初加工的一般做法。

2015 年 11 月，菲律宾农业部制定了咖啡良好农业规范，对绿咖啡豆初级生产、初步加工及储存和运输，保证食品安全及咖啡可持续性生产等方面做出了规定。

2016 年 2 月，菲律宾农业部制定谷物良好库存规范的国家标准，目的是为适当处理、储存和运输谷物提供具体指南，保证预防及减少影响仓储期间谷物质量、数量和安全的物理、生物及化学因素。

2016 年 2 月，菲律宾农业部制定蜂蜜国家标准，适用于蜜蜂产的所有蜂蜜，包括所有加工并最终直接消费的蜂蜜展示品。

2016 年 2 月，菲律宾农业部制定养蜂良好操作规范，阐述了适用于所有蜂种的贸易或后院养蜂场及野外采集蜂蜜，以生产蜂蜜、蜂王浆、蜂蜡、花粉及蜂胶的良好规范一般原则及最低要求。

2016 年 6 月，菲律宾农业部制定蘑菇天然成分国家标准，包括基本成分和质量要素、卫生、重量和测量、包装、储存和运输、标签及分析和抽样方法等方面的要求。

2016 年 8 月，菲律宾农业部制定干木薯条及颗粒国家标准，适用于加工成饲料及工业原料用木薯（Manihotesculenta）根派生的干木薯条和颗粒。此外，本标准详细阐述了干木薯条及颗粒相关用途的要求。

2016 年 8 月，菲律宾农业部制定干木薯片及条国家标准，本标准适用于食品加工用木薯（Manihotesculenta）根派生的干木薯片及条。此外，本标准详细阐述了干木薯片及条相关用途的要求。

2016 年 8 月，菲律宾农业部制定玉米良好农业规范，对玉米生产、收获和农场收获后处理储存综合安全质量要求作了规定。本规范以 HACCP 理念及农场至餐桌的质量管理原则法案为依据，参照菲律宾水果蔬菜良好农业规范而制定。

5. 蔬菜及水果

2015 年 4 月，菲律宾农业部制定了浆果卫生规范国家标准，规定了如何在新鲜浆果初级生产、包装、分配和消费过程中最大限度降低微生物危害。

2015 年 6 月，菲律宾农业部制定了国家标准规定了芦笋、香蕉、芒果、黄秋葵、菠萝、稻米内杀虫剂的最大农药残留限量。

2015 年 6 月，菲律宾农业部制定了有关食品辐射加工实施规范，覆盖所有经 Y 射线、X 射线或加速电子处理，以控制食源性病原体、降低微生物含量、控制检疫性有害生物、抑制根作物萌芽及延长货架期的加工食品相关卫生与植物卫生方面的指南。

2015 年 6 月，菲律宾农业部制定了有关丝瓜筋等级分类的法规，规定了新鲜瓜品种棱角丝瓜的分类分级指南。

2015 年 6 月，菲律宾农业部制定了有关鲜檀醇分级分类法规，对鲜檀醇质量要求、分类、尺寸、限量、抽样、包装、标识和标签、污染物以及卫生等有关方面进行了规定。

2016 年 1 月，菲律宾农业部制定了冷冻嫩椰子水 / 饮料卫生操作法规（COHP）国家标准。

2016 年 8 月，菲律宾农业部制定辣椒国家标准，本标准适用于刺激性超过 900 史高维尔（Scoville）单位的，包括变种（品种）及或贸易品种的鲜辣椒。工业加工用辣椒除外。

2016 年 9 月，菲律宾农业部制定新鲜水果和蔬菜包装及运输规范。其目的是帮助农户、生产商和加工商保持运输和营销阶段的农产品质量。经修改，本实施规程采纳了 CODEX 法典规范，以适应菲律宾当地生产规范，特别是水果和蔬菜的生产规范。

2016 年 9 月，菲律宾农业部制定市场及授权直销的新鲜农渔产品销售卫生规范，包含一系列市场和授权直销的适于供人消费的新鲜农渔产品必须遵守的最低要求和规范。本规范适用于所有农渔产品，包括未经过任何处理或加工，具有优质特性的水果、蔬菜、肉、鱼及水产品。本规范的目的是保证市场和授权直销的的新鲜农渔产品的安全和适于人类消费。

2016 年 12 月，菲律宾农业部制定蘑菇良好培植规范，为促进产品安全及质量、保证供人健康、安全和福利、尽量减少生产供人食用蘑菇的细菌、化学物理危害发生提供具体指导。

6. 砂糖

2015 年 1 月，菲律宾农业部制定了黑砂糖国家标准，对供人类消费未经进一步加工的黑砂糖的基本成分、质量参数、添加剂、污染物、卫生、包装、标签和分析抽样方法进行了规定。

2015 年 1 月，菲律宾农业部发布了黑砂糖国家标准执行指南，对黑砂糖加工处理及整个制造程序，包括地点和位置、场所、建筑物、设施设备、卫生、原料要求、操作手法与生产要求、个人卫生、管理监督、文件和记录和召回程序等作了具体要求。

7. 其他

2013 年 12 月，菲律宾农业部与卫生部联合发布了《食品安全法（2013）》，规定了从生产、加工、处理、包装、分销、营销、食品备制直至消费等各个阶段的食品安全综合法律框架。

八、新加坡近年通报的主要措施

新加坡 2012—2016 年 TBT 通报总计 45 件，新加坡 2012—2016 年 SPS 通报总计 23 件。

（一）通报的主要 TBT 措施

1. 食品

2012 年 2 月，新加坡粮农兽医局（AVA）通报了食品法规修订案，修订内容包括：对食用油脂采用每 100 克产品 2 克的反式脂肪限量，对零售包装的食用油脂采用（以营养信息栏形式）强制性营养标签，作为新加坡对减少当地居民摄入反式脂肪的国家努力结果的一部分，并且基于世界卫生组织的建议。同样也参考了关于营养标签的食品法典指南以及执行类似倡议的其他国家的参考资料。

2013 年 4 月，新加坡粮农兽医局修订其食品法规，根据一览表 12 的规定对营养信息栏格式进行了修订。一揽表 12 规定的营养信息栏（NIP）格式要求营养成分单位（除能量、蛋白质、脂肪和碳水化合物以外）以“g”标明，同时规定钠、钾和胆固醇以“mg”标明。这给出了维生素和需物质（及其他营养成分）也以“g”标明的错误印象。有些维生素和需物质以微克（μg）量添加，而其他维生素和需物质以毫克（mg）量添加。此外，还有其他常用的维生素测量形式如“I.U”（国际单位制），现在的营养信息栏（NIP）格式不影响此类声明形式。修订一览表 12，规定如可能的话，营养成分以微克（μg）、毫克（mg）、克（g）或其他测量单位声明，这可以更好地处理企业目前使用的测量形式。

2014 年 2 月，新加坡粮农兽医局修订其食品法规，对含有植物甾醇、植物甾醇脂、植物甾烷醇和植物甾烷醇脂的食品标签上必须作的强制性声明进行了修订和补充。

新加坡农食兽医管理局（AVA）通报拟对食品法提出以下修订：

（1）包括要求标明为“有机”（或类似术语）的产品必须依照符合食品法典有机食品生产、加工、标签和销售原则 GL 32—1999 或等效标准的检验与认证制度进行有机认证；

（2）禁止人类直接消费的原奶进口、销售和广告；

（3）标签上允许使用通用术语“改性淀粉”，如果涉及以下改性淀粉：焙烧淀粉、酸处理淀粉、碱处理淀粉、氧化淀粉、酶处理淀粉、磷酸单淀粉、磷酸酯双淀粉、磷酸化磷酸二淀粉、乙酰化磷酸二淀粉、醋酸酯淀粉、乙酰化己二酸双淀粉、羟丙基淀粉磷酸酯、羟丙基磷酸双淀粉、辛烯基琥珀酸钠淀粉、乙酰化氧化淀粉；

（4）对现行规定第 9、第 12、第 30（3）和第 38 条做出编辑修订，更新了使用的术语，并以更明确的格式说明了规定。

2015 年 10 月，新加坡农食兽医管理局（AVA）对食品法提出以下修订：

（1）包括要求标明为“有机”（或类似术语）的产品必须依照符合食品法典有机食品生产、加工、标签和销售原则 GL 32—1999 或等效标准的检验与认证制度进行有机认证；

（2）禁止人类直接消费的原奶进口、销售和广告；

（3）标签上允许使用通用术语“改性淀粉”，如果涉及以下改性淀粉：焙烧淀粉、酸处理淀粉、碱处理淀粉、氧化淀粉、酶处理淀粉、磷酸单淀粉、磷酸酯双淀粉、磷酸化磷酸二淀粉、乙酰化磷酸二淀粉、醋酸酯淀粉、乙酰化己二酸双淀粉、羟丙基淀粉磷酸酯、羟丙基磷酸双淀粉、辛烯基琥珀酸钠淀粉、乙酰化氧化淀粉；

（4）对现行规定第 9、第 12、第 30（3）和第 38 条做出编辑修订，更新了使用的术语，并以更明确的格式说明了规定。

2. 电子电气产品

2012 年 9 月，新加坡国家环境与水资源部制定了非道路用柴油发动机强制性排放标准，规定该类发动机的排放要符合欧标Ⅱ、美国Ⅱ、日本Ⅰ级标准。

2013 年 5 月，新加坡国家环境与水资源部修订了现行的《环境保护和管理法案》、环境保护和管理（注册商品）令和环境保护和管理（节能）法规关于单相非管道式房间空调器的规定。要求：（1）扩展注册的空调器范围；（2）从 2013 年 9 月 1 日起提高在新加坡供应的注册空调器的最低能源效率标准。

2013 年 6 月，新加坡国家环境与水资源部制定了关于家用洗衣机的法规，在现行的强制性用水效率标签计划（MWELS）上，增加一项规定，即要求一个“1－标记号”的最低用水效率级别。只有注册并且根据 MWELS 标有至少一个“1－标记号”及更高的最低用水效率级别的洗衣机才允许在新加坡销售和供应。

背景：新加坡家用洗衣机强制水效率标签计划（MWELS）是在 2011 年 10月 1 日提出的，按照计划，此类洗衣机在销售或供应之前必须注册并且标明水效等级信息。目前使用 1、2、3 级标记等级制度，反映此类洗衣机的水效等级。

2013 年 9 月，新加坡国家环境与水资源部修订了《环境保护和管理法案》、环境保护和管理（注册商品）令和环境保护和管理（节能）法规关于单相干衣机的规定，从 2014 年 4 月 1 起供应新加坡的注册干衣机执行新的最低能效标准。

2013 年 9 月，新加坡国家环境与水资源部修订了《环境保护和管理法案》、环境保护和管理（注册商品）令和环境保护和管理（节能）法规关于单相电视机的规定，从 2014 年 4 月 1 日起所有供应新加坡的电视机必须注册和粘贴能源标签。所有注册电视机必须依照标准 IEC62087 进行测试，已确定其能效水平。

2014 年 4 月，新加坡国家环境与水资源部发布通知，规定从 2014 年 9 月 1 日起，所有在新加坡销售的注册空调器、洗衣机、电视机等必须启用新的能源标签。

2014 年 11 月，新加坡国家环境与水资源部发布通知，规定家用洗衣机强制水效标签计划（MWELS）关于至少 1 个“1－标记号”的要求上调至 2 个，从 2015 年 10 月 1 日起实施。

2015 年 2 月，新加坡国家环境与水资源部修订了现行的《能源节约法案》、能源节约（注册商品）令和能源节约法规的注册商品范围，将普通照明用非定向灯纳入该范围，并规定了电灯的最低能效标准和适用的检测标准和方法。扩大注册商品范围以包括普通照明用非定向灯（目前只包括非定向灯。定向灯或圆锥角 120° 光输出至少 80% 的电灯，在本注册商品范围以外）。2015 年 7 月 1 日起，所有能源节约法规第 4 条列出的供应新加坡或在新加坡销售的注册电灯必须：①注册；②粘贴能源标签。能源标签能够给消费者提供信息，方便对此类电灯的能效做出参考；③如果电灯供应新加坡，必须符合规定的最低能效标准。

2015 年 7 月，新加坡国家环境与水资源部修订了现行的《环境保护和管理法案》，将 6 种电子电气设备（WWW）中的限制使用危险物质（RoHS）纳入该法案一览表Ⅱ中。涉及的 6 种产品是：移动电话、移动计算机、冰箱、空调、平板电视和洗衣机。

2016 年 1 月，新加坡国家环境与水资源部修订现行的《能源节约法案》、能源节约（注册商品）令和能源节约（能源标签和最低性能标准）法规，提高空调最低能效标准。2016 年 9 月 1 日起，能源节约法规列出的供应新加坡或在新加坡销售的注册空调必须提高最低能效标准。提高后的空调最低能效标准列表如下：

空调类型	单机分体式空调（非变频）	单机分体式空调（变频）	多机分体式空调（非变频）	多机分体式空调（变频）
最低能效标准	COP ≥ 3.78	COP ≥ 3.34 和加权 COP ≥ 3.78	COP ≥ 3.78	COP ≥ 3.34 和加权 COP ≥ 3.78

2016 年 5 月，新加坡国家环境与水资源部修订环境保护与管理法案，将所指汽油和柴油燃油质量参数纳入管控范围。新加坡的这些要求参考了欧盟指令 2009/30/EC、澳大利亚燃油质量标准法 2000 和美国环保署（USEPA）燃油质量法规。

2016 年 5 月，新加坡国家环境与水资源部修订公用事业（供水）法规，提出了水龙头和混合器最低水效标准。从 2017 年 3 月 31 日起，所有在新加坡供应或销售的饮用水水龙头和混合器必须至少一个标记水效等级。

2016 年 7 月，新加坡国家环境与水资源部再次修订新加坡家用洗衣机强制水效标签计划（MWELS)。该计划 2011 年提出，根据该计划，所有家用洗衣机在新加坡销售或供应之前必须注册并且提供水效水平信息。2015 年 10 月，洗衣机最低水效标准提出了 2 个标记的等级，作为新加坡节水努力的一部分。目前，家用洗衣机强制水效标签计划（MWELS）由 2 个水效等级层次构成：2 个标记和 3 个标记。2016 年家用洗衣机强制水效标签计划（MWELS）等级划分再次被修订，新提出了 4 个标记的水效等级。本修订案预计 2017 年 3 月 31 日生效。

2016 年 10 月，新加坡国家环境与水资源部修订环境保护与管理法案，提出了一个逐步淘汰使用单个电池含汞超过 5×10^{-6}（按重量）的加汞电池（包括钮扣电池）计划，依照环境保护与管理法案（EPMA）一揽表Ⅱ。淘汰意味着 2018 年前公司不能在新加坡生产、进口和出口加汞电池（包括钮扣电池)。所有在新加坡供应或销售的能源节约法规第 4 条列出的电池必须符合规定的限制（如下所示)，如果在新加坡生产或进口销售。限制自 EPMA 一揽表 II 包括之日起 1 年生效，NEA 计划在 2017 年上半年在官方公报上公布。

下列作为独立产品销售的电池（包括钮扣电池)，属于单个电池含汞不超过 5×10^{-6}（按重量）限制范围：①碳锌电池；②碱性电池；③氧化汞电池；④锌氧化银电池；⑤锌空电池。

对于在同一包装中与产品捆绑在一起的电池（包括上述类型电池)，公司必须出示主管机关要求的合格证明。内嵌加汞电池和钮扣电池的产品免除管制。

2016 年 12 月，新加坡国家环境与水资源部修订能源节约法案、能源节约（注册商品）法令 2013、能源节约（注册商品能源标签和最低能效标准）法规 2013 和能源节约

（违法的构成）法规，提高了冰箱最低能效标准（MEPS）。

（二）通报的主要SPS措施

1. 食品

2012年2月，新加坡粮农兽医局（AVA）通报了食品法规修订案，修订内容包括：对食用油脂采用每100克产品2克的反式脂肪限量，对零售包装的食用油脂采用（以营养信息栏形式）强制性营养标签，作为新加坡对减少当地居民摄入反式脂肪的国家努力结果的一部分，并且基于世界卫生组织的建议。同样也参考了关于营养标签的食品法典指南以及执行类似倡议的其他国家的参考资料。

2012年5月，新加坡粮农兽医局修订了其关于进口骆驼奶的管理措施，提出进口供人类饮用的骆驼奶需先进行风险评估的要求。

2012年6月，新加坡粮农兽医局修订了其食品法规，允许使用一些新型食品添加剂和扩大现有一些添加剂的使用范围和限量。

2013年4月，新加坡粮农兽医局修订了食品法规，内容涉及：准许使用阿拉伯半乳聚糖、A－淀粉酶、氨肽酶、纤维素酶等10种新的食品添加剂；澄清化学防腐剂二甲碳酸氢钠的使用类别及限量；规定婴幼儿食品内黄曲霉毒素、幼儿配方食品内黄曲霉毒素M1、婴幼儿食品内棒曲霉毒素、婴儿配方奶粉和液态婴儿配方（喂养）奶粉中三聚氰胺的最大限量；规定了允许婴儿配方食品中使用聚葡萄糖的最大许可含量；修改了营养信息面板编辑格式。

2014年2月，新加坡粮农兽医局修订其食品法规，增加了一些新的允许使用的食品添加剂，并提出了使用这些物质所受到的限制和要求。

2015年10月，新加坡粮农兽医局再次修订其食品法规，修改内容涉及：有机产品的生产、加工、标签及销售和检测、认证要求；禁止进口供人类直接消费的生奶；改性淀粉的基因术语；将兽药列入附加成分并对其作定义；允许按良好生产规范使用甜味剂—Advantame；允许儿童配方食品使用牛乳铁蛋白，其最高限量标准为100mg/100mL。

2. 动物及其产品

2013年1月，新加坡粮农兽医局发布了对于进口用于试验目的的实验室动物胚胎、卵子和精液（兔子、逐鼠、仓鼠、小鼠、大鼠、沙鼠）的新兽医条件。

2013年4月，新加坡粮农兽医局修订了马匹进口兽医条件的措施，针对新加坡进口的大多数用于比赛的马匹。流感一旦爆发会被国内相关行业产生有害影响，但国际公认目前尚无符合所有马流感流行毒株的商业疫苗，因此增加了防疫马流感的相关进口条件要求。

2013 年 6 月，新加坡粮农兽医局再次修改了马匹进口兽医条件的措施，内容涉及：针对永久和临时进口马匹的相关协议，取消了出口前的广谱杀虫处理要求；针对马匹返回及临时进口相关协议，将原来 3 个月缩短到 60 天，在此期间要求设施无马传染性贫血、马脑脊髓炎、马痘、疥疮、马鼻疽等 22 种感染或任何其他出口国须通报的马疫病。

2014 年 2 月，新加坡粮农兽医局再次修订马匹进口兽医条件的措施，增加了对进口马匹亨德拉病毒感染的检疫要求。

2015 年 3 月，新加坡粮农兽医局修订马匹进口兽医条件的措施，对鼻疽菌素的检测和检疫措施作了调整。

2015 年 9 月，新加坡粮农兽医局修订马匹进口兽医条件的措施，更新了焦虫病和苏拉病的检测方法。

2015 年 12 月，新加坡粮农兽医局修订参加国际比赛返回新加坡的马匹的检疫措施和要求。

九、泰国近年通报的主要措施

泰国 2012—2016 年通报的 TBT 总计 103 件；通报的 SPS 总计 62 件。

（一）通报的主要 TBT 措施

1. 食品及农产品

2012 年 5 月，泰国食品药品管理局制定了预包装食品的生产、加工、生产设备以及食品储存的法规，要求预包装食品按照良好生产规范并执行此法规进行生产加工。

2012 年 9 月，泰国食药局制定了关于低酸食品的法规，规定了在密封容器中的低酸食品及酸化食品的生产方法、设备和储存标准和要求。

2012 年 9 月，泰国食药局修订了关于牛奶的通报，规定牛奶为特殊受控食品，必须符合该法规的质量和标准要求，包括牛奶的定义、分类、质量、标准、食品添加剂标准、销售牛奶的生产商或进口商条件、容器的使用、标签等方面。

2012 年 5 月，泰国总理办公室消费者保护理事会办公室制定了与食品接触的不锈钢产品标签标准，要求与食品接触的不锈钢产品（容器、锅、餐具、杯子等）须加贴标签，并规定了标签的格式及内容。

2013 年 4 月，泰国食药局修订了带有营养标签和每日摄入量指南（GDA）标签的食品标签规定，对标签的内容和格式等作了新的要求，取代原来关于“一些种类的即食食品标签规定”的通告。

2013 年 9 月，泰国食药局修订了预包装食品标签法规，取消了之前的相关法规，详细规定了各种不同预包装食品的标签要求及过渡期。

2013 年 9 月，泰国工业部国家工业标准院制定了食品用拉伸保鲜膜工业标准，规定了尺寸和公差、材料、要求、包装、标志和标签、取样和合格评定及检测分析方法等。

2014 年 3 月，泰国制定了关于食品标签上的优质标志法规，对标有“优质”字样的食品标签作了具体规定，包括“优质”的定义；批准使用该字样的主管部门；标签上标有“优质”的食品必须符合的条款与条件；以及在该规定之前已使用“优质”标志的过渡期等。

2014 年 3 月，泰国制定了全脂巴氏消毒鲜牛奶和牛奶优质标志法规，规定了标签上标有“优质”的全脂巴氏消毒鲜牛奶和牛奶的审批部门，产品应符合的生产条件和质量标准，包括牛奶的微生物、蛋白质含量以及在该规定之前已使用“优质”标志的过渡期等。

2014 年 3 月，泰国制定了婴幼儿奶瓶和液态奶容器法规，规定了婴幼儿奶瓶和液态奶容器一般要求以及允许用于制作婴幼儿奶瓶和液态奶容器的材料清单和材料具体要求。

2014 年 3 月，泰国制定了酒精饮料控制法规，规定了酒精饮料标签的规则、程序和条件。

2014 年 6 月，发布了关于预包装食品标签的通报，生效日期为官方公报发布后 180 天。

2015 年 1 月，泰国发布了关于依照食品药品管理局的职责对有害物质进行危险分类和建立沟通制度的通知，规定生产商、进口商、出口商和加工专门用途有害物质的人员有责任在生产商和进口商提供的标签和安全数据表中传达健康和安全信息，以确保接触有害化学品的人员安全。同时，危险分类和沟通必须符合工业部关于对有害物质进行危险分类和建立沟通制度的通报 B.E.2555（2012）附带的危险分类和沟通制度要求。

2015 年 12 月，泰国发布关于食品添加剂的 No.3 通报，修订食品添加剂标签现有规定，以符合 2014 年 5 月 8 日公共卫生部关于预包装食品标签的 No.367B.E.2557（2014）通报。

2015 年 12 月，泰国制定关于婴幼儿食品及相关产品销售管理法案，依照世界卫生组织成员在世界卫生大会期间批准的国际母乳代用品销售守则及相关决议中确定的规则和协定管理婴幼儿食品及相关产品的销售。本法案共 6 章 33 条，对“婴幼儿”“婴幼儿食品”等名词作了定义，规定了生产商、进口和分销商不允许从事的系列活动，并制定了处罚条款。

2016 年 1 月，泰国食药局制定公共卫生部（MOPH）“关于食品标签上的营养符号显示”通报，对食品标签上显示的营养符号作了定义和要求。

2016 年 2 月，泰国食药局通报了新颖食品法规草案，对“新颖食品”定义为：基于科学或可靠证据作为食品或食品成分大量用于人类消费少于 15 年的物体。规定新颖食品上市前必须报泰国食药局进行风险评估，产品必须加贴特定标签，并符合卫生部关于预包装食品标签的规定。本草案已在 2016 年 7 月 15 日官方公报中被批准为关于新颖食品的 MOPH 通报 No.376。生效日期：在官方公报上通报之后（2016 年 7 月 16 日）

2016 年 11 月，泰国卫生部健康促进局制定了婴幼儿食品销售管理法，本法案草案共 4 章 47 条。

（1）在法案中：“婴儿”指出生 12 个月以下儿童；“幼儿”指年龄 12 个月 ~3 岁（36 个月）的儿童；“婴幼儿食品”指依照食品法案注册的喂养婴幼儿的包含充足营养素的乳或其他食品及部长根据委员会的建议规定的喂养婴幼儿的其他食品；“婴幼儿补充食品”指依照食品法案注册的作为 6 个月以上婴幼儿营养补充剂或建立对食物的熟悉使用的食品。

（2）婴幼儿食品销售管理委员会由政府、学术界和非政府组织代表建立和组成。

（3）对于婴儿配方食品、后续配方食品及幼儿持续乳品，生产商、进口和分销商不允许（除某些例外）从事下列活动：广告；提供折扣券、捆绑产品、换购、折扣、奖品、礼品或其他刺激来诱导销售；提供样品；向孕妇、婴幼儿的母亲或家庭成员提供婴幼儿食品或其他东西；接近孕妇或婴幼儿的母亲，推广、鼓励或建议使用婴幼儿食品。

（4）在提供的婴幼儿食品信息中，生产商、进口商或分销商必须使用和依照食品法案注册的婴幼儿食品标签相同的文字，无营养健康声明，必须包括：关于使用婴幼儿食品的近似财务成本和数量信息；婴幼儿食品不适当的配制或使用警告。提供信息的规则、程序和条件及提供信息的渠道应由部长根据委员会的建议制定。

（5）关于婴幼儿补充食品，生产商、进口商或分销商不得在卫生机构内从事以下行为：提供折扣券、捆绑产品、换购、折扣、奖品、礼品或其他刺激；提供补充食品样品，生产商、进口商或分销商禁止向孕妇或 6 个月以下婴儿母亲销售补充食品。

（6）关于婴幼儿食品和婴幼儿补充食品，生产商、进口商或分销商禁止：向卫生服务提供商提供具备产品名称、标志或符号的设备；向公共卫生人员提供礼品、金钱、奖励或其他利益，除符合“惯例给予”规则以外；赞助卫生人员、公共卫生人员、孕妇或婴幼儿母亲的婴幼儿食品活动、会议或学术研讨会，除公共卫生专业组织基金以外；在卫生机构中示范或支持示范使用婴幼儿食品和婴幼儿补充食品。

（7）违反关于婴幼儿食品广告的第 14 条应处监禁或罚款。不符合其他条款的人员应处罚款。

（8）本法案在官方公报上公布后 180 天生效。

2016 年 11 月，泰国公共卫生部（MOPH）通报草案“某些新鲜果蔬生产加工、生产设备、存储和标签要求”，涉及的产品：香蕉、板栗、火龙果、哈密瓜、红毛丹、苹果、西瓜、石榴、番石榴、芒果、木瓜、大枣、人参、桂圆、草莓、柑橘、橙、梨、葡萄、苹果、大蒜、菜花、大白菜、葱、姜、羽衣甘蓝、胡萝卜、葱、豆芽、常春藤葫芦、黄瓜、豇豆、豌豆、西兰花、罗勒叶、积雪草、菠菜、大白菜、苋菜、空心菜、辣椒、南瓜、番茄、茄子、马铃薯、葱、蘑菇、甜罗勒。

为保护消费者，公共卫生部（MOPH）现提出包括厂操作规范通报如下：

（1）MOPH 通报草案附录Ⅰ显示了应按正确操作包装的某些新鲜果蔬清单；

（2）MOPH 通报草案附录Ⅱ概述了包括厂操作最低要求或操作规范以确保只有安全的果蔬可以被收集、包装和向消费者分销；

（3）附录Ⅰ列出的进口此类新鲜果蔬的进口商应提供符合本通报要求的操作规范或不低于本通报要求的其他操作规范证明；

（4）零售标签最低要求是必须清楚地显示以下内容：生产商（包装厂）或进口商名称地址及原产国；注册编号；生产批次代码或编号。此信息应显示在原容器标签上。如果此类新鲜果蔬以无包装形式提供给消费者，所需信息必须清楚永久地显示在容器或托盘的标签上。否则零售商应有消费者可以获得所需信息的记录。

（5）在本部颁通报实施前得到新鲜果蔬生产或进口许可，但不符合本部颁通报的生产商或进口商，根据具体情况，在通报生效后 1 年内，提供改进措施或证明。

（6）本通报在皇家官方公报上公布之后 1 年生效。

2016.11 泰国农业与合作部渔业局关于鱼类和渔业产品进口许可文件类型和类别的通报，涉及皇家渔业法令 B.E.2558（2015）第 96 条，主管机关不许可任何进口，除非船主或船长能够证明渔船得到船旗国家或沿岸国家颁发的捕鱼许可证或渔业活动许可证。渔船可出示证据证明未进行非法捕鱼。船主或船长以书面形式证明船旗国家适时证明了水生动物捕获符合相关国际组织的规定。检验进口鱼类和渔业产品相关文件符合皇家渔业法令 B.E.2558（2015）的所有或某些规定，渔业局颁布了一个通报，规定了本通报附录中确定的进口鱼类和渔业产品的文件类型和类别。本法案公布后 15 天生效。

2. 电子电气产品

2012 年 4 月，泰国工业部国家工业标准院发布通知，宣布撤销关于低压配电链熔丝标准的强制性状态。

2012 年 4 月，泰国工业部国家工业标准院发布通知，宣布撤销关于电炉、开放型加热元件安全标准的强制性状态。

2013 年 3 月，泰国商务部外贸司制定了进口电风扇、电饭锅和照明产品的认证要求和进口管理措施。

2013 年 4 月，泰国工业部国家工业标准院制定了一系列部颁法规，规定了高效扫描仪、高效多功能设备、高效打印机、高效电视机显示器、高效计算机、高效家用音响设备、高效电视机的定义和待机及关机模式功率。

2013 年 4 月，泰国工业部国家工业标准院制定了一系列部颁法规，规定了高效变速传动设备、高效电水壶、高效微波炉、高效电炉灶的定义、能效比（EER）、测试和环境要求、EER 测定标准和方法。

2014 年 5 月，泰国制定了使用演进通用陆地无线接入（E—UTRA）技术的国际移动通信（IMT）设备关于基站与中继器以及用户设备的技术标准，规定了使用演进通用陆地无线接入（E—UTRA）技术的国际移动通信（IMT）系统基站与中继器和用户设备的最低技术要求，同时还规定了对人体辐射暴露要求。

2015 年 1 月，泰国制定了双端荧光灯、普通照明用自镇流灯、单端荧光灯的安全规范，以及管形荧光灯镇流器的能效要求泰国工业标准草案。双端荧光灯标准草案规定了一般照明用 Fa6、Fa8、G5、G13、2G13、R17d 和 W4.3x8.5d 双端荧光灯安全要求。包括光生物学安全，及低于需要标注和在标签上标明等级的蓝光和红外线危险；普通照明用自镇流灯标准草案规定了安全性和互换性要求，及测试方法和条件；单端荧光灯标准草案规定了一般照明用单端荧光灯安全要求，端口类型、光生物学安全，及低于需要标注和在标签上标明等级的蓝光和红外线危险。

对于双端荧光灯的通报，中方在评议中提出：在通报草案中，泰方仅提及本标准的安全要求“包括了光生物学的（photobiological）安全要求。危险蓝光和红外线值低于要求，需要做出标识。”请泰方明确对于 risk group 1 for blue light hazard and risk group 0 for IR radiation 的产品是否需要标识。

对于管形荧光灯镇流器的通报，中方在评议中提出：对于在通报草案中，泰国对荧光灯镇流器的能效标准参照澳大利亚 AS/NZS 4783.1：2001 和 AS/NZS 4783.2：2002 标准，但是却只引用了其中的部分能效等级要求。请泰方提供制定此最低限值要求的科学依据，否则请按照原标准要求执行。

2015 年 1 月，泰国发布了一项需要进口许可的通报，规定自 2015 年 1 月 31 日起进口到泰国的凹版印刷机和彩色复印机需要进口许可。

2015 年 5 月，泰国制定了关于高能效电烤箱、高能效平底电锅、高能效电冷水器和热 / 冷饮用水储水器的部颁法规，规定了这些家用电器的 HEPS，包括各种规格产品的平均耗电量，参考标准和测试方法，以鼓励和促进高能效家用电器的利用，达到节约能源的目标。

中方在评议中提出：中国政府赞赏泰国政府在环境保护和节能方面所做的努力，同时感谢给予其他 WTO 成员评议通报的机会，并提出两点意见：一是对于高能效电烤箱，法规第二条规定了各容量电烤箱平均用电量限值范围，请泰国方澄清能效限值为一个值域范围的必要性，建议对各容量电烤箱采用单一的能效限值；二是对于高能效平底电锅，法规第二条规定电炒锅的能效值必须达到 73%~85%，请泰国方澄清能效限值为一个值域范围的必要性，建议采用单一的能效限值，如：73%。

2015 年 7 月，泰国制定了废弃电子电气设备（WEEE）及其他废弃产品法案，在产品管控、废弃产品管理、目标设定、收益管理和基金资助、监督和管制以及违法处罚等方面作了严格规定。

中方评议意见的主要内容如下：（1）认为本法令通报第 4 条定义中的“电器、电子产品”没有明确产品使用交直流电压的范围，产品范围定义过宽，建议对“电器、电子产品”术语的范围重新定义，明确产品和设备使用电压的范围。（2）本法令通报第 4 条定义中规定“其他产品”的范围应给予说明或澄清。（3）建议泰方在本法令通报第 4 条关于多销售渠道上增加一款“（7）跨境电子商务进口产品”。（4）在本法令中未能提供受本法令控制的产品类别或产品组别，请泰方能尽快予以明确产品的产品类别或产品组别，以便生产者和销售者能按时执行法令。（5）请泰方在本法令第 19 条款实施前澄清以下内容：一是回收利用标识或符号样式，建议采用国际通用的标识，标识样式见 2012/19/EU；二是回收利用标识或符号的粘贴方式；三是有害物质的种类、限制标识或符号。

2015 年 7 月，泰国制定了电动机－压缩机安全工业标准（TIS 812-2558），作为强制性标准替代原来的 TIS 812-2548（2005）标准。涉及家庭及类似用途设备使用的符合此类设备适用标准的密闭（密封和半密封）电动机－压缩机的安全、保护和控制系统相关规定。

2015 年 7 月，泰国制定了交流电风扇安全工业标准，本标准涉及家庭及类似用途电风扇的安全，额定电压单相不超过 250V，其他不超过 480V。

2015 年 10 月，泰国制定了家用洗衣机安全工业标准，撤销原来的 TIS 1463-2540（1997）标准，用强制性标准 TIS 1463-2556（2013）代替。本标准涉及清洗服装和织物、额定电压单相不超过 250V、其他不超过 480V 的家用及类似用途电动洗衣机安全。

2015 年 10 月，泰国制定了管形荧光灯镇流器安全工业标准，作为强制性标准替代原来的 TIS 23-2521（1978）标准。本标准适用于完整的镇流器及其部件，如电抗器、变压器和电容器。标准附录 B 规定了热保护镇流器特殊要求。

2015 年 12 月，泰国制定关于音视频和类似电子设备安全工业标准，作为强制性标准取代原来的 TIS 1195-2536（1993）电网电源供电的家用和类似一般用途电子及有关设备安全标准。本标准适用于由电网、电源设备、电池或远程电源供电，用于接收、生成、记录或再现音频、视频及相关信号的电子设备。也适用于与上述设备一起使用的专用设备。

2016 年 1 月，泰国工业部国家工业标准院制定泰国烤架、烤箱和类似便携式烹调器具安全要求工业标准（TIS 1641-2552），本强制性标准涉及额定电压低于 250V、具备如烘、烧、烤这样的烹饪功能的家庭用便携式烹调电器安全。属于本标准范围的电器实例是室内使用的烧烤炉具、面包机、接触式烤架、灶具、食品干燥器、烤盘、烤箱、烤架、辐射式烤架、烘烤机、回转式烤架、旋转烤箱、烤面包器、烘饼干的电铁模、烤板和奶酪板。

2016 年 3 月，泰国工业部国家工业标准院提出作为强制标准执行 TIS2432－2555（2012）家用和类似用途插头与插座：电线加长装置。该标准适用于家用和类似用途、室内或室外、额定电压 50V 至 440V、额定电流不超过 16A、可拆线和不可拆线的电线加长装置。也适用于电缆盘使用的电线加长装置。标准不适用于卷绕方式的电线加长装置。

2016 年 3 月，泰国工业标准院（TISI）提出撤销 TIS4　第 1 部分— 2529（1986）白炽灯，以强制标准 TIS4 第 1 部分　25××家用和类似照明用途钨丝灯　第 1 部分：安全规范代替。

本标准草案规定了下列一般照明用钨丝白炽灯安全和互换性要求：额定功率 200W 以下；额定电压 50V~250V；A、B、C、G、M、P、PS、PAR 或 R 型灯泡或与上述灯泡相同用途的其它灯泡；所有表面处理类型的灯泡；灯头类型 B15d、B22d、E12、E14、E17、E27 或 E27/51 × 39。

在合理切实可行范围内，本标准也适用于与上述类型不同但用途相同的灯泡和灯头的灯。

2016 年 3 月，泰国工业部工业标准院制定了关于电热壶安全要求执行强制性国家标准的规定

2016 年 3 月，泰国工业标准院（TISI）提出撤销 TIS1389－2539（1996）滚筒式干衣机：安全要求，以强制标准 TIS1389　25××家用和类似用途电器—安全：滚筒式干衣机特殊要求代替。本标准草案涉及额定电压单相 250V 以下、其他 480V 以下的家用和类似用途滚筒式电动干衣机安全。也涉及使用了冷却系统、整合了密封式电动压缩机、用于甩干纺织材料的滚筒式干衣机安全。此类电器可以使用可燃制冷剂。

非普通家用但可能成为公共危险源的电器，如商店、轻工行业和农场中供非专业人员使用的电器包括在本标准范围内。

2016 年 7 月，泰国商务部外贸司发布关于要求 3D 打印机符合泰国进口措施的通

报 B.E.2559（2016），要求：（1）进口商必须向外贸司注册（2）在产品到达前 15 天通知外贸司（3）如果有的话，产品的拥有、销售和转运报告应在 6 月和 12 月提交到外贸司。

2016 年 8 月，泰国工业标准院（TISI）提出作为强制标准执行 TIS 166-2549（2006）家用和类似用途插头与插座：额定电压不超过 250V 的插头与插座。本标准适用于室内或室外环境温度不超过 40℃、额定电压交流不超过 250V、额定电流不超过 16A 的家用和类似用途插头及固定或便携式插座。本标准也适用于整合到电线组中的插头、整合到延长线组中的插头和便携式插座及作为电器元件使用的插头与插座，除非对于相关电器本标准另有规定。

3. 钢材及建筑材料

2012 年 10 月，泰国工业部国家工业建设厅制定了新的瓷砖泰国工业标准。

2013 年 1 月，泰国工业部国家工业标准院修订了硅酸盐水泥的泰国工业标准，对该标准的第 1 部分“规范”作了一些修订，包括：更改标准号、增加石灰石的定义、增加无机和有机加工添加剂的规定等。

2013 年 4 月，泰国工业部国家工业标准院制定了强制执行白硅酸盐水泥的法规，对白硅酸盐水泥的材料、要求、包装、标志和标签、取样和合格评定及检测分析等作了详尽规定。

2014 年 3 月，泰国制定了关于醇酸磁漆的安全要求，作为强制性标准加以实施。规定了醇酸磁漆的类型、材料、要求、包装、标志和标签、取样和合格标准，以及测试要求。本标准只适用于表面涂层用醇酸磁漆（有光、半光和无光），以及有毒重金属的定量安全规定。

2015 年 3 月，泰国发布了修订混凝土配筋用钢筋圆钢和异形钢的泰国工业标准，主要修订化学成分（桶样分析）和公差、标志和取样方案。

2015 年 8 月，泰国制定了商用冲压级热轧和冷轧电解镀锌碳素薄钢板泰国工业标准，撤销原来的电解镀锌冷轧钢卷、钢带和薄钢板的标准 TIS 2223-2548，用强制性标准 TIS 2223-25×× 代替。本标准包括一面镀锌或双面镀锌的电解镀锌薄钢板，钢板由冷轧碳素钢板制成钢卷、钢带和薄钢板。

2016 年 2 月，泰国工业标准院（TISI）修订泰国工业标准—混凝土配筋用钢筋：圆钢（TIS 20-2543（2000）、异形钢（TIS 24-2548（2005）。主要修订包括原材料、制造、化学成分桶样分析和产品分析与标志。

2016 年 3 月，泰国工业部国家工业标准院制定了关于商业冷轧扁钢及其拉伸质量执行强制性国家标准的规定，规定了类别、边缘类型、等级和符号；化学成分；机械性质；基准质量、尺寸和公差；一般要求；标志和标签；取样和合格标准。

2016 年 3 月，泰国工业部国家工业标准院制定了关于汽车结构用热轧扁钢、气瓶用热轧扁钢、一般结构用热轧扁钢执行强制性国家标准的规定。

2016 年 9 月，泰国工业标准院（TISI）提出撤销标准 TIS 880－2547（2004）透明浮法玻璃，以强制标准 TIS 880-25×× 代替。本标准仅包括普通和特殊等级的无色透明浮法玻璃。

2016 年 9 月，泰国工业标准院（TISI）提出撤销标准 TIS1344－2541（1998）彩色浮法玻璃，以强制标准 TIS 1344-25×× 代替。本标准仅包括普通和特殊等级的彩色浮法玻璃。

2016 年 9 月，泰国工业标准院（TISI）提出作为强制标准执行标准 TIS965－25×× 钢化玻璃。本标准包括无色、彩色和装饰用钢化玻璃。

2016 年 9 月，泰国工业标准院（TISI）提出作为强制标准执行标准 TIS1222－25×× 夹层安全玻璃。本标准仅包括夹层安全玻璃。

2016 年 9 月，泰国工业标准院（TISI）提出作为强制标准执行标准 TIS1231－2558（2015）密封保温玻璃。本标准仅包括密封保温玻璃。

2016 年 9 月，泰国工业标准院（TISI）提出撤销 TIS348－2540（1997）低碳钢线材，以强制标准 TIS348－25×× 代替。本标准包括钢丝生产使用的圆形截面钢筋。本标准不包括用于制造电焊条焊芯使用的线材，也不包括泰国工业标准（TIS）已有规定的圆形截面钢筋和线材。然而，本标准不适用于混凝土配筋用钢材。

4. 化学品及有害物质

2012 年 4 月，泰国工业部工业建设厅发布关于危险物质危险分类和公示制度的通报，要求危险物质及其混合物的生产商和进口商必须遵守危险分类、标签和安全数据表中的危险分类和公示制度要求。

2012 年 8 月，泰国工业部工业建设厅制定了氟氯烃进口许可指南，规定了 2013—2029 年之间每年氟氯烃的总进口配额。

2015 年 1 月，泰国制定了工业部关于有害物质清单的通报草案，修订了农业与合作部、食药局、工业建设厅等相关负责机构管辖的有害物质；工业建设厅在现行清单中增加了 7 种有害物质。

2015 年 2 月，泰国发布了 2 项需要进口许可的通报，一项是针对进口到泰国的硝酸烷基酯物质，规定自 2015 年 1 月 1 日起，硝酸烷基酯物质 6 项（硝酸戊酯、亚硝酸环己酯、亚硝酸乙酯、亚硝酸异丁酯、亚硝酸异丙酯、丁酯亚硝酸）需要进口许可；另一项是关于进口到泰国的凹版印刷机和彩色复印机，规定自 2015 年 1 月 31 日起需要进口许可。

2015 年 3 月，泰国发布了受到标签管制的含铅涂料的通报，规定了标签内容和字体，标签特性参数，包括涂料的定义。

2015 年 5 月，泰国制定了有关有害物质标签的规定，规定：（1）有害物质标签上的图示、符号和危险声明应符合泰国公共卫生部关于依照食品药品管理局职责对有害物质进行危险分类和建立沟通制度的通报 B.E.2558（2015）；（2）标签上的活性物质名称必须用工业部有害物质清单通报 B.E.2556（2013）中规定的泰语和英语；（3）修改以前的标签要求以适应现在的情况。

2013 年 10 月，泰国工业部工业工程局修订了有害物质列表，将以前所有的有害物质列表整合成一份全面的列表；用泰语和英语指定有害物质名称。该列表由授权机构（农业部、渔业部、畜牧业发展局、食药局、工业工程局和能源事务局）确定。

2016 年 3 月，泰国工业标准院（TISI）颁布的泰国合成染料—直接染料、活性染料、硫化染料、酸性染料工业标准（TIS739－2555（2012））于 2015 年 6 月 29 日批准，在官方公报上公布后 270 天生效（2016 年 3 月 29 日）。

2016 年 12 月，泰国工业部工业建设厅修订和增补 2013 年 8 月 28 日工业部有害物质清单通报 2013 中的有害物质如下：

（1）修订了负责机构的有害物质：食品药品管理局修订了 3 种物质：清单 4.1 中 No.3（1，1，2－三氯乙烷）和 No.157（甲醇），清单 4.3 中 No.5（作为修改液或溶解修改液或干洗剂使用的家庭和公共卫生产品）—免除修改带或修改笔形式的产品；工业建设厅修订了 1 种物质：清单 5.4 中 No.6（氢氟碳化物）—从 3 类改为 1 类（不需要注册和获得许可）。

2. 增加至现行清单中的有害物质：

（2）食品药品管理局在清单 4.1No.225 中作为 4 类有害物质增加了甲醛或蚁醛（禁止作为地面、墙壁、卫生器具及其他材料的消毒剂和清洁产品使用的家庭和公共卫生产品中的活性成分）；工业建设厅在清单 5.1 中 No.489－496 增加 8 项：甲酚（1319－77－3），HFC－245eb（431－31－2），HFC－338mcc（662－35－1），HFC－338mee（377－36－6），HFC－356ffa（407－59－0），HFO－1234yf（754－12－1），HFO－1234ze（1645－83－6，29118－24－9），HFC－1336mzz－Z（692－49－9）。注意：甲酚被分类为 2 类有害物质，其余是 3 类。

5. 机动车

2012 年 10 月，泰国商务部外贸司重新定义了“旧车”感念，并禁止进口旧车车身、底盘或车盖及摩托车的车架。

2013 年 3 月，泰国商务部外贸司制定了进口新橡胶充气轮胎的认证要求和进口管理措施。

2013 年 9 月，泰国工业部国家工业标准院制定了摩托车手防护头盔的泰国工业标准，规定了类型、尺寸、组件、要求、包装、标志和标签、测试、取样以及合格评定和检测分析标准。

2013 年 10 月，泰国商务部外贸司通报了关于作为禁止进口商品的旧轮胎申请进口时，所必需提供的进口证明及符合进口到泰国的行政管理措施，明确了禁止进口的旧轮胎的类型。

2015 年 3 月，泰国制定了泰国汽车安全玻璃材料工业标准，本标准包括作为挡风玻璃和其他窗格玻璃或隔板安装在 L、M、N、O 和 T 类车辆车身的安全玻璃材料。不包括照明和光信号装置及仪表板玻璃和特殊防弹玻璃、双层玻璃。拟以此强制性标准取代原有的叠层玻璃和钢化玻璃的汽车安全玻璃测试方法。

2016 年 3 月，泰国工业标准院（TISI）提出撤销标准 TIS1040—2541（1998）二冲程汽油发动机润滑油，用强制性标准 TIS1040—25×× 代替。本标准草案仅包括道路车辆使用的二冲程汽油发动机润滑油。标准规定了质量等级、要求、包装、标志和标签、取样与合格标准及测试。

2016 年 9 月，泰国工业标准院（TISI）提出作为强制标准执行标准 TIS2718—2558（2015）机动车及挂车充气轮胎。本标准仅包括 M1、N1、O1 和 O2 类车辆的新充气轮胎。然而，不适用于古董车和赛车设备的轮胎。

2016 年 9 月，泰国工业标准院（TISI）提出作为强制标准执行标准 TIS2719—2558（2015）商用车辆及挂车充气轮胎。本标准仅包括 M2、M3、N、O3 和 O4 类车辆的新充气轮胎。然而，不适用于按速度分类速度低于 80km/h 的轮胎。

2016 年 9 月，泰国工业标准院（TISI）提出作为强制标准执行标准 TIS2720—2558(2015）摩托车和助力车充气轮胎。本标准仅包括 L1 类车辆的新充气轮胎。然而，不适用于标明“非公路使用”(NHS）的“越野”用轮胎和竞赛用轮胎。

注：L 类车辆的定义在 TIS2390 中规定。

2016 年 11 月，消费者保护委员会（OCPB）制定了摩托车标签管理规定。摩托车是受到标签管制的产品，定义和内容如下：(1)“摩托车”指引擎驱动、电动或其他动力驱动的 2 轮或 3 轮跨斗车辆。包括带发动机的自行车；(2）摩托车标签必须包含以下内容：(3）警告文字“不戴头盔可能导致死亡或残疾。不得让脚踏不到踏板的孩子驾驶摩托车”；(4）警告文字的字体不得小于 5mm，与摩托车手册背景颜色对比鲜明。警告文字还应以永久和易读的方式显示在摩托车的油箱或其他使用者能够明显看到和读到的部位。

6. 工业品注册、认证、许可

2015 年 3 月，泰国发布了关于认可质量管理系统认证的通报，泰国工业标准院（TISI）提出修订 2014 年 8 月 19 日合格评定许可规则 B.E.2557，规定了由 TISI 批准或依照多边互认协议（MLA）承认的认证机构颁布的 TIS9001 或 ISO9001 认证的认可条件。

2015 年 3 月，泰国发布了外国生产商注册规则和条件的通报，泰国工业标准院（TISI）提出修订 2014 年 8 月 19 日合格评定许可规则 B.E.2557，规定了外国生产商的注册条件。

2015 年 3 月，泰国发布了关于进口依照皇家法令符合标准的工业产品的通报，规定为销售而进口符合皇家法令标准的工业产品的生产商必须在产品进口前提交许可申请，为预先许可测试的产品样品除外。

2016.1~10 月，泰国工业部国家工业标准院多次修订关于皇家法令要求符合标准第 21 条的工业产品进口销售许可证合格评定规则和条件的通报 B.E.2558（2015）。旨在使许可证程序正确、清楚、快捷、透明、公平、高效、符合国际规范，促进核准程序。通报包括许可证合格评定规则和条件，将许可证程序分为 3 类，相关核准程序和监督制度。

7. 其他

2012 年 1 月，泰国能源部能源事务局制定了关于天然气服务站的部颁法规，规定了天然气服务站的特性和维护规则。

2012 年 4 月，泰国自然资源与环境部制定了环境影响评估报告编写要求，规定了可能会严重影响社会环境质量、自然资源和健康的项目或活动的影响评估报告的编制规则、程序、方法和原则。

2012 年 4 月，泰国商务部国内贸易司修订了重量与测量法案，要求重量和测量仪器的生产商和进口商申请型式批准。

2012 年 6 月，泰国总理办公室消费者保护理事会办公室制定了空气软枪标签标准，规定了标签的内容和文字等要求。

2012 年 5 月，泰国总理办公室消费者保护理事会办公室制定了牙刷的标签要求。

2013 年 1 月，泰国工业部国家工业标准院制定了强制执行医用氧气和医用氧化氮标准的法规，对医用氧气和医用氧化氮的要求、包装、标志和标签、取样和合格评定及检测分析等作了详尽规定。

2014 年 3 月，泰国制定了新的圆珠笔和圆珠笔芯泰国工业标准，取代原 TIS346－2552（2009）和 TIS347－2552（2009）标准。该两标准涵盖了圆珠笔和圆珠笔芯的性能和安全要求，规定了其类型、尺寸、材料、要求、包装、标志和标签、取样和合格标准，以及测试要求等。

2014 年 12 月，泰国制定了无菌药品用塑料容器的泰国工业标准，取代原 TIS531－2546（2003）标准，作为强制性标准加以实施。本标准仅适用于注射到体内的液体无菌药品用塑料容器。规定了容器的类型、材料、要求、标识和标签、取样和合格标准，以及测试要求。

2015年10月，泰国发布了关于依照烟草产品控制法在卷烟标签上显示消费烟草产品的危险和危害声明的标准、程序和条件，替代原来的B.E.2554（A.D.2011)(No.16）号通报规定。

（二）通报的主要SPS措施

1. 食品

2012年5月，泰国食药局修订了其2011年4月关于含放射污染风险食品的进口规定，对从日本遭受核泄漏污染的区域进口食品的区域限定和证明要求方面作了修订。

2012年5月，泰国食药局制定了关于人造黄油、混合物、脂肪涂抹物和混合脂肪涂抹物的新法规，撤销原B.E 2543（2000）关于人造黄油的法规，对这些产品的质量和标准作了规定。

2012年5月，泰国食药局制定了关于牛奶的新法规，撤销原B.E 2545（2002）和B.E 2547（2004）关于牛奶的法规，对牛奶的质量和标准作了规定。

2012年9月，泰国食药局制定了关于低酸食品的法规，规定了在密封容器中的低酸食品及酸化食品的生产方法、设备和储存标准和要求。

2012年10月，泰国食药局制定了一般食品的分析方法。

2012年12月，泰国食药局制定了作为食品添加剂甜菊糖的质量要求和标准。

2012年12月，泰国食药局制定了作为食品添加剂环磺酸盐的质量要求和标准。

2012年12月，泰国食药局制定了关于禁止生产、进口或销售一系列食品的规定，这些产品包括用作增甜剂的甘素，用作食品添加剂的AF2、溴酸钾，含甘素、AF2、溴酸钾或作为环拉酸及其盐成分的食品，含丁酰肼或丁二酸的食品、甜叶菊及其产品。

2013年4月，泰国食药局制定了生牛奶、牛奶、经巴氏高温消毒的使用牛奶作为原料的增香乳和其他液态奶制品卫生要求标准。

2013年4月，泰国农产品与食品标准局制定了花生仁中黄曲霉毒素的最大限量标准及其控制措施。

2013年8月，泰国食药局修订了预包装食品标签通报，规定制造、进口销售及出口的预包装食品应粘贴标签，产品标签应包括相关泰文信息。

2013年8月，泰国食药局修订了婴幼儿奶瓶及液态奶容器法规，规定用于制作婴幼儿奶瓶及其部件、液态奶容器的许可材料清单、产品一般要求和原材料的具体要求等。

2014年1月，泰国疾病控制部酒精控制委员会办公室制定有关酒精饮料控制的规定，对酒精饮料标签、程序和规则作了要求。

2014年3月，泰国农产品及食品标准院制定了速冻农产品生产行业规范。

2014 年 7 月，泰国农产品及食品标准院制定了新鲜水果二氧化硫熏蒸规范。

2015 年 3 月，泰国农产品及食品标准院制定了牛奶收集中心的良好操作规范。

2015 年 12 月，泰国食药局修订了食品添加剂的标签规定。

2016 年 1 月，泰国公共卫生部食药局修订了食品添加剂最大许可使用标准。

2. 动物及其产品

2012 年 11 月，泰国农业与合作部牲畜发展司发布了进口可能携带牛海绵状脑病的活牛及其制品的补充规定。

2014 年 12 月，农业与合作部渔业司制定水生动物出口证书规定。

2014 年 12 月，农业与合作部畜牧发展司发布了暂停进口德国、英国、荷兰活家禽及家禽胴体的指令，以防止高致病性禽流感的传入。

2015 年 12 月，卫生部修订了病原体及动物毒素法规。

2015 年 12 月，泰国食药局修订了牛海绵状脑病（BSE）风险食品的进口要求。

2016 年 2 月，泰国农业与合作部农产品与食品标准局制定了鱼类卸货场所良好卫生规范，对鱼和贝类产品卸货企业资质、设备、环境卫生、水、化学物等作了规定。

2016 年 6 月，泰国食药局再次修订了牛海绵状脑病（BSE）风险食品的进口要求，规定对 BSE 地区的风险分类严格按照 OIE 标准分为三类：（1）BSE 可忽视风险国；（2）BSE 风险控制国；（3）BSE 风险待定国。对“肉”“鲜肉”“肉制品”作了定义；规定必须符合 OIE 标准的进口要求以及入境需提交的证明文件要求。

2016 年 7 月，食药局制定了关于食品用植物、动物或动植物部分成分禁用名单的通报，列出了具体不能用于食品制作的动植物品名，防止这些产品中的天然毒素危害人体健康。

3. 水果蔬菜

2016 年 11 月，泰国农业与合作部农产品与食品标准局制定了新鲜水果标签要求。

2016 年 5 月，泰国农业与合作部农产品与食品标准局制定了蘑菇栽培实施规程，对商用蘑菇的生产、包括材料制备、纯种蘑菇培植生产及通过基质接种生产蘑菇菌种，产品分销及贮存，以生产优质蘑菇，避免生物污染。

十、越南近年通报的主要措施

越南 2012—2016 年通报的 TBT 措施共计 68 件；通报的 SPS 措施共计 72 件。

（一）通报的主要 TBT 措施

1. 食品

2012 年 8 月，越南工业与贸易部（工贸部）修订酒精饮料生产和贸易法令 Draft

Decree of alcohol production and trading，替代原来的法令 No 40/2008/ND－CP（7 April，2008），主要修改：酒精产品印花税适用于进口或国内生产的产品；酒精产品生产、批发和零售许可条件。

2013 年 1 月，越南工贸部制定了其职责权限内的国家食品安全管理通知草案，对其管辖范围产品规定了国家食品安全管理要求、程序和方法。

2013 年 1 月，越南发布了预包装食品标签管理草案，规定了预包装食品的标签要求，包括产品名称、成分、数量、有效期、建议和安全警告、责任人或组织的名称和地址、产地、标签和多媒体广告等。在越南境内从事预包装食品生产、进口和分销的本国和外国企业及个人应遵守本通知规定。

2013 年 1 月，越南发布了功能食品管理通知，规定了功能食品要求包括功能食品生产进口标签和多媒体广告在越南境内从事功能食品生产和商业活动的本国和外国企业及个人应遵守本规定。

2013 年 4 月，越南制定了直接接触食品的玻璃、瓷器或搪瓷器具及包装安全与卫生技术法规，规定了直接接触食品的玻璃、瓷器或搪瓷器具、容器及包装的质量卫生与安全管理和技术要求。

2013 年 4 月，越南制定了国家冰激凌技术法规，规定了冰激凌管理要求和质量与安全标准。

2013 年 4 月，越南制定了国家医用特殊膳食食品技术法规（一岁以上儿童），规定了医用特殊膳食食品管理要求和食品安全和质量标准。

2013 年 4 月，越南制定了国家熟火腿技术法规，规定了熟火腿管理要求和食品安全标准。

2013 年 4 月，越南制定了国家咖啡产品技术法规，规定了咖啡产品管理要求和质量与安全标准。

2014 年 8 月，越南卫生部食品管理局制定了关于食品调味剂的国家技术法规，对相关食品调味剂的要求、测试方法及管理等作了规定，涉及的食品调味剂包括：柠檬和橘子香精；桃子香精；草莓香精；椰子香精；木本香精；烟熏味香精；蘑菇香精；爆米花香精；茉莉花香精；巧克力香精；香草香精；苹果香精。

2015 年 7 月，越南制定了强化食品法令，规定了食品中强制添加的微量元素及须经微量元素强化的食品，以避免民众缺乏微量元素和恢复微量元素。须添加微量元素的食品包括：油、面、食用盐和酱油。

2015 年 10 月，越南修订及补充 2010 年 6 月 2 日卫生部通知 No.30/2010/TT－BYT 颁布的国家液态奶制品技术法规 QCVN5－1：2010/BYT 的条款，规定了液态奶制品的食品安全标准和管理要求，包括纯牛乳、鲜乳、还原乳、调制乳、复合乳、炼乳、补充植物脂肪的炼乳。修订了纯牛乳、鲜乳、还原乳、调制乳、复合乳的术语和定义。变更了附录，还修订及补充了管理液态奶制品技术法规的标签和合格声明的条款。

2016 年 8 月，越南工贸部制定了酒精贸易法令，对酒精贸易活动作出了规定，包括：酒精生产、进口、分销、批发和零售；现场消费酒精的销售。

本法令草案不适用于：①出口、为再出口临时进口、为再进口临时出口、中转、过境；②免税店销售的酒精的进口；③进口到非关税区的酒精，在非关税区内交易的酒精；在非关税区内的酒精交易活动，包括在保税仓库中的存储；④根据政府和总理的规定以行李、礼品、免税限额内的样品形式进口的酒精。

本法令草案一旦生效，将代替此前在 2012 年 8 月 1 日文件 G/TBT/N/VNM/19 和 2013 年 3 月 1 日文件 G/TBT/N/VNM/19/Add.1 中通报的关于酒精生产与贸易的 2012 年 11 月 12 日法令 No.94/2012/ND－CP。

依照法令 No.94/2012/ND－CP 颁发的执照和认证，如果仍在有效期内，不必续期。否则，依照新的法令提案必须续期。

2. 雷管、爆破机械及材料

2014 年 6 月，越南工贸部制定了 8 项国家技术法规，涉及电雷管 N°8 和普通雷管 N°8、斑彩螺炸药 AD－1、毫秒延迟电雷管和安全毫秒延迟电雷管、导爆索 12gr/m、生产乳化炸药用的硝酸铵、工业安全保险丝、电气爆破机械、爆破欧姆表；分别就相关产品的制造、进口和分销制定技术要求及其他相关要求。

2015 年 2 月，越南制定了露天采矿用的爆炸物 TNP－1 技术要求和测试方法国家技术法规，规定了露天采矿用的爆炸物 TNP－1 技术要求、测试方法和质量管理要求。

2015 年 2 月，越南制定了雷管国家技术法规，规定了雷管技术要求、测试方法和质量管理要求。

2015 年 2 月，越南制定了开采地下甲烷气矿藏使用的安全乳胶炸药国家技术法规，规定了乳胶炸药技术要求、测试方法和成分要求。

3. 车辆

2013 年 4 月，越南制定了机动车辆安全防火结构国家技术法规，规定了 TCVN 8658：201 规定的 M、M1、N、O 类车辆使用的液体燃料箱生产和进口要求。生产、组装和进口车辆及液体燃料箱的实体以及负责测试、安全质量认证、环境保护的个人和组织应遵守本规定。

2013 年 4 月，越南制定了某些类型的机动车内部结构材料防火要求的国家技术法规，规定了质量超过 5 吨、载客 22 人（包括司机）以上的非城市公交客车内部结构材料防火要求。生产、组装和进口车辆及车辆内部结构组建的实体以及负责测试、安全质量认证、环境保护的个人和组织应遵守本规定。

2014 年 5 月，越南交通部制定了汽车轻质合金车轮国家技术法规，规定了 M1 类车辆和总重量 3.5 吨以下的 N1 类车辆使用的新轻质铝合金车轮和轻质镁合金车轮（通常称为轻质车轮）（作为原装胎或备胎使用）要求。

2015 年 5 月，越南制定了电动自行车国家技术法规，规定了电动自行车技术安全要求和测试方法。本技术法规适用于从事电动自行车生产、组装、进口、检验、测试、质量管理和认证的机构、组织或个人。

2015 年 5 月，越南制定了电动摩托车、助力车电池国家技术法规，规定了电动摩托车、助力车电池技术安全要求和质量检验要求。适用于从事技术安全和质量管理、认证和测试的电池生产商、进口商及组装企业和机构。

2015 年 6 月，越南修订了摩托车和助力车安全与环保国家技术法规本技术法规草案修订和补充了 QCVN14：2011/BGTVT 的条款，规定了摩托车和助力车安全与环保检验，除用于国防与安全的产品以外。适用于生产、组装和进口车辆的厂商及从事测试、检验、质量认证、车辆安全和环保的组织和个人。

2015 年 8 月，越南制定了电动摩托车和助力车使用的电机国家技术法规，管制电动摩托车和助力车使用的电机质量检验和技术安全。适用于生产、组装和进口电动摩托车的组织和个人；生产、组装和进口电动摩托车和电动助力车的组织和个人及从事电动摩托车和助力车测试、检验、质量和安全认证的组织和个人。

2015 年 8 月，越南发布了关于常规固体废物和优惠及豁免车辆销毁管理的通知，适用于从事住宅固体废物处理、常规工业固体废物处理、在越南给予优惠权利和豁免的轿车、助力车销毁的国家管理机构、国内组织、家庭、个人或外国组织和个人。

2015 年 9 月，越南修订了关于挂车和半挂车安全的技术法规，修订和补充 QCVN11：2011/BGTVT 的条款，该法规对国家标准 TCVNNo6211“道路车辆—类型—术语和定义”中规定的挂车和半挂车的生产组装规定了技术安全和质量检验要求。

2016 年 10 月，越南交通部制定国家汽车安全玻璃技术法规 QCVN32：2016/BGTVT，规定了作为电动车辆及其挂车挡风玻璃、窗格玻璃或窗格安装的安全玻璃材料的技术要求和测试方法。本法规不涉及各类车灯、信号灯和仪表板使用的玻璃及防弹玻璃、防护玻璃及其他玻璃材料。本法规不涉及双窗口。本技术法规草案适用于生产、组装和进口安全玻璃的企业及从事安全玻璃质量安全测试、检验和认证的组织与个人。QCVN32：2016/BGTVT 代替 QCVN32：2011/BGTVT 国家汽车安全玻璃技术法规。

2016 年 10 月，越南交通部制定国家道路车辆前照灯光学特性技术法规 QCVN35：2015/BGTVT，管制道路车辆光学特性测试。适用于生产、组装、进口前照灯、汽车的企业及从事汽车质量与安全测试、检验和认证的组织与个人。该技术法规草案代替 QCVN35：2011/BGTVT 国家道路车辆前照灯光学特性技术法规。

4. 化工产品

2012 年 8 月，越南科学技术部标准质量局修订国家汽油、柴油和生物燃料技术法规，主要涉及无铅汽油的判定：按规定的检测方法未检出酮，甲醇和水，符合 QCVN1：2009/BKHCN 标准。

2014 年 8 月，越南卫生部食品管理局制定了关于加工助剂的国家技术法规，对加工助剂的要求、测试方法及管理作了规定，涉及的加工助剂包括：①酶固定剂和维持剂；②微生物控制剂；③润滑剂、脱模剂和抗粘附剂，成型助剂；④催化剂；⑤包装气体；⑥锅炉用水添加剂；⑦溶剂、抽出物和加工；⑧澄清剂 / 助滤剂；⑨离子交换树脂、膜和分子筛；⑩清洗和脱皮剂。

2015 年 1 月，越南制定了关于驱蚊用超低容量喷雾杀虫剂、驱蚊霜、电蚊香片汽化器检验的国家技术法规，规定了该 3 种产品在越南获得销售授权的检验程序。

2015 年 3 月，越南发布了关于油气贸易中测量和质量的通知，规范管理越南油气贸易中的测量和质量。

2015 年 8 月，越南制定了关于危险化学品生产、贸易、使用、装卸和运输过程中的职业安全与健康的国家技术法规，适用于危险化学品，包括：依照该法规附录 A、B 和 C 中的风险指数确定的普通危险化学品、易燃和易爆化学品，包括植物保护化学品。该技术法规不适用于炸药和放射性材料。适用于从事上述化学品生产、贸易、使用、存储和运输的机构、组织和个人，及其他相关国家管理机构、组织和个人。

2016 年 3 月，越南卫生部制定了家用及医疗用化学品、杀虫剂和消毒剂管理法令，规定了家用及医疗用化学品、杀虫剂和消毒剂管理要求，包括生产条件；及化学品、杀虫剂和消毒剂的销售授权和出口与进口。此外，根据法令草案，化学品、杀虫剂和消毒剂的标签、包装和运输应分别满足第 28 条化学品、杀虫剂和消毒剂标签及第 29 条化学品、杀虫剂和消毒剂包装及第 30 条化学品、杀虫剂和消毒剂运输规定的具体要求。

2016 年 9 月，越南工贸部制定了国家无机肥料质量技术法规，涉及的产品范围：① 聚磷酸盐肥料；② 氯化铵肥料；③ 硫酸铵肥料；④ 硝酸钙肥料；⑤ 磷酸二铵肥料；⑥ 氯化钾肥料；⑦ 硝酸钾肥料；⑧ 硫酸钾肥料；⑨ 钙镁磷肥料；⑩ 硫酸钾镁肥料；⑪ 磷酸一铵肥料；⑫ 单磷酸钾肥料；⑬ 硝酸钠肥料；⑭ 硝酸磷肥料；⑮ 粒状过磷酸钙肥料；⑯ 富磷酸盐肥料；⑰ 富过磷酸钙肥料；⑱ 尿素肥料。规定了无机肥料技术要求、测试方法和其他要求。这些技术法规适用于所有在越南从事无机肥料活动的组织和个人，越南作为成员或缔约方的国际条约管辖的情况除外。

5. 钢材及建筑材料

2013 年 6 月，越南发布了关于规范国产和进口的钢铁质量管理的工贸部和科学技术部联合部颁通告，通告规定了国产和进口钢铁的质量管理以及对钢铁产品控制的程序和方法指南。生产和进口属于本通告钢铁产品列表的钢铁的实体、主管部门、制定和认可的合格评定机构，以及其他相关的个人和团体应当遵守本规定。

2013 年 12 月，越南制定了国家钢铁生产工艺和设备技术法规，规定了新钢铁生产厂建设工艺和设备要求，包括焦炉、烧结厂、鼓风炉、基本氧炉、电弧炉和轧钢厂。新钢铁厂必须确保工艺先进、节能和环境友好，逐步替代小规模落后钢铁厂。

2015 年 6 月，越南发布了关于建筑材料产品、商品的国家技术法规 QCVN16：2014/BXD，代替原来的国家技术法规 QCVN16：2011/BXD。规定了法规第 2 部分列出的国产、进口及在越南上市的建筑材料产品、商品必须遵守的技术要求。

2015 年 8 月，越南制定了关于建筑管理的法令，管制建筑材料领域里的活动，包括：建筑材料发展规划、矿产建筑材料生产规划、建筑材料投资和生产活动、质量管理、建筑材料贸易。对于金属建筑材料和非矿产建筑材料，本法令仅管制质量和贸易。适用于在越南建筑材料领域从事运营的国家管理机构、国内和国外组织及个人。

6. 医疗器械

2016 年 5 月，越南卫生部制定了国家高频手术设备基本安全技术法规，本法规适用于在越南生产、进口、出口和使用医疗高频手术设备的机构、组织和个人。法规规定了医疗高频手术设备安全要求。法规不适用于额定输出功率低于 50W 的设备。

2016 年 5 月，越南卫生部制定了国家婴儿保育箱基本安全技术法规，本法规适用于在越南生产、出口、进口和使用医疗婴儿保育箱的机构、组织和个人。本法规规定了医疗婴儿保育箱的安全要求和某些参数精度限值。法规不适用于用来移动婴儿的移动保育箱。

2016 年 5 月，越南卫生部制定了国家刚性内窥镜设备基本安全技术法规，本法规适用于在越南生产、出口、进口和使用医疗内窥镜设备的机构、组织和个人。本法规规定了医疗内窥镜设备和与内窥镜设备一起使用或单独使用的封闭部分安全要求。

7. 环境保护

2015 年 8 月，越南发布了作为生产材料使用的进口拆解废料及进口拆解旧船环境保护通知，适用于直接进口外国拆解废料作为生产材料使用的组织和个人；测试作为生产材料使用的进口拆解废料的组织和个人，被授权进口外国拆解废料作为生产材料使用的组织和个人；监管机关，及作为生产材料使用的进口拆解废料相关管理单位。本通知也适用于旧船进口和拆解相关监管机关、组织和个人。

2015 年 8 月，越南发布了环境管理系统、环境友好设施、环境友好产品检验命令和程序通知，包括：环境管理系统检验样本报告、命令和程序；环境友好设施生态标签认证命令和程序；越南环境友好产品绿色标签认证命令和程序。适用于从事法令

No.19/2015/ND－CP 附录Ⅱ列出的生产、经营、服务设施（以下称为设施）的环境管理系统检验活动的机构、组织和个人。也适用于从事环境友好设施生态标签认证和越南环境友好产品绿色标签认证的机构、组织和个人。

2015 年 8 月，越南制定了住宅固体废物焚烧炉国家技术法规，规定了住宅固体废物焚烧炉技术与环境要求。适用于在越南从事生产、进口、销售（分销）、使用住宅固体废物焚烧炉的组织和个人；规定了环境管理机关；取样与分析单位及相关组织和个人。

8. 产品标签管理

2013 年 1 月，越南卫生部和工贸部发布了关于在烟草制品包装上的标签和健康警告印刷的联合部颁通告。2012 年 6 月 18 日，国民大会发布了《烟草控制法》，这是关于在越南烟草控制工作的第一份和综合的法律文件。依照法律的第 15 条，在国内生产或进口到越南供消费的烟草制品应当标识和印刷健康警告。卫生部长负有主要责任，并且协同工贸部长发布关于该主题的细则。本通告管理在越南生产和进口到越南供消费的烟草包装上的标签和健康警告的印刷。在越南境内从事和参与烟草制品业务的国内外实体应当遵守本规定。

2016 年 6 月，越南科学技术部修订和补充 2006 年 8 月 30 日关于商品标签管理的法令 No.80/2006/ND－CP 的条款的法令，涉及：第 1 条法规范围；第 3 条术语定义；第 5 条强制标签；第 6 条标签位置；第 7 条标签尺寸；第 10 条商品标签的责任；第 11 条商品标签必须显示的内容；第 12a 条（补充）商品标签分类；第 13 条商品名称；第 14 条商品负责机构和个人的名称与地址；第 16 条生产日期、有效期、保持期；第 17 条商品原产地；第 19 条规范、信息、警告、卫生、安全；第 20a 条（补充）补充标签；第 20b 条（补充）区分包含商品的商业包装和非商业包装；第 24 条（撤销）；第 25 条处理商品标签违法行为；

以下商品排除在本法令草案的适用范围之外：①房地产；②为再出口暂时进口的商品，为交易会和展销会暂时进口随后再出口的商品，转口商品，转运商品；③礼品，移民或侨民的行李，流动资产。

2016 年 9 月，越南科学技术部修订了关于商品标签管理的法令，内容简述：本法令草案代替 2006 年 8 月 30 日关于商品标签管理的法令 No.89/2006/ND－CP。

以下商品排除在本法令草案的适用范围之外：

（1）房地产；

（2）为再出口而临时进口的商品，为交易会与展销会而临时进口随后再出口的产品，转口商品，转运商品；

（3）礼品，移民或侨民的行李，流动资产；

（4）拍卖的罚没商品；

（5）新鲜食品，直接销售的未包装加工食品；

（6）作为燃料、原材料（农产品、海产品、矿产品）、建筑材料（砖、瓦、石灰、沙子、石头、砾石、水泥、肥土、砂浆、商品混凝土）、废料（生产、经营）使用的未包装直接销售商品；

（7）无商业包装、在运输过程中装在容器、水箱中的石油产品、液化石油气、液体、散装水泥；

（8）旧商品。

出口商品依照商品销售合同标明。

对安全、国防领域商品，放射性材料、为克服自然灾害和传染病在紧急情况下使用的商品，铁路、水路和空中载具没有具体规定。对于上述不同情况，与科学技术部达成协议后，相关管理部门应管理其负责商品的标签。

9. 纸制品

2015 年 1 月，越南制定了国家卫生纸技术法规，规定了卫生纸技术标准、安全标准和质量管理要求。

2015 年 1 月，越南制定了国家餐巾纸技术法规，规定了餐巾纸技术标准、安全标准和质量管理要求。

10. 其他

2015 年 1 月，越南制定了背包式喷雾器国家技术法规，规定了该产品的技术要求，以确保操作者通过肩部和背部背带携带的独立式农药喷雾设备安全，喷雾设备液体压力由液体泵或空气压缩泵产生，用于喷射液体化学物质和动植物培育保护目的的生物产品。

2015 年 8 月，越南国家文化、体育与旅游部制定了国家电影院技术法规，对使用 35M 胶片、数字投影机、HD 银幕、济宽银幕和所有类型银幕及声音格式、不同图像的电影院的设计、建造或改造规定了要求。

2015 年 6 月，越南发布了关于越南认可机构的建立和运营及认可活动管理的通知，管辖越南认可机构的组织和运营及认可活动管理。

2015 年 8 月，越南制定了关于无机房电动升降机安全工作的国家技术法规，适用于严格安装、用于运送人员或人员携带的产品的无机房电动升降机。本法规适用于生产、进口、使用电动升降机的组织和个人，及其他相关国家管理机构、组织和个人。

2015 年 10 月，越南颁布了指定由卫生部管理的可能不安全的产品和商品清单通知，指定由卫生部管理的可能不安全的产品和商品清单，包括 6 组产品和商品：①成品药、疫苗、治疗用生物制品；②制作药品、药物、胶囊、直接与药品接触的包装使用的成分；③医疗设备；④家庭及医疗用杀虫消毒化学品和制剂；⑤家庭用化学品和制剂；⑥传统药物设备。

2016 年 7 月，越南信息与通信部发布关于 2015 年 6 月 17 日通知 No.16/2015/TT—BTTTT 的修订和补充通知草案，旨在防止商业欺诈和保护消费者权益，内容如下：修订和补充通知 No.16/2015/TT—BTTTT 第 5 条“第 5 条　印刷领域进口商品”；颁布附录Ⅰ和附录Ⅱ以代替通知 No.16/2015/TT—BTTTT 附录Ⅰ和附录Ⅱ。

2016 年 10 月，越南信息与通信部修订规定 2014 年 3 月 19 日 No.05/2014/TT—BTTTT 属于信息和通信部管理职责范围内的潜在不安全产品和商品清单的通知。

（二）通报的主要 SPS 措施

1. 食品

2012 年 4 月，越南卫生部制定了食品安全法某些条款的执行法令，涉及：一般规定；符合食品安全法规技术要求；确保转基因食品安全；批准和撤销食品安全合格条件认证；进口和出口食品安全状态检查；食品标签；食品安全状态管理责任分配；特殊食品安全检查。

2012 年 7 月，越南卫生部食品管理司发布通告，撤销对 2007 年 12 月 19 日卫生部 46/2007QD—BYT 号决定规定的食品莱克多巴胺最大残留限量的控制。

2012 年 11 月，越南卫生部管理司制定了预包装食品标签指导草案，主要内容：一般食品标签的要求内容和标注方法；零售食品添加剂、基因食品、辐照处理食品等产品的要求；营养标签及其他标签的标注方法等。

2012 年 11 月，越南卫生部管理司制定了有关直接接触食品的玻璃和陶瓷包装材料卫生国家技术法规，对直接接触食品的玻璃和陶瓷包装材料要求、测试方法和管理进行了规定。

2012 年 12 月，越南工贸部科技司制定了进口食品的国家食品安全检验管理办法，对进口食品的国家食品安全检验程序作出规定，具体包括：进口食品的检查方式、内容、手续、权限和职责等。涉及的产品：酒精；啤酒；软饮料；加工乳；植物油；面粉、淀粉加工制品；糕点；果酱；糖果和上述产品的包装材料。

2013 年 1 月，越南卫生部食品安全司制定了功能食品管理指导，内容涉及功能食品范围、适用对象、术语解释及鉴定的条件、有效性数据、功能标识食品、功能食品生产、贸易、流通、广告宣传的条件、不安全功能食品的召回条件等。

2013 年 1 月，越南卫生部食品管理司制定了食品类兽药最大残留限量的通告，内容涉及食品类兽药的范围、适用对象、术语解释及最大残留限量。

2013 年 4 月，越南卫生部食品管理局制定了有关熟火腿的国家技术法规规定了越

南境内熟火腿的要求及食品安全标准（重复通报）

2013 年 4 月，越南卫生部食品管理司制定了国家医用特殊膳食食品技术法规（1 岁以上儿童），规定了医用特殊膳食食品管理要求和食品安全和质量标准。

2013 年 4 月，越南卫生部制定了咖啡和冰淇淋的相关国家技术法规。

2014 年 5 月，越南卫生部食品管理局制定了有关食品添加剂法规，内容涉及食品添加剂的范围、应用和限制标准。

2014 年 5 月，越南卫生部食品管理局制定了有关食品中杀虫剂的法规，内容涉及食品类杀虫剂的最大残留限量。

2014 年 7 月，越南卫生部食品管理局制定了有关食品调味剂的法规，内容涉及柠檬味、橙味、桃子味、草莓味、椰子味、烟熏味、磨菇味、爆米花味、茉莉花味、巧克力味、香草味、苹果味等有关食品调味剂的测试方法及管理规定。

2014 年 7 月，越南卫生部食品管理局制定了有加工助剂的法规，内容涉及固酶剂、辅助剂、微生物控制剂、润滑剂、脱膜剂、防粘剂、模塑剂、催化剂、包装充气、锅炉水添加剂、溶剂、萃取物及加工澄清剂、过滤剂、离子交换树脂、膜及分子筛、洗涤和去皮剂等有关加工助剂的测试方法及管理规定。

2014 年 7 月，越南农业与农村发展部国家农林渔业质量保证司制定了进口植物源性食品的食品安全控制法规，对向越南出口前出口国的注册程序、现场检验程序及进口到越南的植物源性食品货物检验程序进行了规定。

2015 年 4 月，越南卫生部食品管理局制定了有关食品中添加微量营养的法规，公布了食品中添加微量营养物的名单。

2015 年 7 月，越南卫生部食品管理局制定了进出口食品检验法规，内容涉及进出口食品检验方法、检验机构、检验程序、检验费用及检验机构的职责等。

2015 年 7 月，越南卫生部食品管理局制定了强化食品指令，内容包括微量营养补充、食品强化以及执行食品中营养强化的措施，以防止因微量营养缺乏引发的公众健康风险的措施。

2015 年 7 月，越南卫生部食品管理局修订了液态乳制品法规，明确了液态乳制品分类定义以及食品安全标准。

2016 年 4 月，越南卫生部食品管理局发布了关于规范食品加工、销售、广告及检测条件的通报，同时指定进行合格认证的组织，开展对卫生部负责的进口食品的食品安全国家检验。

2. 动物及其产品

2012 年 7 月，越南农业与农村发展部动物卫生司制定了运输陆生动物及动物制品的检验检疫程序，内容包括进出口检验检疫程序，过境检验检疫程序，发送、接受动物制品病原菌样本程序，以及检验检疫适用文件的形式和格式等。

2014年2月，越南农业与农村发展部科技环境司制定了作为食品出口越南的活水产品风险评估及管理相关法规，规定了作为食品进口的活水产品风险评估的内容和程序，规定了作为食品出口越南活水产品的进口、过境和贸易的风险管理法规。

2014年4月，越南农业与农村发展部植物保护司发布了进口越南前需接受有害生物风险分析的监管产品法规，规定了需要监管植物及植物产品以及出口越南前应接受有害生物风险分析的监管产品。

2014年8月，越南农业与农村发展部动物健康司制定了动物兽医法，规定了防治和根除动物疫病、动物检疫、兽医卫生检验、兽药管理及其他相关活动的法律框架。

2014年10月，越南农业与农村发展部动物健康司制定了水生动物以及水生动物产品检疫程序法规，规定了水生动物及其产品国内消费、进出口及经越南过境的法律规定及相关程序。

2015年4月，越南农业与农村发展部动物健康司制定了陆生动物以及动物产品检验检疫和兽医卫生检验有关法规，内容涉及国产、进口、出口、过境、展览用陆生动物及动物产品的检疫；兽医卫生检验操作规程；陆生动物及动物产品检验检疫和兽医卫生检验的卷宗要求。

2016年1月，越南农业与农村发展部制定了兽医法执行指南，指导该法的实施和操作。

2016年5月，越南农业与农村发展部动物卫生司制定陆生动物及陆生动物产品检疫法规，作为《兽医法》的执行指南，适用于从事以下陆生动物及陆生动物产品方面业务的所有国际和国内组织及个人：生产、贸易、省际运输；进出口、以复出口为目的的临时进口、以复进口为目的的临时出口；及经各边境、保税仓库再过境及经越南过境。

2016年5月，越南农业与农村发展部动物卫生司制定水生动物及水产品检疫法规，作为《兽医法》的执行指南，适用于从事以下水生动物及水产品方面业务的所有国际和国内组织及个人。生产、贸易、省际运输；进出口、以复出口为目的的临时进口、以复进口为目的的临时出口；及经各边境、保税仓库再过境及经越南过境。

2016年6月，越南农业与农村发展部畜牧生产司制定牛精液国家技术法规，包括一般项目要求、质量、标签、储存、运输、检测方法技术要求、登记与个体繁殖检测相关法规。

3. 动物饲料、兽药

2013年7月，越南农业与农村发展部制定了动物饲料的国家技术法规——浓缩牛饲料中霉菌毒素、重金属及微生物的最大限量。规定了浓缩牛饲料中霉菌毒素（黄曲霉毒素B_1、黄曲霉毒素总量、重金属（砷、镉、铅、汞）以及微生物（所有细菌、大肠菌群、金黄色葡萄球菌、梭状芽孢杆菌、产气荚膜梭菌、大肠杆菌、沙门氏菌的最大限量。

2013年7月，越南农业与农村发展部制定了动物饲料的国家技术法规——鸡、鹌鹑、猪、鸭的全价及浓缩饲料中霉菌毒素、重金属及微生物的最大限量。规定了鸡、鹌鹑、猪、鸭的全价及浓缩饲料中霉菌毒素（黄曲霉毒素B_1、黄曲霉毒素总量、重金属（砷、镉、铅、汞）以及微生物（所有细菌、大肠菌群、金黄色葡萄球菌、梭状芽孢杆菌、产气荚膜梭菌、大肠杆菌、沙门氏菌）的最大限量。

2014年12月，越南农业与农村发展部动物健康司制定了兽药的测试、试验和质量控制法规，对兽药、疫苗、生物制品、微生物、兽医化学品和用于生产兽药的材料的条件、程序、测试过程、试验和质量控制等方面进行了规定。

2015年4月，越南与农村发展部制定了抗生素使用名录，对促进越南牲畜生长，防止球虫病产生的18种饲料用抗生素名单和剂量进行了规定。

2016年4月，越南农业与农村发展部制定了兽药管理监管通知，详细说明兽药标签、测试、生产、制造、销售、进口、流通及质量控制的相关法规。本通知适用于越南国内及海外组织、家庭及个人、从事或与兽药标签、测试、生产、制造、销售、进口、流通及质量控制活动相关的或标签、测试、生产、制造、销售、进口、流通及质量控制内容相关外国组织和个人。

2016年4月，越南农业与农村发展部制定了准许和禁止在越南境内流通的兽药名单通知，详细说明准许和禁止在越南境内流通的兽药名单。

本通知将替代关于准许越南境内流通兽药名单的2009年3月17日第15/2009/TT−BNN号通知、2009年6月4日第29/2009/TT−BNN号通知、2010年4月2日第20/2010/TT−BNNPTNT号通知、2012年1月16日第03/2012/TT_BNNPTNT号通知、2012年6月22日第25/2012/TT_BNNPTNT号通知及2013年5月31日第28/2013/TT−BNNPTNT号通知。

2016年5月，越南农业与农村发展部畜牧生产司制定国家动物及水产饲料管理指令，涉及动物及水产饲料产品贸易、检测、注册、检验和广告宣传。

2016年9月，越南卫生部食品管理局修改食品内兽药的最大残留限量（MRLs）（2015年7月更新版）；将越南兽医、渔业及牲畜禁用的兽药纳入兽药名单，其在食品中的最大许可限量（MRLs）是零限量。

2016年10月，越南农业与农村发展部畜牧生产司制定牲畜饲料内的有害物质最大限量国家技术法规，牲畜饲料内霉菌毒素（黄曲霉毒素B_1，所有黄曲霉毒素）、重金属（砷、镉、铅、汞）、微生物［霉菌、大肠杆菌（Escherichiacoli）及沙门氏菌］及其他有害物质（HCN，N−NH3…）最大限量的技术法规草案。法规应适用于从事牲畜饲料贸易和检验程序或相关活动的国内组织和个人、越侨，外国组织和个人。

2016 年 11 月，越南农业与农村发展部动物卫生司制定兽药技术要求，规定兽药质量的一般技术要求。本法规将适用于从事兽药使用或相关业务的国内组织及个人、越侨、外国组织及个人。

2016 年 11 月，越南农业与农村发展部畜牧生产司制定关于牲畜补充饲料及饲料添加剂内霉菌毒素［黄曲霉毒素 B_1（AflatoxinB_1）］、重金属（砷、镉、铅、汞、氟）及微生物（大肠杆菌及沙门氏菌）最大限量的技术法规。该法规适用于从事动物饲料贸易活动和检验程序的国内组织和个人、越侨、外国组织和个人。

2016 年 12 月，越南农业与农村发展部畜牧生产司发布越南禁止牲畜饲料进口、生产、出售及使用抗生物质附加名单。将半胱胺（Cysteamine）纳入牲畜饲料添加剂可使用抗生物质的禁止名单。

4. 植物及其产品

2012 年 5 月，越南农业与农村发展部植物保护司发布了进出口、临时出口再进口、临时进口和转口、过境的植物检疫监管商品名单。

2012 年 5 月，越南农业与农村发展部植物保护司发布了进口前须进行有害生物风险分析（PRA）的监管商品名单，并对须进行 PRA 的情况作出规定。

2012 年 7 月，越南农业与农村发展部植物保护司制定了杀虫剂管理法规，对杀虫剂产品的注册、生产、加工、包装、出口、进口、贸易、保存、运输、使用、处理、标签、研讨会、宣传、生物有效性测试及杀虫剂质量及残留物检验、合格证书及技术申报等内容作出规定。

2012 年 10 月，越南农业与农村发展部植物保护司修订了进口植物源性食品的安全管理通告

2012 年 12 月，越南农业与农村发展部植物保护司发布了转基因植物、用于动物饲料的转基因植物以及转基因植物派生产品证书签发、更新和撤销规定的通告，对全谷类、细粮、加工谷制品等用作动物饲料条件的转基因植物和转基因植物产品证书签发、更新和撤销事宜作出明确规定，并对上述产品的风险评估和风险管理进行规范。

2013 年 9 月，越南农业与农村发展部科技环境司发布了有关拟用作食品和饲料转基因植物证书批准签发和撤销程序的通知，规定了转基因植物的批准程序，包括证书签发和撤销的法令及程序。

2013 年 1 月，越南农业与农村发展部制定了植物保护检疫法，规定了植物保护及检疫活动（包括控制和预防植物有害生物）、国家植物保护、检疫和杀虫剂管理的法律框架。

2014 年 5 月，越南农业与农村发展部植物保护司颁布越南进口前的植物及植物源

性产品有害生物风险分析程序，规定了向越南进口植物及植物源性产品前的有害生物风险分析程序。

2014 年 8 月，越南农业与农村发展部植物保护司制定了有关杀虫剂管理的法规，对越南杀虫剂的管理包括登记、实地试验、制造、贸易、进出口、质量控制、合格认证、合格通知、储存、运输、使用、标签、包装、广告、回收以及杀虫剂处理等多方面进行了规定。

附录 4

东盟各国技术性贸易措施相关的法律法规一览表

国家	法律法规名称	涉及领域
文莱	《动物检疫及疾病防控规定》	动植物检疫
	《农药害虫与有害植物法》(1984 年修订)	
	《渔业法》	
	《清真肉类法》	
	《植物品种保护条例》(2016 年)	
	《检疫与预防疾病法》	国境卫生检疫
	《疾病预防和检疫法规》(1997 年修订)	
	《公共卫生(食品)法》(2012 年修订)	食品安全
	《公共卫生管理条例(食品)》	
	《有毒物质法》	其他
	《海关法》	
	《市政管理委员会法》	
	《综合许可法》	
	《传染病》(2003 年令)	
	《清真食品认证和清真标签》(2005 年令)	
	《商品商标法》	
	《清真药品指南》	
	《清真食品标准 PBD24:2007 第一版》	
柬埔寨	《农用物资标准与管理令》(1998 年)	动植物检疫
	《森林法》(2002 年)	
	《渔业法》(2006 年)	
	《植物检疫法》(2003 年)	
	《动物和动物产品卫生检疫法》(2002 年)	
	《植物检疫次法令》(2003 年第 15 号令)	
	《入境点预防和应对公共卫生突发事件的卫生措施》(2015 年第 129 号次级法令)	国境卫生检疫
	《商品质量与安全法》	进出口商品检验
	《食品质量安全管理法》(2000 年)	食品安全检验

续表

国家	法律法规名称	涉及领域
老挝	《畜牧生产法和兽医法》	动植物检疫
	《森林法》(1996年)	
	《植物检疫法》	
	《植物检疫条例》(1993年)	
	《植物保护法》(2008年)	
	《植物检疫条例实施细则》	
	《进境植物检疫要求》	
	《进境植物检疫性有害生物名单》	
	《水产养殖和野生动物法》	
	《畜牧兽医法》	
	《农业法》(1998年)	
	《国家兽医法》	
	《关于老挝人民民主共和国植物工作的命令》	
	《健康卫生疾病预防促进法》	国境卫生检疫
	《卫生保健法》	
	《卫生防疫健康法》(2011年修订)	
	《检验法》	进口商品检验
	《食品法》(2004年)	食品安全检验
	《安全食品生产和进出口控制条例》	
	《瓶装饮用水条例》	
	《饮用水和家庭用水标准决议》	
	《海关法》	其他
	《劳动法》	
	《商业法》	
	《环境保护法》	
	《水与水资源法》	
	《工业加工法》	
	《老挝出口和进口条例》	

续表

国家	法律法规名称	涉及领域
马来西亚	《动物法》(2006 年修订)	动植物检疫
	《农药法》(1974 年)	
	《植物检疫法》(1994 年修订)	
	《植物检疫条例》(1981 年)	
	《渔业法》(1985 年)	
	《检验检疫法》(2011 年修订)	
	《保护植物新品种法》	
	《检验检疫条例》(2013 年)	
	《国际濒危物种贸易法案》	
	《动物管理条例》	
	《农药使用指南》	
	《病媒昆虫灭除法》	
	《检验检疫法》	
	《动物条例》	
	《联邦动物检疫站(管理和维持)法规》	
	《沙巴动物条例》(1962 年)	
	《害虫法》	
	《联邦农业营销机构规定》(1965 年)	
	《联邦农业营销机构条例》(1975 年)	
	《联邦农业营销权威法案》(1965 年)	
	《动物进口指令》	
	《沙拉越兽医健康指令》	
	《农药注册管理规定》	
	《预防和控制传染病(人体,人体组织和致病生物和物质的进出口)条例》	国境卫生检疫
	《预防控制传染病法》(1998 年)	
	《尸体出境指南》(2006 年)	
	《尸体入境指南》(2006 年)	
	《灭虫病虫害法》(1977 年)	
	《入境(健康宣言)规例》(2003 年)	

续表

国家	法律法规名称	涉及领域
马来西亚	《食品辐照条例》	食品安全检验
	《食品法》	
	《食品条例》(1985年)	
	《食品卫生条例》(2009年)	
	《食品进口条例》	
	《转基因食品条例》	
	《食品实施管理条例》(1985年)	
	《马来西亚检验检疫条例》(2013年)	进口商品检验
	《电力供应法》(1990年)	
	《电器设备批准条例》(1994年)	
	《海关法》	其他
	《海关进口管制条例》	
	《海关出口管制条例》	
	《海关估价规定》	
	《反补贴和反倾销法》	
	《反补贴和反倾销实施条例》	
	《护照法》(1966年法律第150号)	
	《保障措施法》(2006年)	
	《地理标志法》	
	《外汇管理法令》	
	《标准法》(1996年)	
	《马来西亚标准法案》(549法案)	
	《植物源有机食品的生产、加工、标签和销售》(MS1529—2001)	
	《伊斯兰教肉食品牲畜屠宰和储藏通则》	
	《道路交通法案》(1987年)	
	《认证通信产品自贴标签(SL)认证标志指南(第2版)》	
	《环境质量法》(1974年)	
	《商品说明法令》	

续表

国家	法律法规名称	涉及领域
缅甸	《饲料法规》(2011 年)	动植物检疫
	《饲料法案》(2009 年)	
	《动物卫生和发展法》(1999 年修订)	
	《海洋渔业法》	
	《植物病虫害检疫法》(1993 年)	
	《进境植物检疫要求》	
	《水产养殖法》	
	《农药法》	
	《缅甸海洋渔业法》(1990 年)	
	《缅甸水产养殖法》	
	《缅甸海洋渔业法》	
	《缅甸水产养殖法》	
	《缅甸植物细菌防疫法》	
	《缅甸植物检疫法》	
	《传染病防治法》(2011 年修订)	国境卫生检疫
	《传染病预防和控制法》(2011 年修订)	
	《公共卫生法》	
	《血及血制品法》	
	《国家食品法》(1997 年)	食品安全检验
	《缅甸联邦贸易部关于进出口商必须遵守和了解的有关规定》(1989 年)	其他
	《缅甸联邦进出口贸易(临时)管理法》(1947 年)	
	《缅甸联邦关于边境贸易的规定》(1991 年)	
	《缅甸联邦进出口贸易实施细则》(1992 年)	
	《缅甸联邦进出口贸易修正法》(1992 年)	
	《缅甸联邦对从事进出口贸易的最新规定》	
	《缅甸工业标准化法》(2007 年)	

续表

国家	法律法规名称	涉及领域
菲律宾	《农业及渔业现代化法案》(1997 年)	动植物检疫
	《渔业法则》(1998 年)	
	《植物检疫法》(1978 年)	
	《农业部植物产业局检疫管理条例 1 号》(1981 年)	
	《国际贸易中木质包装材料管理指南》(2004 年)	
	《关于进出口经辐照的植物、植物产品及辐照处理法规》(2006 年)	
	《向菲律宾出口肉及肉类品的进境前措施》(2006 年)	食品安全检验
	《菲律宾的肉类及肉制品进口管理条例》(2005 年)	
	《菲律宾进口肉类及肉制品管理的修订法规、条例及标准规程》(2005 年)	
	菲律宾农渔产品的强制性认证要求	
	菲律宾肉类标签指引	
	菲律宾肉类检验法典	
	菲律宾肉类检验法典 — 修订	
	菲律宾肉类检验法典实施条例	
	菲律宾肉类相关方的认证注册和许可	
	菲律宾肉制品进口要求和程序	
	菲律宾上市冻肉的卫生要求	
	菲律宾上市鲜肉的卫生要求	
	菲律宾有机农业法	
	菲律宾食品安全法	
	菲律宾食品安全法实施条例	
	菲律宾屠宰食用动物的人道要求	
	《食品、药品、医疗器械及化妆品法》	
	《检疫法实施细则》(2004 年)	动植物、国境卫生检疫
	《检疫法》(共和国法案第 9271 号)(2004 年)	

续表

国家	法律法规名称	涉及领域
菲律宾	《海关法》	其他
	《出口发展法》	
	《反倾销法》	
	《反补贴法》	
	《保障措施法》	
新加坡	《新加坡动物条例》	动植物检疫
	《农产品兽医法》	
	《饲料法》(2000年修订)	
	《鱼及肉制品健康法》(2000年修订)	
	《渔业法》(2002年修订)	
	《植物管理法》(2000年修订)	
	《植物控制条例》(2000年修订)	
	《饲料管理规定》	
	《饲料违规处罚规定》	
	《野生动物法》	
	《渔业管理规定》	
	《新加坡渔业条例》	
	《新加坡肉类和鱼产品卫生法》	
	《新加坡肉类和鱼产品卫生条例》	
	《传染病防治法》(2008年修订)	卫生检疫
	《食品销售法》(2002年修订)	食品安全检验
	《食品法规》	
	《商品对外贸易法》	其他
	《进出口管理办法》	
	《商品服务税法》	
	《消费者保护法规》(2004年)	
	《节约能源法案》(2013年)	
	《海关法》	

续表

国家	法律法规名称	涉及领域
泰国	《进境植物检疫要求》	动植物检疫
	《渔业法》(1985 年修订)	
	《动物传染病法》(1999 年修订)	
	《植物检疫法》(1964 年)	
	《植物检疫进口条例》	
	《禁止进境的植物有害生物》(2007 年)	
	《植物种类保护法》(1999 年)	
	《动物饲料质量管理法》	
	《动物流行病法》	
	《传染病法》	国境卫生检疫
	《工业产品标准法》(1992 年修订)	进口商品检验
	《进出口商品法》(1979 年)	
	《出口商品促进法》(1960 年)	
	《部分商品出口管理条例》(1973 年)	
	《出口商品标准法》(1979 年)	
	《食品法》(1979 年)	食品安全检验
	《海关法》(2000 年)	其他
	《进口激增保障措施法》(2007 年)	
	《反倾销反补贴法》(1999 年)	
	《药品法》(1967 年)	
	《精神类物质法》(1975 年)	
	《麻醉品法》(1979 年)	
	《医疗器械法》(1988 年)	
	《防止滥用挥发性物质法》(1990 年)	
	《化妆品法》(1992 年)	
	《危险物质法》(1992 年)	

续表

国家	法律法规名称	涉及领域
越南	《兽医法》(2015年)	动植物检疫
	《渔业法》(2003年)	
	《植物保护和检疫法》(2013年)	
	《植物检疫条例》	
	《进境植物检疫要求》	
	《进境植物检疫性有害生物名单》	
	《引进植物品种和有益生物的植物检疫规定》(2002年)	
	《植物检疫对象名录》(2005年)	
	《关于发布〈越南社会主义共和国应检物名录〉的决议》(2005年)	
	《发布进口越南之前应进行植物检疫及有害生物风险分析的应检物名录的决议》(2007年)	
	《动物及动物产品的检疫、屠宰控制及兽医卫生检验法》(1993年)	
	《关于动植物及水生产品进出口的检疫监督联合发文》	
	《保护国内改进新植物品种法令》	
	《越南边境管控法实施办法》(2014年)	国境卫生检疫监管
	《外国人在越南出、入境、居住法》	
	《关于越南卫生检疫规程指南的通知》	
	《国境卫生检疫条例》(1998年)	
	《传染病防治法》(2007年)	
	《检疫隔离规程》(2010年)	
	《传染病疫情发现报告规程》(2010年)	
	《卫生检疫法》(2010年)	
	《边境交通工具检疫程序》(1998年)	
	《越南传染病报告制度》	
	《中越边境检疫协定》(2004年)	

续表

国家	法律法规名称	涉及领域
越南	《商品质量法》(2008年)	进口商品检验
	《越南商检法规》	
	《对进出口商品品质进行国家检查的规定》	
	《商品包装和标签规定》	
	《玩具安全国家技术法规》	
	《食品安全法》(2011年)	进口食品安全检验
	《越南关于转基因生物及其制品遗传物质安全的决议》	
	《关于对进口动物食品进行食品卫生安全检查的第25号通知》	
	《关于颁布进口和在越南国内市场生产流通的动物食品卫生安全指标和限额目录的第29号通知》	
	《转基因食品卫生与安全管理法规》	
	《国家发酵乳制品食品安全技术法规》(2010年)	
	《动物饲料管理条例》	
	《消费者权益保护条例》	其他
	《关于签署质量控制产品目录的总理令》	
	《标准与技术法规法》	
	《计量法》	

参考文献

[1]国家质量监督检验检疫总局.世界贸易组织与技术性贸易措施[M].北京:中国计量出版社,2005.

[2]李海荣.中国－东盟年鉴(2016)[M].北京:线装书局,2016.

[3]经克.中国与东盟国家出入境检验检疫管理比较研究[M].南宁:广西科学技术出版社,2013.

[4]王晨燕.东盟国家接受国际援助的情况及特点[EB/OL].http://yws.mofcom.gov.cn/article/u/201511/20151101156109.shtml,2015－11－01.

[5]和金生,苏彩和.东盟技术标准现状分析与前景展望[J].社会科学家,2012,(1):69－73.

[6]周志权.东盟国家技术标准特点与我国的出口贸易对策[J].中国标准化,2010,(10):15－18.

[7]苏彩和.东盟技术标准现状分析[J].中国标准化,2010,(10):6－10.

[8]本书编委会.东盟十国动植物检疫法规汇编[M].北京:中国质检出版社,2014.

[9]国家质检总局卫生司.境外卫生检疫法律法规汇编[M].广州:广东科技出版社,2008.

[10]国家质量监督检验检疫总局法规司.中华人民共和国质量监督检验检疫规章汇编[M].北京:中国质检出版社,2016.

[11]中华人民共和国国家质量监督检验检疫总局.中国技术性贸易措施年度报告(2013)[M].北京:中国质检出版社,2013.

[12]中华人民共和国国家质量监督检验检疫总局.中国技术性贸易措施年度报告(2014)[M].北京:中国质检出版社,2014.

[13]中华人民共和国国家质量监督检验检疫总局.中国技术性贸易措施年度报告(2015)[M].北京:中国质检出版社,2015.

[14]中华人民共和国WTO/TBT国家通报咨询中心,中华人民共和国WTO/SPS国家通报咨询中心.国外技术性贸易措施影响规律与应对策略[M].北京:中国质检

出版社，2016.

[15] 中华人民共和国国家质量监督检验检疫总局 . 中国技术性贸易措施年度报告（2016）[M]. 北京：中国质检出版社，2017.

[16] 中华人民共和国国家质量监督检验检疫总局 . 中国技术性贸易措施年度报告（2017）[M]. 北京：中国质检出版社，2017.